生活·讀書·新知 三联书店

许倬云 著

水击三千

中国社会与文化的整合

Simplified Chinese Copyright © 2024 by SDX Joint Publishing Company.
All Rights Reserved.
本作品简体中文版权由生活·读书·新知三联书店所有。
未经许可，不得翻印。

版权所有 © 许倬云
本书版权经由联经出版事业公司授权生活·读书·新知三联书店有限公司简体中文版
委任英商安德鲁纳伯格联合国际有限公司代理授权
非经书面同意，不得以任何形式任意重制、转载。

图书在版编目（CIP）数据

水击三千：中国社会与文化的整合 / 许倬云著. —北京：
生活·读书·新知三联书店, 2024.8 （2024.9 重印）
（许倬云学术著作集）
ISBN 978-7-108-07829-2

Ⅰ.①水… Ⅱ.①许… Ⅲ.①中国历史—古代史—研究 Ⅳ.① K220.7

中国国家版本馆 CIP 数据核字 (2024) 第 072192 号

策划编辑　张　龙
责任编辑　陈富余
装帧设计　康　健
责任校对　陈　明
责任印制　董　欢
出版发行　生活·讀書·新知 三联书店
　　　　　（北京市东城区美术馆东街 22 号 100010）
网　　址　www.sdxjpc.com
图　　字　01-2023-1245
经　　销　新华书店
印　　刷　北京隆昌伟业印刷有限公司
版　　次　2024 年 8 月北京第 1 版
　　　　　2024 年 9 月北京第 2 次印刷
开　　本　880 毫米 ×1230 毫米　1/32　印张 17.25
字　　数　373 千字　图 22 幅
印　　数　6,001－9,000 册
定　　价　99.00 元
（印装查询：01064002715；邮购查询：01084010542）

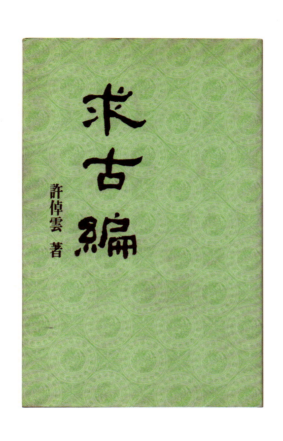

《求古编》
1982年，台北联经出版事业公司，平装本

《许倬云学术著作集》总序

这套"著作集",乃是我在芝加哥大学考过学位以后,至今六十余年,在专业的岗位上累积的成果。此外,另有一些专题的有关论文,分别刊登于《历史语言研究所集刊》《文史哲学报》等专业期刊;此番整理成集,则是将上述单篇论文分门别类,汇集成帙,供读者参考。

这套由生活·读书·新知三联书店出版的"著作集"中,从《西周史》《形塑中国》到《汉代农业》这三本书,虽然成书之序有先后,而在我心目之中,却是这三本著作联结为一,叙述古代中国自西周建立封建制度以来,经过春秋、战国列国并存的阶段,终于经过秦、汉而实现大一统。这一进程,先聚后散,然后又再行拼合,俨然成为东亚的大帝国。

在此阶段的中国,政制统一,乃是皇权专制。而《汉代农业》陈述了整个过程中经济因素的成分及其融合。最终,中国发展出世界上最早的"精耕细作式农业",终将农舍工业与农业的收获相结合，凝聚为以农业产品为商品的交换经济。这是经济、社会两方面的整合，与皇权专制互相配合，进而熔铸为一个巨大的共同体。

只有经由如此的整合，中国这一皇权制度最后才得以凝聚为具体的"生活共同体"。如此生活共同体，才足以支撑理念上的"文化共同体"。二者之间，又以文官制度的管理机制作为骨干。

在世界史上，这三本书所代表的形态，并未见于其他地区大国发展的历程中。因此，我愿意提醒读者：中国凝聚得如此彻底，与其说是因为其政治体制的整合作用，毋宁说，奠基于经济代表的"生活方式"与文化代表的"思想形态"，才使得"中国"二字凝聚之坚实，远远超越民族主义和文化共同性，成为独特的国家单位。

在撰著前述三本书的过程中，我的主要论点不仅是思考专题内部之逻辑，而且体认了，"中国"之形成在人类历史上，自有其独特的过程。

至于其他三本拙著，《水击三千》《熔铸华夏》以及《我者与他者》，其主要论点也无非努力澄清上述巨大"共同体"的形塑过程，以及各个构成单元之间的互相依存。前三本拙著侧重于时间轴线上的进程；而后三本拙著则着力在平面发展上的"互联性"。

若将六本拙著合而言之，其整体关怀则是中国的"天人感应"及生活上的心灵与环境之互动；又将如此庞大的共同体，设法安置于这一广宇长宙的多向空间，以体现人与自然之间的互相感应；同时也提醒国人，时时不要忘记——单一的"人"与"人间"，以及集体的"群"与"群间"，都是互动、互依、互靠的。于是，这上亿的人群，不仅是生活在庞大的共同体之内，更需在天地之间对自己有所安顿。"天"，这一特殊的"大自然"，在中国人心目中的地位，就不是一种宗教信仰，而是令"人间"在"自然"中的地位，有了确实的定位及与之互动的合理性。

我自己感觉，中国人的生活，从来就不愿意以"人事"制服"天然"。此中合理性，并不是出于对神明的敬畏，而是"天人之际"，是人对于自然的亲近和尊重。这一着重处，其实与最近半个世纪以来世界各处开始认真注意环保以及宇宙之间的平衡，包括对于自然的尊重，乃是一致的。因此，以中国文化中素有的如此自觉，与西方世界开始具有的认识相互对照，两者之间确是应当互通，而且彼此阐发，使地球上的人能够真正长存于天地之间。

以上，是我向读者们提出的一些自白。希望读者阅读拙著，能够理解我的用心：我并非只做学术研究，而是希望为己为人陈述一个"中国方式的安身立命"；更盼望中国传统的"个体"与"群体"的紧密关系，亦即"天人"的合一与"群己"的合一，能够与世界应当走入的途径，彼此一致，互相启发。

区区自白，不仅是指明叙述的方向，也是盼望我自己的一些观念得到读者们的同情。

2023年10月10日

辛亥革命周年，许倬云序于匹兹堡

2024年4月1日，改订于匹城寓所

《许倬云学术著作集》出版说明

许倬云先生拥有长达七十年的学术生涯，著作等身，且其著作卷帙浩繁、版本众多。2022年起，经生活·读书·新知三联书店（以下简称"三联书店"）多方协调，这套六卷本《许倬云学术著作集》得以成编，是为先生学术面向之首度总结。谨按时间先后顺序，将相关版本情况交代如下。

《形塑中国：春秋、战国间的文化聚合》是作者的芝加哥大学博士毕业论文，其导师为汉学大家顾立雅（Herrlee Glessner Creel，1905—1994）。英文版 Ancient China in Transition: An Analysis of Social Mobility, 722-222B. C.，1965年由斯坦福大学出版，1968年再版；2006年，简体中文版《中国古代社会史论：春秋战国时期的社会流动》由广西师范大学出版社首度刊行。此次新译本定名为《形塑中国：春秋、战国间的文化聚合》，由中国社会科学院古代史研究所杨博博士于2022年冬，据芝加哥大学图书馆Ellen Bryan所提供的1962年论文原件翻译。相较斯坦福大学1965年英文版及2006年据此翻译的中文版,更为真实地恢复、还原了论文本有的行文特色。

《汉代农业:天下帝国经济与政治体系的生成》的英文版 *Han Agriculture: The Formation of Early Chinese Agrarian Economy, 206 B. C.-A. D. 220*,1980年由华盛顿大学出版社出版。1998年,简体中文版《汉代农业:早期中国农业经济的形成》被纳入"海外中国研究丛书",由江苏人民出版社出版,后分别于2012年、2019年再版;2005年,《汉代农业:中国农业经济的起源及特性》由广西师范大学出版社刊行。以上两个译本颇有分歧。此度收入本丛书,以江苏人民出版社授权之译本为底本,作者对译稿进行了一定程度的修订。

《水击三千:中国社会与文化的整合》,是作者有关"古代中国社会转型的各个转折点"之学术论文的合集。繁体中文版名为《求古编》,1982年由台北联经出版事业有限公司(以下简称"联经")出版,1984年、1989年、2022年再版;简体中文版2006年由新星出版社首度出版,2014年由商务印书馆再版。此番收入本丛书,以商务印书馆2014年版为底本,并重拟书名及全书篇目次序,删除与主旨"周、秦、汉中国社会与文化的整合"无关之篇目,以期集中呈现作者对于这一课题之省察。

《西周史:中国古代理念的开始》的繁体中文版《西周史》,1984年由台北联经首度刊行;英文版 *Western Chou Civilization*

1988年由耶鲁大学出版社出版。此后，相关版本情况如下：二版（1986年，台北，联经），修订三版（1990年，台北，联经），修订三版（1993年，北京，三联书店），增订本（1994年，北京，三联书店），增补本（2001年，北京，三联书店），增补二版（2012年、2018年，北京，三联书店），增补新版（2020年，台北，联经）。此度收入本丛书，以三联书店2018年"增补二版"为底本，对文本细节进行了若干处校订。

《熔铸华夏：中国古代文化的特质》是1985年至1987年，作者在台湾有关中国文化系列讲稿之合集。尤其上篇《社会与国家》的探讨，从文化发展、国家形态、思想方式、农业经济等方面，从文化比较的视角对"古代中国社会转型"所做专题论述，可谓其这一阶段学术思想之纲要，也是理解其古史研究及文化比较研究之门径。本书繁体中文版《中国古代文化的特质》1988年由台北联经出版，1992年、2021年再版；简体中文版2006年由新星出版社首度出版，2013年、2016年分别由北京大学出版社、鹭江出版社再版。此番收入本丛书，以联经2021年版为底本，删除下篇《科学与工艺》四讲，补入前述《求古编》中删除之若干相关篇目，汇集为下篇《传统中国与社会》，并改订书名为《熔铸华夏：中国古代文化的特质》，以期更为集中呈现作者对于"古代中国社会转型"之思考。

《我者与他者：中国历史上的内外分际》是以2007年作者任香港中文大学首届"余英时先生历史讲座教授"期间所做演讲——《古代中国文化核心地区的形成》——之文稿整

理、增补而成,可视为《说中国》及《经纬华夏》之先声。本书繁体中文版2008年由香港中文大学出版社出版,2009年由时报文化出版事业有限公司于台北发行繁体中文版;简体中文版2010年由北京三联书店首度刊行,2015年再版。此番收入本丛书,以三联书店2015年版为底本,增补了若干插图。

至于本丛书书目中各书之先后次序,则依其"内在关联性"排列。作为编者,谨此说明。

2023年10月10日初稿

2024年4月1日,冯俊文改订于匹兹堡

目 录

《许倬云学术著作集》总序
《许倬云学术著作集》出版说明

序 i

上 编　商周的兴起与社会变动
周人的兴起及周文化的基础　3
周东迁始末　34
《周礼》中的兵制　66
春秋政制略述　91
春秋战国间的社会变动　120
战国的统治机构与治术　151

中 编　周代的社会与生活
两周农作技术　195
周代的衣食住行　232
从《周礼》中推测远古的妇女工作　280

周代都市的发展与商业的发达　295

两周的物理天文与工艺　329

下　编　秦汉帝国的转型

秦汉知识分子　375

西汉政权与社会势力的交互作用　407

汉代家庭的大小　437

汉代的精耕农作与市场经济　463

三国吴地的地方势力　480

附　录

关于《商王庙号新考》一文的几点意见　505

《殷历谱》气朔新证举例　512

2006年简体中文版序　535

序

本书乃根据旧著《求古编》选取的若干相关篇章，重新编排而成。其中的文章，曾经在许多刊物中分别出现，而且也与后来成编的《西周史》与《汉代农业》颇有相关之处。此处另立一编，乃为了便利读者，可以借此了解我当年尤为注重的某些项目。也因此，希望读者能够懂得，我的著作都与现实的人生有密切的关系。

本书所收录的各篇，其所以能够独立成书，是由于这一系列的叙述中，牵扯最大者，是周代的封建体制，转变为汉代建立于官僚系统上的帝王制度。另外，老百姓的生活，从封建体制封邑下的"属民"，转变为国家体制下的"编户齐民"。这些老百姓，其实是有充分人权的。即使站在帝王权力之前，以汉代而论，无论在法律上，或者在意识形态上，做个正正规规的老百姓，身份也是独立自主的，而非归属于他人的附属品。

同时，西周建立的封建体制，在生产过程以及分配过程上，生产末端的农民无法享有，所有的收入都在不同层次的封君手上。而汉代的经济体制中，从考古所得的农村中乡党邻里的种种文件，我们可以看见：所有的生产者，在这一经济网络之下，都有一定的地位。

凡此变化，在世界历史上，也只有在中古时代逐渐转向近代才出现；近代民族国家之中，也才有民主萌芽，也才有人格独立。如上所说，中国历史上类似的转变，虽然没有"民主"二字，但是有人的独立人格。如此大转变，堪称"水击三千"，引发万顷波浪，可谓人类历史上的破天荒。

希望经由本书简略的报告，各位读者能够想到现代的世界，正在另一转型期，甚至可能将民主的议会制，以及社会福利制的安民政策颠覆。如此巨大的转变正在进行之中。我们也盼望，全球性的巨浪，能够将世界带进更为公平、更为自由的人类社会。

2024年6月4日

许倬云序于匹兹堡

上 编

商周的兴起与社会变动

周人的兴起及周文化的基础

一、关中新石器时代文化与西周文化之新发现

周人在征服关东的殷商王国以前,是以后世所谓"关中"为地盘的——关中是今日陕西省的渭河、泾河流域一条长约三百公里的河谷盆地,夹在秦岭与北山两条山脉之间。

在讨论西周的起源以前,我们也该先讨论关中地区的底层文化,因为这些底层文化正是周文化发生前,这个地区人类创造的业绩,无论周人来自何处——下文对此将有论到——这个文化正是周人祖先进入关中地区时必须适应的土著环境。

对于关中史前文化遗址作普遍而系统化考察的工作,石璋如氏的工作最有参考价值。1943年1月至9月,石氏在泾、渭、雍水诸流域,考察了66个遗址,石氏认为其中大多为彩陶遗址,并有好几处可能即为周人旧都。关于周人旧都的确切地点,不在本文讨论之列,然而石氏据其考察心得,把这些遗址的地形归纳为九类:(一)沟圈泉源;(二)一山三水;(三)河滨台地;(四)原边湾嘴;(五)泉边溪旁;(六)双流交汇;(七)河滨湾

嘴;(八)山脚沟圈;(九)沼旁渠滨[1]。

这些地形说明了关中史前聚落对水源的依赖,而有些遗址的地形不可能有极丰的水源,也正相对地说明了聚落不必甚大。

不幸的是,石氏在初步考察后,未能再有机会从事实地的发掘,以致报告中的描述不能使读者对于关中史前文化的全貌的了解有所餍足。最近十多年来,考古学家在关中地区继续工作,对于关中史前文化的演变有了更多的资料,若以早期——仰韶文化的遗址来说,关中地区经过勘察的有四百多处,其中不少并已有了相当规模的发掘,这许多遗址的地形,证实了石璋如氏的发现——都在水源便利的河滨,或为沿岸土丘,或在马兰阶地上,至少也在泉源附近,而最繁密的分布为支流与主流汇合的地方。整个泾、渭、雍水地区,遗址的分布极为稠密:若干滨河地带,遗址之密不亚于现在村落的分布密度,足见聚落之多与人口之众。遗址大小虽不等,小的也有三万平方米,大的则几乎有一百万平方米,不逊于现代村落的大小[2]。

这些遗址中的半坡遗址,曾经过考古学家很具规模的发掘,其中发现颇可说明关中地区仰韶文化的面貌。半坡距西安约六千米,在浐河东岸的阶地上。1954年至1957年,共经过5次发掘,聚落遗址占地五万平方米左右,而中心三万平方米的地带有极密集的建筑物,居住区以外有大沟围绕,沟外为墓葬遗址,沟东则

---

[1] 石璋如:《周都遗址与彩陶遗存》(《大陆杂志特刊》,第1辑,1952年),页3592以下。同氏:《传说中周都的实地考察》(《中央研究院历史语言研究所集刊》,第二十本,下册,1948年)。同氏:《关中考古调查报告》(同上,第二十七本,1956年),页236以下,页272以下,页313以下;最后一篇为详细的调查报告。
[2]《西安半坡》(《考古学专刊》,丁种第十四号,1963年),页2—5。

有陶窑遗迹[1]。

半坡的房屋，复原后可有方圆二式的半地下居室，有草泥作顶，借支柱覆盖土穴，地上有灶，屋内有隔室。另有一种地面木架建筑，也有圆有方，屋顶覆盖茅草或涂草泥土。室内地面都平整光滑，甚至经过纯净的黄色草泥土铺垫[2]。房屋分布方向一致，且成组存在，可能是一群小屋向着中心大屋开门，成组的现象似也有了比家庭更大单位的聚落现象[3]。

半坡居民以农业生产为主要的谋生方式，而辅以饲养家畜，但是采集野生植物及捕食水陆动物，仍占一定比重的食物来源。食物以粟为主体，颇有几处窖穴中发现粟米的储存，又可看出生产已到稍可积聚的地步。白菜或芥菜等则是食用的蔬菜。工具有石斧、石锛以伐木，石锄、石铲以掘土，石刀作为收割的工具；木制工具自然也可能存在，只是朽烂不可考；兽骨及废陶片也是工具的材料。耕种方式则可能是烧荒式的刀耕火种[4]。

半坡的村落可能有400—800人聚居，这种村落在浐河流域有二十余个，很可能就构成一个以浐河流域为范围的集团[5]。

据估计，半坡的时代在公元前3000年至公元前2500年[6]；也就是说，在西周灭商前15到20个世纪，这一段漫长的岁月

---

[1]《西安半坡》(《考古学专刊》，丁种第十四号，1963年)，页7—9。
[2] 同上书，页9—35。
[3] 同上书，页41—42。
[4] 同上书，页222—226。
[5] 同上书，页227—228。
[6] 同上书，页231。

周人的兴起及周文化的基础

中，有许多事可以发生。因此，我们至多只能说这是周人祖先继承的或进入的文化遗产，却不能说这就是与周人直接发生关系的文化。

压在仰韶文化之上而又直接压在西周文化遗存之下的，是客省庄第二期文化。因此，客省庄第二期文化应该代表西周以前的关中文化面貌。1955年至1957年，考古工作者在沣西一带的工作，也供给了我们对于这一段历史许多实地的资料。

客省庄第二期文化，事实上是渭河流域的龙山文化，具有地方性，然而也与豫西晋南的龙山文化有密切的关系，同时与甘肃临夏的齐家文化也有相似处[1]。

客省庄第二期文化在渭河流域堆积甚厚，大约一直持续到西周文化出现的时候。事实上，在沣河流域进行的许多次调查中，客省庄第二期文化与西周文化之间，没有出现过另外的文化遗存，二者在年代上极可能是衔接的。客省庄第二期文化的晚期部分，可能与河南三里桥的龙山文化同时，也接近甘肃临夏大何庄的文化，而后者已有金属器物出土。据考古学家的意见，客省庄第二期的遗物中也显示了模仿金属器物的现象，陶器上常有铆钉形装饰，陶器器沿有的薄而微折。因此，沣西报告的撰作者认为：这时在其邻近地区已经出现了金属业，至少也已与有了金属

---

[1]《沣西发掘报告》(《考古学专刊》，丁种第十二号，1962年)，页5—7，页8—9。

业的地区发生过接触[1]。

在中原豫西晋南的龙山文化,可能即与郑州早期殷商文化之间有承袭关系,而郑州的青铜文化虽然粗糙,却有人认为可能是安阳出土青铜器的不祧之祖[2]。由此推论,客省庄第二期文化的

---

[1]《沣西发掘报告》,页9。高去寻先生以为"直接压在另一层文化层上的文化,与下层之间未必是直接衔接的",并举后岗第二期文化与小屯文化的关系为证。本文作者甚感谢高先生的提示,但据发掘工作者的意见,在沣水流域许多次的调查未见客省庄二期与西周文化间有其他文化,其情形与后岗附近有其他层位关系者不同,则原文所说之可能性甚大。石璋如先生以为"客省庄第二期文化的分布,在关中地区相当广泛,遗址所在,大都沿着河边,在高原上的很少。在地层上有压在彩陶文化层之上的,有被压在'西周文化之下的',这里所说的西周文化层,在陶器方面说是指:鬲、豆、盂等,它们的形制与殷代的铜器大同小异,认为是周代的陶器,当无问题,但'所谓渭水流域的龙山文化'与周人有没有直接关系? 文王未迁丰之前究竟是怎样的文化系统,是一个很值得研究的事,周人统治关中自文王至幽王二百余年,也可以说根深蒂固,但就地面调查的感觉,彩陶遗址与'龙山'遗址之多不下于'西周遗址',并且有不相叠压同至地面,好像有并存的情形,这是值得研究的,究竟'渭水流域的龙山'为陕西土著? 与羌人有关呢? 与周人有关呢?"本文作者甚感谢石先生的提示,但列举各项问题尚非今日资料所能答复。

[2] Kwang-chih Chang, *The Archaeology of Ancient China* (Yale University Press, 1963), pp. 141-142。安志敏:《黄河三门峡水库考古调查简报》(《考古通讯》,第5期,1956年),页6。按高去寻先生以为"根据考古学上的发现,在豫西一带河南龙山文化与郑州的商代中期文化之间还有一个所谓洛达庙类型文化。最近偃师二里头的发掘发现前后连续发展的三层堆积,早期堆积当属于河南龙山文化晚期;中期保留若干龙山文化因素,但基本上接近商文化;晚期与洛达庙出土的接近,可以说是一种商文化。在晚期堆积中发现排有础石的夯土基址,并有小铜刀、铜锥。目下大陆上考古学家认为二里头可能是成汤所居的西亳"。本文作者谨向高先生致谢这一段补充,石璋如先生以为"郑州白家庄出土的一批青铜器,形式简陋,纹饰粗糙,大陆考古学家认为是殷代中期的青铜器,比安阳出土的青铜器为早,但在安阳小屯丙组出土的青铜器与之颇为相似,就安阳来说,丙组的墓葬系较晚的,因此就有两种说法:一种主张郑州出土的青铜比安阳为早,除大陆的考古家主此说外,一般的日本青年考古学家及美国的考古学家多从之。另一种觉得它并不早,公认为世界研究铜器权威的李济博士,瑞典的高本汉教授,日本的梅原末治等均主之"。

下限，可能延长到中原已有青铜文化的时候。换句话说，客省庄第二期关中居民的晚近一群，可能与殷商青铜文化在郑州的居民声气相通了。这时候，假如正是西周祖先太王迁入渭河流域的时代，这些移民看见的文化景观，可能正是客省庄第二期文化遗存所表示的面貌，假如晚期的客省庄第二期文化还晚于太王的时代，那么在客省庄村北出土的文化遗存简直就是西周祖先的手泽了。因为西周文化的起端并未必即相当于西周朝代的起端，我们无法从上面两个可能性中决定孰为更大的可能，但是客省庄第二期文化无疑与西周祖先的生活环境有极大关系；简单地描述这个文化，无疑是值得的。

客省庄村北的遗址，代表客省庄第二期文化的晚出部分。这一批十座房屋，基址都是半地下式的建筑，上面可能是木架草顶，可是地面迹象都已无存。房屋有单室与双室两种，其方形的房屋由内外两室合成吕字，内室或圆或方，外室则都是长方形的。内室有灶，外室有"壁炉"。地面平整，但没有白灰面。出口处有斜坡的通道。这种房屋的结构，上与半坡的遗存相似，下与郑州的商代房屋及张家坡的西周房屋接近，显然持续了极长的时间[1]。

客省庄第二期文化的经济生活以农业为主，而主要的农具当是出土数量甚多的石刀，内凹的刀口大约用于割穗，家畜有狗、猪、羊和黄牛、水牛。石制与骨制的箭镞及骨制鱼钩，说明了捕食野物仍是食物来源之一，成堆的田螺壳大约是采集作食用的残余，陶祖表示生产力信仰及可能具有的后嗣观念，羊肩胛骨不经

---

[1] 参看本文前节，及《沣西发掘报告》，页7，页43以下。

钻冶，即用为占卜的卜骨——这个骨卜的习惯是上达龙山，下至殷商，颇为古老的信仰生活[1]。

客省庄的西周文化层，时代与张家坡的西周文化层相同，而出土的资料不及张家坡的丰富。为了使西周文化面貌叙述较清，此处叙述以张家坡的遗址为主。

张家坡在客省庄西南约一千米半，西周的遗址出土甚丰，其中早期的可能在文王作邑于丰的时代[2]。因此，我们可以借张家坡的文化遗存来观察西周文化的面貌。

张家坡的房屋遗存，在早期的也有半地下式的长方形浅土窑，有柱穴，表示原来有木架建构作屋顶，较浅穴稍晚的是深土窑式的房屋，大致的构造是在一个竖穴内向一壁掏挖，造成窑洞状的居室，晚期的房屋中有圆形半土窑式，室内地面平坦坚硬，附近有夯土，似乎建筑中也有以夯土作墙壁的。居住遗址附近有井，显示当时除利用河川的水源外，已在自觅水源[3]。

张家坡遗址有手工业的遗迹和遗物，包括铸铜的残余、铸模和外范；骨器成品、半成品和废品；残余的陶窑和压锤。有的工场与居住遗迹比邻，说明了这个遗址与手工业工人的关系[4]。

砍伐、切削和敲砸的工具以石器为多，如斧、锛、凿之属。可

---

[1]《沣西发掘报告》，页8，页9，及页50以下。
[2]同上书，页19，页74。石璋如先生以为"张家坡、客省庄甚至落水坡、镐京观等一带，约为渭水南岸，客省庄则为沣水入渭的交叉点，不过现在的交叉点则北移很多很多。因为是旧日两水相交点，故先民的遗存堆积丰富，遗址的规模相当的庞大，而且'仰韶''龙山'等遗存分布得相当的稠密，可以说明，在文王至丰以前，此地已经是人口相当稠密的部落了，文王系在这种根基上出发而经营丰都的"。
[3]同上书，页75—80。
[4]同上书，页78，页79。

是也有一件铜斧,是铸成的;十五件铜刀,也有铸纹。农具包括挖土的铲和收割用的刀与镰,数量很多,石制、骨制及蚌制都有,刀用于割穗,镰则用于割茎,并有石臼、石磨作为辅助工具,有关纺织的工具有纺轮及铜制、骨制的锥;武器有铜镞[1]。

玉石制、骨制的饰物,种类繁多,颇有雕琢纹饰,并有绿松石镶嵌,也有琢成鸟形、鱼形的。有一件骨雕马头,手法简朴而象形特征很明显[2]。

张家坡早期与晚期的堆积中,都发现有带釉陶片;陶胎作青灰色,质细,釉为青色或黄绿色,有带细方格纹饰。近年来,带釉陶器在屯溪、丹徒的西周墓中大量出现。经过检验,专家们认为张家坡带釉陶与南方釉陶有极大关系,甚至可能是在南方烧造了,流传关中的[3]。

由于张家坡遗址,一般言之,比较简陋,但也有很精致的手工饰件。《沣西发掘报告》的撰写人遂认为居住遗址中有一部分是手工业者的住家与工场。张家坡未必是丰镐本身,但丰镐的原址可能即在沣水附近,因为这一带是遗址最密集的地区[4]。

张家坡墓葬可分五期,第一期可能相当于成康之世,第五期可能在西周王朝的末年或更晚,墓葬形式与殷墓相似,如腰坑,如俯身葬,如各种与安阳玉石相近的鱼、鸟、蝉、蚕等玉制殉

---

[1]《沣西发掘报告》,页81—92。
[2]同上书,页106—111。
[3]同上书,页105,页162以下,页165。
[4]同上书,页13。关于丰镐原址,根据文献及金文的资料,黄盛璋以为镐在沣水北岸,不在沣水南岸,确切地点则不易定,参看《周都丰镐与金文中的荣京》(《历史研究》,第三卷,第十期,1956年),页63—81。

品,如用人殉葬、如车马坑……[1]但凡此等,说明了西周王朝文化与殷商文化间的血缘,也说明了西周早期文化是笼罩于殷商文化势力范围下。

总结半坡、客省庄第二期及张家坡的考古资料,关中泾渭流域,由仰韶文化以至西周文化,两三千年来有其持续性:如密集在河滨的聚落,以农业为主体的经济生活,半地下室的居住方式……都说明了这个地区本身具有的发展过程。关中地区的文化与邻近其他地方文化早有接触,而与晋南、豫西地区的关系,似乎与青铜的工具在本区出现相伴发生,最长久也最密切,而西周文化中有了殷商文化的特质,同时,也就在西周的时代,关中有了与南方江淮流域接触的迹象。

二、周人的祖先

周人的祖先,根据传统的文献资料,是一位名叫弃的后稷,主要的史料是《诗经》的《大雅·生民》和《鲁颂·閟宫》,把两段资料合在一起,我们可以很清楚地认识这个民族起源故事的神话性。后稷自己是一位女郎——姜嫄——践踏了巨大脚印而感生的圣胎。在他被弃置的时候,后稷也历经试探:弃在路上,牛羊不践踏他;弃入林中,恰巧有人来伐木;把他移置冰上,又有飞鸟来庇护他。磨炼只是证实了后稷的特质。等后稷长大了,他显然变成一个极成功的农夫,懂得种豆种麦,他的庄稼一切丰硕。后稷两字,译成白话,即"稷之神"或"稷之君王",尊号

---

[1]《沣西发掘报告》,页14—15,页11以下。

变成了私名，也可以说明这位人物历史性的未易征考[1]。后稷的子孙，据《史记》的世系传到文王共经过十五君[2]：

    后稷——不窋——鞠——公刘——庆节——皇仆——差弗——毁隃——公非——高圉——亚圉——公叔类祖——古公亶父——王季——文王

但是这个世系事实上很有问题，《国语》只说到后稷不窋是"先世""先王"，中间别无世代的说明。高圉亚圉也似是一人[3]。公

---

[1]《诗经》（十三经注疏本，艺文版）《大雅·生民》："厥初生民，时维姜嫄，生民如何？克禋克祀，以弗无子。履帝武敏歆，攸介攸止，载震载夙，载生载育，时维后稷。诞弥厥月，先生如达。不坼不副，无菑无害。以赫厥灵。上帝不宁。不康禋祀，居然生子。诞寘之隘巷，牛羊腓字之；诞寘之平林，会伐平林；诞寘之寒冰，鸟覆翼之。鸟乃去矣，后稷呱矣。实覃实訏，厥声载路。诞实匍匐，克岐克嶷，以就口食，蓺之荏菽，荏菽旆旆，禾役穟穟。麻麦幪幪，瓜瓞唪唪。诞后稷之穑，有相之道，茀厥丰草，种之黄茂。实方实苞，实种实褎，实发实秀，实坚实好，实颖实栗，即有邰家室。诞降嘉种，维秬维秠，维穈维芑，恒之秬秠，是获是亩；恒之穈芑，是任是负。以归肇祀。诞我祀如何？或舂或揄，或簸或蹂，释之叟叟，烝之浮浮。载谋载惟，取萧祭脂，取羝以軷，载燔载烈，以兴嗣岁。卬盛于豆，于豆于登。其香始升，上帝居歆。胡臭亶时。后稷肇祀，庶无罪悔，以迄于今。"卷一七之一，页1—20；《鲁颂·閟宫》："閟宫有侐，实实枚枚。赫赫姜嫄，其德不回。上帝是依，无灾无害。弥月不迟，是生后稷。降之百福，黍稷重穋，稙稚菽麦。奄有下国，俾民稼穑。有稷有黍，有稻有秬，奄有下土，缵禹之绪。"卷二〇之二，页1—2。另参看：傅斯年：《姜原》（《中央研究院历史语言研究所集刊》，第二本，第一分，1930年），页130以下；顾颉刚：《周人的崛起及其克商》（《文史杂志》，第一卷，第三期，1941年），页8；孙次舟：《周人开国考》（《历史与考古》，第二回，1957年），页2—3。
[2]《史记会注考证》（艺文版），卷四，页1。
[3]《国语》（天圣明道本，崇文版），卷一，页2；卷四，页7。高去寻先生以为周人可能报一人以上，如商代即可报上甲至报丁共四人。如此，韦注以高圉亚圉为二人，恐未必非是。

刘至古公亶父间的世系,《史记》的根据是《世本》,由后稷到文王只有十世。按:传统古史系统中误将后稷列于虞廷,与舜禹同时[1],则依其年数计算,每代的时间都太长,早就招致史家的疑问[2]。因此,我们还不如采用《诗经》的办法,把太王直接只说成是"后稷之孙"——后稷的后裔;把公刘与太王之间的世代也悬为待决之案。反正后稷只是一位由神迹降生的始祖,公刘也只是太王的前代,其间代数不必推敲[3]。

公刘的事迹,于史较多记载,主要的来源是《诗经·大雅·公刘》和《孟子·梁惠王下》篇,甚至《史记》的记载也不过由此衍生[4]。从《诗经》本文,公刘是一个部族移殖活动的领袖,率领了武装的族人,凭借农业的积储开拓了新的疆土,再在新的土地上开辟田亩,作更多的储积,准备作进一步的武装开拓。据说后稷居邰,到不窋之世逃到了戎狄之间,公刘到达了豳。邰、豳的所在地,下文再论,我们要注意的是在公刘传说

---

[1]《史记会注考证》,卷四,页5—6。
[2] 同上书,卷四,页4;参看石璋如:《周都遗址与彩陶遗存》(《大陆杂志特刊》,第1辑,1952年),页378。
[3] 孙次舟:《周人开国考》(《历史与考古》,第二回,1957年),页4—5。
[4]《诗经·大雅·公刘》:"笃公刘,匪居匪康,乃场乃疆,乃积乃仓。乃裹糇粮,于橐于囊,思辑用光。弓矢斯张,干戈戚扬,爰方启行。笃公刘,于胥斯原。既庶既繁。既顺乃宣,而无永叹。陟则在巘,复降在原。何以舟之?维玉及瑶,鞞琫容刀。笃公刘,逝彼百泉。瞻彼溥原。乃陟南冈,乃觏于京。京师之野,于时处处,于时庐旅。于时言言,于时语语。笃公刘,于京斯依。跄跄济济,俾筵俾几。既登乃依,乃造其曹,执豕于牢。酌之用匏。食之饮之,君之宗之。笃公刘,既溥既长。既景乃冈,相其阴阳,观其流泉。其军三单。度其隰原,彻田为粮。度其夕阳,豳居允荒。笃公刘,于豳斯馆。涉渭为乱,取厉取锻。止基乃理,爰众爰有。夹其皇涧,遡其过涧。止旅乃密,芮鞫之即。"卷一七之三,页4—15;《孟子》(艺文版),卷二之一,页14。

中，可以看到这个移殖活动是在有山有冈、有泉有河的地方，也可以看到部族的军事组织及对于农业的依赖。

古公亶父即是后世所称太王，是周文王的祖父。到太王之世，周的世系方是完全可考，而周的疆域也确实可在陕西的泾、渭流域，各家几乎在大方位上都并无异说[1]。

有关太王事迹的史料，主要是《诗经·大雅·绵》和《孟子·梁惠王下》篇；由这两大段记载，我们可以看到太王迁徙的辛苦，缔造的艰难，建国的规模，和周与邻族的关系。姑且把岐山的位置留在下文讨论，我们至少知道太王受了狄人的逼迫，率领了族人和百姓，逾越岐山，在渭水流域建立了新的城邑[2]，而逼迫太王迁徙的敌人，一般都认为是殷末著名的鬼方[3]。

太王建立都邑的记载，在《诗经》中写得有声有色：他带着妻子，迁徙到岐山之下，渭水河谷的平原，土地肥沃得连苦菜都带甜味。经过了适当的占卜，卜龟认可。这是好地方，于是太王就在渭水边上住了下来。《诗经》郑笺把《绵》的"陶复陶穴，未有家室"说成太王未迁居前居住在地穴中，可是我们宁可把半地穴式的居屋作为关中地区普遍的居住方式，同时把这八个字解为这一地带未建都邑前的一般风光。也许，太王挑选了一个适当的地方建设都城，而这里可能本来就有一个以半

---

[1] 顾颉刚：《周人的崛起及其克商》(《文史杂志》，第一卷，第三期，1941年)，页10。孙次舟：《周人开国考》(《历史与考古》，第二回，1957年)，页7—9。钱穆：《周初地理考》(《燕京学报》，第10期，1931年)，页1985。
[2] 《诗经》，卷一六之二，页12—24；卷二之二，页4。《孟子》，卷二上，页15，卷二下，页11—12。
[3] 徐中舒：《殷周之际史迹之检讨》(《中央研究院历史语言研究所集刊》，第七本，第二分，1938年)。

地穴为主的聚落，于是诗人咏诗及之。我们不能以此解释太王的故事为周人初知的居住地上的宫室，更妥当的看法：太王之世，平民居住半地下室或地下室，仍无妨有贵族居住在茅茨土阶的地上宫室[1]中。

从《诗经》这一段建设都邑的描述，后人不难在想象中重建这一段史事的图像。在河谷的平原上，田亩之间开了一道一道的阡陌；同时在一片选定的土地上，管理工程的官员和指挥工役的官员受命于太王，忙碌地分配工作。直线划定了墙基；夯土的木板一段一段接过去，打夯的"哼唷"，削木砍材的"咚咚"响声……宫殿建成了，寝庙造成了，城墙造成了。鼓声节

---

[1]《诗经·大雅·绵》："绵绵瓜瓞，民之初生，自土沮漆。古公亶父，陶复陶穴，未有家室。古公亶父，来朝走马，率西水浒，至于岐下。爰及姜女，聿来胥宇。周原膴膴，堇荼如饴。爰始爰谋，爰契我龟。曰止曰时，筑室于兹。乃慰乃止，乃左乃右；乃疆乃理，乃宣乃亩。自西徂东，周爰执事，乃召司空，乃召司徒，俾立室家。其绳则直，缩版以载，作庙翼翼。捄之陾陾，度之薨薨，筑之登登，削屡冯冯，百堵皆兴，鼛鼓弗胜。乃立皋门，皋门有伉；乃立应门，应门将将，乃立冢土，戎丑攸行。肆不殄厥愠，亦不陨厥问。柞棫拔矣，行道兑矣。混夷駾矣，维其喙矣。虞芮质厥成，文王蹶厥生。予曰有疏附，予曰有先后，予曰有奔奏，予曰有御侮。"卷一六之二，页12—24。参看本文前节及吴昊垂：《殷周民族斗争始末》(《文史月刊》，第一卷，第三期，1941年)，页2。为比较计，可注意安阳即同时有版筑的地上宫室及半地下室出土，两者都为居住遗址。参看石璋如：《殷墟发掘对于中国古代文化的贡献》(《学术季刊》，第二卷，第四期，1954年)，页14—15。有人以为陶复陶穴，不当作平地穴建筑解，如徐复观先生所说并以为西安半坡的遗址及客省庄第二期文化已有房屋，而后者的下穴太浅，不可谓窑（参看徐文《从学术上抢救下一代》，《中华杂志》，六卷，九号，页35）。按张家坡西周文化层既有比较客省庄第二期文化层土穴为深的深穴（参看《沣西发掘报告》，页76），又客省庄西周文化层出土有瓦片，为目前发现最早的瓦，但发掘的人以为在客省庄未发现西周居住遗址，张家坡出土的两座西周晚期小房屋也未见用瓦。可能客省庄烧制的瓦大约专供贵族建大型建筑时用（同上，页26—27）。由此可见贵族与平民的居住方式可能有差别。

制着工人的工作速度,最后,社坛也已经筑好。好一幅新建都邑的图画!只是,由于亘几千年在这一条河谷已密集地建立了许多聚落,我们还是宁可假定新的都邑仅是在旧有聚落之间加上新的宫室城郭[1]。

由后稷到太王的事迹,史家大抵根据同样的资料撰述,其间未有大差别。可是传说中后稷的居地邰在哪里?公刘邑居的豳在哪里?太王跨越的岐山在哪里?这些地方是周人祖先活动的舞台,史家考证地望,却各有所指。由于不同的假设会导致对先周历史不同的了解,我们不能不在若干假设中有其抉择。但是,我们无妨把小小的差异放在一边,在本文只讨论两个根本不同的假设:一派是周人祖先在陕西西部活动的假设,一派是周人祖先在山西活动的假设。

以为周人祖先居地在陕西西部逐渐沿泾水渭水东移的说法,在中国史书上有了极久的传承,甚至陕西有许多地名也还似乎很合乎古史,例如姜嫄嘴。这种说法显然深入人心,不仅当地的居民视为典故,史书记载及实地调查也以此为据。例如石璋如先生即把邰放在雍水入渭的三角地带,相当于今日武功县附近;豳放在三水河与泾水汇合的附近,在三水与邠县之间;梁山放在乾县,岐山放在武功西北;于是周人祖先活动的范围为泾渭之间的河谷,威胁太王,逼使周人迁徙的狄人,则居住在泾水上

---

[1]《诗经》,卷一六之二,页17—20。参看石璋如:《周都遗址与彩陶遗存》(《大陆杂志特刊》,第1辑,1952年),页377。张家坡西周早期居住遗址建设在黄土上,可见其时聚落虽已密布,聚落之间仍有大片未用之空地,足供新来移民定居。参看《沣西发掘报告》,页71。

游的庆阳[1]。

第二种假设却把周人活动的地区放在今天山西省的汾水流域。钱穆先生持此说最力，他以为地名会跟着迁徙的人民移到别处，是以仅据今日相传的地名作考证，并不见得可靠。钱氏在古书中梳爬剔选，务求调和《左传》《孟子》与《史记》中古史事迹发生地点的不同解释，终于考订为周人原先在山西省内活动。简单地说，邰当在山西闻喜县，邠地当临汾水，以水改邑，成为邠字，太王受汾水上游戎狄的逼迫，才率众渡河西迁陕西西部富平一带。周初地名的西移，钱氏以为是由于周君封邑原在陕西北部的凤翔一带，以致这一个地区保存了许多古地名[2]。

第一说与第二说，空间距离太远，任何调停之说都难两圆，为作一选择。我们必须借助于姜族地望的认定，在周人祖先传说中姜人是经常出现的与国友族——后稷的母亲是姜嫄，太王的配偶是姜女，后来，文王东征的主将是姜姓的太公望，因此姜与周有显著的历史关系。找到了姜活动地区，周人也总在其附近。

姜与羌的关系，傅孟真先生曾在《姜原》一文中从文字学上

---

[1] 石璋如：《周都遗址与彩陶遗存》（《大陆杂志特刊》，第1辑，1952年）。各处带历史地名的古迹记录，出处已由石氏在文中征引，可以复按，此处不赘述。由石氏所引资料看来，这一个地区的地名，早在汉时即已与古迹有关系。孙次舟也持传统观点，以邰为武功，邠为郊县，岐在武功之西，而公刘辟境臣服的密与芮且在甘肃的灵台及平凉；参看孙次舟：《周人开国考》（《历史与考古》，第二回，1957年），页4—8。
[2] 钱穆：《周初地理考》（《燕京学报》，第10期，1931年），页1958—1992。吴昊垂全采钱氏考证，看吴昊垂：《殷周民族斗争始末》（《文史月刊》，第一卷，第三期，1941年），页2。

提出证据，其说可谓已成定论[1]。然而有人以为羌的居地即在汉世羌人活动的兰州西宁诸地，也有人以为周以前的羌，即使不远在西陲，仍应该在陕西西部武功更往西的地区[2]。钱穆先生以为姜氏先祖的故事如神农、许由以及四岳，都似乎应该在山西省内寻找；然而征引恍惚，不能确认[3]。傅氏则历考姜姓诸国迁徙痕迹，断定姜姓与四岳的关系：四岳实是四座大山，而四岳诸国是山中部落，姜姓大国的甫与申，便由岳神降生。至于姜之本原，傅氏考定在豫西渭南许谢迤西的山区中，也就是《国语·郑语》所谓"谢西之九州"；其在山东的诸姜，则是周东封之后建立的[4]。按之《后汉书·西羌传》，范晔显然把陆浑、阴戎、蛮氏、骊戎、义渠都当作羌人看待，而以为汉代羌人偏在西服是迁徙的后果。上述诸戎，除义渠偏在陕西西北部，其余诸族都分布在渭南以至伊洛之间[5]。如果范晔在羌与春秋诸戎间拉上的关系不是无的放矢，这些戎族的居地，即与傅氏指出的姜原甚为吻合。

更有一项证据，董彦堂先生据甲骨卜辞的资料，指出殷商王国与羌人之间频有战争，时有婚媾，也常见和平的宾会交往，羌人有作为祭祀牺牲，也有作为奴仆的[6]。若羌人偏在西，由安阳四周的黄河平原远征陕北陇右，中间须经过周人居地；殷羌之间

---

[1] 傅斯年：《姜原》(《中央研究院历史语言研究所集刊》，第二本，第一分，1930年)。
[2] 孙次舟：《周人开国考》(《历史与考古》第二回,1957年)，页2—4。又参看董作宾：《获白麟解》(《安阳发掘报告》，第2辑，1930年)，页331—333。
[3] 钱穆：《周初地理考》(《燕京学报》，第10期，1931年)，页1959—1963。
[4] 傅斯年：《姜原》(《中央研究院历史语言研究所集刊》，第二本，第一分，1930年)。
[5]《后汉书集解》(艺文版)，卷八六，页14。
[6] 董作宾：《获白麟解》(《安阳发掘报告》，第2辑，1930年)，页331—332。

的关系的记载,似乎不该比殷周交往记录更多[1]。比较合理的假定,是羌人故地离洹域也不远,若姜(或羌)原如傅氏假设,在豫西山地,则各方面都说得通。本文第一节曾指明泾渭流域的考古资料,每显示与豫西晋南的地方文化有其显著的亲缘,如果姜原在豫西山地,姬原在汾水流域的假定也就可以顺理成章。固然这种论证仍嫌间接推论,然而也还合理,于是我们无妨假定周人祖先在汾域发迹,公刘建国也在晋地,直到太王之世,周人才徙居渭域并在渭域建都立邑;但是周人的老伙伴诸姜,始终与周为邻,只是相对位置先为南邻,后在东南而已。

三、周人扩张

逼迫太王由邠迁岐的狄人,旧说以为昆夷,或以为玁狁,徐中舒氏根据王国维氏的考证,认为即是鬼方,但并不同意王氏以三名同为秦汉时匈奴的说法。徐氏以狄人的隗姓就是鬼方的姓,而狄以山西境内部族部落最多。鬼方可能在武丁之世不堪殷人压迫,转而西侵,邠地的周人首当其冲,不能不折而南避,到王季之世,在渭水流域已能够建国稳固,于是反而能够把昆夷串夷降服收抚。徐氏此说,能把《易经》中高宗伐鬼方的事,太王避狄事与王季抚昆夷事,都配合解释,并与前节周人起于山西的假设

---

[1] 孙次舟:《周人开国考》(《历史与考古》,第二回,1957年),页4,页9。

相合，诚可说发上古史未发之覆[1]。

　　根据《绵》诗，混夷从命之后，虞芮也变成了周的属国，虞芮都在今日的山西者。《史记·殷本纪》记载武乙猎于河渭之间，被暴雷震死。雷劈触电是异常变故，不能说必定没有，但究属非常。钱穆以为很可能是武乙耀兵河渭示威周人，反被周人所杀，正如昭王南征不复，而楚人诿诸水滨一般[2]。此说若然，则周人在山西的发展实际已经循河拊殷王国之背，不须文王之时，周人势力已惹起殷人注意了。卜辞中有不少"寇周"的句子，也有"令周侯"的记载，当即是周人在名义上仍为殷属，在国力上仍

---

[1] 徐中舒：《殷周之际史迹之检讨》(《中央研究院历史语言研究所集刊》，第七本，第二分，1938年)，页138—140。参看王国维：《鬼方昆夷猃狁考》(《观堂集林》〔艺文版〕)，卷一三，页5—12。武丁伐鬼方事，《易》爻辞曾两次提及：《既济》之九三"高宗伐鬼方，三年克之"，及《未济》之九四"震用伐鬼方，三年，赏于大国"。(《周易注疏》〔艺文版〕，卷六，页22，页25)徐氏解释"震"义为周以小邦而胜，又获赏大国——商，故有震惊之意。其说稍嫌穿凿，但无妨于高宗伐鬼方史实。据《竹书纪年》，王季曾伐西落鬼戎，俘虏了二十位翟王，戎燕京之伐，却大败而回，及至王季克余无之戎，遂受命为牧师（以上诸条均见《后汉书集解·西羌传》引，卷八七，页2。当是真《竹书纪年》佚文）。王季所与交战的诸戎，殆即《诗经·大雅》：《皇矣》《串夷载载路》及《绵》："混夷駾矣"的串夷混夷？参看钱穆：《周初地理考》(《燕京学报》，第10期，1931年)，页1995—2001。按高去寻先生以为近人陈恭禄颇疑《孟子》避狄事之不可信。即使避狄事可信，徐中舒先生把与高宗伐鬼方两事联结在一起解释也有问题。因为周文王与殷帝辛是同时人，由文王上推三世三王为太王，由帝辛上推七世十王，为武丁，两人中间相距四世七王即便旧说武丁享国很久，又文王也年寿很长，但武丁也很难断成与太王同时。历史上民族的波动有时是逐渐形成的。但是如果鬼方与周人都原在山西，则武丁压迫鬼方迁徙或移动，便可立即压迫到了周人，不会费时很久，所以"太王的西迁是受武丁时代殷人势力的扩张的直接影响"的说法是可以再考虑的。

[2] 钱穆：《周初地理考》(《燕京学报》，第10期，1931年)，页1994。

比殷弱，然而殷人不能不时时侵轶，以图禁止其发展[1]。

周人的力量不仅在北路向东方伸展，在南路也有相当的行动。与此处有牵涉的史事，主要见于《论语》和《左传》的太伯让国传说，到《史记》时，吴太伯的故事已极具细节。据《吴太伯世家》和《周本纪》的记载，太王有太伯、仲雍和季历三个儿子，据说是因为季历的儿子昌——后来的文王——"有圣瑞"，太王有意让季历即位，以便未来由文王继统，于是太伯、仲雍逃避"荆蛮"，断发文身，以全父志。武王克商以后，封仲雍之后周章于吴，另立周章之后于夏虚，号为虞仲。而吴与虞字，在古可能即为同一字[2]。

吴在春秋时，甚晚始入中国，是以中原每以蛮夷处之。吴自称姬姓，也有人以为是冒充。徐中舒氏根据《左传》记载，认为吴公室姬姓，应是事实，但是徐氏致疑于太伯、仲雍以个人身份

---

[1] 卜辞诸条，见董作宾《殷历谱》(《中央研究院历史语言研究所专刊》，1945年)：癸未，令斿族寇周古王事。(《前编》，卷四，页32) 贞，令多子族罙犬侯寇周古王□ (同上，卷五，页7；卷六，页30)。
□令斿从宜侯寇周 (同上，卷七，页31)。
□令多俘犬侯□周□王□ (同上，卷六，页51)。
□令周□俘□获 (同上，卷六，页63)。
贞，叀喜令从寇周 (《后编》下137)。
申引弋周十二月 (《铁》26)。
令周侯今月亡田 (《新》272)。
[2]《史记》，卷三一，页9。太伯遗迹在今江苏无锡县境内。"荆蛮"之说，殆指太伯南来过程中的第一步。断发文身是吴越水居风俗，与荆楚无关。然则太伯南徙，或者先到江汉，再到吴地？此事见于《左传》者，在闵公元年、僖公五年、哀公七年(《左传注疏》〔艺文版〕，卷一一，页3；卷一二，页22；卷五八，页7)。见于《论语》者在"泰伯篇"(《论语注疏》〔艺文版〕，卷八，页1)。吴、虞古为同字异书，大约二国确有关系。

逃亡的传说，认为吴离岐山太远，几个单身的亡命客难以在遥远地区立国传世。因此徐氏提出两个可能性：第一，太伯、仲雍率领周人远征之师经营南土，于是远戍不归；第二，太伯、仲雍也许不见容于周转而接受殷商卵翼以立国于吴[1]。傅孟真先生力主后说，以为《尚书·牧誓》指责纣为"四方之多罪逋逃是崇是长"，及《左传》昭公七年"纣为天下逋逃主萃渊薮"，即是坐实罪名。徐氏则主第一种假设，以为周人对于王季兄弟的友于之德，无从间言，而商人卵翼之国亦不应离周如此之远。于是徐氏假定周人力量不足，在羽翼未丰以前，不能与商争中原，只有向江、汉开拓，而可能又因楚地的抵抗力强，折而更向东南。[2]

本文第一节，曾说过张家坡西周遗址出土的带釉硬陶，据专家分析，与南方带釉陶及越窑青瓷有关系，甚至有人以为这种带釉硬陶为东南输入的外来货。渭水流域与东南的交通，似乎不算稀少，同时东南考古所得，也显示了与西周早期的关系。在长江流域，所谓"湖熟文化"遗物中，曾昭燏与尹焕章两氏发现了陶器，器物形制与花纹，不少受殷商与西周早期的影响，石器与殷周铜器也有同处[3]。西周早期铜器，也成群地出土于丹

---

[1] 徐中舒：《殷周之际史迹之检讨》(《中央研究院历史语言研究所集刊》，第七本，第二分，1938年），页142—143。
[2] 同上书，页143。按《西清续鉴甲编》(涵芬楼依宁寿宫写本影印) 云，在乾隆二十有六年"临江民掘地得古钟十一"，为吴王皮鞣之子者减所作（卷一七，页4），临江今当江西清江县，也可能是安徽和县。顾颉刚以为吴国由江汉东徙，可能先至江西，参看顾颉刚：《周人的崛起及其克商》(《文史杂志》，第一卷，第三期，1941年），注19。
[3] 曾昭燏、尹焕章：《试论湖熟文化》(《考古学报》，1954年4期)，页54。

徒和宜城，器物形制都有西周早期特征，而不同于殷[1]。曾尹二氏以为凡此迹象，不仅说明长江下游在西周时代已有北方文化，而且那些与北方铜器极度相像的铜器，可能即由北方输入。丹徒烟墩山出土的铜器有西周铭文，更说明此点[2]。

张光直氏又指出，这些意义重大的西周铜器，从考古记录来看是土著绳纹陶遍布地区的几个孤立文化岛屿，很可能是少数西周殖民者在统治当地的土著。张氏甚至特别提起太伯、仲雍的传统来解释这个现象[3]。

张氏根据湖熟文化遗物所作的推论，加上张家坡带釉硬陶的出现，实在已为徐中舒"吴为西周殖民"的假设提供考古学上的佐证，我们在前文第二节也引证傅孟真先生关于姜姓居地的假设。如果姬周的友族诸姜分布在渭南豫西，由此假道的西周殖民队伍，极自然的可以取道汉水直达荆楚。若在荆楚遭遇的阻力太多，再折向长江下游，也是顺理成章的事。殷商的根据地在黄淮平原，当殷商势力仍大时，今天的湖北省境大部分可能笼罩在殷王国直接干预的地区，西周殖民队伍也许比较难以立足，不能走得远些。

总结本节，太王王季两世经营，不仅在关中的泾、渭流域建立了国家，而且光复旧域，把山西汾水流域的故地重新收入势力

---

[1] Chang Kwang-chih; op.cit., p. 253, 参看王志敏、韩益之：《介绍江苏仪征过去发现的几件西周青铜器》(《文物》，1956年12期)，页31。

[2] 《江苏省丹徒县烟墩山出土古代青铜器》(《文物参考资料》，1955年10期)，页58—62；尹焕章：《南京博物院十年来的考古工作》(《文物》，1959年4期)，页4。铭文的年代问题颇有专文论及，如郭沫若以为系武王成王时器，唐兰以为系康王时器，而且是吴与西周关系的佐证。参看郭沫若：《矢簋铭考释》(《考古学报》，1956年1期)，页7。唐兰：《宜侯矢簋考释》(《考古学报》，1956年2期)，页79—83。

[3] Chang Kwang-chih, op.cit., pp. 252-255.

范围，诸戎的听命，使西周在今日山西、陕西的山地建立了威权，循黄河北岸东达殷商所在的华北平原已无大障碍；另一方面，西周结好诸姜，使渭南至于伊洛之间也归入西周势力范围，南出一支殖民队伍，却未能成功地在江汉地区活动，不得不远徙江南另立国家，在灭商的过程中也不能发挥具体作用。

四、文王时代的活动

王季时代经历了两世的惨淡经营，周人的势力已颇不可轻视，照后世称颂的诗篇来说，他已经"受禄无丧，奄有四方"[1]。奄有四方的语句，略涉夸大，至少当时还有强大的殷商在东方的平原上，文化程度之高、国土面积之大，不是周人可以比拟的。但是周人与殷商之间，大体上还维持友好的关系，王季自己的配偶就是由殷商来的，这位下嫁的"大任"，也就是文王的母亲[2]。可是最后王季是死在殷商君主文丁的手里[3]。于是这个开国的任务，就留给文王来完成了。

据《史记·周本纪》：文王"遵后稷公刘之业，则古公公季

---

[1]《诗经》，卷一六之四，页6下。
[2]《诗经·大明》："挚仲氏任，自彼殷商，来嫁于周，曰嫔于京，乃及王季，维德之行，大任有身，生此文王。"（卷一六之二，页2），殷是子姓，任宿须句，都是大皋之族，（《左传》僖公二十一年，卷一四，页27）与殷商无关，何以要"自彼殷商"？不甚易解。有以为"任"是氏，"挚仲"是名，当为商王或其本家的女儿，并以汉代以公主和亲为喻。参看孙次舟：《周人开国考》（《历史与考古》，第二回，1957年），页10。按，女子古时有姓无氏，恐不能如此解释。
[3]这是《竹书纪年》中很著名的一条，《竹书》在汲郡出土时，这一条记载即引起晋人注意（《晋书·束皙传》〔开明版〕，卷五一），自来史家也找不出可以反驳的证据。

之法，笃仁敬老慈少，礼下贤者，日中不暇食以待士，士以此多归之"[1]。可是文王自己还要亲自下田耕种[2]。以三世领主，奄有不少的疆域，文王可以不必自己下田，也许这种举动，与后世籍田相似，只是一种象征，象征他"遵后稷公刘之业"？

　　周的邻邦是犬戎、密须、耆、邗崇，先后都被文王征服。文王把国都迁徙到丰水之西，立邑曰丰，这一番征战是重要的，也是辛苦的。从此以后，周人东讨的正面已无阻力，而左右亦无后顾之忧，国都迁丰邑，正是文王东方是谋的开始[3]。

---

[1]《史记会注考证》，卷四，页10—11。据说归从他的名人有伯夷、叔齐、太颠、闳夭、散宜生、鬻子、辛甲，这些名字有的也见于《尚书·君奭篇》："惟文王尚克修和，我有夏亦惟有若虢叔、有若闳夭、有若散宜生……有若南宫括。"（《尚书注疏》〔艺文版〕，卷一六，页23）。

[2]《尚书·无逸篇》："文王卑服，即康功田功。"卷一六，页13。

[3]《史记》，卷四，页13—14。犬戎的地点不明，据钱穆意见：犬戎原在周之东北，即在太行滹沱之北。参看《西周戎祸考》（《禹贡半月刊》，第二卷，四期，页2—5；十二期，页27—32）。前文曾举卜辞中有关周的记载，其中有"犬侯"，可能即是犬戎，伐密须是大事，《诗经·皇矣篇》："密人不恭，敢距大邦，侵阮徂共。王赫斯怒，爰整其旅，以按徂旅，以笃于周祜……依其在京，侵自阮疆，陟我高冈。无矢我陵，我陵我阿；无饮我泉，我泉我池！度其鲜原，居岐之阳，在渭之将。万邦之方，下民之王。"（卷一六之四，页9—12），大约密与阮都先挑衅（孔颖达《诗经正义》，卷一六之四，页11），而密在泾阳县境，阮共皆在泾水下流丰镐附近〔钱穆：《周初地理考》（《燕京学报》，第10期，1931年），页2004—2005〕，密迤引入首都，不先并吞，难以去除心腹大患。一旦除去榻旁隐忧，周人必以为完成一件大事，因此此役战利品"密须之鼓"便成了周人传世之宝。（《左传》昭公十五年，卷四七，页11）。崇在丰镐之间，征崇之役也颇艰难，大约崇人城守甚坚，工事也好，围城三十日不能下，最后则斩获颇多，《诗经·皇矣篇》："帝谓文王，询尔仇方，同尔兄弟。以尔钩援，与尔临冲，以伐崇墉。临冲闲闲，崇墉言言，执讯连连，攸馘安安。是类是祃。是致是附，四方以无侮。"（卷一六之四，页13—15）。又参看《左传》僖公十九年："文王闻崇德乱而伐之，军三旬而不降。"（卷一四，页23），这一段《诗经》是中国史上第一次对城战的记载。

周人的兴起及周文化的基础

另一方面，在山西的虞和芮，已经明显地服属于周，所谓"虞芮质厥成，文王蹶厥生"，似乎虞和芮都送质于周，以求和平相处[1]。自此之后，周人在河东的力量也更趋稳固了。有此外围，周人遂自诩有了许多爪牙党羽，所谓"予曰有疏附，予曰有先后，予曰有奔奏，予曰有御侮"，得意之态溢乎言表[2]。

文王迁都于丰，大约也颇有经营，高筑城墙，临于水滨，而且说这是禹的故土[3]。从傅孟真先生的理论，这里以大禹作招牌，大约也是文王西周的策略。周人自诩为夏代的继承人、夏代的复仇者。傅孟真先生指出周人自比于夏乃是政治口号，正如刘渊自称汉裔，建州自称后金[4]，其说甚确。周人确曾自称为夏人，如《尚书·康诰》："惟乃丕显考文王，克明德慎罚，不敢侮鳏寡，庸庸祇祇威威显民。用肇造区夏；越我一二邦；以修我西土。"又如《诗经·周颂》用"时夏"自称[5]。周之采用夏后故号，当是企图与晋南夏虞诸侯拉拢，而且为伐殷找一个借口。殷、周为

───────

[1]《诗经》，卷一六之二，页23。据《史记·周本纪》，两国有狱不能决，来周决平，《毛诗》（卷四，页12—13）传说法也相仿，只是明指二国为争田而求文王判决（卷一六之二，页23），然而孙次舟解成为平，质为送质，并谓非文王时事（参看孙次舟：《周人开国考》〔《历史与考古》，第二回，1957年〕，页11—12）。
[2] 此是《绵》篇的续文，见《诗经》，卷一六之二，页24。虞在今山西平陆县，芮在故芮城当今曰芮城县西（参看《史记正义》引《括地志》，卷一六，页12）。
[3]《诗经·文王有声》："筑城伊淢，作丰伊匹。匪棘其欲，遹追来孝。王后烝哉！王公伊濯，维丰之垣。四方攸同，王后维翰。王后烝哉！丰水东注，维禹之绩。四方攸同，皇王维辟，皇王烝哉！"卷一六之五，页11—14。
[4] 傅斯年：《新获卜辞写本后记跋》（《安阳发掘报告》，第2辑，1930年），页375—385。
[5]《尚书》，卷一四，页3。《诗经·周颂·思文》："陈常于时夏"，卷一六之二，页12。

异民族,周人以夷戎称殷,自比为华夏正统也许即自文王始[1]。

周人可能曾经作殷的属邦,即使其间关系未必一直很和谐,至少周人承认殷商是"大邑",自己是"小国"[2]。没有这一番宣传,周很不容易与殷商翻脸;配合上夏殷对立的宣传,周人又自己宣称得到上帝的特别眷顾,周的天命是上帝弃商而畀予西方新国的。《诗经·大雅·皇矣》:"皇矣上帝,临下有赫;监观四方,求民之莫。维此二国,其政不获;维彼四国,爰究爰度。上帝耆之,憎其式廓。乃眷西顾,此维与宅。"[3] 傅孟真先生提出,古代之上帝原为部落神,周人竟由商借去[4],其最初目的可能也是为政治口号,然而一借之后,中国的上帝由部落的神转变为道德的

---

[1] 关于殷周为对立的两个民族系统,三十多年前有好几篇名著论之,如傅斯年:《夷夏东西说》(《中央研究院历史语言研究所集刊外编》,1935年),及《新获卜辞写本后记跋》;徐中舒:《从古书中推测之殷周民族》(《国学论丛》,第一卷,第二期,1927年),说皆丰长。但"民族""种姓"二词,甚不宜于泛泛使用。若并无考古学及体质人类学的证据,我们最好不用易涉及种族含义的名词。我们假定傅徐二先生原意是指"不同的文化集团",而且其"不同"之处,也不过是几个地方文化彼此之间的差异。本文第一节已说明关中的新石器文化有其地方性,但是与东方文化有密切的关系,因此我们以为周人标夏自重只是一种政治口号。

[2] 例如《尚书·召诰》:"皇天上帝改厥元子,兹大国殷之命。"(卷一五,页6)《多士》:"非我小国敢戈殷命。"(卷一六,页2)至于文王与殷商间之关系,除政治外,顾颉刚据《易经·归妹》之卦以为文王娶帝乙之妹,并以此解释《诗经·大明》,参看顾颉刚《周易卦爻辞中的故事》(《燕京学报》,第6期,1929年),页967—1006。但顾氏以《大明》三章属之二事,以为前咏殷女后咏莘女,其说颇涉穿凿。"归妹"卦辞,也可用地名释"妹",未必与嫁女为一事。参看孙次舟:《周人开国考》(《历史与考古》,第二回,1957年),页12—13。

[3] 《诗经》,卷一六之四二,页2。之上帝原是殷商祖先之集合体,"天"可能是西周自然崇拜的对象。参看顾立雅《释天》(《燕京学报》,第10期,1935年),页50—71,及拙稿《中国古代最高神的观念》(台湾大学文科研究所硕士论文)。

[4] 傅斯年:《新获卜辞写本后记跋》(《安阳发掘报告》,第2辑,1930年),页375。

神,不可不说是思想史上一件大事。自兹以还,周人指斥殷商酗酒、接纳逋逃……种种恶迹,都为了坐实"上帝弃汝"的口号,可是也为中国道德观政治立下第一次定义[1]。

综述本节文王时代,在武功方面清除了邻近诸侯,使东征时前无阻隔,后无顾虑;在意识方面,也可能是文王时,开始把周自比为夏后,以建立与殷商对敌的身份;而可能也是文王时,周人自诩为道德与天命的维护者,作为讨伐殷商大国的借口。

五、周人灭商

文王死后,武王继续完成了周人数代以来的工作,把周室的政令推行到东方的平原上。据史籍,武王奉了文王的神主,带着军队到了今天河南孟县的盟津,各处诸侯"不期而会"的有八百多位,可是周人终于没有进一步开战,却又退了回去[2]。

不久,在公元前1122年,武王再度统率西土的各邦军队,加上庸、蜀、羌、髳、微、卢、彭、濮八族的联军,据说总兵力是三百乘战车,勇猛的武士三千人,甲士四万五千人,到达离殷都安阳不远的牧野(今河南淇县西南)。在战场上,武王手执武器,挥

---

[1]《尚书》,卷一一,页8—23。德之观念为殷周之区分,参看重泽俊郎:《支那古代に於ける合理的思惟の展開》(东京,东方文化讲座会,1956年),页2—5。又参看张光直:《商周文化与美术中所见人与动物关系之演变》(《"中央研究院"民族学研究所集刊》,第16期,1963年),页25—130。
[2]《史记》,卷四,页21。据传统说法,武王是"退而示弱",我们不能考出武王退兵的理由,大约总是准备不够之故,存疑。

舞着旗帜誓师,数说商王纣的罪名:听信妇人的话,怠慢了神灵,疏远了弟兄,庇藏四方的逃犯。武王自命为恭行天罚,这就是后世所谓吊民伐罪的战役。军队在他的激励之下,与商王的大军接触了。商王七十万大军,经不起勇猛的西军进攻,而且前锋的军队突然倒戈相向。殷商大败,据说死伤之多,"血流漂杵",惹起好问的人怀疑"仁义之师"的真实性[1]。

牧野之战中,参加武王军队的成员,显然有友邦领袖自率的友军,及直属周人的军队[2],大约累世与周和好的姜族,出了很大的气力,牧野勇将"鹰扬"的尚父,即是姜姓的领袖。庸、蜀、羌、髳、微、卢、彭、濮八族,自汉、唐以来,史家

---

[1]《诗经·大明》:"殷商之旅,其会如林。矢于牧野:'维予侯兴。上帝临女,无二尔心!'牧野洋洋,檀车煌煌,驷騵彭彭。维师尚父,时维鹰扬。"卷一六之二,页8—10。《史记》,卷一一,页21—26。《尚书·牧誓》:"王左杖黄钺,右秉白旄以麾;曰:'逖矣西土之人。'王曰:'嗟!我友邦冢君、御事、司徒、司马、司空、亚旅、师氏、千夫长、百夫长,及庸、蜀、羌、髳、微、卢、彭、濮人。称尔戈,比尔干,应尔矛,予其誓。'王曰:'古人有言曰:牝鸡无晨。牝鸡之晨,惟家之索。'今商王受,惟妇言是用。昏弃厥肆祀,弗答;昏弃厥遗王父母弟,不迪。乃惟四方之多罪逋逃,是崇是长,是信是使,是以为大夫卿士;俾暴虐于百姓,以奸宄于商邑。今予发,惟恭行天之罚。今日之事,不愆于六步、七步,乃止齐焉。夫子勖哉!不愆于四伐、五伐、六伐、七伐,乃止齐焉。勖哉夫子!尚桓桓,如虎、如貔、如熊,于商郊;弗迓克奔,以役西土。勖哉夫子!尔所弗勖。其于尔身有戮!'"卷一一,页15—18。又《尚书》,卷一一,页22—24;《孟子》,卷一四上,页3—4。关于牧野之战的年份,自古推算诸说不一,相当公元前1116、前1111、前1070、前1067、前1066、前1050、前1047、前1030、前1027诸年,董彦堂先生以为当是公元前1111年,参看董作宾:《武王伐殷年月会考》(《台湾大学文史哲学报》,第3期),页178。又《殷历谱》,卷四,页15—19。Chou Fa-kao, "Certain Dates of the Shang Period" (*Harvard Journal of Asiatic Studies*, Vol.23 1960-1961), pp. 103-133. 此事应由年代问题之专篇解决,今暂从董说。

[2]《尚书》,卷一一,页14—15。

都以为是来自中国西南部四川、云南各地的蛮夷。但近人考证，颇有使人信服的理由，指出这八族可能是汉中以至洛水的若干部族[1]。

在殷人方面，军队中可能有不少是东方的夷人，也就是太皞少皞之族。据说他们"离心离德"，可能由此才有了"前线倒戈"的事。殷人末代国君纣（或帝辛）原不是一位茸塌的人物，由史籍资料看来，帝辛之时国势颇强，只是纣好大喜功，把国力消耗于与东夷的战争，一面西防周人，一面东伐东夷。两面作战，疲于奔命，而军队中的夷人又临阵倒戈相向。卜辞中征人方一事，也证实了纣在东方曾大有举动，也许人方即《左传》的东夷。"纣克东夷，而陨其身"，大约可以解释殷灭亡的原因，也正可说明为何周人在牧野一役能以少胜众了[2]。

---

[1] 徐中舒以为彭在汉水流域，庸在汉水上游，濮亦在江汉地区，髳在汉北，但徐氏仍把羌放在陇西，仍把蜀放在四川。参看徐中舒：《殷周之际史迹之检讨》（《中央研究院历史语言研究所集刊》，第七本，第二分，1938年），页150—153。钱穆则以为蜀在殷都近畿，髳在陕县，微即微子启之国，或在新安，卢在卢窦函谷之南，彭在黾池，濮在延津滑县，羌在河东近殷，不在西北。参看钱穆：《周初地理考》（《燕京学报》，第10期，1931年），页2007—2008。按：羌之地望已见第二节，据傅孟真先生考证为豫西山地。战国时，四川之蚕丛，开明诸传说与中原大殊，恐殷周之际未必与中原有如此密切的关系。云南各族更属山川遥隔。以前文第一节考古资料及第二节姜原所在来说，周人与国，以来自渭南以至伊洛各处者为比较可能。

[2]《左传》昭公十一年，卷四五，页18。又昭公四年："商纣为黎之蒐，东夷叛之。"卷四二，页28。徐中舒由此引《尚书》及金文，以为殷人为防周而在黎治兵，东夷猝发以为牵制，殷人返师东救，周遂兴牧野之役，其说颇合情理。参看徐中舒：《殷周之际史迹之检讨》（《中央研究院历史语言研究所集刊》，第七本，第二分，1938年），页155—158。又参看董作宾：《征人方日谱》（《殷历谱》，卷九），页61—62。

殷王纣战败自焚,周武王开始着手稳定对东方的控制。周的首都仍在丰水上的镐京。周封建纣的儿子禄父(即武庚)统治殷商旧域,由管叔鲜与蔡叔度在旁监督,号为"三监"[1]。武王不久去世,周公执政,三监联络徐、奄、淮夷叛周[2]。经过征夫辛劳,暴露三年的东征,周公第二次征服了东土。从此周人不再局促于渭水流域的故土。周公在今天的洛阳建设了一个东都成周[3],在成周不仅有王室的军队,而且有投降的殷商旧军"殷八师"和殷王国政府中的大小官员"胥伯小大多正"[4]。这些殷人的旧贵族,似乎仍保有他们自己的姓氏宗族组织和生活习惯,连墓葬的许多细节仍从殷俗[5]。周王室的姻党宗族也纷纷封建立国,作为周室屏藩,这些分封的诸侯,也都分到一些俘虏的殷人,他们之中不仅有一般的百姓,显然也有成族的旧贵族,以其专门的知识侍候

---

[1]《史记》,卷六,页26—29。《逸周书》(知服斋丛书版),卷九,页2—3。
[2]《逸周书》,卷五,页6—7。
[3]《诗经》中《东山》《破斧》,卷八之二,页6;卷八之三,页1。《尚书》,卷一三,页11—13。
[4]《小臣謎簋》:"白懋父以殷八师征东夷";《竞卣》:"唯白犀父以成师即东,命伐南夷。"《两周金文辞大系》(东京,文求堂,1932年),页13,55。《尚书》,卷一七,页12。
[5]《尚书·多士》,卷一六,页7—8;卷一七,页11—12。白川静:《释师》(《甲骨金文学论》,第三集)。郭宝钧、林寿晋:《一九五二年秋季洛阳东郊发掘报告》(《考古学报》,第9期,1954年)。李亚农:《西周与东周》(上海,1956年),页33。

新的主人[1]。

作周室屏藩的诸侯,在分布上也不是随意的。据傅孟真先生的研究,有好几个重要的藩属,如齐、鲁、燕,原本都建立于成周洛阳的南方,以辅翼成周,控御南方及东方[2]。这些封国犬牙相错,在成周前哨列成一串拱卫线,而诸国能在殷商旧宅的边缘立足,可能也赖诸姜的豫西旧势力为后援。一直等到第二次东征直薄海嵎,周人才把几个最重要的藩属,也就是尚父的齐,周公

---

[1]《左传》定公四年:"昔武王克商,成王定之。选建明德,以藩屏周。故周公相王室以尹天下,于周为睦,分鲁公以大路大旂,夏后氏之璜,封父之繁弱。殷民六族:条氏、徐氏、萧氏、索氏、长勺氏、尾勺氏,使师其宗氏,辑其分族,将其类丑,以法则周公,用即命于周。是使之职事于鲁,以昭周公之明德。分之土田陪敦、祝宗卜史,备物典策,官司彝器。因商奄之民,命以伯禽,而封于少皞之虚。分康叔以大路、少帛、綪、茷旃旌、大吕。殷民七族:陶氏、施氏、繁氏、锜氏、樊氏、饥氏、终葵氏,封畛土略,自武父以南,及圃田之北竟。取于有阎之土,以共王职;取于相土之东都,以会王之东蒐。聃季授土,陶叔授民,命以康诰而封于殷墟,皆启以商政,疆以周索。分唐叔以大路、密须之鼓、阙巩、沽洗、怀姓九宗,职官五正,命以唐诰而封于夏虚,启以夏政,疆以戎索。三者皆叔也,而有令德,故昭之以分物。"卷五四,页15—19。在金文铭辞中又提到分封,如《大盂鼎》:"王曰:……雩我其遹,相先王,受民受疆土,锡汝邦嗣四伯,人鬲自驭,至于庶人,六百又五十,又九夫。锡尸嗣王臣十又三伯,人鬲千,又五十夫。"(《两周金文辞大系》,页32—33)又有一个可能,是锡卫侯以殷旧贵族的例子:《遹毁》"王来伐商邑,诞命康侯鄙于卫。渣司徒遱及康侯鄙作厥考尊彝。"(容庚:《商周彝器通考》〔哈佛燕京学社,1941年〕,页42)李亚农以为与《三代吉金文存》三、一六,渣伯遱作宝尊彝为同一人,并且以为遹即是三监之乱后,迁殷顽民移交卫康侯的殷贵族,见李亚农:《西周与东周》(上海,1956年),页35,页54。
[2] 傅斯年:《大东小东说——兼论鲁燕齐初封在成周东南后乃东迁》(《中央研究院历史语言研究所集刊》,第二本,第一分,1930年),页101。傅氏以为燕当在今日郾城;鲁当在今日鲁山县;而凡、邢、茅、胙、祭、周公诸子的封国,亦均在鲁山东北,成一线排列;齐则当为吕国,在苑南吕宛,与申、甫、许、四、岳诸姜相近;卫则在成周之北,据商旧地,与宋为邻。

后人的鲁，和召公后人的燕，移到东方与东北，进一步镇守在东方平原上[1]。到这个时候，中国核心区域已统一于同一政治体系，周室的封建网已经笼罩了主要的战略根据地，周人成功地号令了中国。

　　本文尝试把考古资料、文献史料与近人的考证融合在一起，以叙述周人灭商的史实，在叙述的过程中，至少我们可以看到：第一，周人的文化基础也很古老，其程度与黄河下游的殷商文化相差不多，而且二者间有密切的关系。第二，周人经过好几代的经营，逐步向东方进迫，过程是漫长的，其中必有相当密切的文化接触，此点足以进一步支持殷周文化雷同的必然。第三，东方的夷人似乎未必与殷人合作来对抗西方的周人；反之，周人可能利用东夷造成对殷商包围的形势。第四，传统历史系统有其可信处，例如吴为姬周殖民、现在已获得考古资料坚强的佐证。正是为了这个理由，本文也曾依赖传统的史料，叙述无法利用考古资料的一些细节。

　　原载《"中央研究院"历史语言研究所集刊》第三十八本

---

[1] 关于三国徙封说，参看傅斯年：《大东小东说》。其中燕之迁徙路途最长，但也可能曾先徙封山西，然后再迁河北，参看顾颉刚：《燕国曾迁汾水流域考》(《责善半月刊》，第一卷，第五期，1940年)，页2。

周东迁始末

本文题目为周之东迁，然而为了追述缘由，不能不包括西周末季诸王。同时东周王朝事迹，也将附带叙述。至于全文重点，则仍在叙述与分析平王东迁的史事。幽王宠褒姒，以致亡国的故事，《国语》及《史记》均有之[1]。兹以《史记·周本纪》为代表："幽王二年，西周三川皆震，伯阳父曰：'周将亡矣……'三年，幽王嬖爱褒姒，褒姒生子伯服。幽王欲废太子，太子母申侯女而为后。后幽王得褒姒，爱之。欲废申后，并去太子宜臼，以褒姒为后，以伯服为太子。……褒姒不好笑，幽王欲其笑，万方，故不笑。幽王为烽燧大鼓，有寇至，则举烽火。诸侯悉至，至而无寇，褒姒乃大笑。幽王说之，为数举烽火。其后不信，诸侯益亦不至。幽王以虢石父为卿，用事，国人皆怨，石父为人佞巧，善谀好利，王用之。又废申后、去太子也。申侯怒，与缯、西

---

[1]《国语》提及幽、平之际史事者，有《周语》上、《晋语》、《郑语》诸处。《史记》提及此事者，有《周本纪》《秦本纪》《卫康叔世家》《鲁周公世家》《郑世家》诸处。古本《竹书纪年》也约略说到此事。

夷、犬戎攻幽王。幽王举烽火征兵。兵莫至，遂杀幽王骊山下，虏褒姒，尽取周赂而去。于是诸侯乃即申侯而共立故幽王太子宜臼，是为平王，以奉周祀。平王立，东迁于洛邑，辟戎寇。平王之时，周室衰微，诸侯强并弱，齐、楚、秦、晋始大，政由方伯。"[1] 这一段叙述，极富传奇性，但一个王朝的兴亡，自然还有更复杂的原因。以下将分节试作解析。

一、西周末叶的外族

西周列朝史事，屈翼鹏先生已撰有专章，可以参考。此处所谓末叶，指夷、厉、宣、幽四王而言。其中厉、幽二代，国命再绝。夷王之世，通常认为是周衰的开始。但由《后汉书·西羌传》引古本《竹书纪年》，夷王曾经命令虢公帅六师伐太原之戎，至于俞泉，获马千匹[2]。厉王之世，淮夷入寇，厉王也曾命虢仲讨伐[3]。宣王中兴，西北两面，频有戎事。据各项文献所载，秦人的祖先秦仲，曾受命伐西戎，戎为之少却。又先后伐太原戎及条戎、奔戎，王师都以败绩闻。晋人伐北戎于汾水流域，戎人却灭了周属姜侯之邑。王征申戎，破之。宣王三十九年，千亩之役，姜戎又败周师于千亩[4]。但《诗经·小雅》《六月》及《出车》，诗人歌咏尹吉甫及南仲的功劳。则猃狁"侵镐及方，至于

---

[1]《史记会注考证》（台北影印本），卷四，页60—68。
[2]《后汉书集解》（艺文影印本），卷八七，页2。
[3] 同上书，《东夷传》，卷八五，页2。
[4]《国语》（四部备要本），卷一，页8。《后汉书集解》，卷八七，页3。《史记会注考证》，卷四，页59。

泾阳"。尹吉甫"薄伐猃狁，至于太原"。在北方修筑城堡；南仲也讨伐了西戎[1]。幽王之世，除了最后西夷、犬戎入侵，杀幽王骊山一役之外，《后汉书·西羌传》引《竹书纪年》，还提到幽王命伯士伐六济之戎，军败而伯士战死。同时戎围犬丘，俘获了戍守西垂的秦世父[2]。

金文的记载，颇能补充文献的不足。兮甲盘、虢季子白盘和不娶簋三器铭文，都说到周与猃狁之间的战事。《兮甲盘》："唯五年三月既死霸庚寅，王初格伐厰狁于䍩虘。兮甲从王，折首执讯，休亡敃，王锡兮甲马四匹，驹车。"《虢季子白盘》："唯十又二年正月初吉丁亥，虢季子白作宝盘，丕显子白。庸武于戎工，经缵四方。薄伐厰狁，于洛之阳。折首五百，执讯五十，是以先行。趩趩子白，献戒于王，王孔嘉子白义。王格周庙，宣廚爰飨。王曰：'伯父，孔显有光。'王赐乘马，是用左王；赐用弓，彤矢其央；赐用戉，用政蛮方，子子孙孙，万年无疆。"《不娶簋》："唯九月初吉戊申，白氏曰：'不娶駿方，厰允广伐西俞，王令我羞追于西，今来归献禽。今命女御追于䍩。女目我靷，宕伐厰允于高陵，女多折首执讯，戎大同逨追女。女及戎，大臺馘。女休，弗目我靷圅于卹，女多禽折首执讯。'白氏曰：'不娶，女小子！女肇诲于戎工，易女弓一、矢束、臣五家、田十田，用逨

---

[1]《毛诗注疏》（四部备要本），卷九之四，页1—3；卷一〇之二，页1—5。
[2]《史记会注考证》，卷五，页1；《后汉书集解》，卷八七，页3。

乃事。'"三器时代,考证家虽有异说,当以宣王之世为长[1]。

配合三器铭文,及《小雅》的《采薇》《出车》《六月》《采芑》四诗,玁狁与周人之间的战事大约凡有二次。第一役在宣王五年四五月至冬季。参加者是吉甫、南仲、张仲诸人。战事在朔方、太原、焦获、泾阳、镐、罍厹诸地。南仲戍方,以为偏师。吉甫一军,败玁狁于罍厹,北追至太原;南仲一军亦北至朔方,二人分别筑城防塞。第二次玁狁之役在宣王十一年。参加者有方叔、虢季子白、不嬰诸人。战事在罩、西俞、高陵、洛阳诸地,均在王畿、西俞一隅。《采芑》诗中以荆蛮与玁狁连举,大约二者之间多少有些呼应,是以《采芑》有"征伐玁狁,荆蛮来威"之句。《虢季子白盘》全篇叙述玁狁战事,末尾却加上"用征蛮方"字眼。方叔是主将,兵力有三千乘,故《采芑》云:"方叔莅止,其车三千。"虢季子白为其部将,杀敌五百人,俘虏五千人。不嬰又是虢季子白的部下,是以十二年周王赏虢季子白,次年不嬰受赏于白氏,志其转战西俞、高陵的功绩[2]。

由文献与金文的材料,综合言之,周对西北二方的外族,采防御政策,即使追奔逐北,也只是对于入侵的反击。"城彼太原"及"城彼朔方"都是建筑北边的要塞。而玁狁入侵的地点,可以

---

[1] 三器铭释,均从白川静。白川氏《金文通释》,为周金研究最为特出的综合性著作。为便翻检,本文金文铭词,均采自该书,各器时代之异说,亦见该书。本节三器铭文,均见《白鹤美术馆志》,第32辑,《金文通释》一书,均以《白鹤美术馆志》名义出版,本文引用此书,均作《白鹤美术馆志》。劳贞一师指示:《兮甲盘》"惟五年三月,既死霸庚寅",此器为宣王时器无疑,贞一师卓见,谨录如上。
[2] 白川静:《白鹤美术馆志》,第32辑,页834以下。白川氏基本上是采取吴其昌的意见,见《金文历朔疏证》(上海,1926年)卷五,页16—31。

深入泾、洛之间，直逼京畿矣[1]。

周室对于东方与南方的外族，则采取积极的态度。开拓经营，不遗余力。早在昭王之世即曾对楚荆有所举动，传说有昭王南征不复之说，今日新出土的史墙盘更明白说到昭王广笞楚荆，唯狩南行。大体言之，周征伐对象，包括徐方、淮夷和荆蛮。这些事迹，《史记·周本纪》宣王一段失载，反倒是《诗经》中颇有记载。《大雅》中《江汉》歌咏召虎经营江、汉一带淮夷"式辟四方""至于南海"。《常武》记载周王命程伯休父"率彼淮浦，省此徐土"，以致"铺敦淮濆，仍执丑虏"，然后使"徐方来庭"了。出征的军人才凯旋北还。《常武》咏淮浦之役在先、接下去方叙"濯征徐国"。似乎同一支军队，转战二役。形容师旅之盛，诗人以江、汉为比。若比兴以有关之事为之，则徐夷、淮夷也在江、汉之间，正是后世荆楚之地。可能徐夷、淮夷诸族，犬牙相错，住居相间，也未可知[2]。

周之"南国"范围，主要是召伯虎经营的地区。据傅孟真先生的意见，南国当是在厉、宣二世逐步开拓的新疆土。地望在河以南，江以北，今河南中部至湖北中部一带。其中诸侯即汉阳诸姬，而在谢地建立的申国，正处王畿与南国之间。南国文物，后来成为东迁后的文化凭借。《诗经》中的二南及《大雅》《小雅》，其中一部分当即南国文化的产物。傅孟真先生的意见殊为

---

[1]洛之阳当指泾、洛而言，不是伊、洛之洛。见王国维：《鬼方獯狁考》，《观堂集林》(《王观堂先生全集》，册二，台北，1968年)，卷三〇。
[2]唐兰：《略论西周微史家族窖藏铜器群的重要意义》；裘锡圭：《史墙盘铭解释》；李仲操：《史墙盘铭文试释》，均见《文物》，1978年3期。《毛诗注疏》，卷一八之四，页8—11；卷一八之五，页1—4。

定论[1]。

金文中的史料，在周室对南方开拓的史事，也有文献所未见的细节。大约在厉王之时，南方有一次极大规模的战事。据"禹鼎"："乌虖哀哉！用天大降大丧于下或，亦唯噩侯驭方，遶南淮夷东夷，广伐南域东域，至于历内，王乃命西六师、殷八师曰：'囗伐噩侯驭方，勿遗寿幼，辥师弥宪匐匡，弗克伐噩。'辥武公乃遣禹，遶公戎车百乘、斯驭二百、徒千，曰：'于匡朕肃慕，击西六师、殷八师、伐噩侯驭方、勿遗寿幼。'雩禹以武公徒驭至于噩，辜伐噩，休，只厥君驭方。"[2] 这一役，东国、南国全为战场，周人动员了两京的常备部队。作战命令中，居然可以有"勿遗老（寿）幼"的严峻语句，战况大约也是残酷的。最后则噩侯被擒，徐中舒推断噩的地望为西鄂，即今日河南邓县。更由此推论，认为宣王中兴时，方叔及召虎的经营南国，以至封申伯于谢，都由惩于这次大动乱的经验[3]。

另一件虢仲盨的铭文，说到周王曾命虢仲南征，伐南淮夷[4]。可能即《后汉书·东夷传》所说淮夷入寇，虢仲征讨的同一件事。但《后汉书》说此役"不克"，则是否和擒噩侯之役为同一件史事，则未易确考。

在宣王之世，南淮夷曾内犯成周及于伊班，敔受命追击，

---

[1] 傅斯年：《周颂说》(《中央研究院历史语言研究所集刊》第一本，第一分)。又，召伯功业及南国事迹，也可看丁山：《召穆公传》(同上，第二本，第一分)。屈万里：《西周史事概述》(同上，第四十二本，第四分)。
[2] 《白鹤美术馆志》，第27辑，页450—456。
[3] 徐中舒：《禹鼎的年代及其相关问题》(《考古学报》，1959年3期)。
[4] 《白鹤美术馆志》，第25辑，页276。

斩首百，俘虏四百余人。由地名可考者言之，作战的地区在淅川、商县一带山地。淮夷显然沿着伊水河谷，深入两周之间了[1]。

淮夷在周室武力控制之下，大约以贡赋的方式，经常向周室进纳东南的出产。金文中至少有两处，在提到淮夷时，特别肯定这种贡纳关系。《兮甲盘》："王令甲，政辞成周四方责，至于南淮夷，淮夷旧我帛晦人，毋敢不出其帛、其责。其进人、其寅；毋敢不即餗即岑。敢不用令，剿即井犀伐。其唯我者侯百生，厥贵毋不即岑，毋敢或入蛮变寅剿，亦井。"《师衰簋》："王若曰：'师衰叟，淮夷繇我帛晦臣，今敢博厥众叚，反厥工吏，弗速我东臧。今余肇令女，遝齐帀冀赞，夔层，左右虎臣，正淮夷。即赞厥邦酋，曰冉、曰𡙇、曰铃、曰达。'师衰虔不豕，凤夜恤厥牆事，休既又工，折首执讯，无谋徒驭，驱孚士女羊牛，孚吉金，今余弗叚组，余用乍朕后男鼠障簋。其万年、子子孙孙，永宝用享。"[2]

二铭内容，有许多地方尚不能甚解。可知者，周人视淮夷为利薮，索取的东西有资财及士女牲畜。这些财富，似乎集中在成周贮存（《兮甲盘》）。淮夷若敢反抗，周人即大兵压境、俘虏其酋长首领。对照金文，则"小东大东，杼轴其空"的诗句，未必

---

[1] 敔簋的铭文，及地名考证，据杨树达：《积微居金文说》（1959年），页25。劳贞一师指示：上洛应即商县、淅川一带。这个地名，自汉代当沿用。不过据器文，是从上洛追至伊班，伊水即在洛阳之南，而上洛较远，中间且隔了一个熊耳山。所以上洛的地方，是否即汉代的上洛，还只是洛水的上游卢氏、洛宁一带，还有可以研讨的余地。俾云谨按：上洛地望，未易确切断定，二说俱存。
[2] 二铭分别见《白鹤美术馆志》，第32辑，页790以下；第29辑，页601以下。

是谭大夫所独具的感慨,倒颇可能是包括淮夷在内,东方人士对周人剥削的哀鸣[1]。

综合言之,周室对于东、南两面,采取积极的进取战略。其态度迥异于对西北的守势。周人侵略东南的行动,以成周为根据地。而侵略得来的贡赋积储,也放在成周。

二、宗周与成周的消长

周初建立东都,原为了控御东方。周室的真正基地,毋宁仍在丰镐。自从昭、穆之世,周对于东方、南方,显然增加了不少活动。昭王南征不复,为开拓南方事业而牺牲了生命。穆王与徐人之间的一场斗争,大约可算是周公东征以后,周代又一件大事。西周末季,开辟南国,加强对淮夷的控制,采东南进取的政策。东都成为许多活动的中心。卫挺生氏由此创为新说,以为穆王以后,周室已经迁都洛阳。这个理论仍颇多可商榷之处,兹不具论。但卫氏指出许多在成周的活动——例如发兵、锡命……则为对于古史的一个贡献[2]。

以控制财富而言,至少成周有不少东方与南方的委输。《兮甲盘》说到甲奉命管理成周的"四方赉",《颂壶》铭文也说:"隹三年五月既死霸……王曰:'颂,令女官䳒成周寅廿家,监䳒

---

[1]《毛诗注疏》,卷一三之一,页 4—5。关于大东小东与淮奄旧居的关系,见傅斯年:《大东小东说》(《中央研究院历史语言研究所集刊》第二本第一分)。
[2] 卫挺生:《周自穆王都洛考》(台北,1970 年)。

新造贮用御。'"当指二十所储存物资的仓库[1]。有大量的委积，有常备的军队（成周八师），成周成为东南诸侯的活动中心。周王常来驻节，东南军事行动常由成周发动，则也是可以想象的事了。

反过来看宗周的情形，西北的守势，未必能完全阻遏戎狄的侵略。上节所叙述周室面临的若干战役，敌踪都深入都城附近。幽王举烽火以博妃子一笑，其事颇涉戏剧化，然而至少也反映了烽燧直抵都下的现象。

周人为了防守京畿，必须厚集兵力，有若干原在东方，而未必属于周人嫡系的武力，大约也会调集畿辅左右。《史记·秦本纪》记载秦人前世，是原世居东方的嬴姓，属于风偃集团。祖先犬丘非子以善养马见知于周孝王，非子遂主持汧、渭之间的养马工作。非子的父亲大骆曾娶申侯的女儿，生子成。其时已为大骆适子。申侯因不愿周王以非子代子成为大骆适子的计划，向孝王进言："昔我先骊山之女，为戎胥轩妻，生中潏。以亲故归周，保西垂，西垂以其故和睦，今我复与大骆妻，生适子成。申、骆重婚，西戎皆服，所以为王，王其图之。"孝王于是封非子为附庸，号为秦嬴，但不废子成，"以和西戎"。可注意者，申侯、犬丘与西戎之间的婚姻关系，成为安抚西戎的重要因素。厉王之世，西戎反王室，灭犬丘大骆之族。周宣王以秦仲为大夫诛西戎，西戎杀秦仲。其子五人率周宣王授予的兵力七千人，破西戎

---

[1] 王国维及郭沫若均以贮作赐予解。但白川静引《兮甲盘》贾宾并举之例，及《佣生簋》的"其贮州田"，认为贮为征赋的意思。白川静之解较长。《白鹤美术馆志》，第24辑，页158—161。

而复仇，为西垂大夫。后来秦襄公又以女弟妻丰王——丰王据说是戎王荐居岐丰的名号。襄公伯父、犬丘世父曾一度被戎人俘虏，旋被释放。犬戎、西戎与申侯袭杀幽王于骊山之下，秦襄公将兵勤王，战斗甚力。平王东迁，襄公以兵送平王，平王封以岐西之地，答应秦能攻逐戎，即有其地为诸侯[1]。

由这一大段叙述，可知周人戍边的诸侯或将领，无论是申、是秦，都与戎狄有婚姻关系，边疆因此可以平靖。但若是内外联结，周人也不免遭逢噬脐之患。上文述及西戎与申、秦联姻，及戎王可以在岐丰立足。由这两点推论，戎狄浸淫渗透大约已深入内地。其情势可能与西晋末乱，胡、戎已在边地繁殖的现象类似。《后汉书·西羌传》谓：平王之末，戎逼诸夏，自陇山以东，至于伊、洛。所谓渭首有狄䝠、邽冀之戎（当在陇西天水一带），泾北有义渠之戎，洛川有大荔之戎，渭南有骊戎，伊、洛间有扬拒、泉皋之戎，颍首以西有蛮氏之戎，诚可说处处有戎迹。虽然《后汉书》记载这些戎人的分布，属平王之末，然而由上文申、

---

[1]《史记会注考证》，卷五，页9—12。劳贞一师指示：嬴氏不仅与戎为婚姻，其本身甚至可能为戎，具见蒙文通所考。秦的祖先非子，善养马，幸于周孝王，孝王召使主马于汧、渭之间，马大蕃息。秦的族人造父为周穆王御，长驱归周以救乱。造父六世孙奄父，为周宣王御。至晋献公时，赵夙犹为晋献公御戎。所以秦这一家是养马、御车历世相传的专家。他的祖先应当出于西北草原地带，把这一家列入风偃集团甚有问题，不仅秦未必出于东方，甚至于嬴姓另外一支的徐，也有问题，《书经·费誓》："徂兹淮夷、徐戎并兴。"在这一句之中，淮、徐并列，可见徐不是淮夷。况且淮夷称夷，徐戎称戎，还表示着徐是戎而非夷，原来是别处去的，而非滨海的土著。倬云谨案：淮徐应为二族，惟其方位则均无妨都在东部。养马御车，也可以是到西北后发展的文化特质。

秦与西戎的关系判断，戎狄入居当不止在平王之世了[1]。

秦人先世为西垂大夫，兄弟、昆季、父子相继与西戎周旋，当是以部族为战斗单位。周人军队中即有秦夷一种，与其他夷人同列。似乎都是战斗单位，或后勤服务的单位。金文中至少有两器铭文，提到这种周人以外的族类。一件是《师酉簋》："隹王元年正月，王在吴，格吴大庙，公族瑈厘入，右师酉立中廷，王呼史罿，册命师酉：'嗣乃且啻官邑人虎臣，西门尸、鼏尸、戁尸、京尸、夷身尸。'"另一器为《询簋》："王若曰：'询，丕显文武受命，则乃且奠周邦。今余令女啻官嗣邑人，先虎臣，后庸，西门夷，秦夷、京夷、鼏夷、师笭侧新、□华夷、由□夷、匧夷。'成周走亚，戍秦人、降人、服夷。"二器时代当在厉王、宣王之世[2]。《询簋》提到的单位，比《师酉簋》更多，而且明说有降人、服夷。举一反三，其中当也有不是降人、服夷，而是调来的少数民族战士，如秦嬴之例。以后世史事推论，汉有胡骑、越侯，明有土兵、狼兵，清有蒙旗、汉军。则周人部伍中，杂有诸种外夷戎狄，并非不可能之事。若周人为捍卫首都，大集东南降夷、"熟番"，以抵抗西北戎狄，则畿辅之内民族成分，难免复杂。与成周的兴旺对比，宗周虽然号为京畿，周室反而未必能有坚实的掌握与控制。

此种情形可由散氏盘铭文观之。散氏盘是周金中的名器，记

---

[1]《后汉书集解》，卷八七，页3。岑仲勉以为戎狄入周，系伊兰系民族的东迁，是欧、亚大陆民族大迁移的一波，此说颇有启发性，但能否证实，须联系整个欧亚大陆民族移动史，始可讨论，此处不赘论。参考岑仲勉：《西周社会制度问题》（上海，1956年），页92—100。

[2]《白鹤美术馆志》，第29辑，页555；第31辑，页702。

叙矢人侵散失败，于是矢人割地付散，正其疆界。地方均在渭南，包括眉、豆等处田地。然后与矢人有司十五人的名字，散人有司十人的名字（据王国维考证，其中可能包括制作善夫克钟的克，及作鬲从盨的鬲攸从）。这些人名大约是随从矢、散二主的官员。文末矢及有关人士盟誓，不再爽约。矢称王号，以地图交授史正仲农。全文三百五十字，文长不录[1]。

王国维由《散氏盘》中矢、散两国在厉王之世的情形，论及周室的式微。认为南山的古代微国，及周初所建井、豆、景诸国，已为散、矢两国并为领地。天子亲信大臣膳夫克，其分地跨渭水南北。鬲攸从也是能自达于天子的人物，而二者皆受胁于散氏，列名有司，失去独立之实。矢器出土，铭文自称矢王者，除此件外，还有数器，王氏以为周室及渭北诸国，困于西北狎狁，但能自保。矢、散两国，依据南山，旁无强寇，遂得坐大，于是矢既僭称王号。散人因矢人侵轶，而力能使之割地，亦不是弱者。邦畿之内，兼并自如。两国签约，也目无王室。是以王氏叹息：“周德之衰，于此可知矣！”[2]

综合本节，成周因东南的开拓而日益重要。相对言之，宗周原是周室的根本，却因逼于戎狄，四郊多垒，仍难免戎狄的渗透，甚至有戎狄与边将交通联姻之事。畿辅之内的诸侯，也有专擅自恣者。周室在东南的成功，竟未能对王室的式微，发生强心的作用。

---

[1]《白鹤美术馆志》，第24辑，页193—203。
[2] 王国维:《散氏盘跋》,《观堂古金文考释》(《王观堂先生全集》, 册六）。

三、西周末叶的封建制度

西周立国，封建亲戚，以藩屏周，此是中国历史上封建的定义。封建的诸侯，在其控制的范围内，也有级次的分封，是即卿大夫的氏和家。这个封建的金字塔，由天子而至士，有其一系列的相对权利和义务。由于诸侯各有封疆，我们往往遂以分封土地为封建的要件。细审周人封建制度的发展史，"授民""授疆土"二者之中，在早期的封建社会授民毋宁较之授疆土更为重要。借后世的史事以为引喻，满洲初封八固山时，贝勒们各有领民，但未必有明白的疆界，周代替殷商为古代中国之主人，诸侯也不过各自率领若干姬、姜集团的战士，配属一些降服的殷商遗民及若干土著，分别驻防于战略要地。星罗棋布，互相呼应，互相声援，撑起一个以少数（周人）统治多数（非周人）的政治系统。当时驻防的要塞，即是筑有城堡工事的都邑。所谓"国"，只是都邑，而不指四界之内的疆域。

《左传》定公四年，追述周初分封鲁、晋、卫三国的情形。"昔武王克商，成王定之，选建明德，以藩屏周，故周公相王室，以尹天下，于周为睦，分鲁公以大路大旂，夏后氏之璜；封父之繁弱，殷民六族：条氏、徐氏、萧氏、索氏、长勺氏、尾勺氏，使帅其宗氏，辑其分族。将其类丑，以法则周公。用即命于周，是使之职事于鲁，以昭周公之明德。分之土田陪敦、祝宗卜史，备物典策，官司彝器，因商奄之民，命以伯禽，而封于少皞之虚。分康叔以大路、少帛、绩茷旃旌、大吕。殷民七族：陶氏、施氏、繁氏、锜氏、樊氏、饥氏、终葵氏。封畛土略，自武父以南,及圃田之北竟,取于有阎之土,以共王职,取于相土之东都,以会王之东蒐。聃季授土,陶叔授民,命以康诰,而封于殷墟,皆启以商政,疆以周索。分唐叔以大路、密须之鼓,阙巩、沽洗,怀姓九宗,职官五正,命以唐诰,而封于夏虚,启以夏政。"[1]

由于分封以授民为主,是以此处说到疆域,范围极为空泛模糊。更须注意者,周初诸侯可以徙封,所管领土地也不必完整地集中在一个地区。徙封的例证颇多,傅孟真先生考订,以为鲁、燕、齐三国,最初皆封于成周东南。鲁之至曲阜、燕之至蓟丘、齐之至营丘,都是周公东定商奄以后的事[2]。若不是封建以授民为主体,孰可以一国迁徙千里之外?领土分散的情形,上引《左传》定公四年一节中,已见康叔有两个各别分开的封土。又例如鲁与郑交换土地的事,《左传》隐公八年:"郑伯请释泰山之祀而祀周公,以泰山之祊易许田。"[3]鲁在今山东省,而可遥领河南的许田。郑居今河南省,而也可领有泰山下的祊。这种"飞地",固不能形成完整领土的一部分。"国"以人民为主,却不以土地为主。此所以平王东迁,郑国也可以由今日陕西徙迁东土,建立新的郑国于草莽之间——郑事将于下文再详说,此处不赘。

本文前节曾引厉、宣之世的师酉簋、询簋二器铭文,列举邑

---

[1]《春秋左传正义》(四部备要本),卷五四,页 8—10。
[2] 傅斯年:《大东小东说》,(《中央研究院历史语言研究所集刊》,第二本,第一分)。关于"邑"的演变及封建的关系,宫崎市定、Paul Wheatley 及杜正胜均有研究,请参看拙稿《周代都市的发展与商业的发达》(《"中央研究院"历史语言研究所集刊》,第四十八本,第二分)。又请参看宫崎市定:《中国上代は封建制か都市国家か》(《史林》,三三卷,二期,1950 年)。
[3]《春秋左传正义》,卷四,页 5。

人虎臣及诸种夷属,可知二人继承的祖业,以领属的部位为主要成分。邑人当指周人组成的"国人"。虎臣是虎贲、虎士一类的亲卫。而西门夷之属,即类似前举《左传》定公四年所列的殷民六族、殷民七族、商奄之民、怀姓九宗。

  授民的封建,渐渐转变为授土地的封建。揆以情理,诸侯在当地定居日久,不再以驻防自居。《礼记·檀弓》言:太公封于营丘以后,五世反葬于周[1]。然而六世之后,显然已与当地"认同"了。更重要的则是,诸侯由国都向四郊逐渐发展,城邑日多,田野日辟,由点而扩展为面。旧日国都与国都之间,榛莽遍布,点与点之间不必有清楚的边界。一旦有了面的开展,诸侯之间即不免有了面与面的接触,于是而必须有清楚的分界。西周末叶的封建,由《诗经》与金文的史料观之,授土地的观念,已比授民观念为强烈。《诗经·大雅》的《崧高》与《韩奕》两篇,都是韵文的锡命策。《崧高》:"王命召伯定申伯之宅,登是南邦,世执其功;王命申伯式是南邦,因是谢人,以作尔庸;王命召伯彻申伯土田;王命傅御,迁其私人……王命召伯彻申伯土疆,以峙其粮,式遄其行。申伯番番。既入于谢,徒御啴啴……"[2]其中固有"因是谢人"及"迁其私人",代表授民的意义,也强调了"彻土田""彻土疆"的意义。《韩奕》:"王亲命之,缵戎祖考,无废朕命,夙夜匪解,虔共尔位,朕命不易、榦不庭方,以佐戎辟……溥彼韩城,燕师所完,以先祖受命,因时百蛮,王锡韩侯,其追其貊,奄受北国,因以其伯,实墉实壑,实亩实

---

[1]《礼记正义》(四部备要本),卷七,页1。
[2]《毛诗注疏》,卷一八之三,页1—6。

藉……"[1]韩侯再受锡命,未见授民,倒是强调了地田亩与赋税的权利。两诗对土地与人民的语气,已异于前引周初策命的偏于人民了。

西周末克氏作器传世颇多。《克盨》:"隹十又八年,十又二月初吉庚寅。王才周康穆宫,王令尹氏、友史趞,典善夫克田人。"《大克鼎》:"王若曰:'克,昔余既令女,出内朕令,今余隹䎘熹乃令,易女叔巿,参回苴悤,易女田于埜,易女田于渒、易女丼家𤔲田于㽙,以厥臣妾,易女田于康,易女田于匽,易女田于隃原,易女田于寒山、易女史小臣、霝龠鼓钟、易女丼逨𤔲人𩁹,易女丼人奔于昜,敬夙夜,用事,勿灋朕令!'"[2]另有易衣服、器用、车马的《师克盨》,此处毋庸讨论。但以《克盨》《大克鼎》二器言之,土地人民都在赏赐之列。然而锡土地的仔细明确,竟是一片一片田土列举不遗。据王国维考证,克的领土,建都渭水南岸。封地远在渭北,北至泾水,奄有渭河南北,俨然岐下一个大领主。

白川静以为克氏是原在东方的大族,似颇有可能。《小克鼎》

---

[1]《毛诗注疏》,卷一八之四,页1—7。
[2]《白鹤美术馆志》,第28辑,页486,页500—508。贞一师指示:克盨"惟十又八年,十又二月初吉庚寅"。此器自为晚周所作。共和以后,宣王有十八年,而幽王无十八年,但宣王十八年十二月丁未朔,无庚寅,必在宣王以前。董氏设计厉王十八年为前2772年,是年十二月癸酉朔,庚寅在十八日,非初吉,亦不合。惟前2806年十二月庚寅朔,若不从董袁以为夷王三十年,可以假设此年为懿王十八年。《御览》八十四引《史记》(《史记》无,盖《纪年》文),懿王在位25年,则前2799为懿王二十五年,前2798为孝王元年。《御览》八十四,孝王在位15年,则前2783为夷王元年。《御览》八十四,夷王在位15年,则前2768为厉王元年。厉王在《御览》所引无年数,至共和元年,则厉王在位16年,然后即共和元年,亦均合理。谨谢贞一师卓见。

以善夫克在成周"遹正八师之年"作为纪念。克自可能与成周八师有特殊关系[1]。《克钟》："王亲令克，遹泾东，至于京师。"似是划定归克氏驻守的地区[2]。《师克盨》又称克氏："干吾王身，乍爪牙。"奉命"嗣艩左右虎臣"，则克之职务又包括统领近卫武士，类似王宫宿卫了[3]。若克氏是成周调取来京的军事长官，则克盨与善夫克田人，也许是指定克氏在宗周附近的产业民人。傒大克鼎锡以各处田，则更是赏赐大片领地了。克氏在宗周的发展，也类似秦人祖先的发展，都与宗周经常逼于西北戎害的紧张情势有关。畿内驻军，一片一片地取得王室能直接处理的土地，王室本身的逐渐削弱，是为不可免的情况。

上节曾说到《散氏盘》所记矢、散立界约之事，详记各处分界线，由一个定点分述向东、南、西三方面的界限。以"封"为界标，以陵泉、道路为界线。显然散、矢的田邑接壤比邻，也为此才有侵夺的行为发生。

时代可能稍早的《曶鼎》，记载匡、曶争讼的事。据说，"昔馑岁，匡众厥臣廿夫，寇曶禾十秭"[4]。原铭中未记寇禾经过，可能是偷粮仓，也可能是抢割田中收成。如属后者，则曶与匡之间的田地应接界，始有可能。原史料不详，未宜妄说。

《倗生簋》文辞诘屈，不易通读，但大意可知是格伯与倗

---

[1]《白鹤美术馆志》，第28辑，页514。又参看白川静：《金文の世界》（东京，平凡社，1971年），页183—184。
[2] 同上书，页533。
[3] 同上书，页545—546。
[4] 同上书，第23辑，页131。此器时代也在懿、孝之世。但若与曶壶同一主人，则时代又当晚至夷、厉。

生，以良马一乘（四匹）交换州田的事。接下去是按行甸野，经过一串地名，均是山林、川谷，大约也是勘定四至。然后与《散氏盘》一样，以契约存放史官。文末谓格伯的田已"典"，当指已经"登记在案"[1]。田地可以买卖，一则田地代表财富，二则领主已有充分的处置权。封建制度下，周王应是天下共主，一切封土的最高所有者。封君自己买卖田地，未尝不表示周王最高所有权及封建体制，已经历极大的转变。

本节所说，大体谓周诸侯已由"点"的戍守，逐渐转变成"面"的主权。诸侯戍守驻防，有赖于彼此的合作。诸侯各为有领地的主人。农田开拓，一旦两片领地接壤时，比邻之间的关系，即由互相支援转变成彼此竞争。周代封建网维系的秩序，于是也面临严重考验。宗周畿内，因有许多领主原为保卫京畿的驻防队伍，其由驻防而变成割据，对于姬周王室的实际力量，当然也构成严重的影响。

四、周东迁的前后

《国语·周语》记载一节厉王专利的故事："厉王说荣夷公、芮良夫曰：'王室其将卑乎？夫荣公好专利而不知大难，夫利，百物之所生也，天地之所载也。而或专之，其害多矣！天地百物皆将取焉，胡可专也？所怒甚多而不备大难，以是教王，王能久乎？夫王人者，将导利而布之上下者也。使神人百物，无不得其

---

[1]《白鹤美术馆志》，第20辑，页426—432。"典"字也见《克盨》，该铭已于本文前节说过。按：《佣生簋》也为西周末期之器。

极,犹日怵惕惧怨之来也。故《颂》曰:'思文后稷,克配彼天。立我蒸民,莫匪尔极。'《大雅》曰:'陈锡载周。'是不布利而惧难乎,故能载周以至于今。今王学专利,其可乎?匹夫专利,犹谓之盗,王而行之,其归鲜矣。荣公若用,周必败。'既荣公为卿士,诸侯不享,王流于彘。"[1]

这一段议论,文辞含糊,所谓"专利",并无正面的交代。但细玩文义,有数点可析出:第一,"利"大约指天然资源,是以谓之"百物之所生""天地之所载"。第二,利须上下均沾,是以王人"将导利而布之上下"。唯有以赏赐的方式广泛地分配利源,始使"周道"延绵至今。第三,荣公专利的后果,是"诸侯不享"。循此推测,在周人封建制度下,山林薮泽之利,应由各级封君共享。即使以赏赐或贡纳的方式,利源仍可上下分享。厉王专利,相对的也就使诸侯不享。荣公之政策,可能有其不得已之处。本文上节曾提出王室窘迫的可能性。外有国防需要,内有领主的割据。周室可以措手的利源大约日渐减少。费用多而资源少,专利云乎,也许只是悉索敝赋的另一面。这是时势造成的情况,然而也意指封建领主间,宝塔式的阶级分配制度,已濒于崩解。

《国语·周语》也记载了宣王料民的史事:"宣王既丧南国之师,乃料民于太原,仲山父谏曰:'民不可料也。夫古者不料民而知其少多,司民协孤终,司商协民姓,司徒协旅,司寇协奸,牧协职,工协革,场协入,廪协出。是则少多、死生、出入往来者,皆可知也。于是乎又审之以事,王治农于籍,搜于农隙,耨

---

[1]《国语》(四部备要本),卷一,页5—6。

获亦于籍，狝于既烝，狩于毕时，是皆习民数也，又何料焉？不谓其少而大料之，是示少而恶事也。临政示少，诸侯避之。治民恶事，无以赋令。且无故而料民，天之所恶也。害于政而妨于后嗣。'王卒料之，及幽王乃废灭。"[1]

仲山父的议论，透露出一些消息。一方面他指出"古者"如何如何，说明不必经过户口调查，人口统计早在掌握之中。另一方面，他又指出，户口的数字已经少了，何必再大举调查以示弱；实则宣王为了丧师之后，要做一次"国势调查"。若仲山父议论的古制仍未失去功能，宣王自然不必多此一举。大约实际人口与官府记录，已有了差距，宣王始不得不料民。很可能仲山父也预见料民的后果是人口太少（或人口减少），因此有何必示人以弱的议论。由这一段史料推论，宣王时周室可能经历了户口减少的危机，至少也是周王直接控制下的户口，比应有之数为少。

户口减少总不外二端。或由自然灾害，或由人为原因。人口增殖趋于负值，也可由人口的逃避登记。前者目前无史料可为讨论依据，兹不论。后者的可能则有一段金文可为佐证。大克鼎的铭文列了一连串赏给克氏的田地人夫，其中有一条是"丼人奔于㝬"。白川静以为可释为逋播的仆臣[2]。如白川氏之解释成立，则不仅有人逋逃，而且缉获之后，逃户可降为赏赐的东西。至于料民之举是否也隐含缉捕逃户，则史料不足，未敢妄说。

幽王即位后，宠信褒姒及一批近臣，又不巧发生极巨大的震灾。天灾、人祸，以至于亡国。布之上下者凡此，屈翼鹏先生在

---

[1]《国语》，卷一，页9—10。
[2]《白鹤美术馆志》，第28辑，页507。

周东迁始末　53

《西周史事概述》一文中，均已有生动扼要的叙述。屈先生指出《诗经·大雅·瞻卬》及《小雅·十月之交》，描述褒姒及其党羽的胡作非为，诚为确论。配合本文上节所述，周人封建制度濒临解体的危机，以及若干领主割据的现象，则朝廷予夺之际，大致会背离封建原有体系的行为准则，政府惹人怨怼，也就是必然之事了。

西周遭遇天灾，《十月之交》有生动的描写。日蚀、地震、百川沸腾、山冢摧崩、高岸为谷，深谷为陵[1]。而且泾水、渭水、洛水三条河流，也因山崩而干枯。伯阳父所谓"源塞国必亡，夫水土演而民用也。水土无所演，民乏财用，不亡何待？"[2]显然意指因水源干竭而造成旱灾，妨碍了农业生产。西周地处陕西的黄土高原，土层深厚，而必须下达河谷，始及水源。若无灌溉系统，即须依仗黄土层的毛细作用，吸引水头，上达地表。地震可使三川塞竭，岐山崩坍，地层变动。则地下水分布的情况，也必受极大的干扰。西周时代的农作物，以黍稷为主。黍稷即使比麦类耐旱，仍须吸收相当的水量。地下水不足，则须依靠天水。于是雨量稍不足，便造成旱灾了。古人对天灾极为畏惧，总认为这是天人交感下，上帝对下民的惩罚。心理上所受的打击，往往比实际的经济效果更为沉重。《大雅·云汉》一诗，据诗序属之宣王之时。但其中提到的冢宰趣马、师氏膳夫，大约与《十月之交》的近臣是同一批人物，而且"周余黎民"一语，也像骊山之难后的口气，不像是宣王中兴气象。如此则"云汉"所说旱象，

---

[1]《毛诗注疏》，卷一二之二，页3。
[2]《国语》，卷一，页10。

也当为幽王大乱前后的事。呼天不应,先祖的神灵也不施援手,诗人只有悲叹"旱既太甚""饥馑荐臻"了[1]。《召旻》一诗,蹙国百里,必须是幽王之世的现象。诗人也提到"池之竭矣""泉之竭矣"。草也枯槁,以"癙我饥馑、民卒流亡"描写灾荒,至为痛切[2]。

若只是西戎在骊山下袭杀幽王,一旦戎人退却,新王即位,西周非不可收拾。然而王畿有领主割据,灾馑荐臻,宗周故土遭尽天灾人祸,人心惶惶,于是周王室必须弃兹西土,东迁到较为富足的伊、洛一带。

西周末季,"逃难"的想法似已很普遍。《十月之交》一诗"皇父孔圣,作都于向,择三有事,亶侯多藏,不憖遗一老,俾守我王,择有车马,以居徂向"[3]。屈翼鹏先生解释为皇父预先安排避难之所[4]。同样的情景,也可由郑伯早作东迁之计一事观之。《国语·郑语》:"桓公为司徒,甚得周众与东土之人,问于史伯曰:'王室多故,余惧及焉,其何所可以逃死?'史伯对曰:'王室将卑,戎狄必昌,不可逼也。'"[5]商量的结果,郑伯在虢、郐十邑之地寄孥,以为东迁之备。

有一些未做充分准备的西周贵族,大难来时,唯有仓促逃亡,而将重器宝物窖藏。若干窖藏到今天重见,仍完整如新藏入土。早在1940年,陕西扶风有农民发现一个深洞,内藏各种铜

---

[1]《毛诗注疏》,卷一八之二,页8—13。
[2]同上书,卷一八之五,页8—11。
[3]同上书,卷一二之二,页5。
[4]屈万里:《西周史事概述》,页12。
[5]《国语》,卷一六,页1—6。

器百余件。据说深洞是一有建筑性的悬坑，不是埋藏的土穴。诸器整齐排列，金色灿烂，俨然如新。据推测是宗周贵族遭遇变乱之时的窖藏[1]。1961年，陕西长安的张家坡，出土青铜器53件。诸器时代不一，有早到成王时期的，有在西周中叶或以后的。诸器也非作于一家，有作于他姓，似系媵赠。坑中埋藏情况，不像殉葬，而是窖藏。据推测，若是厉王奔彘时所藏，宣王复辟，一切恢复正常，原主当会启封。唯有幽王骊山之难，有些贵族仓促逃难，窖藏才永未启复。最近扶风又出土铜器103件，是微史家族窖藏，也是这一类性质[2]。

《诗经》大小雅中，颇有一些忧愁怨叹之词。若抛开诗序的刻板解释，有不少诗句显然是描述逃难的痛苦。这些"周余黎民"，在颠沛流离之中的心情，颇可以《小弁》的几章作为代表："弁彼鸒斯，归飞提提。民莫不穀，我独于罹。"自己的命运，比不上有巢可归的乌鸦，难怪他要仰首向天，问自己"何辜于天，我罪伊何"。平易可行的王室驰道，已长满了茂草，自己却不得不离开桑梓，离开父母。流亡生涯，譬如河上漂浮的小船，不知何处届止。末尾二句，"我躬不阅，遑恤我后"，大约所有流亡之士都不免有此体会[3]。在《桑柔》中难民们感叹亡国之痛，无人能先去兵寇之害，"乱生不夷，靡国不泯。民靡有黎，具祸以烬"。人民栖栖遑遑，不知何往："国步蔑资，天不我将。靡所

---

[1]《陕西最近发现的西周铜器》(《文物参考资料》，1951年10期)，页143—144。
[2] 郭沫若：《长安县张家坡铜器群铭文汇释》(《考古学报》，1961年1期)。又陕西周原考古队：《陕西扶风庄白一号西周青铜器窖藏发掘简报》(《文物》，1978年3期)。
[3]《毛诗注疏》，卷一二之三，页3—4。

止疑，云徂何往。""自西徂东，靡所定处。"[1]他们怨叹天道的无情，降下灾祸；他们也诅咒人谋的不臧，及执政的非人。例如《瞻卬》《雨无正》《北山》诸篇，都充满了呼天不应，不免怨恨人事的情绪[2]。终日不能得一饱，流亡的人会兴起"生不如死"之感，《小雅·苕之华》："知我如此，不如无生"，正是这种心情的表现[3]。《国风》中也有不少感叹的诗篇。《黍离》形容役夫在过宗周时，宫室层为黍稷，心中伤悲，步履蹒跚的情形。《君子于役》形容征夫在路，归家无日，其妻子在日暮牛羊归牧鸡栖于埘，不禁怀念寓人。《中谷有蓷》也咏叹夫妇中道仳离的苦况。流亡的难民，无依无靠的哀鸣见于《葛藟》，对遭遇的命运怨叹则见于《兔爰》[4]。乱世之音怨而怒，亡国之音哀以思，这些诗篇所见，适是最好的例证。

至于平王迁徙的细节，不易详考。后世固然以平王为正统，如《史记·周本纪》："于是诸侯乃即申侯而共立故幽王太子宜臼，是为平王，以奉周祀。平王立，东迁于雒邑，辟戎寇。"[5]但据《左传》昭公二十六年："至于幽王，天不吊周。王昏不若，用愆厥位。携王奸命，诸侯替之。而建王嗣，用迁郏鄏。"[6]《古本竹书纪年》："（晋文侯七年）幽王立褒姒之子伯服，以为太子。平王奔西申。（十年）伯服与幽王俱死于戏。先是申侯、鲁侯及

---

[1]《毛诗注疏》，卷一八之二，页2。
[2] 同上书，卷一二之二，页6—8；卷一三之一，页11—15；卷一八之五，页4—8。
[3] 同上书，卷一五之三，页7—8。
[4] 同上书，卷四之一，页3—4，页6—8。
[5]《史记会注考证》，卷四，页66。
[6]《春秋左传正义》（四部备要本），卷五二，页4。

许文公，立平王于申。幽王既死，而虢公翰又立王子余臣于携。周二王并立。（二十一年）携王为晋文侯所杀。"[1]周二王并立，形势大似唐玄宗奔蜀，太子与永王对峙的局面。晋文侯杀携王，则所谓"吾周之东，晋、郑是依"由来久矣。

平王之东，大约也颇有一段颠沛之苦。据当世扈从之人的后裔自称，"昔平王东迁，吾七姓从王。牲用备具，王赖之而赐之骍旄之盟曰：世世无失职。若筚门闺窦，其来东底乎，且王何赖焉？"[2]则平王的扈从不多，而平王颇依赖这些共患难的从亡之士。由此推测，平王未必十分依靠母舅申侯。若平王得大藩（如申侯）之援，牲用自有供应，无须从王的七姓贵族进御了。申侯在东周政治上，未见有突出的政治地位，也反映平王东迁，并无得到申侯的充分支持。

郑国在平王东迁后，是王室的重要支持者。一则郑国始封之君桓公，是厉王之少子，宣王之弟；论亲属关系，与平王颇为亲近——至少比晋、鲁、卫诸国为亲近。二则郑原封在宗周畿内，也是在幽王之世才作东迁的打算的。本文前一节已引用《国语·郑语》，桓公作东迁打算的一段文字。据说史伯建议郑桓公，以周室多难，寄帑与贿于虢、郐等十邑。后来郑桓公死幽王骊山之难，其子武公取十邑而为郑[3]。

《国语》归之于史伯的策略，颇有可疑之处。史伯预料春秋之世，秦、晋、齐、楚代兴的预言，一一应验。若在幽王之世，

---

[1] 范祥雍：《古本竹书纪年辑校订补》（上海，1962年），页33—35。
[2]《春秋左传正义》，卷三一，页7。
[3]《国语》，卷六，页1—6。《史记会注考证》，卷一二，页5。

即能预言西垂附庸的秦人，可以蔚为大国，未免太过神奇。其实郑在东方并非全无基础。《左传》隐公八年，郑国以泰山之祊易鲁国的许田。据说这块土地是桓公在泰山下的汤沐邑。郑在殷商时，已是东方的雄族。白川静以为卜辞的"奠"，即郑，其活动范围为今日河南郑州一带。殷亡，周徙郑人于畿内，是以西方也有郑地名。寰盘甚至有娶姬姓子女的郑伯。桓公以厉、宣之亲，获封畿内的咸林，当是西郑。郑武公在东方再造新邦，其实是郑人返回故地[1]。

白川氏之说，甚有意致。《国语·郑语》："桓公为司徒，甚得周众与东土之人。"《史记·郑世家》："友初封于郑。封三十三岁，百姓皆爱之。幽王以为司徒，和集周民。周民皆悦，河、雒之间人便思之。"[2] 足见桓公与东方河、雒之间，颇有特殊关系。本文第三节曾讨论封建以封人民为始貌，郑桓公封郑，可能即为授予旧郑人之族。郑人在西以咸林为居地，亦即郑桓公的封邑。但东方的郑人仍居河、雒之间，而与在西方的郑人声气互通。郑伯袭取十邑，鹊巢鸠占，若不得内应，势难成功。

春秋郑国商人与郑国公室之间，有一重很特殊的契约关系。《左传》昭公十六年："子产对曰：'昔我先君桓公，与商人皆出自周。庸次比耦，以艾杀此地，斩之蓬蒿藜藋而共处之。世有盟誓，以相信也，曰："尔无我叛，我无强贾，毋或匄夺，尔有利市宝贿，我勿与知。"恃此质誓，故能相保，以至于今。今吾

---

[1] 白川静：《殷代雄族考——郑》（《甲骨金文学论集》，京都，1973年），页367—440。
[2] 《国语》，卷一六，页1。《史记会注考证》，卷一二，页3。

子以好来辱,而谓敝邑强夺商人,是教敝邑背盟誓也,毋乃不可乎!'"[1]

这一段说辞中,可注意者三。第一,在幽王骊山之难以前,桓公即有东来的安排。第二,这群商人并非郑国旧有的臣属,始须互立"尔无我叛,我无强贾"的盟誓。第三,郑人立足的地方是蓬蒿藜藋遍地的原野,而不是已经有居民的都邑。由第一点言,《国语》史伯的议论中,有关桓公东移一节,基本上与《左传》子产所说相符。由第二点言,幽王时代已有不少人作东迁打算,其中有贵族,也有组成队伍的商贾。两者可以合作创立基业。由第三点言,寄孥十邑之说,其真相可能是郑人在河、洛、颍各国(邑)之间的瓯脱隙地,开荒辟野,建立新郑。至于选择此地,则与居东郑人有关。有了自己的基业,郑武公始能逐渐侵夺虢、郐诸国,蔚为东周大邦。东方地大,是以宗周畿内诸国(如矢、散)已因鳞次栉比,而必须划定界线时,东方仍有不少邦国城邑之间的隙地,可供郑桓、武之属开拓。想来当时东迁之人群,当也有不少如郑之例,但具体而微耳。

总之,西周之末季,宗周旧地,天灾、人祸,人心不安。东土有发展的余地,平王东迁,不仅是王室行政中心的东移,也当意味相当数量人口的东移。由另一角度来说,西周的畿内原有许多由东方迁去的人口,其中有若干翩然迁返旧居,如郑人。另一方面,也有些渐在西土定居了,如秦人。

---

[1]《春秋左传正义》,卷四七,页10。

五、东周列王概述

平王东迁后,宗周故地未尝全失。秦襄公、文公两世与戎战斗。秦文公十六年,终于尽收周余民。岐以西已由平王封秦为诸侯,秦献岐山以东于周[1]。是以周人旧有畿辅之地,只少岐西一带。周人凭借旧业,再加上东都储积,有郑、虢大藩,左右提挈,王室恢复声威,应非不可能。但东周二十五王,全不振作,内乱频仍,终于澌灭。东周史事,自有春秋战国各章分别论列,此处以东周王室的历史为限。

东周天王体制的败坏,自然与周王直辖疆域的缩减有关。据顾栋高的估计,周东迁之初,土地仍可方六百里。当河南中部、跨黄河南北。借虢国桃林,与西京联络。申吕南阳,以控御南方。襟山带河,晋、郑夹辅,其形势足可中兴[2]。据《左传》隐公十一年,桓王取邬、刘、芳、邗之田,而予郑人苏忿生之田温、原、绨、樊、隂、邧、欑、茅、向、盟陉、隤、怀十二邑,周壤地大削[3]。庄公二十一年,惠王因郑、虢平子颓之乱,割虎牢以东予郑,又以酒泉予虢。于是今日河南成皋、氾水一带,为郑所有,陕西大荔一带属虢[4]。周王畿本是沿着黄河的一条狭带,

---

[1]《史记会注考证》,卷五,页13。
[2]顾栋高:《春秋大事表》(《皇清经解续编》本),卷四,页1—3。
[3]《春秋左传正义》,卷四,页14。桓公七年盟向背郑,郑不能有,其实十二邑可能均又重归周有,是以僖公二十五年,周以阳、樊、温、原、欑、茅赐晋。大约十二邑之地,终归于晋,不复为周所有。同上,卷七,页1;卷一六,页2—3。
[4]同上书,卷七,页1;卷一六,页2—3;卷九,页10—11。

经此东西两端的削减，土地就极为局促，只有今日洛阳周围十余县而已。晋灭虢（鲁僖公五年），楚灭申、息（鲁庄公十四年左右），于是西都、南国消息尽断，周王仅当春秋一个小国了[1]。迄乎末季，周考王封弟于河南，是为河南桓公，以续周公之职。桓公孙又封于巩。号东周惠公，河南号为西周。于是周王畿之内，一再分裂，分别为成周、西周与东周。战国之世，赵与韩分周为二，东西各为列国，显王徒抱空名，尚居成周。赧王又徙都西周（今河南王城），足知周王已无土地。秦昭王使将军摎攻西周，西周君奔秦，尽献邑三十六，口三万。周之疆域，已不过一个小封君所有了[2]。

周王室之内，内乱不断，王位之争，不绝于书。庄王时，卿士周公黑肩图谋杀王，而立王子克。谋泄，子克奔燕。惠王时，叔父子颓与边伯等五大夫谋王位，召燕、卫之师伐惠王，惠王奔温，郑、虢合力伐子颓，复入惠王。惠王之子襄王时，弟叔带与戎、翟谋伐襄王，叔带奔齐。后来叔带返周，又以翟人入周，襄王出奔郑，叔带自立为王，晋文公谋叔带，襄王复辟。景王爱王子朝。景王死，但国人立长子猛为王，子朝攻杀猛，晋攻子朝，立子匄，是为敬王。子朝复作乱，敬王奔晋，晋人再纳敬王于周。哀王时，弟叔袭杀哀王，自立，是为思王。但五月以后，少弟嵬又杀思王自立，是为考王[3]。东周由平王至赧王共二十五君。从平王与携王争位开始，兄弟叔侄，因争立而兵戎相见者，

---

[1] 顾栋高：《春秋大事年表》，卷四，页3，页9，页14。
[2]《史记会注考证》，卷四，页78，页83—84，页94。
[3] 同上书，卷四，页68—78。《春秋左传正义》，卷五二，页4—6。《国语》，卷一，页15—16；卷二，页1，页4；卷三，页9。

凡七起,也可谓频矣。而且每次乱事,必须劳动强藩伯君以武力干涉,不仅土地重宝贿赠出乎周而入于晋、齐、虢、郑,天王体制,更荡然无存。

周室之东,虢、郑夹辅。虢在西周末季,已在王朝政治上占重要地位。郑由桓公以王子之亲为周司徒。武公、庄公二世,都曾担任王室卿士。是以周东迁之初,王室宰辅,分别由大藩担任。虢、郑之间即使不睦,平王、桓王二世,向来由郑伯、虢公分任卿士。至桓王十三年,王夺郑伯政。郑伯不朝,桓王以诸侯伐郑。王卒大败,桓王肩部也被箭伤。郑伯的职务,始由周公黑肩代替。周公为畿内诸侯,并无外藩的实力[1]。惠王二十二年,晋灭虢[2]。此后周王卿士全是畿内世家,如周公、王叔,以致召伯、毛伯、单公、刘公之属,王室全无外援可恃。

郑伯担任卿士时期,周王可以利用郑人实力,郑人可以利用周王室名义。即使双方不外互相利用,周天子还可摆出共主的场面,号召勤王之师,讨伐不守王制的诸侯。兹举《左传》所载为例。《左传》隐公元年(平王四十九),郑共叔之乱后,共叔段的儿子公孙滑奔卫,卫人为他伐郑取廪延。郑人即以王师、虢师伐卫南鄙。此役邾子及鲁大夫公子豫,也都将师往会郑人[3]。隐公五年(周桓王二年),宋人取邾田,邾人告于郑,郑以王师会邾伐宋[4]。隐公九年,宋公不共王职,郑伯以王命讨宋。此后连年郑率齐、鲁之师伐宋。蔡、卫、郕不听王命,反而与宋合作,郑人仍

---

[1]《春秋左传正义》,卷六,页5—6。
[2]同上书,卷一二,页14。
[3]同上书,卷二,页15。
[4]同上书,卷三,页15。

能克宋、蔡、卫三国之师。齐、郑联军，又讨违命之罪入郕[1]。

虢国实力，远逊于郑，但虢公以卿士地位，也能合诸侯之力，维持周天子的威令。《左传》隐公五年（周桓王二年），曲沃庄伯叛王伐翼，虢公以王命伐曲沃，立哀侯于翼。虢仲以王命立哀侯之弟缗于晋。鲁桓公九年（周惠王十七年），虢仲以王命率芮伯、梁伯、荀侯、贾伯五国伐曲沃。曲沃是晋别子之国，以支庶篡夺大宗。虢公屡讨曲沃，是为了维持周嫡长继承的制度[2]。《左传》鲁庄公三十年（周惠王十三年），周大夫樊皮叛王，虢公以王命致讨，擒至京师[3]。不久虢亡于晋。从此以后，所谓王命，多为霸主假借，王室不复能主动地号召诸侯。是以周室既东，非借力于郑、虢雄藩实力，竟不克维持其共主之身份。

周室衰微，号令不行。尤不堪者，郑伯以与虢公争政之故，先则周、郑交质，俨然敌国。继而周、郑兵刃相见，射中王肩。王朝已与诸侯等侪。郑以周室辅佐，竟直接向周王威权挑战[4]。周室在东迁之初，因人成事，其受人要挟玩侮，也是势所必至。郑离虢亡，周室无可依恃，不过在列强之间讨生活。及至晋文公召襄王往见，史官只有以"天王狩于河阳"解嘲，是周王的空架子已薄如纸糊了[5]。

然而封建礼仪，颇具有宗教性质。周王虽然已经形同告朔饩羊，其礼仪性的权威仍可长期不替。齐桓公屡合诸侯，一时霸主。葵邱之会，依旧拜受周胙。管仲平戎于王，也只敢受下

---

[1]《春秋左传正义》，卷四，页8—10。
[2] 同上书，卷三，页14；卷七，页1，页2，页3。
[3] 同上书，卷一〇，页10。
[4] 同上书，卷三，页3；卷六，页5—6。
[5] 同上书，卷一六，页916。

卿之礼[1]。晋文公新有纳王复辟的大功，周襄王宁可割地为赏，却坚拒晋文公用王礼随葬的请求。其目的也在于维护礼仪的特权[2]。周王在礼仪方面的特殊地位，延续甚久。不仅春秋之世在齐、晋霸权之下，有一些例行的尊王礼节（例如以王人列席各国会盟），而且晚至春秋之末，周礼至少在名义上，仍有其最高的权威。《洹子孟姜壶》是齐庄公三年（前551）或是齐景公三年（前545）所作，记载的是齐侯对丧礼的礼节有疑问，居然"命太子乘遽来叩宗伯，听命于天子，曰期则尔期"。虽然此器铭文所指何事，解释不一，未易肯定，齐侯请示周王是否应持期服之丧，则显然无疑。而且以太子为使，乘遽求速，尊重可知[3]。

周王名义上的天子地位，至春秋末叶，犹在人心。驫羌钟是晋国韩氏部属纪功之器，有"赏于韩宗，令于晋公，邵于天子"的词句。此器确实时代尚多聚讼，但韩宗已强，晋犹未分，则无疑问[4]。要之，驫羌钟当是春秋将近结束时，疆场纪功。居然尚尊礼天子，则周天子仍不无余威可假。

总结本节，周室自东迁以后，地方日削，内乱频仍，实力不能维持封建制度天下共主的地位。依附强藩，也不过互相利用，威灵日损，终于澌灭。但周室尚能苟延残喘达数百年之久，却也不能不说是周室封建制度礼仪地位的延续。

原载《"中央研究院"成立五十周年纪念论文集》第二辑

---

[1]《春秋左传正义》，卷一三，页6，10。
[2] 同上书，卷一六，页2。《国语》，卷二，页4—5。
[3]《白鹤美术馆志》，第38辑，页389。又杨树达：《积微居金文说》，页52。
[4]《白鹤美术馆志》，第36辑，页141以下。

《周礼》中的兵制

凡说到兵制,必须讨论的不仅是编制问题,还须兼顾到兵源及训练。所谓编制,即军队的组织,例如现代的军、师、旅、团、营、连、排、班。兵源则是问在入伍前如何征发,以及入伍后如何训练。以下即就《周礼》中有关记载稍作整理及叙述。不过,下文中对天子和诸侯一视同仁,实因诸侯仅规模稍小于天子而已,故有些他书所述诸侯的制度,同样引以证王室制度,而本文所讨论的也并不专视为王室制度。

军队的来源自古大致不外两种。一是募兵,亦即职业兵;但在上轨道的社会及未全脱原始部落风气的社会则常用征兵制,如并世各国及历史上的蒙古满洲之例。男子都有服兵役的义务,平时无养兵之费,有事时则兵源不竭。中国古代在战国以前似乎都用征兵制,人民平时必须习戎事。《论语·子路》:

> 子曰:"善人教民,七年亦可以即戎矣。"
> 子曰:"以不教民战,是谓弃之。"

《左传》中人民服兵役的记载极多,在以后讨论别的问题时,将陆续引证,此处不赘。在《诗经》中,《魏风·陟岵》《唐风·蟋蟀》及《秦风·无衣》都是军士行役在外念家之作,但不能确定这位军士的原来职业。只有《豳风·东山》中所咏的景色都是农家风光,兹附录于下:

> 我徂东山,慆慆不归。我来自东,零雨其濛。我东曰归,我心西悲。制彼裳衣,勿士行枚。蜎蜎者蠋,烝在桑野。敦彼独宿,亦在车下。我徂东山,慆慆不归。我来自东,零雨其濛。果臝之实,亦施于宇。伊威在室,蟏蛸在户,町畽鹿场,熠耀宵行。不可畏也,伊可怀也。我徂东山,慆慆不归。我来自东,零雨其濛。鹳鸣于垤,妇叹于室。洒埽穹窒,我征聿至。有敦瓜苦,烝在栗薪,自我不见,于今三年。我徂东山,慆慆不归。我来自东,零雨其濛。仓庚于飞,熠耀其羽。之子于归,皇驳其马。亲结其缡,九十其仪。其新孔嘉,其旧如之何。

《周礼》中材料所显示的也是征兵制,据《地官司徒·小司徒》:

> 乃均土地,以稽其人民,而周知其数。上地家七人,可任也者,家三人。中地家六人,可任也者,二家五人。下地家五人,可任也者,家二人。凡起徒役,毋过家一人。

可见《周礼》的征兵大致以一家一人为原则。但由于地方组织的性质不同,军队征发也有先后。于是《周礼》中王的六军由

"郊"（乡）的壮丁组成，而"野"（遂）的壮丁只是后备军。此外，都鄙有半独立性的武力，贵族子弟又组成特种亲卫军。以上可说是《周礼》兵制的三大系统，分别予以说明。

先说正规军。《周礼》六军是由京畿近郊的及龄壮丁组成。服兵役的年龄和征税的年龄相同，据《地官司徒·乡大夫》：

> 以岁时登其夫家之众寡，辨其可任者。国中自七尺以及六十，野自六尺以及六十有五皆征之。其舍者，国中贵者、贤者、能者、服公事者、老者、疾者，皆舍。以岁时入其书。

所谓七尺以及六十，贾公彦引《韩诗外传》，"二十行役，六十免役"，释七尺为二十岁；又引《后汉书·班超传》："古者十五受兵，六十还之"，释六尺为十五岁。易言之，国中的役龄有四十年，野更达五十年之久。不过壮丁并非人人纳入编制，每家只需一人入伍即可，其余的作为后备役。但遇作为军训的围猎及地方有盗贼时则全体出动，有大故时亦然。《地官司徒·小司徒》在"凡起徒役，毋过家一人"下又云：

> 以其余为羡，唯田与追胥竭作（郑注：郑司农云：羡，饶也。田谓猎也。追，追寇贼也。竭作，尽行）……凡国之大事致民，大故致余子。

这种每家一人的壮丁号为正夫或正徒，相当于汉的正卒，如《左传》襄公九年：

> 宋灾……使华臣具正徒。

《左传》襄公二十三年：

> 孟氏将辟，藉除于臧氏，臧孙使正夫助之。

根据《周礼》的说法，正夫组成的正规军，其组织系统和地方行政组织是相合的。《周礼》中的地方系统，据《地官司徒·大司徒》：

> 令五家为比，使之相保；五比为闾，使之相受；四闾为族，使之相葬；五族为党，使之相救；五党为州，使之相赒；五州为乡，使之相宾。

而军队的组织，据《地官司徒·小司徒》：

> 乃会万民之卒伍而用之，五人为伍，五伍为两，四两为卒，五卒为旅，五旅为师，五师为军，以起军旅，以作田役，以比追胥，以令贡赋。

又据《夏官司马》叙官：

> 凡制军，万有二千五百人为军，王六军，大国三军，次国二军，小国一军，军将皆命卿。二千有五百人为师，师帅皆中大夫。五百人为旅，旅帅皆下大夫。百人为卒，

卒长皆上士。二十有五人为两，两司马皆中士。五人为伍，伍皆有长。

因此各级行政人员也就成为军队中的各级统帅了。如《地官司徒·乡师》：

> 大军旅会同，正治其徒役，与其辇辇，戮其犯命者……凡四时之田，前期出田，法于州里，简其鼓铎旗物兵器，修其卒伍，及期，以司徒之大旗，致众庶而陈之，以旗物辨乡邑，而治其政令刑禁，巡其前后之屯，而戮其犯命者，断其争禽之讼。

又《地官司徒·州长》：

> 若国作民而师田行役之事，则帅而致之，掌其戒令与其赏罚（郑注：致之，致之于司徒也。掌其戒令赏罚，则是于军因为师帅）。

又《地官司徒·党正》：

> 凡作民而师田行役则以其法治其政事（郑注：亦于军因为旅帅）。

又《地官司徒·族师》：

五家为比，十家为联；五人为伍，十人为联；四闾为族，八闾为联；使之相保相受，刑罚庆赏，相及相共，以受邦职，以役国事，以相葬埋。若作民而师田行役，则合其卒伍，简其兵器，以鼓铎旗物帅而至，掌其治令戒禁刑罚（郑注：亦于军因为卒长）。

以下的闾胥，比长自亦分别相当于两司马、伍长。全军的统帅则或以大司马任之，因为大司马是全国最高的军事长官，或以大司徒任之，因为各级军将事实上也就是大司徒的部属，而且大司徒有一项任务是"大军旅，大田役以旗致万民而治其徒庶之政令"。当然，也可能另派他人统领。

由于军队的组织和地方组织系统是相配合的，军队的员数又代表家数（每家一人当兵），所以征兵和赋税都可在这一组织内行使，如《左传》襄公十一年：

春，季武子将作三军，告叔孙穆子曰："请为三军，各征其军。"穆子曰："政将及子，子必不能。"武子固请之。穆子曰："然则盟诸？"乃盟诸僖闳，诅诸五父之衢。正月作三军，三分公室而各有其一，三子各毁其乘。季氏使其乘之人以其役邑入者无征，不入者倍征。孟氏使半为臣，若子若弟。叔孙氏使尽为臣。

这时是把鲁国编为三军，三家各专一军，亦即专一军的征赋，季氏更假公济私使役邑入已。到昭公五年，季氏又凭借势力并为二军，独占半个鲁国，据《左传》昭公五年：

> 春王正月，舍中军，卑公室也。毁中军于施氏，成诸臧氏。初作中军，三分公室而各有其一。季氏尽征之。叔孙氏臣其子弟，孟氏取其半焉。及其舍之也，四分公室，季氏择二，二子各一，皆尽征之而贡于公。

于是赋税全入三桓，鲁公只落得一点余沥，所谓"贡于公"而已。由此可见，这是一种纯粹的寓兵于农制。

兵民合一制度下产生一个必然的问题，即武器如何保管及供给（用现代的说法是后勤业务）。由《周礼》的记载看，这支民兵组成的常备军的武器全部取之于官，小至戈盾弓矢，大至车马，皆有专司保管的人。据《春官宗伯·巾车》：

> 凡车之出入，岁终则会之。

又《春官宗伯·车仆》：

> 掌戎路之萃，广车之萃，阙车之萃，苹车之萃，轻车之萃……凡师共革车，各以其萃。

又《夏官司马·司兵》：

> 司兵掌五兵五盾，各辨其物与其等，以待军事。及授兵，从司马之法以颁之。及其受兵，输亦如之。及其用兵亦如之。

又《夏官司马·司戈盾》：

  掌戈盾之物而颁之……军旅会同授贰车戈盾，建乘车之戈盾。

又《夏官司马·司弓矢》：

  掌六弓四弩八矢之法，辨其名物而掌其守藏与其出入。

又《夏官司马·校人》：

  掌王马之政……凡军事物马而颁之。

关于授甲、授兵的记载，史乘未尝无之，例如《左传》隐公十一年：

  郑侯将伐许，五月，甲辰，授兵于大宫，公孙阏与颖考叔争车。

又《左传》闵公二年：

  冬，十二月，狄人伐卫……将战，国人受甲者皆曰："使鹤……"

又《左传》襄公九年：

> 春，宋灾，乐喜为司城以为政……使华臣具正徒，令隧正纳郊保……使皇郧命校正出马，工正出车，备甲兵，庀武守……令司宫巷伯儆宫……

又《左传》昭公十八年：

> 宋卫陈郑皆火……城下之人伍列登城……火之作也，子产授兵登陴。子大叔曰："晋无乃讨乎？"子产曰："吾闻之，小国忘守则危，况有灾乎？国之不可小，有备故也。"

又《战国策·齐策》：

> 甲兵之具，官之所私给也。

此外，还有不少贵族家授甲的记载，但以性质稍异，未录。由此可见确系有事之际临时授兵的。

兵民合一制还有一问题须讨论，即如何训练。但此事可在下节野的军制中一并讨论，暂不赘述。

以下有二问题必须附带略加讨论，一是天子和诸侯的等差问题。前面引述《夏官司马》叙官："凡制军，万有二千五百人为军，王六军，大国三军，次国二军，小国一军。"按之史乘，这一个等差降数的比数似非无据。关于天子六师（亦即六军）的记载，如《尚书·泰誓》：

> 时厥明，王乃大巡六师。

又《诗·大雅·常武》：

> 赫赫明明，王命卿士，南仲大祖，大师皇父，整我六师，以修我戎。

又《诗·大雅·棫朴》：

> 周王于迈，六师及之。

关于诸侯建制由一军以至三军的，如《左传》庄公十六年：

> 王使虢公命曲沃伯以一军为晋侯。

曲沃甫立国，只是小国，所以命以一军。至晋献公时，晋始大，于是而有二军，《左传》闵公元年：

> 侯作二军，公将上军，太子申生将下军。

鲁亦次国二军，所以襄公十一年三桓作中军，至昭公五年仍又毁之。《左传》所述，并见前引。而《穀梁传》襄公十一年：

> 古者天子六师，诸侯一军。作三军，非正也。

又《穀梁传》昭公五年：

> 舍中军,贵复正也。

又《公羊传》昭公五年:

> 春,王正月,舍中军。舍中军者何,复古也。

晋至文公始霸,蔚为大国,故建三军,《左传》襄公十四年:

> 晋矦舍新军,礼也。成国不过半天子之军,周为六军,诸侯之大者,三军可也。

至于晋在僖公二十八年之作三军,僖公三十一年之作五军,成公三年之作六军,悉是乱世诸侯争霸,扩张军备的变例,不能概以常规。

另一问题则是军队的人数。卒、伍之称频见史籍,而照殷墟的墓葬看来,似乎在殷时已是"五人为伍,五伍为两,四两为卒"的编制。据石璋如先生的"小屯C区的墓葬群"(《历史语言研究所集刊》,第二十三本):小屯C区有27个戚墓,共计125具人骨。其中M八六墓中有一具人骨,头戴一个蚌花,两边各有一个蚌圆泡。M八八墓中有四套额带,也具有蚌花及蚌泡,但庄严逊于M八六中那一副。此外有20具着红色的人骨。其余都是断头白骨的俯身葬了。因此如以装饰定他们的阶级,M八六的一位可能就是卒长,下辖M八八4位两司马。每位两司马辖有5位红骨的伍长,共20位伍长。每位伍长又分得5名士卒,就是那100位额既无带,骨又不红的断头鬼了。"卒"以下各单位的人数既与周礼相符,"卒"以上或亦不致有异。

其次是"野"的军队,其中又可分"遂"和"都鄙"(或丘甸)两种。

由前可知,六军由"国中"壮丁组成。说到"野"时没有说明军队的编制,大约只是候补的后备军。"国中"以外称为"野";和"郊"对称。卿大夫的采地是"都鄙",其余仍纳粮给王家,即"遂"。遂编制同于乡,但遂人以下各级地方长官权力都大些。《周礼》称"野"的人为"甿",而称国中为"民",如《地官司徒·遂人》:

> 凡治野以下剂致甿,以田里安甿,以乐昏扰甿,以土宜教甿稼穑,以兴锄利甿,以时器劝甿,以强予任甿,以土均平政。

在其他典籍中亦颇有此例,如《孟子·滕文公上》:

> 愿受一廛而为氓(赵岐注:氓,野人也)。

又《墨子·尚贤》上:

> 国中之众,四鄙之萌人。

又《史记索隐·三王世家》:

边人曰甿。

可能由于国中和野的成分不同，因此君子、野人常是对称之称，《论语·先进》：

> 先进于礼乐，野人也。后进于礼乐，君子也。如用之，则吾从先进。

又《孟子·滕文公上》：

> 无君子莫治野人，无野人莫养君子。请野九一而助，国中什一使自赋。

傅故校长斯年对于这种现象有过极精辟的见解，认为君子是统治民族，野人是被征服者。若果如此，孟子建议的不公平税率也就不足为异了。同样的观点也可用来解释《周礼》。据前引《地官司徒·乡大夫》："国中自七尺以及六十，野自六尺以及六十有五，皆征之。"可见野甿服役征税的时期长于国中，而正式的建制军只限于乡郊的壮丁。但野甿出公差的人数较少，据前引《小司徒》："上地家七人，可任也者，家三人；中地家六人，可任也者，二家五人；下地家五人，可任也者，家二人。"可知野甿无论所受为上地抑中地、下地，出差役一概只需按照最低标准，所谓"凡治野以下剂致甿"。

至于说到军制，"遂"和"乡"相似，也是每家一人，所谓"凡起徒役毋过家一人"，由各级地方官统率，如《地官司徒·遂人》：

　　遂人掌邦之野，以土地之图，经田野，造县鄙形体之法；五家为邻，五邻为里，四里为酂，五酂为鄙，五鄙为县，五县为遂，皆有地域沟树之使，各掌其政令刑禁，以岁时稽其人民，而授之田野，简其兵器，教之稼穑……若起野役，则令各帅其所治之民而至，以遂之大旗致之，其不用命者诛之。

又同条：

　　以岁时登其夫家之众寡，及其六畜车辇，辨其老幼废疾，与其施舍者，以颁职作事，以令贡赋，以令师田，以起政役。

又同条：

　　凡事致野役，而师田作野民，帅而至，掌其政治禁令。

又《地官司徒·遂师》：

　　军旅田猎平野民，掌其禁令，比叙其事而赏罚（郑注：平谓正其行列部伍也）。

又《地官司徒·县正》：

各掌其县之政令征比，以颁田里，以分职事，掌其治讼，趋其稼事而赏罚之。若将用野民，师田行役移执事，则帅而至，治其政令。既役，则稽功会事而诛赏。

又《地官司徒·鄙师》：

各掌其鄙之政令祭祀，凡作民则掌其戒令。

又《地官司徒·酂长》：

酂长各掌其酂之政令，以时校登其夫家，比其众寡，以治其丧纪祭祀之事。若作其民而用之，则以旗鼓兵革帅而至。若岁时简器，与有司数之。

又《地官司徒·里宰》：

掌比其邑之众寡，与其六畜兵器，治其政令。

由上面所引各节，可见由遂人以至里宰邻长的职责正和乡郊各级官员相当。若编成部伍"帅而至"，也恰好一军有12500人，另有帅长以次各级长官如数。其武器亦由官家供给，和乡军的情形相同。但由于身份不同（甿异于民），故遂军的重要性是逊于乡军的。

都鄙，乡大夫的采邑，是野的另一种组织，所谓"以公邑之田任甸地，以家邑之田任稍地，以小都之田任县地，以大都之田任置地"(《地官司徒·载师》)。这些地方大约是有城池的，或称都，或称县，如《左传》隐公元年：

> 祭仲曰："都城过百雉，国之害也，先王之制，大都不过参国之一，中五之一，小九之一。今京不度，非制也。"

又《左传》闵公二年：

> 狐突谏曰："不可，昔辛伯谂周桓公云内宠并后，外宠二政，嬖子配适，大都耦国，乱之本也。"（桓公十八年略同）

可见"都"者是用以分封的，而《左传》庄公二十八年：

> 凡邑，有宗庙先君之主曰都，无曰邑。

京师之外而有宗庙先君之主，自然是由分封贵族设的。县作封邑的更多不胜举，如《左传》昭公五年：

> 晋人若丧韩起杨肸，五卿八大夫辅韩须杨石，因其十家九县，长毂九百，其余四十县，遗守四千。

此一例，可概其余。

这种都鄙县邑的制度，据《地官司徒·小司徒》：

> 乃经土地而井牧其田野，九夫为井，四井为邑，四邑为

丘，四丘为甸，四甸为县，四县为都。以任地事而令贡赋（郑注……赋谓出车徒给徭役也）。

由于采邑具有半独立性，而且这些大小贵族自己须驾御兵车，因此采邑本身备有兵车以至兵刃等轻重装备。郑注似亦可通。但都鄙的武力在国家有事时也必须应召。若出兵时，统帅军队加入王师的责任属之县师、稍人，指挥者则是都司马、家司马。《地官司徒·县师》：

> 若将有军旅会同田役之戒，则受法于司马，以作其众庶，及马牛车辇，会其车人之卒伍，使皆备旗鼓兵器，以帅而至。

又《地官司徒·稍人》：

> 掌令丘乘之政令，若有会同师田行役之事，则以县师之法，作其同徒辇辇，帅而以至，治其政令，以听于司马。

又《夏官司马·都司马》：

> 掌都之士庶子，及其众庶车马兵甲之戒令，以国法掌其政学，以听国司马。家司马亦如之。

都司马所掌有"士庶子"，这是乡遂军队中所没有的。可见都鄙武力中包括地方贵族，也许都鄙的兵车即由这些士庶子驾御。除此数则外，别书也颇有备齐车马兵甲的记载，如前引《左传》昭公五年的"长毂九百"。又如《左传》定公八年：

> 壬辰，将享季氏于蒲圃而杀之，戒都车曰："癸巳至。"

又《公羊传》成公元年：

> 三月，作丘甲。何以书？讥。何讥尔？讥始丘使也。

又《诗·小雅·出车》：

> 我出我车，于彼牧矣。自天子所，谓我来矣，召彼仆夫，谓之载矣。王事多难，维其棘矣。我出我车，于彼郊矣。设此旐矣，建彼旄矣。彼旟旐斯，胡不旆旆。忧心悄悄，仆夫况瘁。

可见《周礼》所述不为无稽。

无论乡遂都鄙的正卒余夫，本来都是平民。要把平民训练成有作战能力的军队，在古时大约借重打围。据《左传》隐公五年：

> 故春蒐，夏苗，秋狝，冬狩，皆于农隙以讲事也。三年而治兵，入而振旅，归而饮至，以数军实。

据《周礼》的记载，春有蒐，《夏官司马·大司马》：

> 中春，教振旅，司马以旗致民，平列陈，如战之陈……遂以搜田。有司表貉誓民，鼓，遂围禁，火弊，献禽以祭社。

夏有苗，同官：

> 中夏教茇舍，如振旅之陈。群吏撰车徒，读书契，辨号名之用……遂以苗田如搜之法，车弊，献禽以享礿。

秋有狝，同官：

> 中秋，教治兵，如振旅之陈，辨旗物之用……其他皆如振旅。遂以狝田如搜之法，罗弊，致禽以祀祊。

而最热闹的是冬狩，完全是演习的情形，同官：

> 中冬，教大阅。前期群吏，戒众庶修战法。……乃陈车徒，如战之陈，皆坐。群吏听誓于陈前，斩牲，以左右徇陈，曰，不用命者斩之。……鼓戒三阕，车三发，徒三刺。……遂以狩田。以旌为左右和之门，群吏各帅其车徒以叙和出，左右陈车徒。有司平之，旗居卒间，以分地前后，有屯百步，有司巡其前后。险野人为主，易野车为主。既陈，乃设驱逆之车……车徒皆作，遂鼓行，徒衔枚而进。大兽公之，小禽私之。获者取左耳……馌兽于郊，入献禽以享烝。

《周礼》中这一段记载和《左传》隐公五年所述颇为相符，但《左传》他处《公》《穀》及《诗经》又不甚一致。例如狩和苗可以连用，《诗·小雅·车攻》：

> 东有甫草，驾言行狩。之子于苗，选徒嚣嚣。

军之出入即治兵及振旅，不当分属春秋二季。如《左传》庄公八年：

> 春，治兵于庙，礼也。

又《穀梁传》庄公八年：

> 春，王正月……甲午治兵。出曰治兵，习战也，入曰振旅，习战也。

又《公羊传》庄公八年：

> 春……甲午祠兵。祠兵者何？出曰祠兵，入曰振旅，其礼一也，皆习战也。

据《周礼》，中春搜田，但有在秋季的，如《穀梁传》昭公八年：

> 秋，搜于红，正也。因搜狩以习武事，礼之大者也。

又《公羊传》昭公八年：

> 秋，搜于红。搜者何？简车徒也。

又《左传》昭公八年：

> 秋，大搜于红，自根牟至于商卫，革车千乘。

搜也有在夏季的，如《公羊传》昭公十一年：

> 夏，五月，大搜于比蒲。大搜者何？简车徒也。

大阅应在中冬，但也有在秋季的，如《左传》桓公六年：

> 秋，大阅，简车马也。

又《穀梁传》桓公六年：

> 秋，八月壬午，大阅。大阅者何？阅兵车也。修教明谕，国道也。平而修戎，事非正也。

又《公羊传》桓公六年：

> 秋，八月壬午，大阅者何？简车徒也。

由此可见，搜、苗、狝、狩及治兵、振旅、大阅并无特定的季节关系。前四者都是打围，后三者都是演习检阅，意义并无不同，也不一定限定某季训练某种动作。但借打围方式作演习及军训则是说得通的，也就是所谓"大田之礼，简众也"（《春官宗伯·大宗伯》军礼文）。

除了乡军、遂军、都鄙之师，还有一个系统值得注意。这是由贵族组成的军队，包括公族及群臣家属，平时宿卫王宫，有事时是王的亲军（在诸侯国中亦然），平时这些贵族子弟属师氏保氏教育，所教的包括三德、三行、六艺、六仪，而射、御和军旅之容，车马之容也在内。至于统率贵族子弟跸卫也是师氏保氏的责任。《地官司徒·师氏》：

> 师氏掌以媺诏王，以三德教国子……居虎门之左，司王朝。掌国中失之事，以教国子弟，凡国之贵游子弟学焉。……王举则从……守王之门外，且跸。朝在野外，则守内列。

而《地官司徒·保氏》：

> 保氏掌谏王恶而养国子以道。乃教之以六艺：一曰五礼，二曰六乐，三曰五射，四曰五驭，五曰六书，六曰九数。乃教之以六仪：一曰祭祀之容，二曰宾客之容，三曰朝廷之容，四曰丧纪之容，五曰军旅之容，六曰车马之容。……凡祭祀宾客会同丧纪军旅，王举则从，听治亦如之，使其属守王闱。

而总属于诸子,《夏官司马·诸子》:

> 凡国之政事,国子存游倅,使之修德学道,春合诸学,秋合诸射,以考其艺而进退之。

这些侍从贵族有分班宿卫的任务,统率者是宫伯宫正,《天官冢宰·宫伯》:

> 宫伯掌王宫之士庶子凡在版者。

又《天官冢宰·宫正》:

> 宫正掌王宫之戒令纠禁,以时比宫中之官府,次舍之众寡,为之版以待,夕击柝而比之。国有故,则令宿,其比亦如之。

凡王或国君出行,除了扈从者外,其余贵族分别留守宫庙重地,前引《左传》襄公九年"司宫巷伯儆宫"即此例。《礼记》中也有记载,《礼记·文王世子》:

> 公若有出疆之政,庶子以公族之无事者守于公宫,正室守大庙,诸父守贵宫贵室,诸子诸孙守下宫下室。

贵族的名册由司士执掌,以备随时征调。《夏官司马·司士》:

> 司士掌群臣之版，以治其政令，岁登下其损益之数，辨其年岁，与其贵贱，周知邦国都家县鄙之数，卿大夫士庶子之数……国有故则致士而颁其守。

一旦有事，即刻按籍编成卒伍，由太子率领，不受普通军法约束，可说是一支特权的亲卫军，《夏官司马·诸子》：

> 诸子掌国子之倅，掌其戒令，与其教治，辨其等，正其位。国有大事则帅国子而致于太子，唯所用之。若有兵甲之事，则授之车甲，合其卒伍，置其有司，以军法治之，司马弗正。

由于他们平时所受文武合一教育，娱乐是田猎，应接是校射，贵族都可说是武士。这支军队当然远较民兵编成的乡遂都鄙之师更为精勇可用，因此常成为作战的主力。例如城濮之战，据《左传》僖公二十八年：

> 子玉使伯棼请战……王怒，少与之师。唯西广、东宫与若敖之六卒实从之……子玉以若敖之六卒将中军。

西广是楚王亲军东西两广之一。（《左传》宣公十二年："其君之戎，分为二广……广三十乘，分为左右，右广鸡鸣而驾，日中而说。左则受之，日入而说。"）若敖六卒是楚王若敖支下的王族。东宫则是太子之军，亦即诸子"致于太子"的。又《左传》文公元年亦曾一见：

冬十月，（楚太子商臣）以宫甲围成王。

鄢陵之战，晋楚的中军也都是王族公族及贵族。《左传》成公十六年：

伯州犁以公卒告王。苗贲皇在晋侯之侧，亦以王卒告。皆曰国士在，且厚，不可当也。苗贲皇言于晋侯曰："楚之良在其中军王族而已，请分良以击其左右，而三军萃于王卒，必大败之。……"（晋）栾范以其族夹公行。

足知公卒王族尽是精锐之师。

由上所述，综合言之，《周礼》兵制分为三大系统：

（一）乡的壮丁编为乡军，是常备军，武器官给。遂的壮丁为其副选。

（二）都鄙之师自备车甲，也遵司马调遣。

（三）贵族另编部伍，宿卫扈从，是一支禁卫军，最精锐。

至于训练之法则寓于搜苗。统率之责委诸乡官。此外，军队编制是军师旅卒两伍，军为12500人。天子诸侯，各有其度。至于车乘和徒卒的比例则众说纷纭，莫衷一是，姑予存疑。

原载《大陆杂志》九卷三期

春秋政制略述

春秋是周平王东迁以致三家分晋的时期,共 320 年左右。当时王室卑微,诸国林立,如说有一个整齐划一的政府组织,实在是不可能的事。本篇所述不过将见于载籍的一鳞半爪,略作揣度而已。当时制度的全盘面目恐将永难考知。

一、封建的特性

在讨论各种制度前,必须先了解春秋政治的背景——封建。据说,周室列土分茅,以封子弟功臣及前代子孙,分为五种爵号,版图以此为差,据《周礼·地官司徒·大司徒》:

> 诸公之地,封疆方五百里;……诸侯之地,封疆方四百里;……诸伯之地,封疆方三百里;……诸子之地,封疆方二百里;……诸男之地,封疆方百里……

但是这个数字和《孟子》的记载不同,《孟子·万章篇》下:

公侯皆方百里，伯七十里，子男五十里，凡四等。不能五十里，不达于天子，附于诸侯曰附庸。天子之卿受地视侯，大夫受地视伯，元士受地视子男。大国地方百里……次国地方七十里……小国地方五十里。

其实，地形有高下，国势有强弱，"五等爵"不妨存在，但不必一定有如此整齐的国土比例。揆之《左传》及《国语》的记载，诸国的名号常有变动，而班序更以国势为定。因此，凡国君都可统称为"诸侯"，而不必斤斤较量爵位高低。每个国家中都有卿大夫，享有采邑，卿大夫之下还有最低级的贵族——士。士之下才是庶人，所谓"王臣公，公臣大夫，大夫臣士，士臣皂"[1]。

春秋互相兼并的结果，只造成了少数大国。周初的国家大多被灭，因此《左传》襄公二十五年：

且昔天子之地一圻（杜注：方千里），列国一同（杜注：方百里），自是以衰（杜注：衰，差降），今大国多数圻矣，若无侵小，何以至焉？

在这种情形下，国土更不可能按照一定比例划分。《周礼》及《孟子》之所以有说不通处，在于以为把全国划为若干棋盘格，然后按格子分封。事实上，春秋以前地旷人稀，分封一个国君，只是分给他一些人民，指定一片土地，由他们斩荆棘，辟草

---

[1]《左传》昭公七年。

莱，开创国家。最初一国只不过具有一个堡寨或城。逐渐以城为中心，向四周垦殖土地，远些的更新辟较小都邑，才出现一个"国"。因此，建国的意思就是筑城，《冬官·考工记》：

> 匠人营国，方九里，旁三门……左祖右社，面朝后市。

营"国"事实上只是营"都"。一国之内，都城的意义不仅在于是政府所在地，而且在于是一国的中心，因此若有"大都耦国"，必将招致分裂。为了不致出现另一个中心，春秋时十分注意使旁邑不致过于重要，如《左传》隐公元年：

> 祭仲曰："都城过百雉，国之害也。先王之制，大都不过参国之一；中，五之一；小，九之一。今京不度，非制也……"

由诸侯再分封出去的小封君，也各有城邑。这些大中心旁的小中心就是此处的"都"。春秋时有名的都邑，如鲁国季氏的费，叔孙氏的郈，孟氏的成；卫国宁氏的蒲，孙氏的戚；郑国太叔的京等，都是其例。

由此可见，春秋时封建的本质是点状的城邑，而不是方格的棋盘；由城邑再控制四周的耕地，这是讲到春秋制度前必须了解的一点。

此外，封建制是一个宝塔形的结构。前文已说过，贵族可分为天子、诸侯、卿大夫、士四级。下级必须服从上级，但道义上的责任大于法律上的责任，所以臣下出亡改事他国的事颇不少见。然而，即使如此，下级仍只对直接的上级服从，因此无论何等贵族，大至卿，下至士，都有其应当尽忠的"主"。所以《国语·晋语》有一段故事：栾氏叛晋，晋国命令栾氏的臣属不得随着出亡，偏有一个辛俞犯令，逮捕后，他申辩说：

> 执政曰无从栾氏而从君，是明令必从君也。臣闻之曰：三世事家，君之；再世以下，主之。事君以死，事主以勤。君之明令也。自臣之祖，以无大援于晋国，世隶于栾氏，于今三世矣，臣故不敢不君。

因此，大夫对执政的卿也称"主"[1]，至于属大夫或曾经从属的，更是敬礼有加，始终不改，如《左传》文公六年：

> 改蒐于董，易中军。阳子，成季之属也，故党于赵氏。

以致赵盾被选为中军元帅。又如鲁为了削弱三桓而堕三都，但是孟氏的采邑成却为了孟氏而公然抗拒鲁侯的命令。《左传》定公十二年：

> 将堕成，公敛处父谓孟孙……成，孟氏之保障也，无成，是无孟氏也，子伪不知，我将不堕。冬，十二月，公围成，弗克。

---

[1]《左传》襄公十九年，士匄乐书均称荀偃为"主"。

这种分层服从，但未必服从更高一级的现象是封建制度的另一特色。

此外，与封建制度配合的是宗法制度。据《礼记·丧服小记》，所谓宗法是：

> 别子为祖，继别为宗。继祢者为小宗，有五世而迁之宗，其继高祖者也。是故祖迁于上，宗易于下，尊祖故敬宗，敬宗所以尊祖祢也。

换句话说，一族的长房嫡长相承，有权祭祀始祖以下的所有祖先；各代的次子、三子等所谓"别子"则另立一房，也以嫡长相承，自成大宗，祭祀立宗的别子以下；各宗的其他儿子也各成小宗。宗子对于庶子，大宗对于小宗，完全居于一种高高在上的地位，族人即使富贵，对于宗子宗妇仍须"只事"，如进宗子之家时，车马从者都必须"舍于外，以寡约入"，用具享受都"必献其上，而后敢服用其次"[1]。因此宗子对于自己支派的族人有相当大的权威，但进一步说，一个宗的宗子对所属大宗的宗子又处于低一层的地位。所以，宗法是把一大族人都依次集结在本支的嫡长房下，最后全族都集结在最嫡长的一支下面。

周初建国，文武一支也为周天子；文王的兄弟，武王的兄弟，以及成王的兄弟，等等，都分封为诸侯。以这些诸侯而言，周是他们的大宗。但他们自己也成为一宗，所谓"别子为祖"，嫡长的一支就成了别子的大宗，如鲁公室即是臧、季等家的大

---

[1] 均见《礼记·内则》。

宗。同样情形，季氏也各有其别子，如公钥氏对于季氏也须"只事宗子"。凭借这重重的关系，周成了"天下之宗主"，犹如一株婆娑巨树，由宗法关系把枝柯伸展到全国。因此周天子能支配姬姓诸国而控制天下，诸侯能支配同姓大夫而控制全国。前文所说封主与被封者之间的道义责任部分有赖于宗法的力量维系。换而言之，靠着宗法组织，封建制度的"上下之分"才能维持数百年之久。

宗法使周的封建宝塔等于扩大的家族制度，因此宗法的重要性远非仅仅祭祀的权利所能表现，"周道亲亲"，殆即此乎？程瑶田"宗法小记"以为宗法只行于大夫士，不行于天子国君，以为既经"事之以君道"，就不再事之以"兄道"。程氏的说法颇有未妥。其实，"君道"的尊严就有赖于"兄道"。

二、官制

本节拟分别摘举周鲁晋楚宋等国的中央官制，但仍只能限于见于载籍的。

现在存在着一部《周礼》，有一部分人认为书中记载周公制度制定的"组织法"，但另一部分人却认为是汉朝刘歆伪造的。其实两说都略嫌过分些。大约以此书成于战国时较近事实，钱穆先生曾有"周礼著作年代"说之[1]。此书成书虽晚，但其中还保存若干早期材料，因此《周礼》中的官名和若干职事在别的书中还见过不少。

---

[1]《燕京学报》11期。

《周礼》中说，周有六部分职官，分属天官大冢宰、地官大司徒、春官大宗伯、夏官大司马、秋官大司寇及冬官大司空，所谓六卿。大冢宰总理一切，号为治官，辖下的属官则主要是宫内官属及府藏官员。司徒号为教官，辖下属官管理教育、赋役税收、资源及各级地方官吏。宗伯号为礼官，负责宗教方面的事务，如祭祀占卜之类。司马号为政官，专司军事及全国版图。司寇号为刑官，负责司法，辖下有审讯及刑狱官员，但也兼管宾客往来的事。冬官部分现已亡失，但据别处说，司空负责生产及工程。

这六部分的组织是否完全如此，不得而知。但六官的名称常见于他书，如：司徒、司马、司空三者见于《尚书》的《牧誓》《立政》《梓材》诸篇；司徒及司空见于《舜典》及《洪范》；司寇见于《立政》；《诗经·小雅·十月之交》有司徒；《大雅·绵》有司徒及司空；冢宰见于《论语·宪问》及《礼记·内则》；宗伯见于《大戴礼记·盛德篇》。《国语·周语》有宗伯、司徒、司空、司寇、膳夫、膳宰、司里、虞人、甸人等职，《周礼》中也都有的。《荀子·王制》有六卿的名号及其执掌，和《周礼》的记载完全符合。而《大戴礼记·盛德篇》：

> 古之御政以治天下者，冢宰之官以成道，司徒之官以成德，宗伯之官以成仁，司马之官以成圣，司寇之官以成义，司空之官以成礼。故六官以为辔……故御四马，执六辔，御天地，与人与事者，亦有六政。

官名及次序都合于《周礼》。照上述看来，六卿大约是有的。

不过在春秋时,王朝的辅政官员称为卿士。

在早期,卿士由大诸侯担任,如《左传》定公四年:

> 武王之母弟八人,周公为太宰,康叔为司寇,聃季为司空,五叔无官,岂尚年哉。

又《左传》僖公五年:

> 虢仲、虢叔,王季之穆也,为文王卿士,勋在王室,藏于盟府。

又《左传》隐公九年:

> 宋公不王,郑伯为王左卿士,以王命讨之。

不但执政官员由诸侯兼任,其他次要的职位也由诸侯担任,如《左传》隐公十一年:

> 滕侯曰:"我,周之卜正也。"

又如《左传》襄公二十五年:

> 昔虞阏父为周陶正,以服事我先王。

但到后期,王的卿士,不再是大而有力的诸侯,如郑桓公之类。王的卿士落在畿内的单、刘、毛、原等族，因此不特不能"夹辅王室"，还常有争执。而王室的号令也只能行之于畿内了。

至于各部分的分职，由记载中知道每件工作都有专人负责，例如计算户口一事，据《国语·周语》：

> 宣王既丧南国之师，乃料民于太原。仲山父谏曰："民不可料也。夫古者不料民而知其少多，司民协终孤，司商协民姓，司徒协旅，司寇协奸，牧协职，工协革，场协入，廪协出，是则少多死生出入往来者皆可知也。于是乎又审之以事，王治农于籍，蒐于农隙，耨获亦于籍，狝于既烝，狩于毕时，是皆习民数者也，又何料焉。"

可以见到各司其事的情形。《周语》中另有二节，一节叙王亲耕时百官的执事，一节叙述平时料理场工道路及宾客往来事宜。二节都是各官分别执行分内的业务。由此可见，周王室的组织已是极精细的分工制度。

其次再说周的子弟国，鲁国。鲁国的政柄全在季孙氏、叔孙氏及孟孙氏——所谓三桓的手中。季氏世为正卿，昭公出亡后，更是"民知有季氏，不知有君"。季氏之邑占了半个鲁国。关于三家职任的分配：孟氏是下卿，权最轻；季氏常守国中，叔孙常奉使四方，所谓"叔出季处"。三卿的官衔则据《左传》昭公四年：

> ……吾子（季孙）为司徒，实书名；夫子（叔孙）司马，与工正书服；孟孙为司空，以书勋。

因此，鲁的三卿是司徒、司马、司空。此外，鲁哀公将以妾为夫人，命宗人衅夏献礼（公元前470年）[1]。文公要跻僖公于庙也须问宗伯夏父弗忌（公元前625年）[2]。而孔子做过鲁司寇。隐公十一年（公元前712年），羽父想做大宰[3]。由此看来，周的六官全见于鲁。

次级的贵族如子服氏、叔氏、臧氏、南宫氏、公父氏诸家则分别执掌其他职务，如《左传》哀公三年：

> 夏五月辛卯、司铎火。……南宫敬叔至，命周人出御书俟于宫，曰，庀女而不在死。子服景伯至，命宰人出礼书以待命……校人乘马，巾车脂辖，百官官备，府库慎守……公父文伯至，命校人驾乘车……

可见南宫氏等家都有发号施令的权力，而在这一段记载中有宰人、校人、巾车等官，也都是《周礼》中的官名。

鲁的官名最与周制相近，的确可说"周礼尽在鲁矣"。

郑国也是周的子弟国。根据《左传》，郑有司马、司徒及司空[4]。公元前523年，郑国大火，子产命令各官执事，其中有司寇、祝、史、府人及库人[5]。这些官名也都与《周礼》的六官及其官属相叶，因此也不妨假定郑国的官制同于周制。不过，郑

---

[1]《左传》哀公二十四年。
[2] 同上书，文公二年。
[3] 同上书，隐公七年。
[4] 同上书，襄公十年。
[5] 同上书，昭公十八年。

国的政府中常有一位代君摄政的"当国"（纵然国君的年纪并不小），再有几位正式执政的卿。如公元前562年，子驷"当国"，子国为司马，子耳为司空，子孔为司徒。同年，经过一次政变后，子孔"当国"，载书以位序，听政辟[1]。公元前553年，又一次政变造成子皮当国、子产听政的局面[2]，可见每经一次政变，郑国必产生一位僭君，根本不理睬正式国君，而号为当国；再由其他卿大夫执政。这个局面远比鲁国三桓当政的情形为乱。直到子产，局面才算安定，但他统治的时代仍是相当崇尚权术的。

宋似乎也有六官，见于《左传》的有司徒、司城（即司空、为避武公讳改）、司马、司寇[3]。宋制中有时叫大司马、大司徒、大司寇；而同时又有少司寇及少宰[4]，这是《周礼·天官》和《秋官》的官属，辅佐大冢宰及大司寇的官员，秩中大夫。因此，宋国的官制也是和周制相合的。不过，宋的卿中有一个左师和一个右师[5]，而且权阶特高，相当于执政的正卿，这是别国所无的。

晋是春秋最重要的一个国家。它虽然也是周的子弟国，但其官制比较特别。虽然晋也有司空[6]，但位高而权不重，六官的其余五官又未一见，因此晋似并未采用周制。晋制中有两个位置极高的官职——大师及大傅，其权可以选择执国政的中军帅，如公

---

[1]《左传》襄公十年。
[2]同上书，襄公十九年。
[3]同上书，文公六年、十六年，成公十五年，襄公九年，昭公二十二年，哀公二十六年。
[4]同上书，成公十五年，昭公二十二年。
[5]同上书，僖公九年，文公六年，成公十五年，襄公九年，昭公二十二年，哀公二十六年。
[6]同上书，庄公二十六年有士蒍，成公十八年有右行辛。

元前620年，晋搜于夷，使狐射姑将中军而赵盾佐之，但太傅阳处父又改以赵盾为中军帅，赵盾"始为国政"，立下规模，然后"以授大傅阳子与大师贾佗，使行诸晋国，以为常法"[1]。可见这两个职位相当于元老。

  晋官制是和军事组织相合的。曲沃武公（公元前678年）时，晋只有一军[2]，晋献公时是二军[3]，晋文公时有三军[4]，每军各有将佐，共六卿，而以中军将为元帅。从此以后，中军帅就是晋的执政正卿，如前述的赵盾。卿是军帅，而真正治军的则是尉及司马[5]，再加上御戎，右乘马等官，合称为"六正，五吏，三十帅，三军之大夫，百官之正长"[6]。每军的大夫也可称为"舆大夫"。此外，卿的适子称为"公族"，余子称为"余子"，庶子称为"公行"，统归"公族大夫"管理教育[7]。由上所述，可见晋所行是彻底的政军合一制。

  说到楚的官制，因为材料缺乏，颇不可考。但从《左传》及《国语》中楚的官名看来，楚虽有大宰[8]、少宰[9]及大司马[10]，但

---

[1]《左传》文公六年。
[2] 同上书，庄公十六年。
[3] 同上书，闵公元年。
[4] 同上书，僖公二十七年。
[5] 同上书，成公十八年，襄公三年、十六年。
[6] 同上书，襄公二十五年。
[7] 同上书，宣公二年，成公十八年。按：晋群公子在献公时完全被杀，此后晋公子皆质居外国。因此晋的"公族""公行"只能由卿族充数。晋在春秋中独无公族当国现象，此是一因。但晋诸卿强大，公室仍难免被三家所分。
[8] 同上书，成公十六年。
[9] 同上书，宣公十二年。
[10] 同上书，襄公十五年。

大宰伯州犁是晋亡人,秩似不尊;少宰则没有名字,似也非重要人物。"荐子冯为大司马"之下,还有"公子囊师为右司马,公子成为左司马",也与《周礼》及中原各国不同。楚的首相称为令尹,别的贵官还有右尹、左尹、工尹、中厩尹、监马尹、宫厩尹之类;而地方首长也有称"尹"的,如莠尹、连尹、沈尹,或则称"公",如郧公、蔡公、白公之类。由这些名号看来,楚的官制截然不同于中原,完全是另一套。楚与中原是不同的民族,有此现象,实不足为异。

此外,其他国家,如秦、齐,其官制可考者极少。但齐有国、高二卿,地位最高,管仲称为"天子之二守"[1]。由此推考,大约周初分封建国,每国有一二卿是王室直接委任的,故地位较普通的卿要高些。

三、地方组织

上节说的是各国中央官制,本节则拟一说地方组织。由于春秋实行封建制度,因此在中央以下,可分卿大夫贵族的采邑,及地方基层的组织两部分,分别加以探讨。

大体说来,春秋时除王都近畿直属于王,各国国都附近属于国君以外,其余地方都各有封主。王及国君除能享直属地的收入外,只能分享到封主们进贡的余沥。封主可以收取封邑的收入,平民百姓自食其力或做公务员。《国语·晋语》所谓:

---

[1]《左传》僖公十一年。

> 公食贡，大夫食邑，士食田，庶人食力，工商食官，皂隶食职。

虽说按照规定，贵族封邑的大小有一定等差，所谓"上国之卿，一旅之田；上大夫，一卒之田"[1]。但事实上颇不一律，例如晋韩宣子贵为上卿，依然忧贫，叔向对他说："昔栾武子无一卒之田，其宫不备其宗器……郤昭子其富半公室，其家半三军……"[2]可见贫富相去之远，其原因有的是兼并，有的是赏赐，因此晋国"五卿八大夫"的封邑广达四十九县，可出"十家九县，长毂九百，其余四十县，遗守四千"[3]。祁人、羊舌二家的封邑没收后，祁氏之田建有七县，羊舌氏之田建有三县[4]，其广大可知。

如此广袤的地区，简直使每家卿大夫都等于一个小国，三家分晋就是这种局面的极端化。每家的封邑除了须纳贡出军外，封主有权自行委派地方官，如《左传》成公十七年：

> 初，鲍国去鲍氏而来，为施孝叔臣，施氏卜宰，匡句须吉。施氏之宰有百室之邑，与匡句须邑，使为宰，以让鲍国而致邑焉。

---

[1]《国语·晋语》。
[2] 同上书。
[3]《左传》昭公五年。
[4] 同上书，昭公二十八年。

孔子的弟子中即有不少这种"宰"[1]，最有名的如子游，做过武城宰，结果武城弦歌不辍，孔子因此大为高兴，可见宰实是亲民之官，所谓"有民人焉，有社稷焉"[2]。由于宰是封主委派的，因此邑宰只忠于主子而不睬国君，如《左传》隐公元年：

　　夏四月，费伯帅师城郎，不书，非公命也。

又如前引《左传》定公十二年，公敛处父为了忠于孟氏而拒命不堕成。这种情形下，封主常挟邑自重，如《左传》成公十四年：

　　……孙文子自是不敢舍其重器于卫，尽置诸戚而甚善晋大夫。

演变到后来，邑宰强大，甚至敢于反叛封主，如公元前529年，鲁的南蒯城费之后叛季氏[3]；公元前497年，子路堕三都，公山不狃、叔孙辄也帅费人以袭鲁[4]；公元前499年，侯犯据郈叛叔孙氏[5]；公元前558年，成宰公孙宿也公然拒孟氏[6]。其演变之极，即所谓陪臣执国命，公元前500年左右，阳虎即曾成为鲁国实际上的统治者，而其根据地之一，据《左传》定公七年说：

---

[1] 闵子骞、子羔做过费宰，子夏做过莒宰，子游做过武城宰。
[2]《论语·先进篇》。
[3]《左传》襄公七年，昭公十二年。
[4] 同上书，定公十二年。
[5] 同上书，定公十年。
[6] 同上书，襄公十四年。

> 齐人归郓、阳关，阳虎居之以为政。

换而言之，阳虎盘踞要地以挟制全国。这是鲁国的情形，但其他各国的情形当然也可以类推了。

再说地方的基层组织，也许不论公邑采邑，其组织都差不多。因为据《周礼》说，王畿有六乡六遂的组织，各国如何不得而知，但在他书中都可见到此类组织中的官名，因此似不妨假定各处的地方基层组织有相似之处。

据《周礼·地官·大司徒》：

> 令五家为比，使之相保；五比为闾，使之相受；四闾为族，使之相葬；五族为党，使之相救；五党为州，使之相赒；五州为乡，使之相宾。

各级的长官依次是乡师、州长、党正、族师、闾胥及比长。远郊或"野"也有相同组织，但名称叫作遂，据《周礼·地官·遂人》：

> 遂人掌邦之野，以土地之图经田野，造县鄙形体之法；五家为邻，五邻为里，四里为酇，五酇为鄙……皆有地域沟树之，使各掌其政令刑禁，以岁时稽其人民而授之田野，简其兵器，教之稼穑……

各级的长官是遂师、县正、鄙师、酇长、里宰及邻长。

这些组织在当时似曾存在。如《论语·里仁》："子曰，里仁为美。"《雍也》："子曰，毋以与尔邻里乡党乎？"《子罕》："达巷党人曰，大哉孔子！"《乡党》："孔子于乡党，恂恂如也，似不能言。"《卫灵公》："言不忠信，行不笃敬，虽州里行乎哉？"有了邻、里、党、州、乡的名目。此外，又如《左传》襄公七年："南遗为费宰，叔仲昭伯为隧正，欲善季氏而求媚于南遗，谓遗，请城费，吾多与而役。故季氏城费。"又襄公九年："令隧正纳郊保……二师令四乡正敬享。"可见供役保乡都是地方上乡遂的任务，相当于现在乡镇公所常要应差的情形。

根据《国语·齐语》，管子把齐国划为二十一乡，五家为轨，十轨为里，四里为连，十连为乡，分划的数字不同于《周礼》所说，但也可说是保甲式的地方组织。

大约，保甲式的组织在中国久有传统，到了秦汉依然有亭以下的组织，而后世的"保正"也正是这类基层工作人员。因此，若春秋有这种组织也是可能的。

四、军制

先说各级的军备比例。春秋时一向有一个说法，认为天子是六军，诸侯大者三军，《左传》襄公十四年：

> 晋侯舍新军，礼也。成国不过半天子之军，周为六军，诸侯之大者，三军可也。

因此《周礼·夏官》叙官：

凡制军，万有二千五百人为军，王六军，大国三军，次国二军，小国一军，军将皆命卿。二千有五百人为师，师帅皆中大夫。五百人为旅，旅帅皆下大夫。百人为卒，卒长皆上士。二十五人为两，两司马皆中士。五人为伍，伍皆有长。

这种编制在《左传》及他书中颇见其名目。"军"字的例极多，如上文所引一节即是。师与旅，如"君行师从，卿行旅从"[1]，及"有众一旅"[2]。又《诗经》有"我师我旅"[3]。卒及两，如《左传》有"以两之一卒适吴，舍偏两之一焉"[4]。又有"郑伯使卒出……"[5]。伍，如"伍列登城"[6]，俱足为证。

所谓"大国三军，次国二军，小国一军"，也有其根据。鲁国虽是周公之后，但春秋时不大不小，只可算次国，因此有二军（鲁立三军是另一事）。晋在曲沃时只有一军，所谓"王使虢公命曲沃伯以一军为晋侯"[7]。献公时是上下二军，"公将上军，大子申生将下军"[8]。因为曲沃时始为诸侯，只能算小国；献公时，晋始大，可以循次国的例立二军了。

但是这种规定，事实上不易长久遵守，如鲁三桓即为了分公

---

[1]《左传》定公四年。
[2]同上书，哀公元年。
[3]《小雅·黍苗》。
[4]《左传》成公七年。
[5]同上书，隐公十一年。
[6]同上书，昭公十八年。
[7]同上书，庄公十六年。
[8]同上书，闵公元年。

室的赋役而作三军,《左传》襄公十一年:

> 春,季武子将作三军,告叔孙穆子曰,请为三军,各征其军……正月作三军,三分公室而各有其一,三子各毁其乘。季氏使其乘之人以其役邑入者无征,不入者倍征。孟氏使半为臣,若子若弟。叔孙氏使尽为臣。

叔孙穆子最初反对这事,理由即是"我小侯也,……若为元侯之所,以怒大国,无乃不可乎?"[1]可见三军是"元侯之所"。这是公元前561年的事。25年后,鲁又恢复二军的建制,但用意不在复古,《左传》昭公五年:

> 舍中军,卑公室也……四分公室,季氏择二,二子各一,皆尽征之而贡于公。

季氏竟干脆占去半个鲁国。

晋国更是由一军,二军,一变而为三军(公元前622年),加上"三行"(公元前621年),再变为五军(公元前618年),以至增为六军(公元前587年),简直就僭了天子的军数。至于周天子则恰巧相反,在周初号为"六师"(军、师散文则通),如《尚书·泰誓》,《诗经·大雅》的《常武》及《文王》《棫朴》都曾见之。东迁以后就不能如此排场了,公元前706年,周伐郑,以天子之军加上蔡、卫及陈还敌不过郑。这一役,天子中箭,周

---

[1]《国语·鲁语》。

丧尽面子，从此王室一蹶不振，没有再见过"王师"的记载，大约六军之数早已不备了[1]。

前引《周礼·夏官》的记载以人数为计。但在别书看来，计算兵力似以车乘为单位，例如《诗经·采芑》："其车三千"；《閟宫》："公车千乘"；《论语》中动辄说"千乘之国"。以周六军、鲁二军计算，大约每军是五百乘。但揆之春秋中几次大战役，一国出动兵力很少超过千乘。如公元前621年，晋楚城濮之战，晋军力七百乘[2]；而公元前588年，晋齐鞍之战，晋军力八百乘[3]；公元前483年，吴齐艾陵之战，齐全师覆没，有革车八百乘，甲首三千[4]。可见春秋时各国使用的兵力并不算大。

前人对于车乘和人数的比例，即每乘配属的人数，曾引起许多争议，至今仍是聚讼之点。前人的说法很多根据车和徒同见记载时的数字推算，因此多扞格不通之处。若照殷墟发掘的殉葬车看来，每乘同时发现十具人骨[5]，因此，每车大约配属十人。大凡作战时除车兵外，使用步兵的数字须视地形而定，如晋伐狄，为了山地作战即"毁乘作行"，吴越作战向以步兵为主；故以战役中步卒和车乘的数字相除，难怪不易有统一的结果。若根据天子六军，诸侯三军的编制推算，则更系忽略了一个春秋兵制的特点。其实，春秋时的军数，其意义与其说代表作战武力，毋宁说代表

---

[1]《左传》桓公五年。
[2] 同上书，僖公二十八年。
[3] 同上书，成公二年。
[4] 同上书，哀公十一年。
[5] 据石璋如先生《小屯C区的墓葬群》(《"中央研究院"历史语言研究所集刊》，二十三本下册)。

丁壮数字及随之产生的赋役税收。关于这点，在前引《左传》襄公十一年及昭公五年，鲁置舍中军二节中足以充分表现，由这两节可以看出三家的用意在于"征"赋，而不在掌握若干军队。

为了解这一意义，必须先就军制与地方组织的关系作一说明。据《周礼》的记载，人民有服兵役的义务，平时照前节地方组织中的系统编为乡遂；一旦有事，各级官长即刻转为军队首长，如《周礼·地官司徒·小司徒》：

> 乃会万民之卒伍而用之，五人为伍，五伍为两，四两为卒，五卒为旅，五旅为师，五师为军……以作田役，以比追胥，以令贡赋。

这种编制，由殷墟殉葬卫队的人数可以证"卒"以下在殷时似亦如此[1]。平时的地方首长，据《周礼》说，都有统兵的义务，例如《地官司徒·乡师》：

> 大军旅会同，治其徒役与其輂辇，戮其犯命者……凡四时之田……简其鼓铎旗物兵器，修其卒伍，及期以司徒之大旗致众庶而陈之以旗物，辨乡邑而治其政令刑禁，巡其先后之屯，而戮其犯命者，断其争禽之讼。

其他州长、党正、族师、闾胥、比长，以及遂人、县正、鄙师、

---

[1] 据石先生文，其详请参阅拙作《〈周礼〉中的兵制》（原载《大陆杂志》，九卷三期，收入本书页66—90）。

鄻长、里宰、邻长的职务中也都有相似记载，兹不赘引，可见在军旅田役时，地方首长就摇身一变为民兵司令官了。

人民有服兵役的义务，因此平时对于人口统计必须彻底施行，前节官制中所引《国语·周语》仲山父说，"不料民而知其少多"，即由于在四时田猎中加以统计。上引《地官司徒·乡师》也足以说明此点，而平时死生也须登记，因此《周礼·地官司徒·乡大夫》：

> 以岁时登其夫家之众寡，辨其可任者（按，指可以用的），国中自七尺以及六十，野自六尺以及六十有五皆征之（按，唐贾公彦据《韩诗外传》以为六尺是十五岁，七尺是二十岁）。其舍者，国中贵者、贤者、能者、服公事者、老者、疾者，皆舍。以岁时入其书。

可见人民服兵役及纳税的年龄是20至60岁或15至65岁。应召参加军队编制的，则是每家一人，《周礼·地官司徒·小司徒》：

> 凡起徒役，毋过家一人，以其余为羡，唯田与追胥竭作。

由此可知，军队的组织包含每家一个壮丁。这些壮丁平时还有服劳役的义务，有时为公家筑城，如前引《左传》襄公七年，叔仲昭伯派役城费。有时要替贵族打杂差，如《左传》襄公二十三年：

> 冬，十月，孟氏将辟，籍除于臧氏，臧孙使正夫助之。

有军籍的壮丁同时也代表力役之征及贡赋,利之所在,也就难怪三桓要把持鲁国的三军了。

民兵是农民,必须加以适当的军事训练才能在战时使用。根据史料看来,春秋时军队的训练主要寓于田猎,前引《周礼·地官司徒·乡师》的职务中就曾说到田猎时用军法部勒。此外,《夏官司马·大司马》中曾说到四季的田猎前先举行军事训练。前节官制中所引《国语·周语》有"搜于农隙,耨获亦于籍,狝于既烝,狩于毕时,是皆习民数者也"一段,可见狩猎的意义在于点检民兵。晋国每次改易军帅必在大搜之时,正由于大搜或大阅即全国军力的总校阅。《诗经·小雅·车攻》所谓:"东有甫草,驾言行狩。之子于苗,选徒嚣嚣。"《左传》桓公六年:"秋,大阅,简车马也。"《左传》昭公八年:"秋,大搜于红,自根牟至于商卫,革车千乘。"《穀梁传》昭公八年:"因搜狩以习用武事,礼之大者也。"《公羊传》庄公八年:"出曰祠兵,入曰振旅,其礼一也,皆习战也。"都指的用田猎校阅训练军队。

除了国中民兵外,贵族的采邑遇有事时也须遣军应召,《左传》昭公十六年所谓:

为嗣大夫……有禄于国,有赋于军。

即指此事。贵族封邑的兵力相当可观,如晋卿韩及羊舌二氏,十家九县即有长毂九百,而其余五卿八大夫的四十县也可"遗守四千"。因此贵族出些军队并不在乎。《诗经·小雅·出车》:"我出我车,于彼牧矣;自天子所,谓我来矣。"即是咏勤王之事。

此外,贵族子弟本身即须从军,因此《周礼·天官》中有

"宫伯"："掌王宫之士庶子凡在版者。"《夏官司马》中有"诸子"："掌国子之倅，……国有大事，则帅国子而致于大子，惟所用之。若有兵甲之事则授之车甲，合其卒伍，置其有司，以军法治之，司马弗正，凡国正弗及。"由最后两句可见这支近卫军享有异常的特权，而其构成分子——国子——实即卿大夫的子弟。贵族子弟军在国内守卫宫庙重地，《礼记·文王世子》：

> 公若有出疆之政，庶子以公族之无事者守于公宫，正室守大庙，诸父守贵宫贵室，诸子诸孙守下宫下室。

在出征时，这也是一支可信的部队，如公元前621年，城濮之战，楚军主力是亲军东西两广之一——"西广"、太子的卫队"东宫"及楚王若敖支下的王族"若敖之六卒"[1]。公元前574年，鄢陵之战中，晋侯的左右是"栾范之族"，楚国方面也是"楚之良在其中军王族而已"。所以苗贲皇建议晋侯"请分良以击其左右，而三军萃于王卒"[2]。贵族子弟军的重要性也就可知了。

五、司法

关于春秋时的法律观念及制度，若照《周礼》说，简直是非常进步的。如法律须公布十日，州长须时常读"法"，有专门掌理司法的秋官官属——各乡遂都鄙有乡士、遂士、县士及方士主

---

[1]《左传》僖公二十八年。
[2] 同上书，成公十六年。

持审讯，诸如此类。

但凡此诸点都极成问题，春秋时似尚不见公布成文法及司法与行政分立的情形。《周礼》一书被人怀疑为乌托邦之作就在此等处。

春秋时与其说有法律，毋宁说有刑律，因此公元前535年，郑人铸的是《刑书》[1]；公元前512年，晋人铸的是"刑鼎"[2]；叔向谏子产只称"刑辟"，不见"法"字[3]。法的观念直须到战国法家起时才出现，讲到"法"的老祖宗还当推魏国李悝的《法经》。刑的种类，据《国语·鲁语》有：

> 大刑用甲兵，其次用斧钺，中刑用刀锯，其次用钻笮，薄刑用鞭扑：以威民也。故大者陈之原野，小者致之市朝，五隐三没，是无隐也。

其中说到刑的用意是"以威民也"，充分说明刑律只是统治人民的工具而已。

据《周礼》之《大司徒》《大宗伯》《大司马》及《大司寇》等职文，都有"悬法象魏"的相关表述，但这点大约是战国时法家重"法"、重"信"的事。在春秋时，"威民"的观念下，法律的公布对统治者并不有利。春秋末期，郑晋两国先后发生过两件公布刑律的事，就惹动了许多批评，如《左传》昭公六年：

---

[1]《左传》昭公六年。
[2] 同上书，昭公二十九年。
[3] 同上书，昭公六年。

> 三月，郑人铸刑书，叔向使诒子产书曰："始吾有虞于子，今则已矣。昔先王议事以制，不为刑辟，惧民之有争心也……民知有辟，则不忌于上，并有争心，以征于书而徼幸以成之，弗可为矣。夏有乱政而作禹刑，商有乱政而作汤刑，周有乱政而作九刑，三辟之兴，皆叔世也。"

而《左传》昭公二十九年：

> 冬，晋赵鞅荀寅帅师城汝滨，遂赋晋国一鼓铁，以铸刑鼎，著范宣子所为刑书焉。仲尼曰："晋其亡乎？失其度矣……而为刑鼎，民在鼎矣！何以尊贵？贵何业之守？贵贱无序，何以为国？"

叔向和孔子的议论最能代表统治者的意见。

说到司法行政分立的问题，春秋时各国确有负责刑罚的司寇或司败，但地方则似乎还没有专理司法而与行政官员属于完全不同系统的官员，例如前面提到的乡士之类。举例说，《左传》昭公二十八年，晋梗阳人有狱，先由"梗阳大夫"魏戊审理，魏戊办不下，才又把官司打到执政的魏献子处。由这件事可以看出，"大夫"——地方官——是有权兼理诉讼的。

春秋时，贵族和平民完全是差别待遇，所谓"礼不下庶人，刑不上大夫"。高级贵族之间发生争执时，自己并不出庭，而由较低的臣属为代表参加辩论，如《左传》僖公二十八年，卫侯与元咺打官司，卫侯方面由"宁武子为辅，鍼庄子为坐，士荣为大士"。卫侯败诉，代表们甚至代他受刑，杀士荣，刖鍼庄子。又如《左传》襄公十年,周王叔陈生和伯舆打官司,也使"王叔之宰与伯舆之大夫瑕禽坐狱于王庭"。

贵族若真有了罪,大体自杀了事。若不由刑死,子孙仍能保留爵位和官职。所以公元前662年,鲁子牙奉命自杀时,使者对他说:"饮此则有后于鲁国,不然,死且无后。"[1]公子牙死后,子孙即叔孙氏,也为鲁国次卿。公子牙的老兄公子庆父在公元前660年也因罪自缢[2],他的后代孟孙氏也世为鲁卿。又公元前597年时,宋司城公孙寿请求把官让给儿子意诸,"告人曰,君无道,吾官近,惧及焉。弃官则族无所庇。子,身之贰也,姑纾死焉。虽亡子,犹不亡族"[3]。这种情形当然只能归之于"情",而不能说是"法"了。

六、总结

由上所述,本节可作一概述。

周的封建实是本时代的重要特性,周天子分封出若干子弟功臣做诸侯,诸侯建立一个城邑作为中心,再分封自己的子弟或功臣在附近建城,成为若干小中心,即卿大夫的采邑,卿大夫还可把土地分给属下的武士们。大夫向所属的卿服从,卿向国君服从,国君又向天子服从,构成一个宝塔形的结构。下一级只对上一级服从,对自己的采邑之内则具有绝对的权威。自天子以达于

---

[1]《左传》庄公三十二年。
[2]同上书,闵公二年。
[3]同上书,文公十六年。

士,上下之间的关系主要有赖于宗法上宗子的权威维持,周天子是天下的宗主,诸侯是一国的宗主,而卿大夫是一氏一家的宗主。周道亲亲,可作如是解。

说到官制,周及其子弟国似都有六官的建制。但更须注意的是政治上的现象而不是制度。此时政治上最常见的现象是政权握于若干巨室,而这些巨室又常是公族的子弟中某几家世袭的。这一点与周的政治家族化——宗法有其渊源。至于晋,则由于公族尽被献公杀光,而此后公子们也大多居住国外,因此政治已脱开公族化现象,而与军事组织相合,但到底仍为几个世族所保持。楚的官制较特别,原因是楚的民族和中原不同。

说到地方,封君对于采邑有绝对的主权,可以收税征役,编练军队,委任官吏,俨然一个小国家。地方的基层似有保甲式的组织。春秋时行征兵制,而平时也须向人民征取税役,因此保甲式的组织是必需的。

说到军制。按照制度说,天子和各国间的军备有一定比例。但军备比例之不易维持长久,大约古今中外并无例外。因此这一规定到后来可说完全没有意义了。春秋作战以车为主,《周礼》的军却以人为计,由鲁三桓分公室三军的故事看来,军籍的意义也许在税收而不在武力的编制。春秋行征兵制(中国在东汉以前向以征兵为主,募兵是东汉开始的),由于一家出一壮丁,因此军籍恰可代表户籍。民兵虽多,但作战时最得力的是平素受武士教育的贵族子弟,贵族子弟常成族出战的现象,大约也与宗法有关。

说到法律,由于这一时期有相当清晰的治人者及治于人者两级,因此治人者完全以"威民"为目的。在这一观念下,刑只不过是统治的工具而已。对于贵族则不同，由于"亲亲"之谊，对于犯法的贵族用刑之外仍须顾到情面。至于不分等差的"法"，在春秋时是没有的。

原载《中国政治思想与制度史论集》

春秋战国间的社会变动

春秋之世约 250 年间（公元前 722—前 464 年），实为中国历史上最具决定性的时期之一，社会由封闭而转为战国时代开放的形态。春秋末年"君子"陵夷，政权易手，与春秋早期之封建秩序判然隔世；然而其变也渐，这两个半世纪由始到终都经历着不断的变化。先则有卿大夫的专擅政权，逐渐由公室转入私家，继则有士的崛起，陪臣居然也执国柄。叔向与晏子的对话明白地揭出当时社会已在剧变中；史墨更扼要地引用《诗经·十月》"高岸为谷，深谷为陵"以譬喻社会各阶层已经天翻地覆的状态[1]。《国语》中也说到晋国的贵族很多已沦落在异国，自食其力[2]。

社会变动在当时已是人所周知的现象，但通盘的研讨似对于全貌更可有所认识。研究春秋现象自非用《左传》资料不可，然而《左传》经纬万端，所包括的人名无虞数千，一一胪列，势在

---

[1]《春秋左传正义》（四部备要本），卷四二，页 5—6；卷五三，页 14。
[2]《国语》（四部丛刊），卷一五，页 8。

难能。因此本文选择标准将以班氏《古今人表》作为依据。班氏表中列名者有1998人，区为九等，自上上至下下，按人品列等。其中648人在鲁隐之前，13人在秦政统一之后[1]。班氏自然并未尽列古人于表；事实上见于表内的人物大致有事迹可述，否则班氏也无法把他们区为九等。本文既然并不研究人物的道德行为，班氏的臧否褒贬因此并不致影响本文的选样。反之，班氏之表列人物正好可作为研究道德问题以外的任意选样（randon sample）。同时，由于这些人大多不是碌碌无为之辈，选样不免犯失之过高的偏差，在本文作为期间比较是可以的，与别的时期或别的社会比较，就不能不顾及其偏差了。

班表中春秋及战国的人物共有1317人。为求资料来源单纯，易于比较，只选了其中名字见于《左传》者，516人为春秋社会的研究对象，197人见于战国典籍而时间可考者为战国社会的研究对象。剔除在外的人物包括时间不可考者、妇女及国君。国君未计入社会研究的主要原因系国君的社会地位无升沉可言，纵然国君的政治权力及经济利益有得失之时，国君的地位始终是不变的。本文既系社会研究，尤系社会变动（social mobility）之研究，把这一群包括于选样之内似无必要。妇女未被计入，实系由于人数过少难于计算之故。

见于《左传》的516人则列入九代，每代30年，第一年始于隐公元年（公元前722年），终于穆公四年（公元前464年），起讫与《左传》相终始。分代标准不能不是硬性而人为的。若某人只见记传一次，其时代较易处理；若见过多次则以其第一次及

---

[1] 王先谦：《前汉书补注》（长沙，1900年），卷二〇。

最后一次之间取其中间数以定其年代；若无确切年代可据为定点者，则取其同时代人之年代为其年代。凡此必然引起若干困难，但为标准划一计，少数人物的参差，甚至错列，也难于顾及了。

本文假定凡列表内的人物大率有事迹可述；有事迹可述者，在历史上说来，应有某种程度的重要性。然而有些人物也可能碰巧阑入，例如偶然被带到一笔的人物，这些人物自然难说有历史重要性。但是，无论如何，列入研究范围的人数越多，这种阑入人物的数目越接近固定的比例数，其引致错误结论的可能性也可以因此减少。

本文的研究方式系以不同的社会群体相比较，由其历史性人物的多寡，及在诸群体总和中所占比例的增减，以觇见各该群体在社会上的相对地位。至于春秋的社会群体，以横切面言之，分为公子、卿大夫、士三层；另有庶人、卜史工商等，因人数过少，只占全部15%，聊备一格而不予讨论。某人由某一阶层升入或降至另一阶层时，其分类所属仍用原属阶层，借便讨论。

公子之属，身隶玉籍，职任亲贵，入参密勿，出总师旅；君位之定，每须咨询贵公子；国际会盟，也通常由身为卿大夫的公子担任折冲樽俎的任务。在附录人名分期表中，第一类即公子集团。由他们在春秋的作为看来，早期的公子们直接参与政治，有的襄助国政，有的觊觎君位；而在后期则直接有政治活动的公子越来越少。这种说法，由于活动的重要性难于以一定尺度衡量，当然显得太笼统。以比较确定的说，未再见公子担任正卿者。同期以下，公子列名于班表的也未见曾立卿族于母国者[1]。

---

[1] 各国强大卿族名单见本文下文。

公子集团人数比例和卿大夫及士两个集团对比也显示下降的趋势，其比例数见附表一。自第七期（公元前542—前513年）以后，公子集团的人数比每每在总人数的10%以下。下降的曲线由第二期（公元前692—前663年）即开始，由53%骤跌至19.5%。由第三期到第六期，比率始终徘徊于10%—16%。在第四期时，比率跌落到10%，同时期也正好是卿大夫集团上升的时期。参见附表一。这下降的曲线似乎表示公子集团的重要性及活动性随时递减，政治活动的重心由统治的公室转移入大夫集团。

家族与国家间密切联系终止；公子王子不复因其身份自动地获取一部分统治权力，正以显示此点。在春秋末世，除楚国外，诸国公子不复是各国的执政者。大多数的公子可能仍得到封邑，衣食可以无虞。但他们处理国事的重要性已不能与春秋初期同日而语。公子集团权力与重要性递衰仅是秦始皇最后废除封建的张本而已。

第二类集团是卿大夫集团（下文简称为大夫集团），包括贵族官吏的上层阶级。他们享有领地封邑；对统治者而言，他们是封建臣属，也是各种官吏。这一个集团虽然传统地分为卿和大夫两阶，事实上两者的分野微乎其微。大约大夫的执事较杂，常为卿的副介从属而已。在本文卿与大夫将不再加区分。

习惯上，贵族的职与位和封邑都从父亲传袭而得。父亲若不是公子，即是卿大夫。贵族的小兄弟不能得到同样崇高的位置，不得不接受次一级的社会地位，有时做大宗的家臣家宰，有时即转而服侍其他姓氏的强宗巨室。

大夫集团的人数当然超出公子集团多多。因此，班氏列表的人物中大夫最多也就不足为奇了。

由前节讨论可知，公子集团逐渐由政治舞台上消失。经过春秋一代，大夫集团一天比一天活跃。附表二即列数班表中重要而负有责任官员。附表二所列的活动以下举诸项为准。

一、曾为正卿或执政者；

二、曾经出总师旅者；

三、曾经参与国际会盟者；

四、曾献替庙谟，国事时被咨询者；

五、有重要官位者；

六、参与有决定性的政治事件，例如易立、弑君等。

335位大夫占了总数516人的65%。在第一期到第三期90年间，大夫集团的占比在44%—63%。第四期（公元前632—前603年）时占比即骤升，此后迄于公元前513年，占比保持在70%或更高于此数。最后两期的占比又回跌至66%（公元前512—前483年）和55%（公元前482—前464年）。因此，大夫集团上升的曲线正好和公子集团下降的曲线同时发生。最后两期大夫集团进入低潮时，又正好是"士"集团开始抬头的时候。

335位大夫中，218人是活跃分子，其"活跃"的定义已见前述。活跃分子占大夫总人数的65%，占全部总人数的42%。活跃大夫的百分比在第一期到第三期（公元前722—前633年）都低于其平均百分比。其次两期（公元前632—前573年）中，百分比骤升至大夫总人数的77.5%和78%，和全部总人数的54%和55%。第六期、第七期和第九期90年间（公元前572—前483年），全人数中的百分比下降至46%以下。春秋结束时，百分比下降至41%，稍低于平均数。可是活跃分子在大夫集团的百分比于第六期（公元前572—前543年）骤跌至61%后，在第七、第八、第九共三期（公元前542—前464年）都重新上升，趋向70%的标的。活跃分子在大夫集团中百分比的上升曲线和在总人数中的下降曲线对比，似乎表示在最后这79年中较不活跃的大夫越来越少进入历史主舞台。他们早期的前辈则常常还有被别人提到的可能。这是一个很需要注意的现象，意味着大夫集团在社会机能和重要性上比前衰退。

另一点也值得讨论：大夫们集中于少数家族。大多数强宗巨室并不见于春秋初期。其逐渐出现似也遵循一定的格式。公子中特别得宠者，或特别为国君信任的大夫，可连续执政许多年。其子孙仍继续政府职位。一代复一代，声誉和权力不断累积，于是屡世赫奕的大族成矣。

个人的成功，或个别家族的成功都可归于其能力或机缘。但是在同一短短时期内，有许多这种的例子，原因就不能单纯归于个人了。这应该是一个地区或一个时期具有历史重要性的现象。

下列是诸国的强宗大族：

周：召，单，甘，刘；
鲁：季孙，孟孙，叔孙；
晋：赵，韩，魏，范（或士），中行，智（或荀），栾，郤；
卫：石，宁，孙，孔；
郑：罕，驷，丰，羽，印，国，良；
齐：高，国，崔，庆，陈（或田）；
宋：华，乐，皇，鱼，鳞，荡，向；

楚：斗，芳，屈；

陈：夏。

周之召、单，齐之国、高，据说都早已建立，但苦于缺乏正面和反面的实证[1]。上列诸大家族中的大多数则均在春秋始建立；九期之中，家族出现的数目少至2个，多至23个。骤然由7个的总数增加到14个则系在第三期（公元前662—前633年）出现；同一时期也正是大夫集团和活动都达到高潮时。第四期和第五期出现的大家族包括晋之三家和鲁之三桓。第六期虽然拥有大家族23个之多，却也是下降趋势的开始。这时齐之庆、崔和晋之栾氏都在其他家族的联合压力下崩溃[2]。大家族间的生存竞争使若干得势，若干覆灭，最终残存的家族寥寥无几，不足以构成一个单独的社会阶层。到春秋末叶，即第九期时，仍有活动的大家族已只剩7个了[3]。

如前所述，大夫集团的成员高度集中于少数家族内。属于前列大家族名单中的大夫平均占全部大夫总人数的41%[4]。分布的极峰在第五期、第六期、第八期和第九期，仅第七期略低。曲线可以显示在春秋后半期大夫的势力增长，而公子集团则在中期即呈颓象[5]。显然，势力已由公子集团转移入大夫集团。这种形势的转易若以公族家庭关系与国家政治开始分离视之，似

---

[1] 国高二家素被称为齐之二守。见《左传》，卷一三，页1。
[2] 《左传》，卷三八，页13—15；卷三五，页6，10。
[3] 见附表三。
[4] 见附表三。
[5] 见附表一。

乎可说大夫们得到权柄并不全仗其出生后的身份，由侪辈中脱颖而出仍多少须有一些才能。这些多少靠自身才能的大夫比之全凭身份得到地位的公子王孙自然要适于生存些。春秋未到末叶，大夫集团也已走上了下坡路，其数字参见附表一及附表二。大夫们的权力又将转移到另一个人数更多，因此人才也更多的"士"集团。

第三类集团是士集团，下文将讨论士逐步参与重要事项。士的身份为大夫的家臣和武士。士可能世代是士，也可能是大夫庶孽不能承宗而变为士。士可能在本宗本族服役，也可能被雇于其他宗族。以人数论，士应该超过公子和大夫多多，但是位置卑下，不足称道，史家笔下很少带到。在《古今人表》中，第一、第二两期不见士的踪迹；直到第三期（公元前662—前633年）以后，士方见于经传。由第三期到第六期间，活动而见于记载的士都只是平平常常的家臣的武士[1]。可是在第七期（公元前542—前513年），士集团包括了一位志在张公室而叛季氏和南蒯者。一个邑宰可以据邑称兵，其实力就可想而知了。专诸刺吴王也开了后世战国侠士的风气[2]。第八期（公元前512—前483年）有一位最了不起的人物崛起于士集团。孔子生于士的家庭，少时做过许多"贱事"，但是晚年显然已升入不能徒行的大夫之列。他的弟子替他扬声于天下，他死时已成为鲁国的元老，但是他自

---

[1]《左传》，卷一五，页9；卷二，页7；卷二一，页6；卷二八，页12；卷三一，页2；卷三三，页4，7；卷三五，页10。
[2] 同上书，卷四九，页3，页4；卷五二，页9。

己的社会地位似乎从未超过下层的大夫[1]。孔门弟子中有为家宰的子路，有统率鲁国军队半数的冉有和他的车右樊迟。他们的出身则都是士[2]。家臣中最成话柄的自是阳虎。他以陪臣执国命，成为鲁国实际统治者达五年之久；鲁国的季氏在他掌握之中，孟氏和叔孙更不必提了。士集团中爬得最高的要算孔子和他[3]。

士集团在每一期的人数都不多，但是增加的趋势则显而易见。自第三期开始有士而后，士在每期全人数的百分比为1%—8%，最后两期则达到16%和22%[4]。士集团在最后两期有上升现象，同时大夫集团有显著的下降趋势。这一尖锐的对比暗示部分的权力由大夫转移到士的可能倾向。阳虎和董安于的个例正可补充说明这种一般性的结论。假使士集团和大夫集团重要性的相

---

[1]《孟子·万章下》，卷一〇下，页5。《论语·子罕篇》，卷九，页1。《先进篇》，卷一一，页3。《左传》，卷五八，页14；卷五九，页3；卷六〇，页1。根据《史记》的《孔子世家》，孔子在17岁时曾经想参加季氏飨士的宴会。从此一直到他50岁时，他似乎一直没有很确定的职位。据说他后来成为中都宰，司空而至大司寇，夹谷之会时竟成为鲁相。司寇之上是否冠一大字，曾引起《史记考证》的疑问，因为先秦之书未有记孔子为大司寇者，记其事的《左传》《孟子》《荀子》《礼记》及《吕氏春秋》都仅记他为司寇而已。《考证》虽曲为弥缝，却始终除《韩诗外传》的孔子为司寇命辞外，提不出别的证据来。孔子曾否任鲁相，抑只是夹谷之会的相礼之"相"。也是聚讼的问题，两造理论，桀师曾列举于其"涧庄时习三录"（见《大陆杂志》，十七卷八期，页237）。其究竟曾否为相，似乎两造只是据理加以臆断。若要判断孔子的政治地位，似乎还需根据《论语》的材料。《论语·乡党篇》所记孔子处世态度颇活灵活现，孔子在朝中时，据说他和下大夫的谈话是"侃侃如也"，而和上大夫谈话时则是"訚訚如也"。前者自然，后者恭谨。既其文意，孔子是自居为下大夫之列的。以上见《史记会注考证》，卷四七，页10，页24，页26—27；《论语·乡党篇》，卷一〇，页1。
[2]《左传》，卷六七，页3；卷五六，页5；卷五九，页12—13；卷五八，页11。
[3]同上书，卷五二，页1，页2；卷五五，页5，页9。
[4]参见附表一。

对地位继续以同一轨迹发展下去,这两条曲线大约可在第九期结束后不久相交。在这个交点应可看到春秋大夫集团的崩溃和士集团获得优势地位。可惜春秋战国间在《左传》结束之后有一片空白,史阙有间,只好付诸阙如。国史上这一决定阶段就不免成为难答的谜了。

战国史料可考时,国史上出现完全与春秋面目不同的时期。重要的改变趋于完成,其中若干在本文将加以讨论。班氏的《古今人表》将用来讨论社会上的"新人",或出身寒微者。

所谓"新人"的标准如次:第一,没有正面的证据提起他是任何贵族家庭的成员或亲属。第二,姓氏不是巨家大族的姓氏。第三,姓氏中不包含官衔或称号,因为很多"以官为氏"的人有贵族祖宗;然有一点必须记住,有贵族姓氏的人,或"以官为氏"的人,可能是没落王孙,早就沦为齐民,除了旧姓氏外已一无所有。本文设立第二和第三两条标准,目的只是更为矜慎,避免不小心把贵胄算在"新人"之列,但是史阙有间,其未被发觉者当仍不少。

附表四是春秋战国两时代"新人"的对比。表中可以看出,在公元前464年以前,来历不明者的百分比平均数为总人数的26%;彼时以后则平均数达55%。如果在总人数中剔除不可能来历不明的公子,则春秋战国两时代来历不明分子的百分比平均各为32%及60%。这个对比显示战国时社会上的流动性倍于春秋时代。尤须注意者,这个趋向,再加上春秋期大夫集团的衰落,或可表示不特在战国初期社会有高度流动性,而且前一时代显赫的大夫集团已完全崩溃。那些旧家的消失可以是列国兼并的后果;小国被合并于大国之后,其卿大夫的家族也就无所附丽了。

不过,假如原来的社会秩序依然当令,新的家族应当由新贵继续产生,以补故家留下的空缺。但是对战国宰相的背景作一调查后,本文发现这种新兴巨族的迹象实在微乎其微。简而言之,在战国似乎不仅是单纯地存在着阶级间更自由的流动性,而且尤须看作旧有社会分化层的消失和新分化层的形成。

以下将分国讨论战国时代的宰相。此处所列名单当然离完全的程度远甚。最详的是魏和秦,最简的是燕和楚。甚至最详的部分仍有不少待补之处。名单的排列则大致以年代为序,其年代不明者附列于后[1]。

赵国宰相:公仲连[2],大成午[3],赵豹[4],肥义[5],公子成[6],乐毅[7],魏冉[8],虞卿[9],田单[10],赵胜[11],廉颇[12],皮相国[13],张

---

[1] 齐思和发表的研究为本文提供一个初步名单,本文据之再作补充和修正。参看齐氏:《战国宰相表》(《史学年报》,二卷五期,1938年),页165—193。年代考订则借助于钱穆的研究结果,参看钱穆:《先秦诸子系年考辨》(上海:商务印书馆,1936年),附录一,页61—88。
[2]《史记集解》(四部备要本),卷四三,页11。
[3] 同上书,卷四三,页12,页14。《战国策》(四部备要本),卷二六,页1。
[4]《史记》,卷四三,页14。
[5] 同上书,卷四三,页13,页20,页22。
[6] 同上书,卷四三,页22。
[7] 同上书,卷四三,页22。
[8] 同上书,卷四三,页25。
[9] 同上书,卷七六,页8;卷七九,页11。
[10] 同上书,卷四三,页27。《战国策》,卷二〇,页1。
[11]《史记》,卷一五,页25,页29,页30;卷七六,页1,页4。
[12] 同上书,卷四三,页29。
[13]《战国策》,卷一八,页10。

相国[1]。

上列 13 人中，三人为公子，两人与其他国家的王室有关系（田单与魏冉）；余者则与王室无关，各人彼此之间也无关系，也找不出与任何大族有关系。虞卿更是白衣公卿的典型实例。

齐国宰相：邹忌[2]，田婴[3]，韩聂[4]，田文[5]，吕礼[6]，淖齿[7]，田单[8]，后胜[9]，宗卫[10]。

上列 9 人中，一人是公子，二人是宗室，一人是别国的公子，一人是齐王室的姻亲，另一人是别国王室的亲戚。只有邹忌以鼓琴干君而跻身卿相，算是平民出身。

秦国宰相：卫鞅[11]，公孙衍[12]，张仪[13]，乐池[14]，樗里疾[15]，

---

[1]《战国策》，卷二〇，页 10。
[2]《史记》，卷一五，页 18；卷四六，页 7。《战国策》，卷八，页 5。
[3]《史记》，卷七五，页 1。《战国策》，卷八，页 2—3。
[4]《史记》，卷四〇，页 22。在《战国策》为韩珉，《战国策》，卷二八，页 6。
[5]《史记》，卷一五，页 25；卷七五，页 4。《战国策》，卷一一，页 2。
[6]《史记》，卷七五，页 5。
[7]同上书，卷四六，页 13。
[8]《战国策》，卷一三，页 3。
[9]同上书，卷四六；卷一五。
[10]刘向：《说苑》（四部备要本），卷八，页 9。
[11]《史记》，卷六八。又卷五，页 18；卷一五，页 18—20。
[12]同上书，卷一五，页 21；卷七〇，页 16。
[13]同上书，卷七〇。又卷一五，页 22—23。
[14]同上书，卷五，页 20；卷四三，页 15。王先慎：《韩非子集解》（长沙，1896年），卷九，页 10。
[15]《史记》，卷七一，页 1—3；卷五，页 20—22；卷一五，页 24。

春秋战国间的社会变动

甘茂[1]，向寿[2]，田文[3]，金受[4]，楼缓[5]，魏冉[6]，寿烛[7]，范雎[8]，蔡泽[9]，吕不韦[10]，昌平君[11]，昌文君[12]，王绾[13]。

上列18人中只包括一位公子，两位王室亲戚，两位异国公子。其余的人背景各殊，登进方式也不同；大多以才能被秦国重用，秦得益于此等人处不少。

楚国宰相（令尹）：吴起[14]，赵朝[15]，张仪[16]，昭鱼[17]，春申君，州侯[18]，昭子[19]。

上列楚国令尹7人，其中一人为王子，两人为宗室昭氏。最多色彩者为吴起，出身平民，又是来自异国，但仕悼王至令尹，制定许多改革法案，其命运颇与卫鞅在秦相似。昭氏二见，知春

---

[1]《史记》，卷七一，页3—7；卷五，页21—22；卷一五，页24。
[2] 同上书，卷七一，页4，页7。
[3] 同上书，卷七五，页3；卷五，页22。
[4] 同上书，卷五，页22。
[5] 同上书，卷五，页22；卷七二，页1—2。《战国策》，卷六，页2。
[6]《史记》，卷七二，页1—5；卷七九，页7—8。
[7] 同上书，卷七二，页2。
[8] 同上书，卷七九，页1—12。
[9] 同上书，卷七九，页12—17。
[10] 同上书，卷八五。又卷一五，页30，页32。
[11] 同上书，卷六，页4，页7。
[12] 同上书，卷六，页4。
[13] 同上书，卷六，页8。
[14]《韩非子》，卷四，页14。《史记》，卷六五，页3—6。
[15]《战国策》，卷二二，页8。
[16]《史记》，卷一五，页23；卷七〇，页6。
[17] 同上书，卷四四，页9。
[18] 同上书，卷七八。钱穆考定黄歇为楚国王子，见《先秦诸子系年》，页370—371。
[19]《战国策》，卷一七，页1—2。《韩非子》，卷一〇，页4。

秋世族遗风仍存在于楚。

韩国宰相：侠累[1]，许异[2]，申不害[3]，张开地[4]，张平，昭献[5]，南公疾[6]，樗里疾[7]，韩珉[8]，韩成[9]，韩玘[10]，暴谴[11]。

韩国诸相，表中缺漏必不少；以目前所列而言，12人中有4人为韩宗室。张氏父子相韩五世，然而除在张良传中见及外，殊未有别人提到，其详因此不得而知。张氏究为韩王室旁支，因避仇改姓；抑是晋国张氏之后，也不能有证据作平断依据[12]。昭献和樗里疾都是异国的宗室。12人中对韩最有贡献者是申不害，他的出身据本传则是"郑之贱臣"。

魏国宰相：季成子[13]，李悝[14]，翟黄[15]，商文[16]，公叔痤[17]，

---

[1]《史记》，卷四〇，页26。
[2]同上书，卷八六，页6。《战国策》，卷二七，页6—7。
[3]《战国策》，卷二八，页4。
[4]《史记》，卷六三，页4；卷一五，页18，页20；并见卷五五，页1。
[5]《战国策》，卷二六，页3。
[6]《史记》，卷五，页21。
[7]同上书，卷五，页21。
[8]《战国策》，卷二八，页2，5。
[9]同上书，卷二八；卷五一八。《史记》，卷七一，页4。
[10]《史记》，卷八七，页15。
[11]《韩非子》，卷一〇，页6—7。
[12]张氏在晋曾有数代担任次级职务，如张侯，见《左传》，卷二五，页6。
[13]《吕氏春秋》（四部丛刊本），卷一九，页190。《韩诗外传》（四部丛刊本），卷三，页34。
[14]《史记》，卷一五，页12。李悝、李克或为一人，参看钱穆：《先秦诸子系年考辨》，页121—133。然亦有不同意此说者，参看齐思和：《战国宰相表》，页191—192。李克亦为魏相，参看王先谦：《前汉书补注》（长沙，1900年），卷三〇，页28，页30。
[15]《吕氏春秋》，卷一五，页20。
[16]同上书，卷一七，页20。《史记》称为田文，见卷六五，页5。
[17]《战国策》，卷二二，页3。

白圭[1]，惠施[2]，中山君[3]，田需[4]，魏太子[5]，张仪[6]，翟强[7]，公孙衍[8]，田文[9]，魏齐[10]，范座[11]，信安君[12]，长信侯[13]。

魏国宰相列入此处者18人，其中本国及外国的公子均有之。魏处四战之地，列强无不想拉拢魏国，掌握魏国；因之，魏国宰相人选每成各强国关心的问题。魏国王太子之成为宰相，即平衡各国均势的一着。但无论如何，18人中有9人是起自寒微。

燕国宰相：子之[14]，栗腹[15]，将渠[16]，张唐[17]。

燕国纪事，在7国中最为简略，因此这里列出4人的出身在我们看来都是空白一片。然而，前面之人似并非宗室，而最后一人则被秦国派遣来燕，当然更与燕王室无关了。

以下则将把春秋与战国的卿相略作比较。第一点，战国的卿

---

[1]《韩非子》，卷一〇，页6—7。《史记》，卷一五，页19。
[2]《吕氏春秋》，卷一八，页13—16。《淮南鸿烈解》（四部丛刊本），卷一二，页2。
[3]《史记》，卷四四，页2，页4，页6；卷一五，页20。
[4]同上书，卷四四，页7。《战国策》，卷二三，页1—2，页10。
[5]《战国策》，卷二三，页6。《史记》，卷四四，页9。
[6]《史记》，卷一五，页22—24；卷七〇，页4，页14。
[7]同上书，卷七一，页6。《战国策》，卷一五，页1。
[8]《史记》，卷七〇，页16。
[9]同上书，卷七五，页5。
[10]同上书，卷七九，页1，页9，页10—11。
[11]同上书，卷四四，页12。
[12]《战国策》，卷二三，页6。
[13]同上书，卷二四，页3—4。《史记》，卷四四，页11。
[14]《史记》，卷一五，页23。《战国策》，卷一九，页6。
[15]《史记》，卷一五，页30；卷三四，页6。
[16]同上书，卷三四，页7。
[17]同上书，卷七一，页8。

相既无一定的任期，也不是终身职。春秋之卿，若不是中路罹凶，被杀或被逐，大多在职终其身，或一直到他自愿退休归老为止。战国卿相更迭频繁，可看出国君权力大增，否则不能易相如此之容易；相对地，卿相权力大减，否则外国纳相不能成为两国结好的标准方式。第二点，战国卿相的来源殊为庞杂。有时是异国的公子，有时是周游列国的游士说客。二者都可能单纯地为所在国国君赏拔，也可能由其他国家推荐而纳入。生心外向的卿相自然不能在地主国生根；其中屡屡流动于各国间者尤甚。因此这种新形态的卿相并不隶属于任何一国的社会，也因之不能构成传统的阶级。第三点，除少数例外，七国卿相若不是国君最亲近的子弟姻亲，即是出身寒微，缺乏大家族作后盾的人。春秋时政治上具有决定地位的强宗巨室似乎绝迹于战国政治。

以实例而说，晋国的中军最初只是中军元帅，后来则成为执政。自公元前587—前543年间，中军11人相当平均地分配于大家族内，栾氏一人，韩氏二人，荀氏三人，范氏二人，魏氏一人，中军的递嬗也似有一定的推移方式。能轮到的人早就可以知道他有轮到的一天[1]。春秋卿相中无别国的公子（出亡而且无归国希望的公子不在此例），更没有周游各国的游士；他们的出处则大率出于少数家族。战国则事事反是。

两时期的分别甚明显，但变化也不起于骤然激变。本文前面数节已提到春秋时代本身已发生社会阶层分化的变化。以政治活动言之，公子集团由枢纽位置衰落，让位给势力逐渐膨胀的大夫

---

[1] 顾栋高:《春秋大事表》(《皇清经解续编》本），卷二二，页5—16。参看《左传》，卷二六，页2。

集团，更集中于少数大家族手中。等到实至名归，权力和名义再度同属于一人时，新的君主就产生了。同时，贵族的人数在自相残杀的过程中也必然锐减。大夫集团及大家族数字的减少又正和士的兴起相配合。春秋时士为家臣、为武士，战国的士即产生了不少大臣和将领。可是这些新型的大臣和将军并未像春秋的大夫一样构成传袭的阶级。整个战国时代几乎未见有春秋时代的那种巨室。若新贵没有填补旧有贵族的社会地位，而且连可以对应的家族也找不到，本文似可说，新的社会结构已经取代了旧有的秩序。这种社会结构的变化不能不引起（或缘于）其他方面的变化，例如政治制度、经济体系和观念形态等方面。但本文对这点将不予讨论，这些问题将各成专文。

原载《"中央研究院"历史语言研究所集刊》三十四本下册

附录：春秋战国列表人名分类

注：本表次序系按照威氏拼音法排定，俾便于翻检哈佛燕京社出版之引得。

　　+ = 活跃大夫
　　√ = 大族成员
　　– = 出身寒微（所谓出身寒微者，指与各国之世家大族无关系，姓氏中亦不包括官衔部分。）

春秋时期

I　公元前 722—前 693 年（隐公元年—庄公元年）

a：公子

屈瑕	公子黔牟	公子州吁	公子翚	公子吕
公子彭生	公子寿	施父	叔段	大子伋
鬬伯比	臧僖伯	左公子洩	王子克	芋章
右公子职	御叔			

b：大夫

展无骇 +	季梁	祭足 +	周公黑肩 +	熊率且比
华督 +√	高渠弥 +	观丁父 –	孔文嘉	石碏 +√
随少师 +	宰咺	臧哀伯	颍考叔 –	

g：身份不明

王子成文

Ⅱ 公元前692—前663年（庄公二年—庄公三十一年）

a：公子

| 纪季 | 公子庆父 | 公子纠 | 公子完 | 公子牙 |
| 公子偃 | 公子御寇 | 子游 | | |

b：大夫

召忽	强鉏 –	仇牧 –	颛孙	雎甥
单伯√	传瑕 –	萧叔大心 +	高侯 +√	管至父 –
召伯廖 +√	连称 –	孟获 –	南宫牛	南宫万 +
聃甥	鲍叔牙 +	边伯	宾须无	石祁子 +√
士䓉 +√	曹刿 –	䓉国 –	养甥	鬻拳
御孙				

d：祝史卜巫

申繻

e：仆奴

石之纷如 –   寺人费 –

f：平民

雍廪人 –

g：身份不明

| 虢叔 | 梁五 – | 东关嬖五 – |

Ⅲ 公元前662—前633年（庄公三十二年—僖公二十七年）

a：公子

| 季友 | 公子奚斯 | 公子目夷 | 公子雍 | 大子华 |
| 大子申生 | 子般 | 子臧 | 王子带 | |

b：大夫

| 赵夙 +√ | 冀芮 | 庆郑 | 井伯 – | 屈完 +√ |

仲孙湫+	逢伯	富辰	韩简+√	罕夷−
郤縠+√	隰朋+−	先丹木	荀息+√	狐突
皇武子+√	管仲+−	宫之奇+−	公孙枝+	虢射
鳌负羁	里克+	梁余子养−	申侯	叔詹
宰孔	臧文仲+	子文+√	原繁+	辕涛涂+

c：士

介之推−

d：祝史卜巫

内史过	内史叔兴父	卜招父	卜齮	卜徒父
卜偃	史嚚	史华龙滑	史苏	

e：仆役

易牙−	竖头须−	寺人披−	寺人貂−	圉人荦−

g：身份不明

辛廖	颠颉−	仓葛−

Ⅳ 公元前632—前603年（僖公二十八年—宣公六年）

a：公子

叔武	宋朝	公子穀生	公子归生	公子宋
公子荡	公子伯廖			

b：大夫

赵穿+√	赵衰+√	赵盾+√	鍼庄子	箴尹克黄+√
箕郑+	贾佗+−	解扬	蹇叔+−	舟之侨−
蜀之武+−	单伯+√	鄏舒+−	夏父弗忌	西乞术−
先轸+	胥臣+	胥甲父+	狐射姑+	狐偃+
绕朝−	公孙敖+√	孔达+√	国庄子+√	国归父+√
乐豫+√	栾悼子+√	孟明视+	宁武子+√	百里奚+

潘崇　　　　邴歜 –　　　申舟 +　　　石癸 +√　　叔仲惠伯 +√

叔孙得臣 +√　荡意诸 +√　鬬宜申 +√　子哀 +　　子玉 +

子越椒 +√　王孙满 +　　芍贾 +√　　魏犨 +√　　阳处父 +

阎职 –　　　夷䀄 –　　　元咺 +–

c：士

祁弥明 –　　钮麑 –　　　公冉务人　　灵辄 –

d：祝史卜巫

内史叔服　　卜楚丘　　　董狐

e：仆役

竖侯獳 –

f：平民

弦高 –

g：身份不明

鍼虎 –　　　仲行 –　　　狼瞫 –　　　羊斟 –　　　奄息 –

V　公元前 602—前 573 年（宣公七年—成公十八年）

a：公子

刘康公　　　公子欣时　　公子班　　　公子申　　　公子偃

子反　　　　子良　　　　王札子

b：大夫

赵朔 +√　　季文子 +√　庆克 +√　　单襄公 +√　毛伯 +√

范文子 +√　逢丑父 –　　逢大夫　　　韩厥 +√　　韩无忌√

郤至 +√　　郤犨 +√　　郤锜 +√　　郤克 +√　　池冶 –

先縠 +　　　胥童 +　　　荀庚 +　　　荀林父 +√　华元 +√

仪行父 +√　管于奚 –　　孔宁 –　　　公孙归父 +　公孙寿 +√

工尹襄　　　乐伯　　　　吕相 +√　　吕锜 +√　　栾书 +√

苗贲皇+　　伯宗+　　鲍庄子+　　宾媚人+√　　申叔时+
士鍼+√　　士会+√　　叔孙侨如+√　叔婴齐+　　孙良夫+√
孙叔敖+√　　召伯载+√　　荡泽+√　　唐苟-　　臧宣叔+
魏颗+√　　巫臣+　　伍叁-　　姚句耳-　　鱼石+√
郧公钟仪

c：士

匡句须-

d：祝史卜巫

医缓-　　桑田巫-

e：仆役

谷阳竖-

f：平民

郑贾人-

g：身份不明

长鱼矫-　　仲叔于美-　　夷羊五-　　叔山冉-　　养由基-

Ⅵ 公元前572—前543年（襄公元年—襄公三十年）

a：公子

季札　　范子荆　　公子鱄　　公子䮕　　公子壬夫

子南　　子囊　　扬干

b：大夫

张老　　赵武+√　　陈桓子+√　　陈文子+√　　程郑+√

藉偃+√　　祁奚　　祁午　　解狐　　庆封+√

庆嗣+　　邾庶其　　屈建+√　　蘧伯玉+　　中行偃+√

刘定公+√　　范宣子+√　　厚成叔　　西鉏吾+-　　向戌+√

邢蒯-　　荀罃+√　　华臣+√　　观起-　　公叔文子

春秋战国间的社会变动

公孙夏　　　　公孙丁　　　　乐喜+√　　　乐王鲋　　　　孟献子+√
宁喜+√　　　女齐+　　　　鲍国+　　　　单靖+√　　　申叔宇
石恶+√　　　士鲂+√　　　叔向+　　　　叔孙豹+√　　孙蒯+√
孙文子+√　　大叔仪+　　　邓廖+-　　　崔杼+√　　　鬷蔑
子朱　　　　　子贡　　　　　魏绛+√　　　尉止-　　　　薳奄+√
羊舌职　　　　羊舌赤　　　　晏桓子+　　　尹公佗-　　　游皈√
右宰榖　　　　庚公差-

c：士

杞梁-　　　　殖绰-　　　　秦堇父-　　　华周-　　　　叔梁纥-
狄斯弥-　　　臧坚

d：祝史卜巫

祝佗　　　　　南史氏-　　　师慧　　　　　师旷　　　　　大史氏弟兄三人

e：仆役

伊戾-

f：平民

绛老人-

g：身份不明

巢牛臣-　　　匠庆-　　　　申蒯-

Ⅶ 公元前542—前513年（襄公三十一年—昭公二十九年）

a：公子

蹶由　　　　　公子招　　　　公子比　　　　大子建　　　　子朝

b：大夫

赵景子√　　　成鱄-　　　　藉谈+　　　　季平子+√　　椒举+
知徐吾√　　　仲几+　　　　詹桓伯　　　　樊顷子+　　　费无极+-
冯简子　　　　韩起+√　　　郈昭伯　　　　郄宛+　　　　夏啮+√

邢侯	荀吴+√	裔款-	荣驾鹅	观从-
公孙楚+√	公孙黑+√	孔张	梁丘据-	原伯鲁
孟僖子+√	孟丙-	南宫极	南宫敬叔√	女宽+
北宫文子+	裨灶-	宾猛+-	申亥+	申无宇+
士文伯+√	士鞅+√	叔鱼	叔孙昭子+√	司马乌+
司徒丑	大叔疾+	臧昭伯+	子产+√	子家羁+
子服昭伯+√	子服惠伯+√	子皮+√	子大叔+√	蘧启强+√
蘧罢+√	魏戊+√	伍奢+	伍尚	晏平仲+
雍子				

c：士

专诸-	谢息-	南蒯-	宗鲁-	

d：祝史卜巫

医和-	史赵	史朝	师已	左史倚相

e：仆役

齐虞人-	诗人僚相-	竖牛-	寺人柳-	

g：身份不明

琴牢-	季公鸟	里析	申须-	屠蒯-
梓慎-				

Ⅷ 公元前512—前483年（昭公三十年—哀公十二年）

a：公子

公叔务人	公子郢	子期	子西	晏孺子

b：大夫

苌弘-	赵简子+√	陈昭子+√	陈乞+√	季桓子+√
中行寅+√	刘文公+√	原伯+	范吉射+√	逢滑
夷射姑-	高张+√	公父文伯+	公孙疆+	孔圉+√

春秋战国间的社会变动

国夏 +√　　乐大心 +√　　孟懿子 +√　　弥子瑕 −　　囊瓦 +
鲍叔 +　　　彪傒 −　　　申包胥 +　　　沈尹戌 +　　　史皇
叔孙武叔 +√　司马弥牟 +√　大宰嚭 +　　　鬬辛 +　　　　子服景伯 +√
子羽　　　　王孙贾　　　王孙由于　　　魏献子 +√　　伍员 +
阎没 +−　　　邮无恤

c：士
季路 −　　　樊迟 −　　　公山不狃 −　　孔子 −　　　　铲金 −
孟之反　　　董安于 −　　阳虎 −　　　　有若 −

d：祝史卜巫
祝佗　　　　蔡墨

g：身份不明
钟建 −　　　桑掩胥 −　　澹台子羽之父 −

Ⅸ 公元前482—前464年（哀公十三年—悼公四年）

a：公子
子闾

b：大夫
赵襄子 +√　　陈恒 +√　　季康子 +√　　诸御鞅 −　　后庸 +−
荀瑶 +√　　　公孙贞子　　孔悝 +√　　　白公胜 +　　大叔遗
石圃 +√　　　子我 +−　　　子行√　　　　蘧固 +√　　叶公子高 +

c：士
狐黡 −　　　冉有 −　　　石乞　　　　　东郭贾 −　　子羔 −
子贡 −

e：仆役
钽商 −　　　浑良夫 −

g：身份不明

鄷魁垒 –　　　熊宜僚　　　颜烛雏 –

战国时期

Ⅰ　公元前 463—前 434 年

青并子 –　　漆雕开 –　　知果　　　禽滑釐 –　　任章 –
高共　　　公季成　　　公输般　　李悝 –　　　乐正子春
墨翟 –　　　司寇惠子　　田子方　　曾参　　　段干木
子张　　　子夏 –　　　子游 –　　颜丁 –　　　豫让 –
原过

Ⅱ　公元前 433—前 404 年

赵仓堂　　翟黄 –　　　屈侯鲋　　番吾君　　西门豹 –
泄柳 –　　　任座 –　　　公仪休　　李克 –　　　乐羊
南宫边　　宁越　　　申详　　　大史屠黍　　子思

Ⅲ　公元前 403—前 374 年

长息 –　　　侠累　　　徐弱 –　　徐越 –　　　荀欣
公仲连　　公明高　　列御寇 –　　孟胜　　　聂政 –
牛畜 –　　　驺子阳　　大监突　　大史儋　　田襄子
王顺 –　　　吴起 –　　　阳城君　　阳竖 –　　　严仲子
颜般 –

Ⅳ　公元前 373—前 344 年

安陵君　　昭奚恤　　赵良　　　江乙 –　　　屈宜咎
淳于髡 –　　肥义 –　　　甘龙　　　告子 –　　　自圭 –
庞涓 –　　　商鞅　　　申不害 –　　孙膑 –　　　大成午 –
唐尚 –　　　田忌　　　邹忌 –　　　杜挚 –　　　子华子 –

春秋战国间的社会变动　　145

V 公元前343—前314年

张仪 –	陈轸	庄周 –	屈原	冯郝 –
许子 –	薛居州 –	惠盎 –	惠施 –	高子
匡章 –	昆辩 –	公仲明	公孙丑	公孙衍
乐正子 –	闾丘卬 –	闾丘先生 –	孟子	莫敖子华
薄疑 –	慎到 –	沈尹华	史起	史举
司马错	苏秦 –	苏厉 –	苏代 –	宋遗 –
戴胜之	唐易子 –	田骈	田婴	铎椒 –
子之 –	万章 –	王斗 –	颜歜 –	尹文子 –
于陵仲子				

VI 公元前313—前284年

陈筮	靳尚 –	景差	泾阳君	荀卿
狐咺	华阳君	任鄙 –	如耳 –	甘茂 –
公孙弘	公孙龙	郭槐 –	李兑 –	乐毅
孟尝君	孟说	淖齿 –	白起 –	上官大夫 –
樗里疾	司马喜	宋玉 –	唐勒 –	代君章
唐蔑 –	田不礼	邹衍 –	子椒 –	子兰
王歜 –	王孙贾	魏冉	魏公子牟 –	乌获 –
雍门子周 –				

VII 公元前283—前254年

安陵君	赵括	赵奢	骑劫 –	周最
朱亥 –	庄蹻	庄辛 –	春申君	范雎
侯嬴	信陵君	孔穿	廉颇	蔺相如 –
鲁仲连 –	马犯 –	毛遂	平原君	缩高
田单	蔡泽 –	左师触龙	虞卿 –	

Ⅷ 公元前 253—前 221 年

将渠 –	秦舞阳 –	荆轲 –	朱英 –	剧辛 –
鞠武 –	樊於期	韩非	高渐离 –	栗腹 –
李牧 –	李斯 –	李园 –	乐间	吕不韦
蒙恬 –	太子丹	唐雎 –	王翦 –	

附表一 春秋社会属频率表（资料参看前文附录部分）

分期年代（公元前）	公子 人数/人	公子 百分比/%	大夫 人数/人	大夫 百分比/%	士 人数/人	士 百分比/%	祝史卜巫 人数/人	祝史卜巫 百分比/%	仆役 人数/人	仆役 百分比/%	平民 人数/人	平民 百分比/%	身份不明及其他 人数/人	身份不明及其他 百分比/%	总人数/人
I 722—693	17	53	14	44	0	0	0	0	0	0	0	0	1	3	32
II 692—663	8	19.5	26	63	0	0	1	2.5	2	5	1	2.5	3	7.5	41
III 662—633	9	16	30	52	1	2	9	16	5	9	0	0	3	5	57
IV 632—603	7	10	48	70	4	6	3	4	1	1	1	1	5	8	69
V 602—573	8	12	51	74	1	1.5	2	2.5	1	1.5	1	1.5	5	7	69
VI 572—543	8	10	57	68	7	8	7	8	1	1	1	1	3	4	84
VII 542—513	5	6	56	70	4	5	5	6	4	5	0	0	6	8	80
VIII 512—483	5	9	37	66	9	1.6	2	4	0	0	0	0	3	5	56
IX 482—464	1	4	15	55	6	2.2	0	0	2	75	1		3	11.5	27
总计	68	13	334	65	32	6.5	29	5	16	3	4	1	32	6.5	515

附表二　大夫重要性渐增表

分期 年代（公元前）	列表人数 / 人			活跃大夫百分比 /%	
	总人数	大夫数	活跃大夫人数	与总人数比	与大夫人数比
Ⅰ 722—693	32	14	8	25	57
Ⅱ 692—663	41	26	7	17	27
Ⅲ 662—633	57	30	16	28	53
Ⅳ 632—603	70	49	38	54	77.5
Ⅴ 602—573	69	51	40	58	78
Ⅵ 572—543	84	57	35	42	61
Ⅶ 542—513	80	56	37	46	66
Ⅷ 512—483	56	37	26	46	70
Ⅸ 482—464	27	15	11	41	75
总计	516	335	218	42	65

附表三　大夫集中于大家族表

分期 年代（公元前）	大家族数 / 个	大夫人数 / 人	大家族之大夫	
			人数 / 人	百分比 /%
Ⅰ 722—693	2	14	2	13
Ⅱ 692—663	5	26	5	19
Ⅲ 662—633	7	30	7	23
Ⅳ 632—603	14	49	20	41
Ⅴ 602—573	19	51	28	55
Ⅵ 572—543	23	57	27	47
Ⅶ 542—513	14	56	21	37
Ⅷ 512—483	13	37	17	46
Ⅸ 482—464	7	15	8	53
总计	104	335	135	41

附表四　出身寒微人数对比表

春秋之世			
年代（公元前）	寒微人数 / 个	总人数 / 个	百分比 /%
Ⅰ 722—693	2	32	3
Ⅱ 692—663	13	41	32
Ⅲ 662—633	14	57	25
Ⅳ 632—603	21	70	30
Ⅴ 602—573	17	69	25
Ⅵ 572—543	19	84	23
Ⅶ 542—503	21	80	26
Ⅷ 502—483	16	56	29
Ⅸ 482—464	12	27	44
合计	135	516	26
战国之世			
年代（公元前）	寒微人数 / 个	总人数 / 个	百分比 /%
Ⅰ 463—434	12	21	57
Ⅱ 433—404	5	15	33
Ⅲ 403—374	10	21	48
Ⅳ 373—344	14	20	70
Ⅴ 343—314	25	41	61
Ⅵ 313—284	16	36	44
Ⅶ 283—254	12	24	50
Ⅷ 253—221	14	19	74
合计	108	197	55
总计	243	713	34

所谓出身寒微者指其与诸国巨家大族（其名单见正文）无关，姓氏中亦不附任何官称或荣衔

战国的统治机构与治术

讨论到"统治机构与治术",很容易引起"官僚制度"的联想,因此必须先将"官僚制度"一词加以界说。官僚二字,应解释为官员及其僚属,其中自然而然地隐含着一群人有组织的、按着一定规则执行管理的工作。本文重点,即在考察在战国时代,这种统治机构的特点及其滥觞,如果后世所谓"官僚制度"已有端倪,其发展程度又如何。下文除了一些似乎已付诸实施的政制外,也讨论若干战国时代的政治理论,因为理论的出现至少表示了环境的需要;而且有不少时候,理论只是对于制度演化的一种说明及解释。如果理论属于后一类,理论将不再是乌托邦,毋宁更是现实情势的反映。

远在西周,由金文中的史料看来,中央的政府似乎已包含一些可以认为后世统治机构的特质,例如僚属的存在,助手可能升迁为主官、公室与私门的分野,以至职权的说明,但是迹象都若隐若现，不易据为定论[1]。东周以后，春秋列国的制度显然不同于西周，其演变为战国制度，似乎又经过了一番迂回的途径。

一、战国政制的背景

战国政制的背景，将详见于上古史第四本各题及第五本的相关各题，尤其要紧的是"列国的相互关系""封建的解体""货币经济与商业活动"诸题。为了行文清楚，此处只需将若干重要的节目点明，而且凡以春秋与战国作对比时，并不意味为两个时期间的制度有一突然转变的转捩点，凡所对比，都毋宁是各种特性最盛时的程度与性质。

第一点要注意的，是春秋时代世卿制度的变化。本文作者曾经对此有过专题讨论，发现卿大夫的世家，自春秋中叶以后，数量逐渐减少。用数字来说明《左传》中所见强宗大族，由公元前572年至前543年的23个，逐步跌到公元前542年至前513年的14个，公元前512年至前483年的13个，以至公元前482年至前464年的7个[2]。

这些世卿家族的式微，大半都是互相并吞斗争的结果。最具代表性也最具戏剧性的例子，是晋国各卿大夫家族的斗争：最先是狐氏于政治舞台的消失（公元前621年）[3]；然后是三郤的一时

---

[1] Cho-yun Hsu, "Some Working Notes on the Western Chou Government"（台北，《"中央研究院"历史语言研究所集刊》，第三十六本，下册，1965年）。
[2] 许倬云：《春秋战国间的社会变动》（台北，《"中央研究院"历史语言研究所集刊》，第三十四本，下册，1963年），页565、页571。
[3]《春秋左传正义》（四部备要本）文公六年，卷一九，页5上—6上。

覆灭[1]；范氏又出头把栾氏赶出了晋国（公元前552年）[2]；祁氏和羊舌氏在公元前514年覆亡，土地被韩、赵、魏及智氏瓜分了[3]；22年后，范氏、中行氏也完了[4]，最后，在公元前454年，韩、赵、魏又合力把最强大的智伯消灭[5]。这一类的争夺，春秋各国所在多有，此处也毋须再作赘述[6]。

殆及战国之世，春秋的世家大族，除了少数变成诸侯，做了真正的国君外，几乎都已烟消云散，不再见于史乘[7]。因此，春秋世卿的消失，在社会意义上说，是整个阶层的绝迹；也就是说社会阶层结构的重新排列[8]。若以政府组织的观点看，这些世家大族原占的统治阶层，应当有一些新的成分加以代替。他们的性质及职权，自然都不同于世卿，下文将就这一点细加讨论。

第二点要讨论的背景，是战国国家性质与春秋诸国性质的不同。春秋初期和中期的各个封建国家，一级一级分封，所谓"侧室""贰宗"，把全国切割成无数的采邑，每一个大夫，都是采

---

[1]《春秋左传正义》（四部备要本）成公十七年，卷二八，页13。
[2] 同上书，襄公二十一年，卷三四，页8下；襄公二十三年，卷三五，页5—6，页10下。
[3] 同上书，昭公二十八年，卷五二，页14上。
[4] 同上书，定公十三年，卷五六，页7—8；定公十四年，卷五六，页9—10上；哀公二年，卷五七，页5下—8；哀公五年，卷五七，页12。
[5]《国语·晋语》（四部备要本），卷一五，页7下—10上；《史记·周本纪》（四部备要本），卷四，页25下。
[6] 关于这一现象，作者曾有详细的叙述，请参看 Cho-yun Hsu, *Ancient China in Transition* (Stanford, Stanford University Press, 1965), Chap. Ⅳ.
[7] 同上书，Chap. Ⅴ, p.89.
[8] 许倬云：《春秋战国间的社会变动》（台北，《"中央研究院"历史语言研究所集刊》，第三十四本，下册，1963年），页566。

邑的领主，一身兼为地主和地方官。大夫私属的官员，主要是邑宰和总管家务的家宰，此外还有一些史官、祝官及管军队的司马[1]。这些邑宰和管家，要掌握的地区不致很大，春秋的普通国家，如鲁卫之类，不过占今天二三县份的面积，而一个大夫的"邑"可以多达数百。据说管仲曾经削减过一位大夫的300个封邑；一件铜器的铭文显示了一次锡邑299个的事；另一件铜器也提出了200个"县"的记载[2]。由此推想，每一个邑宰管理的区域大多异常小，其范围大致与普通的村落相去不远。邑宰的职务，在春秋末叶以前，恐怕也不过是监督徭役、收集仓储一类，性质上与管庄的庄头相去也不远。因此之故，即使大封君的家臣——"老"——并不够资格转任小国家的大夫[3]。

比及战国之世，分散的政治制度演变成七个大国及五六个较小的势力。每一个国家都有相当于今日中原一二省的疆域——大国灭国多达数十个，兼有数圻[4]，地域大了规模便与小国寡民时不同。简单如运输各处缴纳的田粮，在数目大时，距离远时，也会变成很复杂的事。旧日管家庄头式的邑宰家臣，势须面临性质上的改变，改变成下文讨论的官员与僚属。

第三点背景，是春秋与战国两时期列国间关系的不同。春秋时期多的是列国相砍相杀，多的是攻弱兼小，然而至少在理论

---

[1] 张荫麟：《周代的封建社会》(《清华学报》，卷五，第4期，1935年)，页828。
[2] 《论语注疏·宪问篇》(四部备要本)，卷一四，页3上。容庚：《商周彝器通考》(北平，哈佛燕京学社，1941年)，页502，页509。
[3] 《论语注疏·宪问篇》，卷一四，页3上。
[4] 顾栋高：《春秋大事表》(《皇清经解续编》本)，《列国爵姓及存灭表》，卷五，页1—5。

上，华夏诸邦是一个家属的集团，所谓异姓是舅，同姓是伯叔，不为亲戚，即为婚媾。春秋的战争，虽有逐渐变大拖长的趋向，在大体上说，规模不算很大，战胜者也不为已甚[1]。因此，春秋时代各国的竞争，并不如战国时代的竞争激烈。战国时代，号为战国者七，纵横捭阖，云谲波诡，在这种险恶的情势下，各国都必须集中一切力量，为生存而斗争，一毫的差池，都会影响国家的命运，于是各国不能不极度注意、合理地使有才能之士发挥力量。贵族政治有许多成分不算是合理的，例如以出身任官，以地位决定权力，战国时代的各国玩不起这一套花样。一个合于理性的治理机构，也许就该数到官僚制度了。

第四点有关战国官僚制度的背景，是一群职业性文士和武士的出现。在孔子的时代以前，虽然平民的幸运者，也未尝不可能有若干机会进入统治阶层的较低层位，绝大多数的学者和武士是贵族，而贵族通常必须是文武兼资的[2]。随着春秋社会的变迁，许多世卿大族失去了地位，原本附属于这些世族的"士"，失去了固有的职务，只好待雇于新的主人；他们的子孙，也许也从家庭教育获得了"士"的训练，然而不能像以前一般有所谓"定

---

[1] 顾炎武:《日知录集释》(台北，世界书局本，1962年) 上册，"周末风俗"条，说明春秋与战国的差异，也正表示两个时代精神的不同："如春秋时，犹尊礼重信，而七国绝不言礼与信矣；春秋时犹宗周王，而七国绝不言王矣；春秋时犹严祭祀，重聘享，而七国则无其事矣；春秋时犹论宗姓氏族，而七国则无一言及之矣；春秋时犹宴会赋诗，而七国则不闻矣；春秋时犹有赴告策书，而七国则无有矣。邦无定交，士无定主。"(卷一三，页304)。Cho-yun Hsu, *Ancient China in Transition*, Chap. II, VI.
[2] 张荫麟:《周代的封建社会》(《清华学报》，卷五，第4期，1935年)，页818—820。

主"，于是构成一个近于游离的职业人士[1]集团。最初，这一集团中的分子，大约以武士为多数。晋国的贵族栾氏，在政争中失败了，他家的武士知起、中行喜、州绰、邢蒯都逃到齐国去，变成了齐君的帐下勇士。这一个例证，不仅说明了"士"在春秋晚期的转移，由他们的氏名，还可以看出他们本来出自晋国其他贵族，如知氏、中行氏，这也恰可表示，庶孽子弟受雇于别的贵族，已是很普通的事[2]。战国的官僚制度，须有一群有能力而缺乏本身社会地位的人士，这一群挟技以糊口于四方的人，自然正是各种政府职位的候选人。

事务的繁复与影响的重大，使君主不能不渐渐注意用人唯贤。封建制度的解体，也产生了待补之缺及一群等待补缺的人。然而待价而沽的观念，虽然在孔子时代已有了，更发达的商业活动，无疑可以使这一个观念更具顺理成章的环境。城市的出现，使人口比较集中，这一群待价而沽的游士，在挟技未售的时候，可以有一个寄生的场所，雇主也可以有一个较为集中的人才市场，从中挑选适用的贤人。

二、战国时国君的地位

国君是一国之首，然而在春秋时代的封建结构下，国君的主权似乎很有限。卿大夫们，在关系上是国君的宗亲昆弟，在身份

---

[1] 参看许倬云：《春秋战国间的社会变动》（台北，《"中央研究院"历史语言研究所集刊》第三十四本，下册，1963年）。
[2]《春秋左传正义》襄公二十一年，卷三四，页10下。齐思和：《战国制度考》（《燕京学报》，第34期，1938年），页196—197。

上与国君相去不过一肩。在《春秋左传正义》上因此有这种记载：

> 天子有公，诸侯有卿，卿置侧室，大夫有贰宗，士有朋友，庶人、工、商、皂、隶、牧、圉，皆有亲昵；以相辅佐也。[1]

每一阶都只比次一阶高出一点点；国君的威权是相对的，不是绝对地高出群臣之上。演变的极致，就是卫国的"政由宁氏"，只把宗教权力保留给卫君[2]。鲁君的地位也陵夷不堪，到昭公时，鲁君已经四世不能掌握实权，昭公自己更是被逼出亡，老死客地[3]。晋国也免不了被三家瓜分，晋侯反而必须向韩、赵、魏朝贡。齐、郑、宋诸国莫不曾有这种国君丧失主权于强臣的经过[4]。

战国时代的各国，大多是这种由强臣取代了故主建立的，例如晋的三家，宋的戴氏，齐的田氏[5]。这些国君曾经亲身经历过封建国君威权不足的局面；秦楚两国的王室，似乎仍然是春秋时代的统治者，然而他们看见春秋之世君权凌替的例子也够多了。

---

[1]《春秋左传正义》襄公十四年，卷三二，页10上。参看雷海宗：《皇帝制度之成立》(《清华学报》，卷九，第4期，1934年)。
[2] 同上书，襄公二十六年，卷三七，页2上。
[3] 同上书，昭公二十五年，卷五一，页9—11。
[4] 李宗侗：《中国古代社会史》(台北，中华文化出版事业委员会，1954年)，第十二章。Cho-yun Hsu, *Ancient China in Transition*, Chap. IV.
[5] Cho-yun Hsu, *Ancient China in Transition*, Chap. IV, pp.83—85. 关于宋国的统治者，在战国时代，也可能是皇氏或戴氏，见王先慎：《韩非子集解·内储说》下《六微篇》(四部刊要本)，(卷一〇，页181)及《忠孝篇》(卷二〇，页358)。

因此，甚至在春秋局面将要闭幕的俄顷，新兴国家的统治者，已经十分注意如何把威权维持在绝对的高度。据说，知氏围攻晋阳不下，解围之后，赵襄子赏赐五个有功的部下，而以一个名叫高赦的居首。有一位大不服气的部下，询问赵襄子为什么把功劳不大的高赦居首功，赵襄子回答：

> 寡人之国危，社稷殆，身在忧约之中，与寡人交而不失君臣之礼者，惟赦，吾是以先之。[1]

这种尊主的态度，正是绝对君权所必具的要件。法家的理论家韩非，特别说明这态度的重要性：

> 臣事君，子事父，妻事夫，三者顺则天下治，三者逆则天下乱；此天下之常道也，明王贤臣而弗易也，则人主虽不肖，臣不敢侵也，今夫上贤任智无常，逆道也，而天下常以为治。是故田氏夺吕氏于齐，戴氏夺子氏于宋。[2]

一个高高在上不可侵犯的君主，在性格上有时可能是神圣的教主，或者不做事的"虚君"，如现在英王之例，也有时可能是实权集中的专治君王。战国的社会结构与春秋不同，已经逐渐抽去了世袭贵族一层，剩下的只是君主与被统治者两橛，没有中间许多阶层的逐级分权。春秋时代的楚国，君权似乎比其他各国的

---

[1]《吕氏春秋·孝行览·义赏篇》（四部丛刊本），卷一四，页12下—13上。
[2]《韩非子集解·忠孝篇》，卷二〇，页358。

君权都高。晋文初霸时，权力也当不小。战国的君主就变成了权力的唯一来源，与毫无权力的被统治者适成对比。雷海宗指出，战国的君主，虽然在血统上仍是古代的贵族，但在性质上已不代表任何阶级的势力，而仅仅谋求一人或一家的利益[1]。

这种性格，表现于战国行事者甚为彰明较著。战国最常见的是"裁抑世族，扩张公权"。于是勋旧宗室，在战国能屡代尊荣的，实在很少[2]。说明这一现象最明白者，莫过于范雎与秦昭王的对话：

> 木实繁者枝必披，枝之披者伤其心；都大者危其国，臣强者危其主。[3]

因为这个强干弱枝政策，战国时各国罕有数世的贵族，赵国左师触龙劝赵威后答应派遣少子出质时，《战国策》记其对话如下：

> 左师公曰："今三世以前，至于赵之为赵，赵主之子孙侯者，其继有在者乎？"曰："无有。"曰："微独赵，诸侯有在者乎？"曰："老妇不闻也。""此其近者祸其身，远者及其子孙。岂人主之子孙则必不善哉？位尊而无功，奉厚而无劳，而挟重器多也。"[4]

---

[1] 雷海宗：《皇帝制度之成立》(《清华学报》，卷九，第4期，1934年)，页854。
[2] 齐思和：《战国制度考》(《燕京学报》，第34期，1938年)，页197。
[3] 《战国策·三秦策》(四部备要本)，卷五，页7下。
[4] 同上书，《赵策》四，卷二一，页10下。

其实此中涉及者，不仅诸侯子孙；亲近的尚且如此，疏远的更是必无幸免。除王室一系外，战国诸国内，没有人在制度上可以拥有权力，也就是说，权力的个人集中，固早在秦一宇内之前，早已成为列国政治的常态了。

平行于上述的现象，战国的列强于战国中叶以后，即纷纷把侯伯取消，改采擅国自有，专利害、制杀生的王号，即是进一步地否定了累进式的封建宝塔，由国君上跻于最上层的天子，与被统治者之间有了不可阶而登的悬隔[1]。从此，整个国家已不能再有别人分享主权，国家是真正属于一人或一家所有了。

专有一国的君主，权力不能"批发"式地假借给各级封建领主；但是一国的国政可以有人分别代劳，于是君主必须把权力"零售"式地委托给各级官吏。官吏虽然拥有执行的权力，却只是在一定时限内处理一定的事务，换句话说，权力的唯一所有人，必须保留分配的权力和对其执行的监督。二者都将在下文分别讨论。

职务的分配，在封建权力分包制最盛时，未必谈得到。然而在国君权力比较能运用自如时，春秋诸国也曾有过某种限度的分职。例如鲁国的三桓，分别有司马、司徒、司空的名号[2]；列国也各有相似的职衔，纵然人数及名称未必相同[3]。甚至，我们

---

[1] 齐思和：《战国制度考》(《燕京学报》，第34期，1938年)，页203—207。雷海宗：《皇帝制度之成立》(《清华学报》，卷九，第4期，1934年)，页854—861。《战国策·秦策》三，卷五，页6。
[2]《春秋左传正义》昭公四年，卷四二，页18上。
[3] 李宗侗：《中国古代社会史》(台北，中华文化出版事业委员会，1954年)，页228—229。

还看见一些更细致分职现象的描述[1]。然而，这些职务的分配，似乎不像是一个制度化的措置。我们在《左传》及其他材料中，看不出一个担任司马的大夫，可以在另一个担任司徒（或其他职务）的大夫属下领地内，行使司马的职权。更须注意，春秋诸国的大夫职衔，恒在大夫们的聚会中自行推定，由国君任命的时候似乎比较少些[2]。只有在晋国，文公归国以后，采用新的官制，以军将为列卿，迥异于其他各国的旧制[3]。这些晋国官员的职务，据《国语》说，是由文公分配，列入他返国后的新猷之一，所谓"属百官，赋职，任功"，显然牵涉到组织统属体系、规定职权及责任绩效三方面[4]。文公手下，还有一些不管事务的卿大夫，我们可以由此推测，也许始霸的晋国当时已有了职、级分别的观念[5]。

殆及战国，人主成为全国唯一的主人，百官由国君委任及协调，已成为战国之故常，是以有荀子所谓：

> 治国者分已定，则主相臣下百吏，各谨其所闻，不务听其所不闻；各谨其所见，不务视其所不见。所闻所见，诚以齐矣，则虽幽闲隐辟，百姓莫敢不敬分安制，以化其上，是

---

[1]《春秋左传正义》哀公三年，卷五七，页9。
[2] 例如楚有令尹、司马（《春秋大事表·楚令尹表叙》，卷二三），宋有大司马、司城、左师、右师、太宰（同上书，《宋执政表叙》，卷二四），郑、齐则都不见特殊的官名，郑虽有当国与执政之号，似并不是官称。
[3] 详本文第三节。
[4]《国语·晋语》，卷一，页13下。
[5]《春秋左传正义》僖公三十三年："以一命命郤缺为卿，复与之冀，亦未有军行。"（卷一七，页10上），足见晋制的职务并不与封爵俱来。

治国之征也……主能当一,则百事正。夫兼听天下,日有余而治不足者,如此也。是治之极也。[1]

国君要能够做到荀子所说的这个境界,自然必须六辔在手,方得控驭自如。《周礼正义》正说到这种驾御的缰绳:

> 以八柄诏王驭群臣:一曰爵,以驭其贵;二曰禄,以驭其富;三曰予,以驭其幸;四曰置,以驭其行;五曰生,以驭其福;六曰夺,以驭其贫;七曰废,以驭其罪;八曰诛,以驭其过。[2]

既有予夺废置,自然须有考绩核效,也就是监督的权力,这是集权君主分配职权时必须具备的控制,否则分配权力予官吏,将与封建制度的长期而不细辨的权力假借无异。为此,战国的各国显然发展了一套致送定期报告的办法,所谓"上计"。

关于上计,在战国的典籍中,实际行事与理论,两者都颇不缺乏。然而自来论战国制度的学者,很少讨论此事,是以本文将把这几段史料都列举如下,先举史事的记载,《战国

---

[1]《荀子·王霸篇》(四部丛刊本),卷八,页20。
[2]《周礼正义》(四部备要本),卷二,页7下。《周礼》一书,殆是唐《开元礼》一类"建国大纲"性质之作品,不特不会是周公致太平之书,也不可能是春秋以前的书籍。纵然其中颇不乏早期史料,基本的观念,当是针对了战国时代的国家形态而设计的治术政法。而且《周礼》一书内容太过整齐,规定太过烦琐,员额太过众多,凡此,都可看出其中制度未曾付之实现。至于《周礼》中的观念,则甚多值得取作战国政治思想的史料。参看张心澄:《伪书通考》(上海:商务印书馆,1939年;修订本,1957年),页379—388。

策》说：

> 靖郭君谓齐王曰："五官之计，不可不日听也，而数览。"王曰："说五而厌之。"令与靖郭君。[1]

在《韩非子集解》中，这一件事有更详细的叙述：

> 田婴相齐，人有说王者曰："终岁之计，王不一以数日之闲自听之，则无以知吏之奸邪得失也。"王曰："善。"田婴闻之，即遽请于王而听其计。王将听之矣。田婴令官具押券斗石参升之计。王自听计，计不胜听。罢食。后复坐，不复暮食矣。田婴复谓曰："群臣所终岁日夜不敢偷怠之事也，王以一夕听之，则群臣有为劝勉矣。"王曰："诺。"俄而已睡矣。吏尽揄刀削其押券升石之计。[2]

别有一条关于西门豹的记载：

> 西门豹为邺令，清克洁悫，秋毫之端，无私利也，而甚简左右，左右因相与比周而恶之。居期年，上计。君收其玺。豹自请曰："臣昔者不知所以治邺，今臣得矣，愿请玺复以治邺，不当请伏斧锧之罪。"文侯不忍而复与之。豹因

---

[1]《战国策·齐策》一，卷八，页2上。
[2]《韩非子集解·外储说右下篇》，卷一四，页259—260。

重敛百姓,急事左右。期年,上计,文侯迎面而拜之。[1]

魏、齐两国的记载,碰巧见于这些零碎记载。其他各国的情形,以理推之,当也有与魏、齐相似的制度,否则这两段提到"上计"时,不致如此的视若故常了。由齐王的故事看来,上计是全国账目的报告;由西门豹的故事看来,上计是一般治绩的总结算,也正是任免赏罚的关键。战国的政法议论,提到岁计或三岁大计的地方不少。《周礼》的作者特设"司会"一官,主计全国财用,登在"书契版图",留下副本,考核"群吏之治";与"司会"同类的官员还有"司书""职内""岁职"等,职务都在周知政治,以便国君及冢宰作为废置的依据[2]。

不仅如此,《周礼》中的"冢宰"一条,也提到佐国君以成绩考核群吏,每到年头岁尾,一切官府都必须"各正其治,受其会",由他们的报告,建议国君是废是置,每隔三年,又须"大

---

[1]《韩非子集解·外储说左下篇》(卷一二,页225)。《韩非子》还记了另一件上计的记事:"李兑治中山,苦陉令上计而入多。李兑曰:'语言辨,听之说,不度于义,谓之窕言;无山林泽谷之利,而入多者,谓之窕货。君子不听窕言,不受窕货,子姑免矣!'"(同上书,《难二篇》,卷一五,页278—279)。似乎这两节记事,合并在一起,变成了一段在《淮南子》的记事"解扁为东封,上计而入三倍,有司请赏之,文侯曰:'吾土地非益广也,人民非益众也,入何以三倍?'对曰:'以冬伐木而积之,于春浮之河而鬻之。'文侯曰:'民春以力耕,暑以强耘,秋以收敛,冬间无事。以伐林而积之,负辂而浮之河,是用民不得休息也,民以弊矣,虽有三倍之入,将焉用之?'"[《淮南鸿烈解·人间训》(四部丛刊本),卷一八,页9上]。由这个上计母题的内容看来,地方官的考成,习惯上以收入为指标。然而文侯或李兑,显然还以一般治绩为更要紧的指标。
[2]《周礼正义》,卷一二,页12—14上。

计群吏之治",而加以赏罚[1]。《周礼》的制度,未必真见之实行,但是《周礼》作者提到的观念和名词,十分可能本是当时已有政府实际应用的,若不是如此,《周礼》的作者很难盼望当时读《周礼》的人能够了解。

《荀子》一书中,也频见国君考核群吏的观念。《王制》一篇,即提到根据一定法制,按时稽考,度量功劳,加以适当的奖励,庶几"百吏"都克尽厥职,不敢玩忽职务[2]。《王霸》篇讨论相职,也说到总理全国事务,分配百官的职任,记录他们的功劳和庆赏,到年底"奉其成功,以效于君",然后由国君来做最后的决定[3]。另一部政法家的要籍《管子》,更指明了要国君在孟春亲自临朝,论断爵赏,"校官终五日"[4]。

由这些记载及议论看来,战国的君主,不再被一般人认为是执行宗教义务的首席祭司,不再是以"兄道"宗法统率封建贵族的氏族长;战国的君主是实际政治的操作者,是绝对权力的掌握者,是执行官吏的监督人。换句话说,战国的君主是一个官员僚属系统的权力来源,也是这一个系统的首脑。

---

[1]《周礼正义》,卷四,页19。
[2]《荀子·王制篇》:"本政教,正法则,兼听而时稽之。度其功劳,论其庆赏,以时顺修,使百吏克尽而众庶不偷。"卷五,页17下。
[3] 同上书,《王霸篇》,卷七,页21。
[4]《管子·立政篇》(四部丛刊本),卷一,页13上。《大戴礼记·盛德篇》(四部丛刊本)有相似的说法:"古者,天子孟春论吏德行能理功。"卷八,页7上。管仲是春秋时人,但《管子》一书虽比附管仲,全部完成似乎是战国时事,参见张心澂:《伪书通考》(上海:商务印书馆,1939年;修订本,1957年),页887—896。

三、君臣的关系

配合上一节说明的战国君主的性质,君臣关系必须与春秋时期的诸侯卿大夫关系不同。春秋时期,卿大夫的身份与地位,大多与生俱来,不易获得,也不能自动地放弃。国君若本来就未加任命,也因之就不能任意加以黜免。国君即使有心要按功劳定赏罚,恐怕也未必能办到,有之,也只是一些诉诸非常手段的政变,如晋侯尸三郤,鲁国图季氏之类[1]。正常而制度化的方法,似乎未尝见于春秋之盛时。

殆及春秋末季,如本文"背景"一节所说,贵族之间有了极激烈的斗争,其中亡命坠氏的贵族及邦国,都有一大批一时无固定主人的"士",流散各处,寻找新的主人,寻找新的职位。只有在这种情况下,参加斗争的贵族可以找到一批待价而沽的助手。赵孟之所贵,赵孟能贱之,必须以这种情况来说明,方有意义。

由春秋转入战国,这一个"士"的阶层,并没有因为旧有社会结构的改变而趋于消失。世族卿大夫的阶层由萎缩而终于不见,士的集团则在春秋末期本已活跃[2],更因一些外在因素而人数增加,最重要的因素之一,即学在私人,使一些过去不易有问学机会的人,也可以获得教育。教育家中无疑以孔子为巨擘,他

---

[1]《春秋左传正义》成公十七年,卷三三,页13下;哀公二十四年,卷五一,页9下—10上。
[2] 许倬云:《春秋战国间的社会变动》(台北,"中央研究院"历史语言研究所集刊》第三十四本,下册,1963年),页564—565。

的"有教无类"的政策，他的兼重个人修养与从政实务的主张，使儒家的学者成为当时有实力人士争相罗致的对象[1]。当世有势力的人向孔子询问弟子贤否的颇不乏人，包括鲁国当时实际的统治者——季康子[2]。《论语》提到的22位弟子中，9个曾经担任过邑宰或其他职务[3]所以《史记·儒林列传》说："七十子之徒，散游诸侯，大者为师傅、卿相，小者友教士大夫。"[4]

终战国之世，出产这种有服务能力的职业"士"人者，除孔门以外，还有墨家以下的各家。很多战国士人的出身颇不堪问，《吕氏春秋》举了一些实例：

> 子张，鲁之鄙家也；颜涿聚，梁父之大盗也，学于孔子。段干木，鲁国之大驵也，学于子夏。高何、县子石，齐国之暴者也，指于乡曲，学于墨子。索卢参，东方之巨狡也，学于禽猾黎。此六人者，刑戮死辱之人也，今非徒免于刑戮死辱也，由此为天下名士显人，以终其寿，王公大人从而礼之，此得之于学也。[5]

入各位大师门下求学的人，有很多是为了纯粹的求知欲望，甚至如颜渊一类，以至道为业的，但也恐怕有不少以学得出仕的

---

[1] Cho-yun Hsu, *Ancient China in Transition*, p.101.
[2]《论语注疏·雍也篇》，卷六，页2下。比较同书《先进篇》，卷一一，页6。
[3] H.G.Creel, *Confucius and the Chinese Way*（New York: Hayer, 1960），pp.31, 67, 299; notes: 9, 10.
[4]《史记·儒林列传》，卷一二一，页1上。
[5]《吕氏春秋·孟夏纪·劝学篇》，卷四，页6上。

能力为目的，孔子自己就曾感慨过："读了三年书，而没有想到俸禄的人，实在不容易找到。"[1]

战国的朝廷上，是这样一群职业的人士，其中当然不乏受人敬重而也自重的人，他们的出处进退，都有原则有分寸。同时，其中也定有不少纯粹以求仕为业的"鄙夫"，孔子所谓"其未得之也，患得之；既得之，患失之"[2]。这种患得患失的人，无恒产可恃也通常未必有"恒心"，于是他们有时不免于缺乏原则，放辟邪侈，无所不至[3]。孟子的时代，这种以仕为职业的现象，已很普遍，所以《孟子》一书提到的"仕"风，与春秋时的士大夫情况已极不相同。孟子提到因贫而仕：

> 孟子曰："仕，非为贫也，而有时乎为贫。娶妻，非为养也，而有时乎为养。为贫者，辞尊居卑，辞富居贫。辞尊居卑，辞富居贫，恶乎宜乎，抱关击柝。"[4]

---

[1]《论语注疏·泰伯篇》：子曰："三年学，不至于谷，不易得也。"（卷八，页3上）这个谷字，孔安国以为作善字解，说是劝人于学的意思。实则，《论语·宪问篇》："邦有道谷；邦无道谷，耻也。"其中谷字作俸禄解（卷十九，页1上）。笔者以为"三年学，不至于谷"的谷字，也只有如此解较妥。孔门之外，墨徒是一大集团，墨子似亦遭遇过惟禄是图的弟子，而墨子显然以能推荐弟子出仕为号召，《墨子闲诂·公孟篇》（扫叶山房本）："有游于子墨子之门者，身体强良，思虑徇通，欲使随而学。子墨子曰：'姑学乎？吾将仕子。'劝于善言而学。期年，而责仕于子墨子。"（卷一二，页16）墨氏弟子之由墨子推荐出仕者甚多。有些孟子的弟子，恐怕也为了可以随老师受禄而跟他东奔西走。《吕氏春秋·不苟论·博志篇》记有一个宁越的故事，说明读书的动机是做官，庶几免去耕田的劳苦（卷二四，页9）。均参看齐思和：《战国制度考》（《燕京学报》，第34期，1938年），页189—190。
[2]《论语注疏·阳货篇》，卷一七，页4上。
[3]《孟子·梁惠王上》（四部丛刊本），卷一，页15上。
[4]同上书，《万章下》，卷一〇，页9下—10上。

更解释士之不仕,即等于失业:

> 周霄问曰:"古之君子仕乎?"孟子曰:"仕。传曰:孔子三月无君,则皇皇如也。出疆必载质。""公明仪曰:古之人,三月无君则吊。三月无君则吊,不以急乎?"曰:"士之失位也,犹诸侯之失国家也。礼曰:诸侯耕助以供粢盛,夫人蚕缫以为衣服。牺牲不成,粢盛不絜,衣服不备,不敢以祭。惟士无田,则亦不祭。牲杀器皿衣服不备,不敢以祭,则不敢以宴,亦不足吊乎?""出疆必载质,何也?"曰:"士之仕也,犹农夫之耕也。农夫岂为出疆舍其耒耜哉?"[1]

他在前半段说到士与诸侯的比较,以祭祀为主题。事实上这是"古之人"的情况。以战国情况说,后半段用农夫的耒耜作譬喻,毋宁更适切地表现了战国"士"人的特质。

这种以仕为业的官员,显然与世卿不同,世卿与国休戚相关,君主既不能免他们的职,他们也不能辞职,君臣之间的关系因而比较紧张。战国的"异姓之卿"则不然,若是君臣合不来,颇不妨弃此他适[2],君臣之间既然可以如此,其关系遂发展为契约式的或交易式的,君臣之间因此有一种相报施的关系,《孟子》也包括了一长篇讨论:

---

[1]《孟子·滕文公下》(四部丛刊本),卷六,页3下—4。
[2]同上书,《万章上》,卷一〇,页15下—16上。

孟子告齐宣王曰："君之视臣如手足，则臣视君如腹心，君之视臣如犬马，则臣视君如国人；君之视臣如土芥，则臣视君如寇仇。"王曰："礼：为旧君有服，何如斯可为服矣？"曰："谏行言听，膏泽下于民，有故而去，则君使人导之出疆，又先于其所往，去三年不反，然后收其田里；此之谓三有礼焉，如此，则为之服矣。今也为臣，谏则不行，言则不听，膏泽不下于民，有故而去，则君搏执之，又极之于其所往，去之日遂收其田里；此之谓寇仇，寇仇何服之有？"[1]

贸易关系支配了君臣的身份，君以爵禄作为货价，而臣以能力作为货品，臣若不能从国君处得到货价，君也不用盼望臣子会尽力；反之亦然[2]。实物的货价，或货币的货价，自然因其易于支付及没有附带权益两大优点，代替了封建政权下的封地采邑，这就是俸禄制度的起源。春秋末季，似乎已有支付俸禄的记载，例如孔子的弟子原思，曾经领过邑宰的禄入"粟九百"[3]。而战国的吏俸似乎已有了石数的等级，至少燕国的官秩高下，是以石数为断，三百石（也许指岁入）应是中级的官吏[4]。战国似乎没有用货币支付俸禄的制度，其流风下逮于西

---

[1]《孟子·离娄下》，卷八，页2—3上。
[2]《韩非子集解·六反篇》，卷一八，页319—320。《淮南鸿烈解·主术训》："君臣之施者，相报之势也。是故臣尽力死节以与君计，君重爵以与臣市。"卷九，页10。
[3]《论语注疏·雍也篇》："原思为之宰，与之粟九百。辞。子曰：'毋以与尔邻里乡党乎！'"卷六，页2上。
[4]《韩非子集解·外储说右下篇》："燕王乃收玺，自三百石以上，皆效之子之。子之遂重。"卷一四，页257。

汉，官秩仍用石数表示[1]。

一群以仕为业的官员，以俸禄为收入，与君主构成贸易的两造，关系建立在报施观念上。由此，战国时列国朝廷上出现了一种新的官吏，他们将为专制君主做最适当的工具：有服务能力，却又可以随时罢黜；以俸禄换取服务，却可以免去占据封邑的弊病。这是一种新型的官僚制度，效率与忠诚于是代替了无法约束或改变的亲属与血缘。至少，君臣之间的关系单纯了，单纯得只剩雇主与用工的关系。

四、列国中央官制

春秋的中央官制此处毋庸辞费，但是为了与战国制度做一对比，本节仍须指出一些春秋时代若干国家官制的特质。特质之一，是各国的制度异致。以《左传》所见记载最多的鲁国与晋国言之，鲁国似乎缺乏一些制度化的政府系统。公元前492年，鲁国一次大火灾，烧去了桓、僖两公的宗庙，救火的贵族纷纷来到火场，每一个人都下了一些不同的命令，接受命令的下级官员显然各有专司，如周人管理典籍，宰人管理礼书，校人掌马，巾车掌车；然而发布命令的大夫之间，显然没有明确地协调[2]，至少比之郑国在公元前573年大火灾时的表现逊色。那一次郑国的大

---

[1] Wang Yü-ch'uan, "An Outline of the Former Han Dyansty", in *Harvard Journal of Asiatic Studies*, XII (1949). 虽然搭支钱谷，也有行于西汉可能，见于制度则当始自崔实《政论》和《续汉书·百官志》，参看陈槃：《汉简碎义》（《大陆杂志》，第15卷，第4期，1957年），页103以下。
[2]《春秋左传正义》哀公三年，卷五七，页9。

火，从火发到火熄，子产分配了一切的工作，警戒的任务由贵族们率众担任，而小官也各有专司，包括司马与司寇的防护外宾、列居火道、府人库人注意府库[1]。然而，郑国的制度虽然在子产的统辖下稍觉有秩序，依旧未有组织化的指挥系统。

晋国的情形就不同了，自从文公复国以后，各军的将佐是执政的卿，其中的中军元帅是确定的主要行政官[2]，在将佐之外，每军还有军尉司马一类官属，及统兵的什吏——十夫长。因此公元前560年时，由于新军没有适当的将佐人选，怀缺不补，让新军的"什吏率其卒乘官属，以从于下军"[3]。由这一段记载推论，晋国的军是一个有组织的结构，即使没有首长，这一个结构仍旧存在。晋国的行政组织就是军事单位，但是首长既然就是政吏，军也随之可能发展为一个行政系统。军的单位下有一些常设的僚属，行政组织大致也会有一个常设僚属系统的。晋国的政府大约包含了"六正、五吏、三十帅、三军之大夫、百官之正长、师旅"。至于其详，则史阙有间，无从征考[4]。

晋国制度在官僚组织的意义上，还有值得称道的一点，即职务的迁转略有规律性。春秋列国的卿位，通常由若干大贵族家包办。以鲁国为例，三桓之中，季氏总是高踞首席，全鲁的权力分属三家，而三家未有在一个职位上轮替的现象，所谓"叔出季

---

[1]《春秋左传正义》，昭公十八年，卷四八，页9—10。
[2]《春秋大事表·晋中军表》，卷二二，页1。
[3]《春秋左传正义》襄公十三年，卷三二，页2上；参看同书，成公十八年，卷二八，页16。
[4]同上书，襄公二十年，卷三六，页4下—5上。

处",是鲁国的常态[1]。宋、郑、楚三国的卿位,也略可推究,普遍的迹象似乎是非制度化的任贤(或任力)——换句话说,某一个职位因死亡或政变而出缺时,或以亲,或以贤,或以势,由另一个贵族接替这个位置[2]。只有在晋国,各军的将佐有一定的迁转次序,除少数特例以外,躐等上升的情形不多,至少,每一个高级贵族都有过由较低职位升级的经历。举例来说,荀林父由中行,经过上军佐、中军佐,然后升为中军元帅;栾书曾担任过下军佐、下军将,因能超迁为中军元帅;赵武始佐新下军,稍迁将新上军,升将上军,然后由上军将升为中军元帅[3]。《左传》及《国语》都记载了晋国郤至的故事:这位有功然而傲慢的贵族,立功时不过是新军的将领,当时晋国有中、上、下及新军,共四军。他的位置据说是"位于七人之下",而他妄想要做执政的中军元帅,有人就警告他:"吾子则贤矣,晋国之举,不失其次。吾惧政之未及子也。"[4]当别的国家未有任何显而易见的规律时,晋国的这种制度化,即使偶有例外,终是值得称道的。下文将提到战国时不少发生在三晋的行政制度及观念,晋国在春秋时代的发展方向,毋宁有其历史上的亲缘关系。

战国政府与春秋时最大的差别,是将、相的分离。"相"之为专用的官名,在春秋及其以前,远不及用作动词普遍。以相名

---

[1]《春秋大事表·鲁政下逮表》,卷二一,页1—25。
[2]同上书,《楚令尹表》,卷二三;《宋执政表》卷二四;《郑执政表》,卷二五。
[3]同上书,《晋中军表》,卷二二,页3下—10上。
[4]《春秋左传正义》成公十六年,卷二八,页10上;《国语·周语》中,卷二,页14上。

官,《左传》不过两见[1]。将军的名号,始见于晋国中军元帅,六国以来,方才以将军为一切统兵大将的称号[2]。春秋时代,不论哪一个国家,执政的卿也往往是出征时的大将;公子、公孙及其他卿大夫,也入参国政,出统师干。平时揖让雍容,有事擐甲御乘[3]。终春秋之世,找不出职业的统兵官。

比及战国,君权既重,军政大权集中于王,国事丛杂,也若干倍于春秋时。于是权力分散的采邑管理方式,不复能适应战国的中央集权,在中央必须有一个总理一切的官员,所谓宰相。相官的建制,战国初有魏文侯择相一事,此后韩、燕、齐、赵、秦也各有相国、宰相或丞相;只有楚国始终以令尹旧名称呼其宰相[4]。相的职任,如前所述,应该是辅佐国君、监督臣僚,所以荀子给"相"职的定义是:

> 君者,论一相、陈一法、明一指,以兼覆之,兼炤之,以观其盛者也。相者论列百官之长,要百事之听,以饰朝廷臣下百吏之分,度其功劳,论其庆赏,岁终奉其成功,以效于君。当则可,不当则废。故君人劳于索之,而休于使之。[5]

---

[1]《日知录集释》下册,"相"条,卷二四,页563—564。
[2] 同上书,"将军"条,卷二四,页564。
[3] 以鲁国为例,李宗侗先生尝统计卿大夫征伐及盟会的参与者,由这些例证觇之,二者未尝分别,见李宗侗:《中国古代社会史》(台北,中华文化出版事业委员会,1954年),页233—236。
[4] 齐思和:《战国制度考》(《燕京学报》,第34期,1938年),页208—210。同氏:《战国宰相表》(《史学年报》,卷二,第5期,1938年)。
[5]《荀子·王霸篇》,卷七,页21。

从这个定义看来，相权虽重，若不是有虚君制配合，有最高实权的君主不会长久保持任何人做宰相的。所谓"当则可，不当则废"，任何良相恐怕是早晚会因"不当"而废的。由于宰相须以其成就为去留，显然的，战国的宰相不能像春秋列国卿大夫，可以任终身职。另一方面，这个担任相职的人，往往是一个专业的政务官，较少由本身有其他身份关系的贵族担任。由这种专业人员的身份，其中有一部分也许会离此就彼，或离彼就此，换句话说，若干相位就由一些职业性的游任之士担任了。战国的相职也有由本国或异国的王子或近亲担任：若由本国王室的亲戚做宰相，却也难得构成几代的世家；若由异国的重臣或贵戚出任，任命大多出于外交的考虑，然而，容易想象到，他们未必真能掌握实权[1]。

因此，战国的相职，或者缺乏实权，让国君自己做实际的执政者；或者即须是有能力而无背景的专业人士。两者都与春秋时代的世卿制度大相径庭。

再说到将帅一职。战国的战争远比春秋时代为复杂，举凡战略、战术、武器、训练，都有极大的改变[2]，春秋时代的贵族武士自不能应付。职业性的武士，在春秋末期已经出现，已如本文第一节所述。战国更产生了一些著名的战略家，如张仪、乐毅；了不起的战术家，如田单；大兵团的指挥官，如白起；练兵的能

---

[1] Cho-yun Hsu, *Ancient China in Transition*, pp.51–52. 许倬云：《春秋战国间的社会变动》(台北，《"中央研究院"历史语言研究所集刊》第三十四本，下册，1963年)，页565—568。
[2] 其详见劳榦：《战国时代的战争方法》(《"中央研究院"历史语言研究所集刊》第三十七本，上册，1967年)。

手,如李牧。这些专门人才,构成了战国将才的主要部分,他们的专业知识,不是一般的贵介公子能掌握,也不是普通的文士能兼顾。

24位战国曾经统兵的将军中,只有4人是公子(其中还有一位是自己夺得兵权的信陵君),1人是贵戚,6人是将门之子,其余13人则或者出身不明,或者来自异国,后者也须依赖自己的才能方得在客地占得一席,其困难程度也不下于出身寒微的人。于此战国的将军们似大多是有专长,或则有家学渊源,如秦国王氏、蒙氏及燕国乐氏。24人中,只有8人曾经在将军之外,担任过相职。然而,越是接近战国末期,不兼相衔的将领越多,兼相衔的多半在战国的中期[1],这个趋势,也足以表示职务的专门化,政府功能的分化。用具体的例子说明,则有齐威王"以邹忌为相,田忌为将,孙武子为军师"[2]。又如秦人以范雎、蔡泽为相,主谋议;用白起、王翦为将,主征伐。下文将要讨论因能授官的观念,本节讨论的将、相分途,正是这个观念的表现[3]。

有许多战国的官名散见各种典籍,例如《七国考》一书《职

---

[1]这里的将领们都在《史记》有列传。无列传者,骑劫、淖齿,都从略。所列24人是孙膑、吴起、张仪、樗里疾、甘茂、魏冉、白起、王翦祖孙、田婴、信陵君、春申君、乐毅(及弟间、乘)、廉颇、赵奢父子、李牧、田单、蒙骜祖孙。他们的时代都在战国后半期,公元前4世纪至公元前3世纪。战国前半段的史事,因史料不足,似乎比较不清楚。也许太史公为此有详近略远的偏向。这种统计为此不易准确,但可觇见一般趋向而已。各将领事迹见《史记》本传,参看 Cho-ynu Hsu, *Ancient China in Transition*, pp.75-77。

[2]《史记·孙子列传》,卷六五,页2。

[3]齐思和:《战国制度考》(《燕京学报》,第34期,1938年),页210—212。各国统兵官的名号,以将及将军为多;秦制称大良造;楚国有柱国及上柱国。参董说:《七国考·秦职官》(吴兴丛书本),卷一,页5;《楚职官》,卷一,页21。

官》一卷，即收集了为数不少的官号，然而除了可以看出若干与汉代职官名称雷同处以外，现存的史料尚不足重建战国任何一国的政府组织。为此，本文将不列举这些官名称衔[1]。

官僚制度的运行，有极重要的一个项目，即所谓"品秩"的存在。凡是非制度化的权威，例如父权，其中分工的要求是职务的分配，而不必有一定的品秩。制度化的权威，如君权，则必须用阶级来保证节制和传达命令；如果发展了业绩考核及奖惩升黜的制度，明确的品秩更有必要，此时遂有职务和阶级平行的两套系统存在，以现代的情形解释，科长、科员是职，荐任、委任是阶。封建结构中的爵号，往往相当于品级。中国古代的封建结构，在五等爵之下，也有卿和上、下大夫，嬖大夫，士之类的差别。春秋郑国的一位贵族，职务是马师，阶级是亚大夫。而且各国的班列似乎也有相当，甚至相等的次序[2]。同样是卿，春秋有一命、再命、三命之分，似乎也是阶级的意义。至于战国，这种职、阶平行的现象更加明显。以楚国的情形说，覆军杀将之功，可以"官为上柱国，爵为上执珪"[3]。山东各国的品秩，大抵沿用卿、大夫、士的旧制。只有秦爵20等，最足显示品秩的系统化。据《汉书·百官表》，秦爵由一级的公士，逐级到二十级的彻侯，

---

[1] 关于各国职官，参看《七国考》，卷一，页1—59。
[2]《春秋左传正义》昭公七年："罕朔奔晋，韩宣子问其位于子产。子产曰：'君之羁臣，苟得容以逃死，何位之敢择？卿违从大夫之位，罪人以其罪降，古之制也。朔于敝邑，亚大夫也，其官马师也。获戾而逃，唯执政所实之。得免其死，为惠大矣，又敢求位！'宣子为子产之敏也，使从嬖大夫。"卷四四，页8。
[3]《战国策·齐策》二，卷九，页2上。同书，《东周策》，卷一，页2上。

大多为汉代所沿用[1]。其中有一部分爵称，似乎与官名相同，如庶长一类[2]，实正足以说明品秩晚于官职，在发展的顺序上也很说得过去。

总结本节，战国各国都有将、相分开的趋向，而且越至晚期，这趋势越明显，由此反映战国政府渐渐专门化、系统化；品秩的发达，也是同一趋势的表现。关于专门化的观念，将于另节细说之。

五、地方行政系统

过去的学者，总以为商鞅废封建、立郡县。自从清儒发其端，近人细证之以后，春秋即有郡县制度已成大家承认的学说[3]。而且，也有不少的证据可以指出，郡县制的最早纪录，远

---

[1]《汉书补注·百官公卿表》（光绪二十六年王氏校刊本），卷一九上，页25—26上；同书，《高帝纪》，卷一下，页5。参看守屋美都雄：《漢代爵制の源流として見たる商鞅爵制の研究》（《東方学報》第27期，1957年），页59—116。
[2]《文献通考·职官》（万有文库本）注，卷六四，页595。齐思和：《战国制度考》（《燕京学报》，第34期，1938年），页212—213。
[3] 清儒首发此复的是顾亭林：《日知录集释》，下册，"郡县"条（页52—514）；接下去有姚鼐：《惜抱轩全集》中的《郡县考》（四部备要本，卷二，页1）；赵翼：《陔余丛考》中的"郡县"（《赵瓯北全集》本，卷一六，页8下—10上）；顾颉刚：《春秋时代的县》（《禹贡半月刊》，第7卷，第6、7合期，页169以下；增渊龙夫：《先秦時代の封建と郡縣》（《中国古代の社会と国家》〔东京，弘文堂，1960年〕，页328以下）。

在春秋开始以前数年,发生于楚武王的县权[1]。

楚秦的县,大致均是灭国之后建立,顾颉刚以为是君主直辖地;晋、齐、吴的县,则多是卿大夫的封邑,大致由都邑及乡鄙所改[2]。实则晋之温、原,又何尝不是古来的小国[3]。齐县太小,一个贵族可以享有百数的县,自然不过是些乡邑而已,其基本性质,当另是一格[4]。此处将以春秋晋、楚之县为讨论对象,齐县或在采邑项目下讨论,更觉恰当些。

楚国有多少个县,至今不易有确实的数字,有以为是九县者,但似乎"九"字未必只有这个呆板的解释。大致,春秋的楚国把申、吕、唐、邓一类沿着淮、汉一带及豫南、鄂北的小国,都变成了县[5],这些县由楚国所派遣的县公或县尹治理,出兵出赋,都作为一个一个个别的单位。因之,也可以说,这些所谓县,未完全失去当初"国家"的地位[6]。比较恰当些的现代名词

---

[1] 楚武王县权事,不知何年,但武王在位垂50年(公元前740—前690年),在春秋以前者18年。《左传》中未见权为独立国,可能在春秋前即灭亡。此事见于《春秋左传正义》庄公十八年,已是追记。卷九,页9上。论楚为郡县始创者,洪亮吉:《春秋时以大邑为县始于楚论》(《更生斋文甲集》,〔1802〕)卷二,页1—20。H.G. Creel, "The Beginning of Bureaucracy in China, The Origin of the Hsien", *Journal of Asian Studies*, ⅩⅩⅢ(2),〔1964〕, pp.155ff.
[2] 顾颉刚:《春秋时代的县》(《禹贡半月刊》,第7卷,第6、7合期,页197。参《论语注疏·宪问篇》,卷一四,页3上。又容庚:《商周彝器通考》(北平,哈佛燕京学社,1941年),页502、509。
[3] 增渊龙夫:《先秦时代の封建と郡縣》(《中国古代の社会と国家》〔东京,弘文堂,1960〕),页400以下。
[4] 顾颉刚:《春秋时代的县》(《禹贡半月刊》,第7卷,第6、7合期),177—178。
[5] 同上书,页170。参看《春秋左传正义》,宣公十二年,卷二三,页2上。
[6] 增渊龙夫:《先秦时代の封建と郡縣》(《中国古代の社会と国家》〔东京,弘文堂,1960〕),页403—406。

称县公，也许是殖民地的总督。楚国的县公是否世袭，至今不易有一结论。一方面，有一些以邑为氏的世家，如"申""申叔"。另一方面，又有父子显然不同官的记载[1]。不过，假如"氏"可以始终享有食邑，则楚国申氏之外，仍有申公一官，似乎可以解释为食邑的贵族不就等于地方的行政官吏[2]。

晋国的县数，较可推设，根据《春秋左传正义》昭公五年（公元前537年），楚人对晋的估计：

> 韩赋七邑，皆成县也。羊舌四族，皆强家也。晋人若丧韩起杨肸，五卿八大夫，辅韩须、杨石，因其十家九县，长毂九百，其余四十县，遗守四千。奋其武怒，以报其大耻，……其蔑不济矣[3]。

由"其余四十县"一语推断，晋国有县49。这里所说晋军实力4900乘，是晋人车乘数目最大的一次。八年以后，晋国检阅全国武力，参加校阅的有兵车4000乘。两相比较，可知49县大约已接近晋国全境了[4]。

至于晋国县大夫是否食邑贵族，应当分别讨论。在晋文公的

---

[1] 增渊龙夫：《先秦时代の封建と郡县》（《中国古代の社会と国家》〔东京，弘文堂，1960〕），页408。又梅思平：《春秋时代的政治和孔子的政治思想》（《古史辨》，第二册中册，香港，太平书局本），页165—166。
[2] 梅思平：《春秋时代的政治及孔子的政治思想》（《古史辨》，第二册中册，香港，太平书局本），页167。
[3]《春秋左传正义》昭公五年，卷四三，页6下—7上。
[4] 顾颉刚：《春秋时代的县》（《禹贡半月刊》，第7卷，第6、7合期），页176。H. G. Creel, op. cit., p.173, note 95.

时代，晋侯有明显的控制能力，大约县大夫是一些由晋侯委派的官吏，食邑的贵族不能直接治理，例如赵衰受命为原大夫，而原却是先轸的封邑[1]。殆及晋国世卿力量强大之后，一些食邑即由卿大夫自己委人治理，前述昭公五年的情形，即说明各地的实力是在卿大夫手里的，然而在名义上，各处的县大夫仍要由晋的中央政府任命。公元前514年，晋国祁氏和羊舌氏的领地，被当时最有力的数家世卿瓜分，他们仍不能不用委任县大夫的名义，把自己的属下及子弟放在这些新成立的县[2]。在这一群新任的县大夫中，有一位梗阳大夫魏戊，是当时晋国执政魏献子的儿子，他在梗阳遇见了一件很棘手的讼案，处理不了，就把案子呈给魏献子请示[3]。此事可以从两方面解释：一方面，魏戊请示魏献子是因为魏献子是中央的执政；另一方面，魏戊视自己为魏氏封邑上一个行政官吏，而请示本氏。以前面一个可能性说，似乎晋国的中央对地方有了一些约束；以后面一个可能性说，将近形成为独立国的魏氏，对于自己势力范围之内的地方官，有了一些约束。两者相比，后者的可能性较大。然而不论是哪一项可能性，春秋末叶的晋国地方首长，似乎对上级有较大的依赖及从属，其性质较不像列土分茅的封邑主人，较接近于执行命令，受任治事的地方行政官员。

逮及春秋、战国之交，有些封君还可以派人去封邑做行政官吏，有如赵氏在晋阳的董安于，即为受命治理，却不是据邑为己

---

[1] 梅思平:《春秋时代的政治及孔子的政治思想》(《古史辨》,第二册中册,香港,太平书局本),页167。
[2]《春秋左传正义》昭公二十八年,卷五二,页14上。
[3] 同上书,昭公二十八年,卷五二,页16下。

有[1]。战国仍有此风,如赵封孟尝君以武城,孟尝君根本不去封地,只选了一个舍人去担任武城吏[2]。由此推衍,战国当仍有一些不在全国统一行政系统中的单位。

然而,战国列国普行郡县,已是很明显的事。郡与县,本不见得是相统属的单位,也许只是两种性质不同的行政区划,至少,春秋的郡未尝统县,县是否统郡,则不易判断[3]。战国的郡,普通比县高一级,成为六国通制。以韩的上党郡言之,辖有24县,城市之邑70;冯亭以郡降赵,赵"以三万户之都封太守,千户封县令,诸吏皆益爵三级"[4]。大抵郡原为边防指挥区,县为行政单位,支援军事,由郡调度,因而产生统辖关系。以故,楚为加强边邑而立新城为郡[5]。韩国的宜阳,有兵马钱粮,为一方重镇,于是也有"名为县,其实郡也"的说法[6]。新占领的地区,不仅设县,而且必须有军事性的郡,例如燕下齐七十余城,就"尽郡县之"[7]。

---

[1]《战国策·赵策一》,卷一八,页2上。
[2] 同上书,卷一八,页11上。
[3]《春秋左传正义》哀公二年:"克敌者,上大夫受县,下大夫受郡,士田二十万。"(卷五七,页6上)。可以看出晋县的面积为大,但县是否统郡,单凭《逸周书·作雒解》的"县有四郡"为以县辖郡的证据,殊嫌未足,至多只能说县有四个边缘而已,参看顾颉刚:《春秋时代的县》(《禹贡半月刊》,第7卷,第6、7合期),页177。按县与郡在战国的一般情形,为以郡辖县。若春秋时,这两个单位原不统辖,战国时可以发展为上述情形。若原以县统郡,恐怕不易有完全倒转的发展方式。齐思和则以为两者不当相统摄,似较近真 [《战国制度考》(《燕京学报》,第24期,1938),页215]。
[4]《战国策·齐策二》,卷九,页3上。同书,《赵策一》,卷一八,页9。
[5] 同上书,《楚策一》,卷一四,页4。
[6] 同上书,《秦策二》,卷四,页4下。
[7] 同上书,《燕策二》,卷三〇,页6下。

战国郡县统摄关系的建立，与清代总督由临时指挥数省巡抚，以致变成定制的长官，过程如出一辙。等到统摄关系确实树立了，遂有了以郡监县的情形，例如本文第二节所举苦陉县令的上计于郡，即是监督关系的说明。

国君对于地方，也有直接的监督，如前面说过西门豹的例子，守令须按时上计。国君似乎也有派驻各地的监察人员；秦制，郡设监察御史[1]，其实在战国也已见其端倪。《战国策·韩策三》：

> 安邑之御史死，其次恐不得也，输人为之谓安令曰："公孙綦为人请御史于王。"王曰："彼固有次乎？吾难败其法。"因遽置之。[2]

此处的御史须由王直接任命，当不是县令手下的主书史一类佐杂，又如《韩非子集解·内储说上·七术》上：

> 卜皮为县令，其御史污秽而有爱妾。卜皮乃使少庶子佯爱之，以知御史阴情。[3]

这一个遭卜皮暗算的御史，似乎不是县令的部下，且似乎与县令居于对立的地位，县令方才不惮其烦地要操持其阴事。二例相

---

[1]《汉书补注·百官公卿表》，卷一九上，页26下。
[2]《战国策·韩策三》，卷二八，页8上。
[3]《韩非子集解·内储说上·七术》，卷九，页177。

参,战国的御史是由王派来监察的可能性,大于由"史"字本义得来的文书吏一类人物。

总结由春秋末至战国的地方行政制度:在新获土地由总督式的县公县尹或县大夫治理,似乎是与封锡采邑的制度平行,早到春秋时代的开始,在有些国家已有此制;邑宰式的地方行政官吏,也在春秋普遍有之;郡县统辖,甚至加上御史督察,开秦汉郡县制及监察御史制先河,则似乎肇端于战国。

六、专业的观念及控御的方法

在本文前面,讨论将、相分别时,曾经提到专业化的现象。说到这一点,专业化一词仍可分开两方面讨论,一是能力的专长,二是职务的分别。

先说能力的专长。春秋之世,卿大夫既均为贵族,处理的事务又相对地较少繁杂,是以春秋时代的政治人物,着重在原则,例如亲亲尊尊之类;技术性的知识,在春秋之世不甚被人重视。这也就是孔子有一次评论学生能力的背景:季康子问到冉求的能力是否可以从政时,孔子承认冉求很能干,却不认为这是从政的充分条件[1]。

春秋末季,仍有人以为从政可由在职学习,获得服务的能力和知识。子路曾经推荐子羔为费宰,孔子认为这种作风害了子羔,子路却以为有了人民和权力,治人者根本不必学习[2]。郑国

---

[1]《论语注疏·雍也篇》,卷六,页2下。
[2] 同上书,《先进篇》,卷一一,页5下。

执政子皮，对于尹何也采取与子路相同的态度，然而子产则认识了没有专门学识，根本不能从政，如不会用刀的人会被割伤手，也正如美饰必须由缝工裁制，他特别说明：

> 侨闻学而后入政，未闻以政学者也。若果行此，必有所害，譬如田猎射御，贯则能获禽，若未尝登车射御，则败绩厌覆是惧，何暇思获？[1]

春秋、战国之交，墨子或墨子的门徒，对于荐贤举能，已有了明白的讨论：

> 今王公大人有一衣裳不能制也，必藉良工，有一牛羊不能杀也，必藉良宰。故当若之二物者，王公大人未知（不失）以尚贤使能为政也。逮至其国家之乱，社稷之危，则不知使能以治之。亲戚则使之，无故富贵，面目佼好则使之。夫无故富贵，面目佼好则使之，岂必智且有慧哉！[2]

同样的比喻，在战国时也出现过[3]。

"察能授官"是战国非常普遍的观念，说得最清楚的是《战国策》归之于乐毅的话：

---

[1]《春秋左传正义》襄公三十一年，卷四〇，页11下。
[2]《墨子闲诂·尚贤篇中》，卷二，页9下—10上。此条由梅贻宝先生检视，谨致谢。
[3]《战国策·赵策三》，卷二〇，页11。

> 臣闻,贤圣之君不以禄私其亲,功多者授之;不以官随其爱,能当之者处之。故察能而授官者,成功之君也。[1]

及《韩非子·外储说左上篇》:

> 韩昭侯谓申子曰:"法度甚不易行也。"申子曰:"法者见功而与赏,因能而受官。今君设法度,而听左右之请,此所以难行也。"昭侯曰:"吾自今以来,知行法矣!寡人奚听矣!"[2]

此处的"能"字,自然指的是做某一件工作的专门能力,与能兵法为将,知治术为相同理。战国时有家家户户藏有"管、商之法"的说法,其是否家藏户有,是另一问题,管商之法成为钻研治术的课本,则似乎无甚可疑处。循此线索,《韩非子》中内外《储说》与《说林》,殆也是此类教材;至于《战国策》,则更是游说之士关于揣摩术的笔记手册了[3]。

再说到职务的分别。《周礼》所列治官府的八法中,有讨论官僚组织的"官属",有讨论区分职权的"官职",及讨论各部门协调程序的"官联",三者都针对着职务的分化及配合[4]。一件很有名的个例,则见于《韩非子·二柄篇》:

---

[1]《战国策·燕策二》,卷三〇,页7下。
[2]《韩非子集解·外储说左上篇》,卷一一,页213。
[3] 同上书,《五蠹篇》,卷一九,页347。张心澂:《伪书通考》(上海:商务印书馆,1939年;修订本,1957年),页648—649,页907—908。容肇祖:《韩非子的著作考》(《古史辨》,第四册,香港,太平书局本),页654—674。
[4]《周礼正义》,卷二,页3上。

> 昔者，韩昭侯醉而寝，典冠者见君之寒也，故加衣于君之上。觉寝而说，问左右曰："谁加衣者？"左右答曰："典冠。"君因兼罪典衣，杀典冠。其罪典衣，以为失其事也；其罪典冠，以为越其职也。非不恶寒也，以为侵官之害甚于寒。故明主之畜臣，臣不得越官而有功，不得陈言而不当；越官则死，不当则罪。[1]

此事不必真有，纵有，不必真如此；然而，其中揭出不得侵官的观念，反映了官僚制度运行秩序的重要性。

由能力专业化及职务专业化两点，配合上论功行赏的观念，战国时的一些治术学者，又引申出一种在本行内升迁或降黜的说法。所以"宰相必起于州部，猛将必发于卒伍"，即由于试过此人的能力，而且按照功劳定等次的[2]。此无他，只因大将名臣，都必须在自己的一行获取一些背景的训练。据说以阳成义渠，身为名将，而"措于屯伯"；公孙亶回是名相，仍旧不能不承认，"关于州部"是不能免的步骤[3]。

法家一词，常被人误解为讲究用刑罚的法律学派，事实上，法家最注意的是政学治术[4]，其中各派当然也各有偏倚，自来即有慎到重势，商君重法，申子重术之分。细论各家思想，留待

---

[1]《韩非子集解·二柄篇》，卷二，页28。
[2] 同上书，《显学篇》，卷一九，页354。
[3] 同上书，《问田篇》，卷一七，页302—303。
[4] 参看 H. G. Creel, "The Fa-chia: 'Legalists' or 'Administrators'"（历史语言研究所《庆祝董作宾先生六十五岁论文集》），页 631—634。冯友兰：《原名法阴阳道德》（《清华学报》，卷十一，第 2 期，1936 年）。

战国的统治机构与治术

专门的篇章,此处不赘。单从官僚制度的论点说,商君一派似最不讲求,商君目的在富国强兵,故着重于奖励耕战,治术则非其长,所以集法家大成的《韩非子》一书,特别指出商鞅用首功定官爵之不合理。韩非子以为执讯获首是勇力的表现,而行政人员所须具备的是智能,用勇力之士做官,等于用斩首之功来衡量医士的医道,或工程师的技术。另一方面,申子则专门讨论"治不逾官,虽知不言"。韩非子对"治不逾官"不加反对,然而反对"知而弗言"[1],其实,后者不过是前者的推广尽致而已。申不害理论的要点是"因任而授官,循名而责实;操杀生之柄,课群臣之能"[2],也就是本文所谓专业化的基本要求。

督察考核的最后决定权在国君,既然国君须无所不管,他该管的职务也就因此而说不出;说不出比说得出要有更大的权力,正如无限大不能用任何度量名词来说明一样。这种无限大的权力,申不害和韩非子称之为"无为",其源当溯自道家以静制动,以无当有之用[3]。

在《庄子·天道篇》,有一段即讨论由职务分配,到考核名

---

[1]《韩非子集解·定法篇》,卷一七,页305—306。
[2]同上书,卷一七,页304。
[3]冯友兰:《中国哲学史》(香港,太平图书公司,1956),页402—404。H.G. Creel, "The Meaning of Hsing-ming", in Studia Serica Bernhard Karlgren Dedicata (Copenhagen, 1959).

实,最后按成果赏罚的原则[1]。

尚贤尚能的观念,与亲亲尊长的观念,不是能十分协调的。在战国时,已有人检讨到仅凭亲戚之不足,也了解用到贤能之士,就不能再顾忌到出身与关系,《吕氏春秋·求人篇》说:

> 观于春秋,自鲁隐公以至哀公,十有二世,其所以得之,所以失之,其术一也。得贤人,国无不安,名无不荣;失贤人,国无不危,名无不辱。先王之索贤人,无不以也:极卑极贱、极远、极劳。[2]

若是当真"天下之士"都来立于朝[3],君主显然不能盼望在封建制度下约束君臣的亲密关系继续发挥其效力,代替宗族亲戚的感情,君主必须寻觅一套有实效的控制方法,维持这些本无关系的臣子对君主的忠诚。除去前文已叙及的对等报施关系外,威胁利诱及劫持人质,也似乎是战国君主持用的手段,也就是韩非子所谓的"三节"——质、镇和固。质是亲戚子女,用来劫持贤者;镇是高爵厚禄,用来投贪饕者所好;固是"参伍责怒",用

---

[1]《庄子·天道篇》(四部备要本):"是故古之明大道者,先明天而道德次之;道德已明,而仁义次之;仁义已明,而分守次之;分守已明,而形名次之;形名已明,而因任次之;因任已明,而原省次之;原省已明,而是非次之;是非已明,而赏罚次之;赏罚已明,而愚知处宜,贵贱履位,仁贤不肖袭情,必分其能,必由其名。"卷五,页14下—15上。
[2]《吕氏春秋·慎行论·求人篇》,卷二二,页8。
[3]《孟子·公孙丑上》,卷三,页13下。

来穷诘奸邪[1]。三者之中,"质"在中国行政史上发展出很重要的一些制度:推荐人对被推荐者的连坐责任,在秦国是确立了的规矩[2];汉世的郎官,也实际上是任子之法,虽然后来发生了人才培育训练的其他功能[3]。至于"固",似乎即是用多方面的报告互相核对,以稽核臣子的行为及成绩,其中当也包括循名责实,以课群臣之能,以察群臣之奸[4]。

七、结语

在春秋晚季,以至战国,封建解体,列国竞争日烈,政权须应付的问题日烦,于是专才日见重要,管理也日渐严密。古代中国以此由宗族父权式权威转变为君主式的约定权威。在约定权威之下,职务的分配、俸禄的给付、升黜赏罚、职级品秩、督察计核,均逐渐发展;地方政府也渐以中央代理人的地位,取代了半

---

[1]"责怒"一般作"贵帑",此处从王先慎,《韩非子集解》之义(《八经篇》,卷一八,页333)。按:此节大意与《管子》的"三本"似属雷同。《管子·小问篇》:"(桓)公曰:'守战远见有患,夫民不必死,则不可与出乎守战之难;不必信,则不可恃而外知,夫恃不死之民,而求以守战,恃不信之人,而求以外知,此兵之三暗也,使民必死必信,若何?'管子对曰:'明三本。'公曰:'何谓三本?'管子对曰:'三本者,一曰固,二曰尊,三曰质。'公曰:'何谓也?'管子对曰:'故国,父母坟墓之所在,固也;田宅爵禄,尊也;妻子,质也。三者备,然后大其威,厉其意则民必死而不我欺也。'"卷一六,页6下—7上。
[2]《史记·范雎列传》:"秦之法,任人而所任不善者,各以其罪罪之。"卷七九,页11下。
[3] Yang Lien-sheng, "Hostage in Chinese History", *Harvard Journal of Asiatic Studies*, XV, 3–4,(1952). 增渊龙夫:《先秦時代の封建と郡縣》(《中國古代の社會と國家》〔东京,弘文堂,1960〕),页220—229。
[4]《韩非子集解·定法篇》,卷一七,页304—305。

独立的小型中央。这些似乎就是古代中国官僚制度的若干性质。至于人才登庸的制度化、各部分职权的明确划分与制衡、档案与法典的正式化,都有待于秦汉以下各时代的演变,在古代中国,官僚制度不过是一个雏形。韦伯(Max Weber)的"官僚"定义[1],

---

[1]官僚制度的性质,自从 Max Weber 第一个提出这个观念以来,一般人都认为须包括下列若干点:
(1)官员除了有官方的任务外,他对于上官并无其他从属关系;他是自由的。
(2)官僚之间,有其等级;整个系统则是有组织的。
(3)每一个职位,都有其特定的资格。
(4)担任职位的人,具有一种契约关系,因此原则上任职的人有其自由的抉择。
(5)候补者必须具备一定的"技术上的"能力,为了检核此点,求职者须经过考试,或其他相似的方式;而任职者必须经过委派或任命,以异于选举出来的官员。
(6)任职者支领薪水,通常是用当时通行的货币或其他代用品支付,以别于"食邑"报酬。任职者也可以有自行请辞的权利,以异于世职及奴仆。
(7)职位是专业的,任职者通常不是业余的兼任。
(8)任职者以其上官的考绩而得到按照一定程序的陟黜,以为赏罚。
(9)任职者并不是职位的所有人,职位高低也不能因人而异。
(10)整个系统中有一定的监督、指挥与控制的制度。
Max Weber, *The Theory of Social and Economic Organization*(Trans. by A. M. Henderson and Talcott Parsons, ed., Talcott Parsons, New York, Oxford University Press, 1947), pp.329–341. cf. editor's note 2. 关于 Max Weber 的理论,重加检讨及界限者例如 Carl J. Friedrich, "Some Observation on Weber's Analysis of Bureaucracy"(in *Reader in Bureaucracy*, ed. by R. K. Merton, A. P. Gray, Barbara Hockey, and Harran C. Selvin, New York, Columbia Universady Press, 1952), pp.27-33。Avlin W. Gouldner, "Discussion of Industrial Sociology", in *American Socilogical Review*, X Ⅲ(1948), pp.396–400. C.K. Yang, "Some Characteristics of Chinese Bureaucratic Behaviour"(in *Confacianisim in Action*, ed. David Nivison and Arthur F. Wright, Stanford: University Press, 1959)。参看 H. G. Creel, "The Beginnings of Bureaucrcy in China: The Origin of Hsien", in *Journal of Asian Studies*, XⅫⅢ(2),(1964)。他对官僚制度的定义极为简单,"官僚制度是一种行政系统,由职业性的干部构成,其功能则或多或少经过约定的"(页63—164)。笔者以为这个简单的定义仍不够此处的使用。不过 Creel 对于"标准型"与实际形态的差异,有颇佳讨论,见同文 notes 50, 52。

用中国古代的制度来考验，可以看出其有用的程度。战国的官吏，并不完全是自由的，即使可能比较秦汉以后的官吏多一些"此处不留人，自有留人处"的自由。官僚的结构，越到战国后期，可能越近于整齐，越有组织。职务的分类也和专长观念相配合，但是特定的资格，却从未成为中国官僚制度的实际要求。战国只有一些较粗浅的分类，殆及汉代以后，中国的官员始终是通才主义大于专才主义。考试，在战国只是考察试验，前者同于汉代的三年以考殿最，后者同于汉代真除以前的试职；都还说不上现在所谓考试二字的意义。战国虽然已有了金属货币，并且在交易行为中普遍使用，很奇怪的，战国官员的俸给，似乎仍以实物——粮食——为主要的给付媒介，也许战国时代列国货币单位的杂乱，影响了币值的稳定，使金属货币不能担任这个角色。

至于官员的专业性及职位不归任职者所有，都已是中国古代很明白的观念。可是中国自古以来，除秦始皇一度废除过宗室的贵族外，一直有皇亲国戚，宦官佞幸一类人物，构成了官僚组织外面的一层不合理因素。战国列国，以秦国之组织化，犹有穰侯；其他各国莫不有一些贵戚干政的现象，其故殆是强大的家族观念在作祟？这一点，使中国的官僚制度即使发源甚早，并且一开始即臻于很复杂的地步，却始终不能发展为完全用能力及绩效来考核，完全用功能联系来配合的统治机器。

中国向来以采用考试制度与监察制度的发明见称于世，其渊源则当溯自战国时代法家的理论。

原载《台湾大学文史哲学报》第14期

中 编
周代的社会与生活

两周农作技术

一、主要农业作物

　　民以食为天，谈农业，先当考察所种植的作物，春秋战国时代的作物种类，须就文献与考古资料两方面讨论。古代文献中提到的作物，往往只具名称，偶尔提到形状性质，也通常过于简略，以此认识作物品种，未免难为要据，是以学者们根据文献资料尽力考证，其成绩虽已极可观，却也常常有众说并陈，莫衷谁是的困惑[1]。唯近来农史学专家及植物学家也注意及此，并且颇有丰长讨论，这些专家以自然科学的知识，用世界性的眼光，观察各种栽培作物的传播及变异，其结论往往可以超越文献资料之限度，补训诂考证之不足。本文亦即以此等资料为依据，介绍一

---

[1] 例如程瑶田：《九谷考》(《皇清经解》，卷五四八)；刘宝楠：《释谷》(《皇清经解续编》，卷一〇七五)；丁惟汾：《释黍稷》(《国学汇编》第二册)；钱穆：《中国古代北方农作物考》(《新亚学报》，第一卷，第二期，1956年)；何炳棣：《黄土与中国农业的起源》(香港中文大学，1959年)，以及段玉裁：《说文解字注》；王念孙：《广雅疏证》等各字书之诸种谷名本条之下所列。

些近来农史学家和植物学家对于古代作物的解释[1]。

古籍中常见的主食作物，大别之，可有黍、稷、粟、麦、菽、麻、稻、粱、苽诸种最为重要。

先说黍与稷的分别。今日北方农村中通常以稷为黍之不黏者。然而黍稷在古代是两种截然不同的谷物，据慧琳的《一切经音义·杂谷》条：

> 《字统》云，谷，续也。谷名百数，总归于五，所谓稷、黍、豆、麦、麻也，稷属谓之穗谷，黍属谓之散谷，豆属谓之角谷，麦属谓之芒谷，麻属谓之树谷，故谓五谷。[2]

是则在唐时，黍稷之间一为散穗，一为垂穗，分别甚为清楚，黍稷相混。当由陶弘景始，所谓"书多云稷，稷恐与黍相似"[3]。于是本草家相沿其说，复将疑似之句加以肯定，《本草纲目·谷部·稷》：

> 其苗与黍同类，故呼黍为䄵秫。[4]

稽之《说文》，凡禾之属皆以禾，凡黍之属皆以黍，则稷之非黍，

---

[1] 这一部分工作，台湾的学者中以台大于景让先生最称巨擘，本文介绍亦以于先生的见解为主。
[2] 慧琳：《一切经音义》（朝鲜海印寺藏版，京城帝国大学1931年刻本），卷一六，页3。
[3] 李时珍：《本草纲目》（商务印书馆，民国十八年石印本）集解引，卷二三，页1。
[4] 同上书。

甚为明白。

黍稷分别为两种类,陆陇其说得甚清楚,他根据《诗经·良耜》的郑笺孔疏、《黍离》的孔疏及《礼记·玉藻》,各处解释,归纳为"黍贵而稷贱,黍早而稷晚,黍大而稷小,黍穗散而稷穗聚……其辨甚明"[1]。

黍稷相混之原因,崔述以为黍属中不黏者名穄,其读音与稷相近,而北方方言无入声,遂致相混,说亦明白[2]。

本文讨论诸谷,即以黍稷为两类不同的谷物。

说稷。稷也许是中国最古老的作物,因此社稷连称,而周人也尊后稷为始祖[3],中国古代田间有一种杂草,其名为莠,例如《孟子·尽心下》:"孔子曰恶似而非者:恶莠,恐其乱苗也。"而《国语·晋语》:"马饩不过稂莠。"韦注:"莠草似稷而无实。"则稷与莠当极相似[4]。莠俗呼狗尾草(Setaria italica viridis〔L〕, P.B.),与 Setaria italica 极为接近,二者染色体为 2n=18,甚易杂交。近来考古学新资料亦指出在陕西仰韶期村落遗址有谷粒出土,而经过鉴定,谓系 Setaria italica,山西万泉县荆村的新石器

---

[1] 陆陇其:《黍稷辩》,见《三鱼堂文集》(同治七年武林葡曙刊本),卷一,页 8—10。
[2] 崔述:《无闻集》(《石印本崔东壁遗书》),卷二,页 13—14。
[3]《春秋》庄公七年:"秋无麦苗,不害嘉谷也。"杜解:"黍稷尚可更种,故曰不害嘉谷。"又程瑶田提出黍稷在礼仪上的重要性,即使稻粱,也只为加馔。程氏又指出,稷为疏食,参看程瑶田:《九谷考》(《皇清经解》卷五四九,页 8 以下)。稷既为疏食,却又占五谷之首的位置,钱穆以为系由于中国古代诸谷先后成为栽培作物的程序中,稷最为古老。参看《中国古代北方农作物考》(《新亚学报》,第一卷,第二期),页 2、5—16。
[4] 吴其濬辨二者之相似甚明,参看《植物名实图考》(民国四年刊本)卷一,页 40—41。

文化遗址中，亦有 Setaria italica[1]。现在华北农村中谓黍稷为同类，只有黏与不黏之分，而"小米"的俗称，其含意又因地域而异，其误已见前文之辨。因此，本文不拟用"小米"称 Setaria italica；而从农学家的说法，以 Setaria itailca 为稷[2]。

粟与稷的关系，可用《齐民要术》中一句总括之："谷，稷也，名粟。谷者五谷之总名，非止谓粟也，然今人专以稷为谷，望俗名之耳。"亦即以粟等于稷[3]。孟子所谓"粟米之征"，与"布缕之征""力役之征"为上下文[4]，可能泛指一切谷类；然而若"布缕""力役"均非泛指，则粟米也可能以粟指稷实，以米指稻实。粱则又是粟中的精品，《史记·太史公自序》索隐引《三苍》："粱好粟。"[5] 据王祯《农书》，粱秫的茎叶与粟相似，实

---

[1] 天野元之助：《中国农业史研究》，页35；石兴邦：《新石器时代村落遗址的发现》（《考古通讯》，1955年第3期）；夏鼐：《一九五四年我国考古工作》（《考古通讯》，1955年3期）；中国科学院考古研究所：《西安半坡》(1963年)，页23；黄河水库考古队华县队：《陕西华县柳子镇考古发掘简报》(《考古》，1959年第2期)；安志敏：《中国史前时期之农业》(《燕京社会科学》第二卷，1949年)。
[2] 夏德瑛：《管子·地员篇校释》："谷名中的稷，向有二说：汉人经注多以稷为粟（Setaria italica Buarv），是现在谷中产小米的一种；本草家多以稷为穄（Paincum miliaceum var. effusum, Alef），是现在黍中不黏的一种。"《管子·地员篇校释》(中华书局，1958年)，页89—90。汉儒去古较近，其说自亦较长。劳贞一师曾列举程瑶田、王念孙、段玉裁与吴其濬的诸种异说，并追溯汉儒经疏，对于黍稷高粱的混淆，作了有系统的分析与叙述。参看劳榦：《黄土与中国农业的起源跋》，页196以下，见何炳棣：《黄土与中国农业的起源》，附录。参看吴其濬：《植物名实图考》，卷一，页182以下。为此何炳棣先生在讨论"小米"时，即不愿分别粟和黍稷，但承认小米为中国地区最古老的作物，倾向于以为近年考古报告中所谓小米和粟事实上即 Setaria italica，参看何炳棣：《黄土与中国农业的起源》，页124—125。
[3]《齐民要术·种谷》第三。
[4]《孟子·尽心下》(四部丛刊本)，卷一四，页11。
[5]《史记会注考证》，卷一三〇，《太史公自序》。

粒皆大，与粟同时熟，收获法亦同，米粒圆滑如珠，味道香美，胜于粟米[1]，无怪为古代食物中的精品了[2]。

稷之以中国为原产地，可由其野生亲属莠之常见于中国为佐证。同时 de Candolle 即谓，在数千年前，*Setaria italica* 已存在于中国、日本及印度群岛，其说甚是[3]。何炳棣先生以为稷需要的水分少，于华北干旱的黄土土壤比较适宜，则与钱穆先生谓中国农业原为旱地农业的理论可以相互印证，二氏的理论都足以说明稷在中国是古老的栽培作物，"后稷"之为农神与农官的称号，也就不足为奇了[4]。

综合言之，可借吴其濬之说："嘉谷之连稿者曰禾，实曰粟，粟之人曰米，米曰粱，今俗云小米是也。"谷类的许多通名如禾如谷，如粟如米，竟都由稷而来[5]。

黍是中国古代另一种重要作物，在殷代卜辞中即见其名称，不下于百处[6]，以殷代农业在中国上古史论稿中另有专文，此处不赘述。黍中分黏者与不黏两类，前者称黍，后者称穄或糜[7]。齐思和先生以为，至汉时，黍属始有此分别，九经糜无字，可

---

[1]《农书·百谷谱》二"谷属"（聚珍全书本）卷二八，页2。
[2] 金文中稻粱对称，如史免簠、叔家父簠、陈公子甗、曾伯簠。《国语·齐语》："食必粱肉，衣必文绣。"《孟子·告子上》："所以不愿人之膏粱之味也。"（卷一一，页16）《战国策·赵策》："富不与粱肉期而粱肉至。"（重刊姚氏本，卷二〇，页4）皆是例证。
[3] de Candolle, *Orgin of Cultivatied Plants*, pp. 378-380，译文见于景让：《栽培植物考》，页94—95。
[4] 何炳棣：《黄土与中国农业的起源》，页128—132。钱穆：《中国古代北方农作物考》。
[5] 吴其濬：《植物名实图考》，卷一，页40。
[6] 于省吾：《商代谷物作物》。
[7]《说文解字注》，卷七，页57、42。

能即以黍兼包黏与不黏两类[1]。在古代黍与稷同为民食之主,《诗经》与《左传》中黍稷连举者,随处皆是;而黍又比稷贵重,祭祀以黍为上盛,待客也以鸡黍为馔。《生民》之诗,以黍中的秬秠与梁中的穈芑同号嘉种。钱宾四先生以为:"黍为美品,然而亦仅是较美于稷耳,待其后农业日进,嘉种嗣兴,稻、粱、麦诸品并盛,其为食皆美于黍,而后黍之为食遂亦不见为美品,然其事当在孔子前后,以及春秋之中晚期,若论春秋初年以前则中国古代农业固只以黍稷为主,实并无五谷并茂之事也。"钱先生此论,说黍稷关系及诸谷逐渐相代,甚有理致,堪谓的论[2]。

黍为 *Panicum Miliaceum*,其原产地,据 de Candolle 说,是在埃及阿拉伯,也有人谓在印度,于景让先生则采 Vavilov 及 E. Schleman 以中国为原产中心之说[3]。然而,即使黍由外面传入中国,其传入时间也可早到新石器时代。在中国考古资料中,Carl W. Bishop 以为山西万泉县荆村的谷类颗粒为黍,然而日本学者却以为是稷粒及高粱[4],但在河南邻州村山砦的仰韶文化层一个灰坑底部则有厚约 20 厘米的深黑灰土堆积,其中有若干类似黍及稷的圆形颗粒,并已经过化学试验证实[5]。由于黍的耐旱能力强,而味道也较佳,因此在商代以来成为中国普遍的作物,不仅卜辞中黍见百余次,以《周礼》九州说,七州都可种黍,其为重

---

[1] 齐思和:《毛诗谷名考》(《燕京学报》第 36 本,1949 年),页 226—228。
[2] 钱穆:《中国古代北方农作物考》,页 10。又参看陆陇其:《黍稷辩》。
[3] 于景让:《栽培植物考》,页 92—93;《黍稷粟粱与高粱》(《大陆杂志》十三卷,第三期),页 1。天野元之助:《中国农业史研究》,页 3—14。
[4] Carl W. Bishop, "The Neolithic Age in North China," *Antiquity* VII, 28 (1933), p. 369. 天野元之助:《中国农业史研究》,页 4。
[5] 安金槐:《郑州地区的古代遗存介绍》(《文物参考资料》,1957 年第 8 期),页 16。

要作物可知[1]。

程瑶田辨黍稷之别,甚为精当,但却又把稷与高粱混,齐思和指出其错误,甚明白[2]。据瑞士植物学家 de Candolle 的意见,以为高粱(*Andropogon Sorghum var Vulgaris*)即为张华《博物志》中的"蜀黍"[3]。De Candolle 究研高粱原产地,以为原产于热带非洲,史前已传入埃及,逐渐东传,最后始传入中国[4]。然而近来考古资料显示中国在史前时期即可能已有高粱,1931年山西万泉县荆村的新石器时代遗址出土有谷类遗灰,1943年据东京帝大高桥基先生鉴定为 *Setaria italica* 及高粱两种[5]。历史时期的遗址中却并无如此明确的资料,三里墩殷周文化层中,据说有高粱秆及高粱叶的遗迹[6]。石家庄市庄村战国遗址出土碳化高粱两堆,辽阳三道壕西汉村落及洛阳金谷园村汉墓均有疑似高

---

[1]《周礼·大司马》(四库备要本《周礼正义》,卷五五)。
[2] 齐思和:《毛诗谷名考》,页271。
[3] 于景让:《黍稷粟粱与高粱》,页2—6。程瑶田:《沟洫疆理小记、耦耕义述》(《皇清经解》,卷五四一),此说至今通行,如本文审查人石璋如先生云,在我国北方即以高粱为稷。劳贞一师曾列举程瑶田、王念孙、段玉裁与吴其濬的诸种异说,并追溯汉人经疏为对于黍稷高粱诸名混淆有的系统简述。参看劳榦:《黄土与中国农业的起源跋》,页196以下。见何炳棣:《黄土与中国农业的起源》,附录。张华:《博物志》:"庄子曰,地三年种黍稷"(中华书局影印士礼居本),卷二,页1。然而《太平御览》引《博物志》则无"庄子曰"三字,《太平御览》(新兴书局影印静嘉堂京本),卷九四三,页2。
[4] 参看何炳棣:《黄土与中国农业的起源》,页135引 Alphones de Candolle, *Origin of Cultivated Plants*, pp. 380–384。
[5] 天野元之助:《中国农业史研究》,页23;佟柱臣:《黄河长江中下游新石器文化的分布与分期》(《考古学报》,1957年第2期),页7—22。
[6] 南京博物院:《江苏新沂县三里墩古文化遗址第二次发掘简介》(《考古》,1960年第7期),页21—22。

粱的残粒,据发掘工作的相关人员报道,洛阳的标本为 Sorghum valgare brat,而三道壕的标本则与现代东北栽种的高粱无所差别[1],植物学家 J. D. Snowden 等以非洲等处的野生高粱与栽培高粱比较其细胞中的染色体数字,发现苏丹地区的野生种与中国东北的栽培种之间有密切的关系。但是另一方面,N. I. Vovilov 以为在非洲发源的高粱经过印度为第二次的传布中心,以渐及于亚洲东部。天野元之助亦谓蜀黍之名,即隐含由西南中国传入中原的意味[2]。何炳棣先生指出,元以后高粱日渐普遍,可能即由于高粱在宋元之际传入中国,而且成为重要作物[3]。无论如何,高粱与稷之差异,则甚为显然。

麦在西方文化中为主要民食,是以研究其起源者甚多。近年来西亚考古工作已大致找出麦的原产地,可能即为高加索山麓及土耳其一带。在 Jarmo 的考古工作指出,公元前 7000 年此地即已开始栽培小麦大麦[4]。这一带雨量极多,气候与中国中原的干旱黄土,甚不相同。至于大麦的原产地,植物学家以为在西藏;燕麦及黑麦则为由云南、西康、青海,经蒙古东抵韩国的古老作物[5]。

麦在中国考古资料中亦曾见记录,安徽亳县钓鱼台龙山遗址

---

[1] 天野元之助:《中国农业史研究》,页 23—25(尤应注意天野与夏鼐、李文信之通信)。何炳棣:《黄土与中国农业的起源》,页 133—135。
[2] 于景让:《栽培植物考》,页 17。天野元之助:《中國の麥考》(《中国农业史研究》),页 27—29。程瑶田以为蜀黍之蜀,同于独,指黍类之大者,天野氏则持异见。参看:《中国农业史研究》,页 33。
[3] 何炳棣:《黄土与中国农业的起源》,页 137—139。
[4] 同上书,页 161。
[5] 于景让:《栽培植物考》,页 82。

曾出土盛有一斤十三两麦粒的陶鬲,经过鉴定,据说这批麦粒为古代小麦(*Tricticum antiquorum*)之一种[1]。但是也有人以为盛麦的鬲本身很像是西周遗物,而不是龙山文化的产品,则这条证据也难算十分可靠了[2]。何炳棣先生特别指出,在中国数千处新石器文化遗址中,史前黍稷及稻谷的资料甚多,而史前小麦则至今尚无确实物证,两相对比,适足反映麦类不像是中国的原生植物[3]。

植物学家对于中国古代有无小麦颇持异说,《诗经》中的来牟,到了3世纪时注疏家方分别解释为大小麦,自然难以来牟之出现作为中国古代已有小麦的依据[4]。更早的史料则是氾胜之以大麦与小麦对立,时代为公元前1世纪。由此,小麦很可能在公元前1世纪已进入中国[5]。以汉简史料言之,也约在公元前1世纪即有小麦的记载,而到了公元2世纪时小麦和大麦已同是农村常见的作物了[6]。如此说来,小麦之进入中国也在公元前1世纪

---

[1] 胡悦谦:《安徽新石器时代遗址的调查》(《考古学报》,1957年第1期),页21—30;何炳棣:《黄土与中国农业的起源》,页160—161。
[2] 杨建芳:《安徽钓鱼台出土小麦年代商榷》(《考古》,1963年第11期),页630—631。
[3] 何炳棣:《黄土与中国农业的起源》,页161。
[4] 于景让:《栽培植物考》,页27;按,《诗·周颂·思文》:"贻我来牟,帝命率育。"据朱熹注:"其贻我民以来牟之种,乃上帝之命,以此遍养下民者",如上帝之赐表示来源不明,则周人传说中已透露麦是外来之消息。参看何炳棣:《黄土与中国农业的起源》,页83。
[5] 于景让:《栽培植物考》,页83、89。《氾胜之书》:"小麦忌戌,大麦忌子。"
[6] 劳榦:《居延汉简考释》,释文之部,卷二,《簿录·钱谷类》:"籴小麦十二石"(页445、260、257),"□以□小麦麴二斗"(424、284、17)。天野元之助:《中國の麥考》(《中国农业史研究》),页64—65。参考《太平御览》引《续汉书》桓帝时童谣曰:"小麦青青大麦枯,谁当获者妇与姑,丈夫何在西击胡。"《太平御览》,卷八三八,页84—85。

两周农作技术　203

以前。

殷墟窖藏谷物中，也颇可能有麦[1]。麦字见于卜辞者为数不少，据于省吾统计，据说除用作地名外，仅十余见，有关"来"字的卜辞也不过20余见，而黍稷类卜辞则有百余见。据卜辞，麦似是新年的特别食品，殆不过为贵族的食物，未必是平民主食[2]。

据篆田统先生统计，中国古籍中麦字出现次数甚多，单举或类举，合计有38处之多，且麦的丰歉也每入史乘，足见麦在中国的地位。钱穆先生以为，西周以前，中国农业文化初启，种植以黍稷为主，而自春秋以下至战国，农作物始渐渐转变为以粟（粱）麦为主。其说殊可解释麦收丰歉常入史乘的原因[3]。

稻，现在是中国主食之一，至于其是中国原产抑或由外方传入，至今仍在待决之中。大致言之，除在中国原产说外，一部分学者主张印度为原产地，另有一部分则以为Ethiopia是原产地[4]。主张以中国为原地的学者，指出在广东已有广大区域可找

---

[1] 石璋如先生见告：窖藏的麦子坏了为绿色，豆及谷子（粟）坏了为黑色（参看石璋如：《记绥远的粮窖》，《大陆杂志》，第五卷十二期）。安阳小屯的许多深窖下有灰绿土，可能为麦子坏了所致，此外在穴窖中常发现有麦稻和土水相拌而成泥。日久麦稻腐朽而中空的麦稻谷尚留在泥块上，虽然没有直接发现殷代的麦粒，由以上两证可推知殷代之有麦的可能性很大。
[2] 于省吾，前引文；郭宝钧：《中国青铜器时代》，页110。
[3] 于景让：《栽培植物考》（台大农学院，1957年）；钱穆：《中国古代北方农作物考》，页27。
[4] 钱穆：《中国古代北方农作物考》，页4—6；何炳棣：《黄土与中国农业的起源》，页145以下。

到野生稻,而中国植稻也早于印度[1]。

　　以考古学的资料言,河南渑池仰韶村新石器时代遗址出土的陶器上压印有稻粒痕迹,为华北有稻证明[2]。而江汉平原的京山屈家岭朱家嘴,天门石家河,武昌放鹰台,长江流域的无锡仙蠡墩,锡山公园,及安徽肥东大陈墩也都有稻粒出土[3]。南方卑湿宜于种稻,虽然北方系统的典籍,如《诗经》有咏稻的记载[4],《论语》也有"食夫稻"的譬喻[5],稻大约在古代北方的食粮供应

---

[1] 于景让:《栽培植物考》(台大农学院,1957年),页4;丁颖:《广东野生稻及由是育成的新种》(英文:Ting Ying, "Wild Rice of Kwangtang and new variety bred from the Hybrids of wild rice with cultivated rice")(《中山大学农艺专刊》,第3号,1933年)。

[2] 天野元之助:《中國の稻考》(《中国农业史研究》),页94—97。G. Edmar & E. Soderberg "Auffindungvon Reis in einer Tonscherte aus einer etwas funftausen djahrigen chinesischen Siedlung" *Bulletin of the Geological Society of China*. vol. 8, no. 4 (1929), pp. 363-368. 本文审查人石璋如先生以为:《论语》"食夫稻""衣夫锦"相对,可见稻是一种比较贵重的食品,虽然未必是奢侈品,却也非一般衣褐的老百姓的日常食品,稻的耕种,北方固不如江南普遍,但是并非由北而南传播。按:稻与水牛或有相关,在洹滨的小屯遗址中,在淇滨的寺村遗址中,均有水牛角的出土。这些水牛,不知是为食用还是耕用。或者水牛与稻作无关,但这个现象很有参考的意义。

[3] 同上书,页97—98;丁颖:《江汉平原新石器时代红烧土中的稻谷穀殻考察》(《考古学报》,1959年第4期);《江苏无锡仙蠡墩新石器时代遗址清理简报》(《文物参考资料》,1955年第8期,1956年第1期)。胡悦谦:《安徽新石器时代遗址的调查》(《考古学报》,1957年第1期)。《湖北京山朱家嘴新石器遗址第一次发掘》(《考古》,1964年第5期),页215—219。

[4] 如《鸤羽》:"不能蓺稻粱",《七月》:"十月获稻",《甫田》:"黍稷稻粱",《白华》:"浸彼稻田",《丰年》:"多黍多稌",(《诗经》,艺文版,《十三经注疏本》,卷六之二,页8;卷八之一,页19上;卷一四之一,页12上;卷一五之二,页15下;卷一九之三,页3上)。

[5]《论语》(艺文版《十三经注疏》本),卷一七,页8下。

比重上不及黍稷普遍，而殷代种稻之说，也还难十分肯定[1]。

麻（Cannahis saitva，L.）的原生地可能在华北，也可能在东北[2]，在今日利用麻的纤维之外，其籽可以榨油，但在中国古代则种籽也曾经作为食用作物，如《七月》："禾麻菽麦"，《生民》："麻麦幪幪"[3]，又如《周礼·笾人》郑注："熬麦曰䵃，麻曰蕡，稻曰白，黍曰黑。"[4]甚至用于尝新祭中作祭品[5]，其列为九谷之一，也不为无因了。

大豆与小豆，在《说文》称菽荅，菽在铜器铭文上的古作为尗，似乎着重在豆科植物的根瘤，也就是说，古人已对于豆科植物的特性颇有认识。但古人是否已认识根瘤吸取氮气，以改善土壤的作用，则仍未能断言[6]。在先秦大约贫瘠地区颇以菽豆为粮，如《战国策·韩策》："韩地险恶山居，五谷所生，非麦而豆，民之所食，大抵豆饭藿羹。"菽豆之中又有戎菽一项，似乎是由北方山区传入中原，则韩地所食的豆，也难乎确定究为《诗经·生

---

[1] 于景让：《栽培植物考》，页28。天野元之助：《中国农业史研究》，页128以下。甲骨卜辞中有无稻字，似可大别为正反两方，唐兰以为"🌾"即稻，胡厚宣从之，参看胡厚宣：《卜辞中所见之殷代农业》(《甲骨学商史论丛》二集，上册，成都，齐鲁大学，1945年）。而反对者则如于省吾、郭宝钧，都仍以为卜辞中有一"秜"字代表稻稿，何炳棣亦从之，并以为秜是野生稻。参看于省吾：《商代谷物作物》；郭宝钧：《中国青铜器时代》，页110—111；何炳棣：《黄土与中国农业的起源》，页148—150。陈祖槼：《中国文献上的水稻栽培》(《农史研究集刊》，第2期），页68—69。
[2] 于景让：《栽培植物考》，页119，注4。
[3]《诗经》，卷八之一，页20上；页17之一，页11上。
[4]《周礼》(四部备要《周礼正义》本），卷一〇，页9。
[5]《周礼·月令》："孟秋之月，天子食麻与犬。"（艺文版《十三经注疏》本），卷一六，页18上。
[6]《释菽篇——试论我国古代农民对大豆根瘤的认识》(《中华文史论丛》，第三辑，1963年），页17。

民》中已见的荏菽，抑或是《管子·戒篇》所见的戎菽。以考古资料说，山西侯马春秋时代村落遗址出土储粮的仓廪，其中有甚多黄豆，足见韩地及山戎同地区的山西，黄豆是主食之一。战国之世，菽粟同为平民日常食物，是以《孟子·尽心上》："圣人治天下，使有菽粟如水火，菽粟如水火，而民焉有不仁者乎？"正与《礼记·檀弓》："啜菽饮水"，同指平民果腹之所需[1]。至于戎菽究是大豆抑或豌豆，则仍难作断语[2]。

禾、粟常为通称谷类的名称，兹不论[3]。粟有时专指稷，已见前文。苽则是茭白米，见于荆楚，现在则已不是食用谷物了[4]。

综上可见，除稻苽之外，旱地作物黍稷麦菽是古代北方中国

---

[1]《战国策》（四部备要本），卷二六，页2。《诗经·生民》："艺之荏菽，荏菽旆旆。"《诗经》卷一七之一，页11上。《管子·戒篇》："北伐山戎，出冬葱与戎菽，布之天下。"《管子》（四部备要本），卷一○，页4。考古部分，参看《山西文管会侯马工作站工作的总收获（1956年冬至1959年初）》（《考古》，1959年第5期，页225）。《孟子》（艺文版《十三经注疏》本），卷一三下，页2上。
[2]《礼记·檀弓》下（艺文版《十三经注疏》本）卷一○，页3。戎菽的名称，据《逸周书·王会篇》及《管子》，都与山戎有关，郭璞注《尔雅》即以此为据，释戎菽为豌豆，但程瑶田持异说，以为：戎菽为大豆之别称，大、戎同义，不当附会为豌豆，谓（《尔雅》戎菽谓之荏菽，孙炎云大豆也，郭璞因《管子》北伐山戎出戎菽，布之天下，遂以戎菽之戎为山戎之谓，即今胡豆，盖言豌豆也，是不以戎菽为大豆矣。不知《尔雅释诂》"壬""王"皆为"大"，"壬"与"荏"字相通，荏菽戎菽注为大豆之称。郭璞不据周公之诗与《尔雅》之本训，而傅《管子》以为豌豆，异矣。况山戎之戎菽，《列子》张湛注引之，言郑氏云即大豆。孔晁《汲冢书·王会篇》亦以巨豆释之，皆不云是豌豆也。（程瑶田：《九谷考》卷五四九，页25）参看何秋涛：《王会篇笺释》（光绪辛卯年刻本），卷中，页59。《尔雅注疏》（四部备要本），卷八，页25。《春秋穀梁传》（艺文版），卷六，页16。
[3] 天野元之助：《中国农业史研究》，页37。
[4] 于景让：《栽培植物考》，页107—113。

的主食作物，水田作物稻苽似乎主要是南方的食物，而苽更似非普遍食用。换句话说，中国古代的中原当以旱地农作物为主要的经营方式，下文说到的农具也似乎为配合旱地农作而发展的工具。

二、农业经营的方式

《诗经》的农事诗，如《噫嘻》和《载芟》，都描述着相当规模的集体耕作，似乎有成千上万的农夫，在田畯的监督下，一对一对地在田间耕耘[1]。这种大规模耕作，也许只见于封建主人直属的田庄上，而这些由田畯督导的农人，也许就是封建主人直接管辖的奴隶们，相当于青铜器铭文中的"夫"和"鬲"[2]。

这种大规模的耕作，是否为中国普遍的形式，仍旧是疑问，至少在《诗经·豳风》及《七月》中描述的是近于个体小农的经营：农夫有自己的居室，妻儿随着农夫同去田间，而农夫对主人的义务似乎也是出于供献实物劳力服务双重配合的方式，除农作

---

[1]《诗·周颂·噫嘻》："骏发尔私，终三十里，亦服亦耕，十千维耦。"（《诗经》，卷一九之二，页 19。）《载芟》："千耦其耘，徂隰徂畛。"（《诗经》，卷一九之四，页 4 下。）此诗著作时代，有以为是成王时代者，如李晔：《试论噫嘻篇的著作时代》（《诗经研究论文集》，1959 年）。有以为是穆王以后作品者，如大岛隆：《土田陪敦考》（东京《支那学报》，第 3 期，1957 年），页 122。

[2] 天野元之助：《中国古代農業の展開》（《东方学报》，30 期，1959 年），页 95 以下。参看贝冢茂树：《金文に現れた鬲の身分について》（《东方学报》，23 期，1962 年），页 1 以下。

外,前者包括纺织品与猎物,后者包括修屋,搓绳,取冰……[1]
关于本篇的时代,徐中舒先生以为在西周晚期以后至春秋时代;
傅孟真先生也持相同看法[2]。天野元之助先生根据《诗经》中
"室家"一词出现的篇章,认为在西周末至东周之间,共同耕作
的大片田地才开始由私有的个别农场取代,而独立的"家"也由
氏族析出成为以家族劳动作独立小农经营的主体[3]。天野氏的演
绎,其时代与徐傅二先生考定的《七月》时代相当,再由其他史
料看来,春秋以后,大规模的耕作不见记载。小农的作业则颇有
例证,譬如孔子遇见的一对耦耕隐士,又譬如臼季所见冀缺耨
地,其妻馌之的故事[4]。因此,《诗经·七月》描写的,大约应当

---

[1]《诗·豳风·七月》:"七月流火,九月授衣。……三之日于耜,四之日举趾,同
我妇子,馌彼南亩,田畯至喜……八月载绩,载玄载黄,我朱孔阳,为公子裳……
一之日于貉,取彼狐狸,为公子裘。二之日其同,载缵武功,我私其豵,献豜于
公……十月蟋蟀,入我床下,穹窒熏鼠,塞向墐户,嗟我妇子,曰为改岁,入我室
处。六月食郁及薁,七月亨葵及菽,八月剥枣,十月获稻,为此春酒,以介眉寿。
七月食瓜,八月断壶,九月叔苴,采荼薪樗,食我农夫。九月筑场圃,十月纳禾
稼,黍稷重穋,禾麻菽麦,嗟我农夫,我稼既同,上入执宫功。昼尔于茅,宵尔索
绹。亟其乘屋,其始播百谷。二之日凿冰冲冲,三之日纳于凌阴,四之日其蚤,献
羔祭韭。九月肃霜,十月涤场,朋酒斯飨,曰杀羔羊,跻彼公堂,称彼兕觥,万寿
无疆。"《诗经》,卷八之一,页9上—22上。
[2] 徐中舒:《豳风说》(《中央研究院历史语言研究所集刊》,第六本,第四分,1936
年);傅斯年:《诗经讲义稿》(《傅孟真先生集》第二册,1954年),页95。持异见者,
郭沫若以为《七月》在春秋中叶以后,参看《由周代农事诗论到周代社会》(《青铜
时代》),页115,陆侃如、白川静与甘大昕却置之于西周中期,参看陆侃如、冯淑
兰:《中国诗史》(1935年);白川静:《詩経に見える農事詩(下)》(《立命館文学》,
页139,1956年);甘大昕:《读七月流火》(《诗经研究论文集》,1959年)。
[3] 天野元之助:《中国古代農業の展開》,页105。
[4]《论语·微子》:"长沮桀溺耦而耕,孔子过之,使子路问津焉。"(艺文版《十三经
注疏》本)卷一八,页3下;《左传》僖公三十三年:"初臼季使过冀,见冀缺耨,其
妻馌之,敬,相待如宾。"(艺文版《十三经注疏》)本卷一七,页29。

是春秋时代农业经营的方式。

中国古代有无井田确切性质，至今是纷拏难决的问题，自从《孟子》提起井田制度的构想以后，学者一直在努力弥缝各种互相抵触的叙述。本文此处不拟纠缠在过分牵涉细节的技术性讨论，因为每一种假设都只适于专门论文，而不宜于在这种综合性论文中缕陈[1]。如果简单一点说，井田制不过只是封建经济下一种劳役服务的形态，封建主人分田给农民耕种以自赡，同时由农民耕种主人的保留地以为报偿，其基本形态正相当于封建领主与从属间的对等性权利与义务。上述劳役之中却又不仅在于耕种，足可包括佐猎、修理诸般，如《七月》中说到的工作。如此了解

---

[1] 孟子主张井田是九宫格，中间为公田。四周人家共耕公田，《韩诗外传》及《穀梁传》解释《诗经·大田》及《信南山》的词句牵涉庐舍井灶菜园的分配比例（《孟子·梁惠王上》，《尽心上》〔艺文版《十三经注疏》本〕，卷一下，页13下。《韩诗外传》，卷四，及《穀梁传》宣公十五年〔艺文版《十三经注疏》本〕，卷一二，页16上）。再加上《周礼》中所讨论的地方行政制度，井田更变得复杂了（《周礼·地官司徒·小司徒》，卷二，页7—8）。于是《汉书·食货志》提出公田按上中下授民的假设，《公羊解诂》又提出了三年换土的解释（艺文版《十三经注疏》本，卷一六，页15下）。最完整的井田理想则见于《后汉书·刘宠传》，李贤注由《风俗通》引用的《春秋井田记》："人年三十，其田百亩，以食五口，为一户，父母妻子也。公田十亩庐舍五亩，成田一顷十五亩，八家而九顷二十亩，共为一井，庐舍在内，贵人也。公田次之，重公也。私田在外，贱私也。井田之义：一曰无泄地气，二曰无费一家，三曰同风俗，四曰合巧拙，五曰通财货。田井为市。交易而退，故称井市也。"（艺文版，《后汉书集解》，卷七六，页13—14）但反对者也有不少，例如庐舍问题与中田有庐的解释自来即有疑问，加藤常贤：《书社民社考》（日本社会学会年报《社会学》，第9期，1953年），页76；怀疑棋盘方格划分土地之可能性，如胡适：《井田制度有无之研究》（1920年）；认为井田指灌溉用与田制无关，如齐思和：《孟子井田说辨》（《燕京学报》，第35期，1948年），页101—103。张博泉：《关于井田制度问题的探讨》（《文史哲》第7期，1957年）；而李剑农则以为井字象形沟渠纵横的田亩，参看《先秦西汉经济史稿》（1957年），页114。

井田制，即可了解其要点在于权利与义务相对，而不拘泥形式上的规定或分配上的划一，各国与各地区农户可分配到的土地与因此附带的条件尽可因个别封建主人管辖地区的特殊情形而定，《孟子》所说也仅是一个理想化、整齐化的构想而已[1]。

随着封建制度的崩溃，井田制下用劳役作为报偿的佃租形态逐渐转化为独立的小自耕农或小佃农，其经营的方式都是个别的小农场，每户可以耕种的面积大约为100亩，因为在《孟子》《荀子》几乎都以一夫耕百亩为力之所极，一家食百亩为制度标准[2]。汉以前亩制不大，据说仅为百步，也就是当时的100亩相当于现在的4.75英亩，每户制产或每夫力作可以耕作的面积是很小的[3]，因此小农场的耕作方式决定了古代中国走向精耕的发展方向。其他与农业有关的社会制度，如庄园组织等，上古史稿别有专文论之，不赘。

---

[1] 关于井田综合讨论，可参看 Cho-yun Hsu, *Ancient China in Transition*（1965），p. 195，note 15。Lien-shen Yang, "Noteson Dr. Swann's Food and Money in Ancient China," *Harvard Journal of Asian Studies*，13（1950），pp. 431–543。请参看 Nancy Swan, *Food and Money in Ancient China*（1950），p. 144，note 116。又齐思和：《孟子井田说辨》。

[2] Cho-yun Hsu. *OP. cit.*,pp. 110 ff.，天野元之助：《中国古代農業の展開》，页106。如《孟子》："百亩之田；勿夺其食；八口之家，可以无饥矣。"（卷一下，页7）。《荀子》《王霸》："匹夫则无所之，百亩一手，事业穷无所移之也。"（四部备要本，卷七，页6）。同书《大略》："故家五亩宅，百亩田。"（四部备要本，卷一九，页7）《管子・山权数》："地量百亩，一夫之力也。"（国学基本丛书本），卷七五，页74。足见百亩为一家之产，而为一夫力耕之极限。

[3] Swann（tr.）前引书，页362。

三、农具的演变

关于古代中国的农夫使用的农具，本文以耕地、中耕及收获三个耕作的阶段讨论。

中国古代的耕地农具当以耒耜为最常见，据说是神农氏制作的，据《易经·系辞下》"神农氏作，斫木为耜，揉木为耒，耒耨之利以教天下"[1]。《说文解字》的解释则把耒认作"手耕曲木"，耜作为"耒端木"[2]。在古籍中耒耜有连用的，有分别使用的[3]，徐中舒先生根据古文字的结构，考订耒耜有单齿与歧头，对于使用耒耜的方法颇多发明。由此线索近人又已发展了若干新假设[4]。

由挖掘棒类的耒耜演化到用犁，中国古代农业，操作程序中大约曾经用过人力拉犁的阶段。《诗经》和《论语》中有耦耕之辞，如《诗经·载芟》："载芟载柞，其耕泽泽，千耦其耘，徂隰徂畛。"《噫嘻》："噫嘻成王，既昭假尔，率时农夫，播厥

---

[1]《周易》(艺文版《十三经注疏》本)，卷八，页5上。
[2]《说文解字》(丛书集成本)卷四，页137。
[3] 连用之例，如《礼记·月令》："命农计耦耕事，修耒耜，具田器。"卷一七，页22下。分别使用之例，如《淮南子·主术训》："一人跖耒而耕，不过十亩。"(四部备要本，卷九，页146) 又如《诗经·周颂·良耜》："畟畟良耜"；《载芟》："有略其耜。"卷一九之四，页6下，页9上。)
[4] 徐中舒：《耒耜考》(《中央研究院历史语言研究所集刊》，第二本，第一分)。又参看关野雄：《新耒耜考》(《东洋文化研究所纪要》，19号，1959年) 及《新耒耜考余论》(同上，20号，1960年)。

百谷，骏发尔私，终三十里，亦服尔耕，十千维耦。"[1]如《论语·微子》："长沮桀溺耦而耕，孔子过之，使子路问津焉，长沮曰：……是知津矣。问于桀溺……耰而不辍。"[2]如《左传》昭公十六年，郑国子产叙述与商人的约定："昔我先君桓公与商人皆出自周，庸次比耦，以艾杀此地，斩之蓬蒿藜藿而共处之。"[3]如《国语·吴语》："譬如农夫作耦，以刈杀四方之蓬蒿。"[4]足见自西周至于战国，耦耕都是常用的名词。然而自古注疏，对于耦耕的确解，人人不同，有以为两人共执一耜，并力发土，如郑玄；有以为两人各执一耜，一前一后合作发土，如贾公彦、孙诒让；有以为两人各执一耜，但并肩耕作，合力同奋，剌土得势，土乃迸发，如程瑶田[5]。直至近世，方才有一人把耒，一人拉绳向前的解释。即使有人以为拉的人与跽耒的人一前一后同一方向，也有人以为两人当相对耕作，其主要论点都是把拉耒作为拉犁的前奏滥觞[6]。假如耦耕可以解释为两人相对，一人扶耜一人拖着，则倒走可以逐渐改成正方向拉纤的方式；再进一步，绳索又可以

---

[1]《诗经》，卷一九之二，页18下—19下；卷一九之四，页4下。
[2]《论语》，卷一八，页3下—4上。
[3]《左传》，卷四七，页19。
[4]《国语》（四部备要本）卷一九，页4。
[5]孙诒让：《周礼正义·考工记·匠人》，卷八五，页2。程瑶田：《沟洫疆理小记、耦耕义述》(《皇清经解》，卷五四一），页43—44。
[6]陆懋德：《中国发现之上古铜犁》(《燕京学报》，第37期，1949年）。孙常叙：《耒耜的起源及其发展》（上海，1959年），页51以下。也有不赞成这种解释的，如万国鼎：《耦耕考》(《历史研究集刊》第1册，何兹全：《谈耦耕》(《中华文史论丛》第3辑，1962年），页101以下。不赞成的理由，均在耒耜的结构受不了向前拉的力量。但耒耜而可拉，当已经非复简单的掘棒，必有结构上的演变，使其接近犁的作用。而"艾杀"蓬蒿杂草，当非复挖掘，而是铲除，也就近于犁的作用了。

两周农作技术　213

演变为定辕,使上下跂入的工具变成刺土铧地,由间歇动作发展为继续向前[1]。工具形制遂也变为犁趄,有刳地破土的作用。

犁的发展史,由耜到铧,似先演变为三角形,背面起三棱形[2],发展至犁壁出现,则犁的结构更便于翻转,加上推压破碎土壤的作用,使深耕成为可能。犁的形制也逐渐变大,汉犁有大小两型,其大型者即约当战国犁的一倍,小者与战国犁相当,犁越大,刺土自然也可越方便有力[3]。

关于牛耕的时代,即使有以为晚至汉代,赵过始教民牛耕[4],然而也有殷代已知牛耕的主张[5]。从文献资料看,至晚在春秋末期,即有明显的证据,说明牛已作耕田之用,如《国语·晋语》:"夫范中行氏不恤庶难,欲擅晋国,今其子孙将耕于齐,宗庙之牺牲为畎亩之勤,人之化也,何日之有。"[6]此处宗庙牺牲变成在畎亩之间工作,自非指牛耕不可。至于牛耕的

---

[1] 孙常叙:《耒耜的起源及其发展》,页63。刘仙洲:《中国古代农业机械发明史》(北京,1963年),页8。本文审查人石璋如先生以为"以上耦耕的五种说法,恐怕没有绝对的是非,看在什么情形下,做什么工作才用什么方法,譬如挖深根的草或根、茎植物便需二人各持一耜,对面合作,先向深处插下,然后一齐用力向后一按,所要挖的东西便在中间跃上地面了。北方现在仍用这种方法。又如挖沟堆垄,即为二人并作,每人各持一耜,并列向后退着挖沟,挖出来的堆在中间便成垄了。怕潮湿的植物即在垄上种植,这都是较原始的方法",本文作者谨谢石先生的提示。
[2] 陆懋德:《中国发现之上古铜犁》,页22。
[3] 刘仙洲:《中国古代农业机械发明史》,页10—11。郭文韬:《中国古代农作制度发展规律探讨》(《中国农报》,1964年1期),页45。
[4]《齐民要术》序(四部丛书刊本),页2。
[5] 胡厚宣:《卜辞中所见之殷代农业》(《甲骨学商史论丛》,1945年)2集,页2—3。据史语所陈槃庵先生引张秉权先生语,谓卜辞"牣"当读"犁牛"张先生将别有文考之。
[6]《国语》,卷一五,页7。

上限，如以铜犁之出现作为牛耕同时，则可能在西周以下，最晚不过春秋[1]。而春秋中叶（公元前6世纪）齐国的铜器"国差𦉜"，四耳有穿鼻的牛，牛而穿鼻自作服勤之用[2]。牛耕的开始，当并未完全普及各处，也未全部代替人力。以地域言，汉代边郡及江南仍有不知牛耕的地区[3]。而在孔子的时代也仍无妨有长沮桀溺一类用自己的劳力耕种的人。总而言之，大概春秋已有牛耕，战国则逐渐普及[4]。

犁用铁制，自然也增加了破土发土的方便，用铁作犁的原料，大约在战国已是日常习见的事，是以《孟子·滕文公》上说到"许子以釜甑爨，以铁耕乎"[5]。但是战国冶铁铸造的犁可能也有技术上的限度，最近出土于河南辉县固围村的一具V形犁铧，犁形窄小，仅长17.9厘米，尖端钝角达120度，又无翻土铧面。合而言之，这种铁犁不过为木犁的铁口，其大小不过汉犁一半，未必耐用，也不能耕得很深，正表现了铁耗初期的原始形态[6]。

---

[1] 陆懋德：《中国发现之上古铜犁》。刘仙洲：《中国古代农业机械发明史》，页11—12。
[2] 容庚：《宝蕴楼彝器图录》（1929年），卷二，页91。又天野元之助：《中国古代農業の開展》（《东方学报》，30期，1959年），页130。
[3] 《后汉书·王景传》（艺文版，集解本），卷七六，页6。
[4] 讨论牛耕起源问题，颇有引用《论语·雍也》："犁牛之子骍且角"作为春秋牛耕证据者，如刘宝楠：《论语正义》（《皇清经解续编》本，卷七，页6—7。）但何晏则释犁为"杂文"，即毛色驳杂的牛。也有人援引孔门弟子冉耕字伯牛，司马耕字子牛及司马牛即司马犁诸条说明牛与犁的关系。但王引之则以为"耕"当为"䎱"，"犁"是"不纯色的牛"，参看《春秋名字解诂》，《经义述闻》（《皇清经解》本，卷一二〇，页2、32）。
[5] 《孟子》，卷五下，页2上。
[6] 郭宝钧：《辉县发掘报告》，页82。黄展岳：《近年出土的战国两汉铁器》（《考古学报》，1957年3期），页105。郭文韬：《中国古代农作制度发展规律探讨》，页45。

两周农作技术　215

除犁之外，中国的农具中有不少较小型的整理土地用具，这些基本上保留耒耜式样的农具，大致不外一类柄与工具成直线如铲，及柄与工具成直角如锄。工作的程序则都是间歇的，这两类农具的用途主要在松土，但更常用于中耕除草，构成中国农业的重要特色。所谓耨和芸，大约都是这一耕作阶段的工作。中耕工作可以细分为间苗、松土、除草、培土和保持水分。所谓间苗即除去冗生的苗，保持个别作物之间适当的距离。《吕氏春秋·辨土》篇有很好的综合说明："苗其弱也欲孤，其长也欲相与居，其熟也欲相扶，是故三以为族乃多粟"，又说："凡禾之患，不俱生而俱死，是以先生者美米，后生者为秕，是故其耨也，长其兄而去其弟。"[1]论其性质，耨不仅为间苗，也还须除去田中杂草。《诗经·小雅·甫田》："或耘或耔，黍稷薿薿"，传统的解释是"耘除草也，耔雝本也"[2]，即兼顾除草与培根。

春秋时对于除草的记载，其详者如《左传》隐公六年（公元前717年）："为国家者，见恶如农夫之务去草焉，芟夷蕴崇之，绝其本根，勿使能殖，则善者信矣。"[3]而战国时说到除草意义的，则可举《庄子·则阳》："长梧封人问子牢曰：'君为政焉勿卤莽，治民焉勿灭裂，昔予为禾，耕而卤莽之，则其实亦卤莽而报予，芸而灭裂之，其实亦灭裂而报予。予来年变齐，深其耕而熟耰之，其禾繁以滋，予终年厌飧。'"[4]又如《孟子·梁惠王上》：

---

[1]《吕氏春秋》，卷一四，页163。
[2]《诗经》，卷一四之一，页1下。
[3]《左传》，卷四，页3上。
[4]《庄子》，卷七，页171。

"深耕易耨。"据赵岐注:"芸苗,令简易也。"[1]《国语·齐语》:"深耕而疾耰之。"[2]《韩非子·外储说左上》:"耕者且深,耨者熟耘也。"[3]《管子·八观》:"其耕之不深,芸之不谨……不水旱饥国之野也。"[4]同上《小匡》:"深耕均种疾耰,先雨芸耨。"[5]

　　除了间苗与除草的作用,中耕还包括使土壤松疏,以保持水分及培土附根。所以耰字的解释一直具有击碎土块和散土覆在种苗上的双重意义。由于耕耰不止一次,《吕氏春秋》才说:"五耕五耨必审,以尽其深殖之度。"由于整个的土块难以保持水分,农夫必须在破土以后尽快地耰土,使土块松解,《国语·齐语》才说到"深耕而疾耰之"[6]。在黄土平面细致的土壤上,毛细管把地下水吸到表土,若不把毛细管切断并加上一层覆盖的细土,水分不仅不能保留给作物的根部吸收,反而会蒸发逃逸,有害于土壤的肥沃性。于是《管子》提到农夫的基本工具时,一半以上的农具是为了中耕的工作,"一农之事必有一耜、一铫、一镰、一耨、一椎、一铚,然后成为农"[7]。完成这些工作的农具,大率可分为前推的钱铫类和后掘的镂锄类。《诗经·周颂·臣工》:"命

---

[1]《孟子》,卷一上,页12上。
[2]《国语》(四部备要本),卷六,页3。
[3]《韩非子·外储说左上》(四部备要本),卷一一,页7。
[4]《管子·八观》,卷一三,页58。
[5]《管子·小匡》,卷二〇,页101。
[6]《吕氏春秋》,卷一四,页161。《国语·齐语》:"深耕而疾耰之,以待小雨。"卷六,页3。又如黄侃:《论语义疏》,释耰为先散后覆。《论语集解义疏》(日本宽永三年刊本),卷九,页27。《文选·长杨赋》注引晋灼"以耒堆块曰耰"(四部备要本),卷九,页5。
[7]《管子·轻重乙》,卷八一,页102。参看同书《海王》,卷七二,页65。

我众人,庤乃钱镈,奄观铚艾。"如《良耜》:"其镈斯赵,以薅荼蓼,荼蓼朽止,黍稷茂止。"[1]又如《庄子·外物》:"春雨日时,草本怒生,铫耨于是乎始修。"[2]《吕氏春秋》:"耨柄尺,此其度也;其耨六寸所以间稼也。"[3]都是描述春秋战国时代中耕的情形。附带在此一说,用水耨除草的记载,如《史记·货殖列传》:"楚越之地……或火耕而水耨。"《周礼·地官司徒·稻人》:"凡稼泽夏,以水殄草而芟夷之。"《礼记·月令》:"季夏之月……土润溽暑,大雨时行,烧薙行水,利以杀草。"凡此,都为佳证[4]。据农具史专家孙常叙的意见,这一批锹耜类农具也追源于尖头掘棒。由古钱的形态推论,由古代单纯的耒可以发展为除草工具的方和镈(布),后者又由殷周的农具渐变为战国的钱币[5]。由耒下接插掘地版(锹类)的一系工具,则渐渐发展为锹耜一类的农具,耒端的踏足横木变为肩,等到金属广泛用于农具时,更有了金属的套刃,增强掘土与切割的作用。在考古实物中,这一类的套尖刃口颇多,辉县固围村战国魏墓出土的套刃中包括V形及一字长方平口的各种铁刃,据专家判断,都是锹镢这一类实用

---

[1]《诗经》,卷一九之二,页16下—17上;卷一九之四,页9下—10上。许慎:《说文解字》:"钱铫也,古农器。"卷一四九,页466。
[2]《庄子》(四部刊要《庄子集解》本),卷二六,页406。
[3]《吕氏春秋》,卷一四,页161。本文审查人石璋如先生以为"现在河南尚有一种小锄,其柄不过一尺余,锄头宽约八至十公分、高亦如之,为妇女们用以锄谷子,也叫'耨谷子',也可以说是间苗之用"。
[4]《周礼》,卷三,页16。
[5]孙常叙:《耒耜的起源及其发展》(1959年),页13以下。按:孙氏以为耜是耒下的耜头,而方则是双尖的耒,此点与徐中舒的意见不同,徐氏以为耜即是双尖的耒,参看前引"耒耜考",页11—59。关野雄:《中国考古学研究》(昭和31年,东洋文化研究所)。

的工具，由造墓工人留下的[1]。近年来在洛阳、长沙、长治、鞍山、石家庄、邢台、滕县等地，也都有铁镢、铁锄和铁铲的战国时代实物出土[2]。最需注意的是河北兴隆寿王坟出土的一大批铁农具铸模，其中包括25组47件铁镢和一组3件铁锄，这一发现有力地指出铁农具已大批铸造，供给使用[3]。不过这种铁口的木工具大约并未发展到完全可以取代石器和蚌器的地步。铸铁的特性为质脆易碎，而形体薄小也是铁器初期难以避免的缺点。是以郑州碧沙岗出土的大批平民墓葬随葬工具，仍表现春秋至战国中期石制蚌制农具的使用。石家庄战国遗址也有相同的情形[4]。

农业操作最后一个阶段是收割，中国古代的收获工具有割穗的铚，截茎干的镰和连根挖起的耰。自从新石器文化的阶段，在中国已有小型石刀，或带孔或不带孔，农夫可以持刀割穗，前文《诗经》及《管子》提到的农具中的铚，据《说文解字》是："获禾短镰也。"[5]在战国的墓葬中，有铁铚发现，但同时也有蚌铚及

---

[1] 孙常叙：《耒耜的起源及其发展》，页47。夏鼐：《辉县发掘报告》（1956年），页82、91、105。本文审查人石璋如先生谓在河南安阳侯家庄的战国地层中也有这种器物，前为锋利的刃，后为三角形的口，系套在木楸的前端。在民国初年，河南尚有这样的农具，叫作"铁刃木楸"，系铲平面用的，如挖窑院、挖墓等都用这种工具以铲平地面，这是比较贵重的农具。作者按：由此可见中国农业传承性，而亦可知先秦用铁刃木举并非冶铁技术不够或铁不足用的充分证据。
[2] 天野元之助：《中国古代農業の展開》，页126—127。李文信：《古代的铁农具》（《文物参考资料》，1954年9期）。
[3] 郑绍宗：《热河兴隆发现的战国生产工具铸范》（《考古通讯》，1956年），页29—55。
[4] 《郑州碧沙岗发掘简报》（《文物参考资料》，1956年3期），页29。《河北石家庄市庄村战国遗址的发掘》（《考古学报》，1957年），页88—91。
[5] 《说文解字》，卷一四九，页467。又《小尔雅·广物》："禾穗谓之颖，截颖谓之铚。"（四部备要本，卷八，页1）本文审查人石璋如先生谓："石刀也有叫石镰的，在新石器时代龙山遗址中，蚌刀是大量的出土物，也有作割用的蚌锯，在河南安阳同乐寨遗址的龙山层中，蚌刀与打制石刀同出。"

石铚,至于形制,则战国的铚与今日华北使用的铚无大区别[1]。

也唯其取穗留稿,田间的残茎还必须有一番清理手续以便下一季作业的进行。如《管子·小匡》:"及寒击槁除田以待时乃耕。"[2]

截割作物茎部的收获方法,主要工具为镰。镰的出现较晚于铚,但新出的工具并不排斥原有的铚。大约在新石器文化的晚期,镰开始在中国出现,但在殷商的遗址中,石镰和蚌镰才逐渐增多。这种收获法的好处可能是能够提高田间工作的速度,收下的茎干仍可作其他用途,而犁耕以前不需再作一番场圃的清理工作,留下的靠根茎,等到犁后翻入土壤之内,又可以变成草肥,增加土壤沃度[3]。河北兴隆出土的战国农具铸模中,镰是成对合铸的,共两对。辉县固围村也有实物出土,而在锦州大泥洼、貔子窝、鞍山羊草庄等处也有战国的铁镰[4]。据农具史专家刘仙洲的研究,中国的茬镰,由战国到现代可说没有很大的改变,大多以装柄的短镰为主,至于长镰则在汉以后始有[5]。挖根的收获工具是钁,在前文讨论中耕农具时已谈过,兹不赘述。长柄的刈草工具是芟,如《诗经·载芟》:"载芟载柞",又如《国语·齐语》:"耒耜枷芟",都把芟作为工具之一[6]。芟可除草,则也有用

---

[1] 刘仙洲:《中国古代农业机械发明史》,页58—60。
[2] 《管子》,卷二〇,页101。
[3] 刘仙洲:《中国古代农业机械发明史》,页60。
[4] 天野元之助:《中国古代農業の展開》,页117—129。郑绍宗:《热河兴隆发现的战国生产工具铸范》。夏鼐:《辉县发掘报告》。李文信:《古代的铁农具》。
[5] 刘仙洲:《中国古代农业机械发明史》,页60—62。
[6] 《诗经》,卷九之四,页4。《国语》,卷六,页36。

于收获的可能。芟无实物可证，但随类及之，不赘[1]。

四、灌溉与农业

先秦农业之与灌溉关系，论者甚多，说亦庞杂，此处当简略介绍灌溉之概况，而于灌溉与农业技术以外问题的讨论此处将不涉及。灌溉可分机械灌溉及漫溢灌溉两方面考察。

先秦的灌溉机械比较单纯，据战国作品《庄子·天地篇》："子贡南游于楚，反于晋，过汉阴，见一丈人方将为圃畦，凿隧而入井，抱瓮而出灌，搰搰然用力甚多，而见功寡。子贡曰：'有械于此一日浸百畦，用力甚寡而见功多，夫子不欲乎？'为圃者仰而视之曰：'奈何？'曰：'凿木为机，后重前轻，挈水若抽，数如泆汤，其名为槔。'"[2]又如同书《天运篇》："陈金……且子独不见夫桔槔者乎？引之则俯，舍之则仰。"从这两段可知先秦灌溉用具的简单：只有用人力抱瓮及桔槔抽水两种。但桔槔在今日农村犹见使用。这种杠杆作用的简易器械仍不失其简便有效的长处。

漫溢灌溉则在先秦已颇著成绩，在《孟子》中即说到利用人力使低水头因蓄水而产生高水头的位能，所谓"今夫水，搏而跃之，可使过颡，激而行之，可使在山，是岂水之性哉，其势则然

---

[1]《周礼·稻人》郑玄注："今时谓禾下麦为夷下麦，言芟刈其禾于下种麦也。"（《周礼正义》〔四部备要本〕，卷三〇，页16）。但此处称芟刈其禾，也可能指芟刈残茎而不收获，如《左传》隐公六年："如农夫之务去草焉，芟夷蕴崇之，绝其本根，以使能殖。"（卷四，页71）

[2]《庄子》，卷一二，页193。

也"[1]。此处的激而行之，可能即指堰坝阻水的现象。中国古代对于水的控制有筑堤防水，也有用堰蓄水，在各处建立蓄水库是国家要政之一，如《左传》襄公二十五年："甲午，蔿掩书土田，度山林，鸠薮泽，辨京陵，表淳卤，数疆潦，规偃猪，町原防，牧隰皋，井衍沃。"偃猪即是堰潴。各项工作综合说来，不外乎相度地形和土壤，作蓄水排水及灌溉的水道。但春秋时期各国也颇有废弛水利者，子驷当国前的郑国即沟渠淤塞，经界不明。然而田中沟洫或南，或东，从其土宜，自然是常规，因此，齐桓称霸，各国会盟的盟誓；也以无曲防为号令。战国时代，国国自为，于是障谷壅泉，以邻为壑。各国国内的水利也许因技术进步而大兴，但受到国界与战争的人为因素的干扰，当也莫过于此时[2]。

《荀子》已是战国时史料，所说的除灌溉系统如修梁外，更谈到水的蓄积和宣泄，都可按时节制。《荀子·王制》："修堤梁，通沟浍，行水潦，安水藏，以时决塞，岁虽凶败水旱，使民有所耘艾，司空之事也。"[3]其中"以时决塞"是战国以前讨论灌溉的史料，与前文《左传》中的储水史料可互为呼应[4]。

---

[1]《孟子》，卷一一，页2。
[2] 关于楚国的水利，见《左传》，卷三六，页14上—15下。关于郑国的情形见襄公十年，同上，卷三一，页5上。又成公二年："先王疆理天下，物土之宜而布其利，故诗曰我疆我理，南东其亩。"同上，卷二五，页8上。而《孟子·告子下》，载齐桓公葵丘之会"五命曰无曲防"，《孟子》，卷一二下，页1。按：此处承陈槃庵先生提示，谨致谢。
[3]《荀子》，卷五，页9。
[4] 战国史料中提到水利的修护保养者颇为频见，但也甚少说到以时决塞，如《吕氏春秋·季春纪》："循行国邑，周视原野，修利堤防，导达沟渎，开通道路，有无障塞。"《孟秋纪》："始收敛，完堤防，谨壅塞，以备水潦。"卷一七，页183；卷二一，页215。又如《管子·四时》："治堤防，耕耘树艺，正津梁，修沟渎。"卷四，页78。

由蓄水库导水入田，又再排出废水，《周礼》中有一段很好的描述：蓄水库的水由堤防水坝障止，下湿之田不致受淫雨漫没，由田首以沟渠导水均流，流入田中的水流又经圳道回流无滞，水不害田事，而水耨荡涤的芟夷宿草可以随水流入排水大沟，使田间可以治田种稻，夏天用水除草，其地即用于种植[1]。不过须加注意者，这一段史料似乎不在说明用水灌溉田地，而是用水耨法除草，并且由此清理田地以供稻麦生长。稻是水田作物，麦却不是，因此这一段资料可能与水田灌溉无关，纯粹是水耨的说明，其意义自然有了局限性。

　　再从考古学上及文献上遗留的水利工程讨论灌溉。从考古发现的沟渠言之，西安半坡的一条大沟两条小沟似都不是用于灌溉。北方下隰之地，颇须仗沟渠排水，是以石璋如先生认为安阳殷代遗址的三十余条水沟系用于排水他泄以减水患。《史记·河渠书》记载不少水利工程，然而其中不少以防洪及运输为目的，真正为了灌溉而兴建的工程还是不算多，而重要者不过"漳水灌邺"的工程，都江堰、郑国渠等数处的工程[2]。

　　公元前7世纪至6世纪间修筑的芍陂系楚令尹孙叔敖所造，在安徽寿县，今日称为安丰塘，积淮河流域山地水源由"期思之

---

[1]《周礼·稻人》："稻人掌稼下地，以潴蓄水，以防止水，以沟荡水，以遂均水，以列舍水，以浍写水，以涉扬其芟。作田，凡稼泽，夏以水殄草而芟荑之，泽所生种之芒种。"《周礼正义》，卷九〇，页14—17下。
[2]《西安半坡》(1963)，页49—52。石璋如：《殷墟建筑遗存》（"中央研究院"历史语言研究所，1959），页268。《史记会注考证》，卷二九，页4—7。

水而灌雩娄之野"[1]。至汉又经王景修复，灌溉面积更大[2]。今日考古学家发现了芍陂的遗址一部分，由遗物可证是东汉的工程，大约是王景修陂的遗迹。《王景传》指出王景就旧日工程修复，则这一个遗址在结构上当仍与孙叔敖所留下的旧陂相近。根据考古报告，这座闸坝是由草土混合的散草法筑成，生土之上是一层砂、硬石，石层之上则是层草层土，逐层修筑，其作用可能为蓄泄兼顾，以蓄为主。在缺水时期，塘内的水可以通过草层照常有少量的水滴泄渗流入，而塘内可以蓄水，灌溉附近农田；在洪水季节又可凭借草土混合坝本身的弹性和木桩的阻力，使水越过坝顶自外泄流入潭，再由挡水坝挡住，缓缓流出坝外[3]。

另一个重要的水利工程，是西门豹与史起前后在漳水流域所建，时间当在公元前4至前3世纪。这个工程的细节已难稽考，但由零碎的记载看来，其工程规模不过20里，其中有12条渠道引漳水灌田，所谓"磴流十二，同源异口"[4]。这些水利系统把河流中的冲积泥沙沉淀在灌溉区，使自古碱性的"斥卤"土壤可以种植稻粱[5]。稻是水田作物，粱却不必种在水田中，因此这个工程

---

[1]《淮南子·人间训》（四部备要本），卷一八，页20。何炳棣以为当以《左传》襄公十年郑国子驷所建的灌溉系统为最早，参看何炳棣：《黄土与中国农业的起源》（香港中文大学，1959年），页119—120。

[2]《后汉书·王景传》，卷一六，页1。

[3]殷涤非：《安徽省寿县安丰塘发现汉代闸坝工程遗址》(《文物》，1960年第1期)，页61。

[4]《史记》，卷一二六，页31，正义引《括地志》。左思：《三都赋》(《文选》〔四部备要本〕，卷六，页9)。参看友于：《管子度地篇探微》(《农史研究集刊》第1册，1959年）。

[5]《史记》，卷二九，页6—7。《汉书》（艺文版补注本），卷二九，页5。

似乎也有一部分作用是为了供应肥沃的土壤,改造原来的瘠土,却并不只是为了供应水田的用水[1]。与此相同的是郑国渠,由韩国水工郑国在关中修筑,时间约在公元前3世纪中叶。据说300余里的渠道,引泾水灌溉了40000余顷,结果也是使"填阏之水"洗去具有碱性的土壤的盐分,代之以沉积的客土——换句话说,郑国渠的作用也有一部分在于土壤改造而不全是供给水量之不足[2]。

四川平原的都江堰可能具有不同的作用。李冰父子在公元前3世纪所造的堰坝至今仍不失其效用,然而在工程建构上说,"深淘滩,低作堰"的口诀与累鹅卵石筑成的拦水坝特性都足以说明前文芍陂遗址所见的相同原理:让水可以在浅水时渗流,而在洪水时在坝顶泄洪[3]。不过,成都平原宜种水稻,土壤也不具有必须洗去的碱分,而埤检二江出自重山,也未尝挟带混浊的泥沙,这个工程因此大约是一个防洪与供水的系统,则功能与芍陂及郑国渠并不全同了。由此可见战国的几个著名水利系统实具有不同的作用,其利用水资源的方式也各有千秋。再推而言之,战国大规模水利工程与农业的关系并非单纯的供应水田水源,同

---

[1] 天野元之助:《中国古代農業の展開》,页139。
[2]《汉书》,卷二九,页5。本文审查人石璋如先生对于洗碱之说持异议,以为渠水水平面低,不足以冲洗积碱,而潴水无出口,反可使土地积碱。石先生举五原的水利系统为例,说明河水灌水,第一年土地肥沃,第二年开始生碱。本文作者感佩石先生的卓见,但"斥卤"自来解说作"咸卤",若不用灌溉,改造土壤,甚难作别解也。
[3]《汉书》,卷二九,页4—5。方楫:《我国古代的水利工程》(1955年),页9—17。翁文灏:《古代灌溉工程发展史之一解》(《庆祝蔡元培先生六十五岁论文集》Ⅱ,1935年),页709—712。

时，因为碱土改良并非处处有其必要，我们即不能由此推论战国农业必须依赖灌溉；像芍陂与郑国渠一类的工程，其作用毋宁可能兼为荒地的大规模开垦，而不全在日常的耕作需要[1]。

实际上，供给田间水的水源也许不是前面所说的大规模水利系统，而是田边的井和水塘。中国人凿井的经验可以远溯新石器时代，而商代遗址和西周春秋遗址（张家坡）也都发现过长方形和椭圆形的水井。张家坡的井，井深达9米以上，在古代不能不算是很深的了[2]。井的深度再加上椭圆形或长方形的井口，足以并置两只容器，合而言之，也许暗示两只容器一上一下的辘轳的滑车装置[3]。考古学家在北京也发现过一群密集的陶井，其中有一部分是汉代遗物，也有一部分是战国的遗物。井址极度密集，若作为食用水井未免太多，只能解释为灌溉之用。井不深也不大，其能汲取的水量是有限的[4]，至于水塘灌溉，若由今日中国台湾桃园地区的陂塘推想，由于水塘构造之简及面积之小，考古学家势难发掘到古代陂塘的遗址。然而汉代陶制模型也有小型陶塘及陶水田[5]。借汉代遗物为喻，战国以前的灌溉当也可能依赖田旁小型陂塘。

---

[1] 增渊龙夫:《先秦时代の山林薮泽と秦の公田》(《中国古代の社会と国家》, 1957年), 页56。
[2] 刘仙洲:《中国古代农业机械发明史》, 页46。又《沣西发掘报告》(1962年), 页77—78。
[3] 同上书, 页48。
[4] 苏天钧:《十年来北京市所发现的重要古代墓葬和遗址》(《考古》, 1959年), 页136。
[5] 刘志远:《成都天回山崖墓清理记》(《考古学报》, 1958年第1期), 页97, 又图版4（1）（13）。

综上文有关灌溉的情形言之，先秦的有些大规模水利工程也许用以漫溢河水，冲洗碱地，加上肥沃的客土，其作用在开垦及维持土地的肥沃，不单在供应作物生长用的水分。四川多水田，却也无妨于依赖水利工程引水灌溉。另一方面，水不仅用于灌溉作物增进生长，也可用于耨草的工作。至少在中原，旱地作物不必依赖多量的水分，田边掘井或筑塘，都已经是足够的水源。中国古代大规模灌溉对于农业的重要性，是不能与在两河流域及尼罗河流域古文化的灌溉相提并论的[1]。

五、用肥及其他农耕技术

先秦农业的重要特点之一，是土地的轮流休闲以养地力。不论实际情形是否如此整齐，大约土地是按肥瘠作一年或两年的休耕[2]。不过古代农业也逐渐发展了用肥料的观念。草烧法（包括烧草菁及"烧山"）是其中之一，同时前文水耨法也使宿草转变为土地的肥料。动物肥可能在战国时已普遍使用。肥田的动词"粪"，也就是动物的排泄物，如《孟子》："凶年粪其田而不足。"又例如《老子》："天下有道，却走马以粪。"《韩非子》解释为

---

[1] 钱穆：《中国古代北方农作物考》，页27。何炳棣：《黄土与中国农业的起源》，页10。
[2]《吕氏春秋·乐成篇》（四部备要本），卷一六，页11下。《周礼·地官司徒·大司徒》。《汉书·食货志》，卷二四，页2。陈槃庵先生引惠士奇《礼说》，以为"其所谓休者，非弃之也"。而据《周礼》的《薙氏》《草人》《稻人》诸节谓休田之时农夫仍须作种种整治的工作以备来岁之用，谨略举此说，备参考。

"积力于田畴，必且粪灌"[1]。而《荀子·富国篇》也说："掩地表亩，刺草殖谷，多粪肥田，是农夫众庶之事也。"[2]至于《周礼·草人》所说的"土化之法"，应用不同动物的"粪"来改变不同的土壤，至少已反映了两个基本观念：第一，土壤有不同的性质；第二，不同的土壤可以用不同的肥料加以改变。二者事实上都是用肥知识相当发达后的结果[3]。用肥观念的逐渐普遍，无疑将可使休闲田逐渐转变为常耕田。用肥不特增加了单位面积的产量，也会增加耕地的总使用面积[4]。其后果殆与因水利灌溉而开垦荒地，同为在质与量的增进，对于古代农业的发展产生不可忽视的影响。

《吕氏春秋》是战国末期秦相吕不韦门下所合编的杂家作品，其中《任地》《辨土》两篇颇可说明先秦结束时期农业知识的综合，下文逐节归纳之。

改良土壤：

> 凡耕之大方：力者欲柔，柔者欲力，息者欲劳，劳者欲息，棘者欲肥，肥者欲棘，急者欲缓，缓者欲急，湿者欲燥，燥者欲湿。[5]（《任地》）

---

[1]《孟子》，卷五上，页7。《老子道德经》（四部备要本），下篇，四十六章，页7。《韩非子集解》，卷六，页7。
[2]《荀子》，卷六，页5。
[3]《周礼正义》，卷三〇，11下—12上。郑注以为系用不同动物的骨汁浸种籽，唯郑注之说必须使草人"土化"更泛的意义，方可呼应。关于对土壤性质的认识，《管子·地员篇》也将土壤分了五种不同的等级。《管子》，卷五八，页21。
[4] 天野元之助：《中国古代农业的展开》，页139—140。
[5] 尹仲容校释：《吕氏春秋校释》（中华丛书本），页161。

垆埴冥色,刚土柔种。[1](《辨土》)

用肥:

地可使肥,又可使棘,人肥必以泽,使苗坚而地隙,人耨必以旱,使地肥而土缓。[2](《任地》)

深种:

五耕五耨必审,以尽其深殖之度。阴土必得,大草不生,又无螟蜮。[3](《任地》)

故亩欲广以平,甽欲小以深,下得阴,上得阳,然后咸生……厚土则孽不通,薄土则蕃而不发……[4](《辨土》)

条播与适距的密植:

无与三盗任地。夫四序参发,大甽小亩,为青鱼胠。苗若直猎,地窃之也。既种而无行,耕而不长,则苗相窃也……慎其种,勿使数,亦勿使疏……茎生于地者五,分之以地,茎生有行故遨长,强弱不相害,故遨大;衡行必得,纵行必术,正其行,通其风,夬心中央,帅为冷风。苗,其

---

[1] 尹仲容校释:《吕氏春秋校释》(中华丛书本),页163。
[2] 同上书,页161。
[3] 同上书,页171。
[4] 同上书,页163。

弱也欲孤，其长也欲相与居，其熟也欲相扶，是故三以为族，乃多粟……树肥无使扶疏，树硗不欲专生而族居……[1]（《辨土》）

中耕除草及去冗苗：

五耕五耨必审……大草不生。[2]（《任地》）

弗除则芜，除之则虚，则草窃之也……（农夫）知其田之际也，不知其稼居地之虚也，不除则芜，除之则虚，此事之伤也……是故其耨也，长其兄而去其弟，树肥无使扶疏，树硗不欲专生而族居……[3]（《辨土》）

整地及畦种：

上田弃亩，下田弃圳。[4]（《任地》）

其为亩也，高而危则泽夺，陂则埒，见风则僵，高培则

---

[1]《吕氏春秋校释》。《大雅·生民》："禾役穟穟"及《管子·小匡》："别苗莠，列疏遨。"均指禾苗为保持适当的间隔，其可能为着除草和壅苗的方便，但此处则显然对于通风和通光有了清楚的认识。
[2] 尹仲容校释：《吕氏春秋校释》（中华丛书本），页161。
[3]《吕氏春秋校释》，页162—163。
[4] 同上书，页161、163。"上田弃亩"，当指高地种植应种在垄间的沟上，以保墒避风，"下田弃圳"，当系指低湿之地种植应在圳与圳间的垄上，以避水湿。参看《中国农学史》，页97。

拔，寒则雕，热则修。[1]（《辨土》）

轮作观念：

今兹美禾来美麦。[2]（《任地》）

凡此种种观念在精耕的发展过程中都是极重要的，而且为汉代的代田与区种两种精耕方法开启先河。中国早在公元前 3 世纪即到达如此水平的精耕技术，在人类农业史上为极可注意的成就。

原载《"中央研究院"历史语言研究所集刊》第四十二本第四分

---

[1]《吕氏春秋校释》，页 162。不用肥料连年在同一块土地上栽培同一种作物，不仅耗尽该地区的某一种养分，而且易招虫害及滋长杂草。数种作物轮流种植，则所吸取不同的养分，病虫及杂草也因生态环境改变，不致猖獗不止。《吕氏春秋》所说，尚是禾麦交互耕作，中间尚非插入其他作物。《齐民要术》所说则不仅已知连作多草之害，而且提到间种的豆科作物了。《齐民要术》（四部备要本）。
[2]《中国农学史》，页 95—102。

周代的衣食住行

本篇所及的范围，以两周为限，但是这一段漫长的时期中，古代中国由青铜时代转变为铁器时代，由家族的社会过渡为地缘的社会，由封建制步入官僚制，文化由中原扩展至四方，物质文化也势必有许多相应的转变与发展。本文所述种种，采自文献与考古资料，难免是片段史料的综合，由于史阙有间，也许会模糊了地域性与时代的差异，这是治古史者无可奈何的苦处。只有时时存了戒心，认识其中缺憾，庶几不致以古代制度为一成不变。本文叙述程序则以衣、食、住、行四目为主要讨论范围，也旁及若干器用。

一、服饰与衣料

先说首服。古代首服有冕、弁、冠、巾、帻多种。冕是王公诸侯的首服，而弁却是由天子至士的常礼之用。二者的差别，据《周礼·夏官·弁师》贾疏："以爵弁前后平则得弁，称冕则前低一寸余。"冕之中,又因服御者阶级不同而有旒多旒少之分[1]。

冠是有身份的人共用的首服,男子在成年时即须举行冠礼,表示他已能肩负成人的责任,所谓"弃尔幼志,顺尔成德",从此这个男子是有名字的成年人了[2]。平时冠的颜色用玄黑色,有丧事时则用缟素[3]。士大夫虽死不能无冠,是以子路临死之际,还须把系冠的缨在项系紧,其重要可知[4]。

冠的形制,却不易知。既须束发受冠,冠必高耸,大约其基本形制,是"高帽子",所谓峨冠,而中间用发笄贯簪。传统丧礼中服御的麻冠,虽是《礼经》注疏家考证的结果,当与古制相近。韩国老年人仍用高冠,也当与中国古制有关。然而《礼经》种种规定,也未必即是当世一律的形制,以地域差别言之,春秋时的楚冠,号为南冠,据说是秦汉御史的獬冠。獬豸似羊,则南冠当有两角[5]。宋人资章甫则仍是殷商遗俗[6]。以时尚言之,子路好勇,年轻时以雄鸡为冠:可能是冠形像鸡,也可能以鸡羽为冠饰。与雄鸡同类的还有鹬冠,则以翠鸟羽作为冠饰了[7]。冠制与个人的爱好有关,是以范献子远道向鲁国索取做冠的法制。虽然范献子原意据说在"求货",鲁国以"冠法"应付,也可观见一则鲁冠有其特处,二则取法仿制也不是罕见之事。若

---

[1]《周礼注疏》(四部备要本),卷三二,页1,页3。
[2]《仪礼正义》(四部备要本),卷二,页11。
[3]《礼记正义》(四部备要本),卷二九,页10。
[4]《左传正义》(四部备要本)哀公十五年,卷五九,页13。
[5]《左传》成公九年,卷二六,页14。
[6]《庄子》(四部备要本),卷一,页8。
[7]《史记会注考证》(台北影印本),卷七,页10。《左传》僖公二十四年,卷一五,页12。

冠制如《礼经》所说的有统一规格，则这一套冠法也不能为鲁国独得之秘了[1]。

一般人则御巾帻，据说巾帻是卑贱执事不冠的首服[2]。然而士大夫也未尝不能衣巾，例如《左传》定公九年："齐侯赏犁弥，犁弥辞曰，有先登者臣从之，皙帻而衣狸制。"[3] 则战阵之际，也许为了轻便，士大夫也可去冠而衣帻，与子路恪守的礼仪又不合了。考古发掘所得墓俑，有明显衣巾帻者，如洛阳金村的铜俑[4]，另一方面庶人也未尝没有御冠者，例如《郊特牲》说到野夫蜡祭时即"黄衣黄冠"。野夫当指农夫野老，自然是庶人[5]。由此可见，《礼经》所谓君子庶人之别及封建阶级之间的区分，都未必如何井然有序的。

风日雨雪，但凭冠巾不足以御寒暑。古人有台笠，《诗·小雅》："彼都人士，台笠缁撮。"即指以莎草制的笠帽，加在缁布冠上。牧人长时在野，自然更须披蓑戴笠，所谓"尔牧来思，何蓑何笠"[6]。笠而有柄，手执以行，便是所谓"簦"，战国时虞卿蹑跻担簦，游说诸侯。簦是伞的祖型，已无复戴在头上，却仍是笠演变而来[7]。

次说衣裳。古人上衣下裳。上衣右衽，由胸前围包肩部，战

---

[1]《左传》昭公二十三年，卷五〇，页11。
[2] 尚秉和：《历代社会风俗事物考》（台北商务，1966年台一版），页29。
[3]《左传》定公九年，卷五五，页12。
[4] 郑振铎：《中国历史参考图谱》四辑，一九，一一四。见郭宝钧：《中国青铜器时代》（1963年）图版15。
[5]《礼记正义》，卷二六，页6。
[6]《毛诗正义》（四部备要本），卷一五之二，页2；卷一一之二，页8。
[7]《史记会注考证》，卷七六，页11—12。

国木俑,即系右衽,其服色基本上与殷代石刻人像的短衣并无二致(图1)[1]。绿衣黄裳,上衣下裳是相配合的,裳的形制似是以七幅布条围绕下体,前三幅后四幅,两侧重叠相联,状如今日妇女的裙子,不过折裥在两旁,中央部分则方正平整。[2]

蔽膝则有邪幅,据说是用条幅,紧紧缠绕在膝下的胫部,汉儒依当代名称,比喻为行縢,其制类似今日行军时的"绑腿"[3]。

春秋后叶,下服更有袴。褰袴的出现,始见于《左传》昭公二十五年,"微褰与襦"[4],但古代的袴,分袴两股。《释名》所谓"袴,两股各跨别也"[5],因此刖足者不必着袴[6]。

衣裳苇幅,究竟不便,于是有深衣之制,衣裳相连,被体深邃。据《礼记·深衣篇》的说明,这种衣服宽博而又合体,长度到足背,袖子宽舒足够覆盖到肘部,腰部稍收缩,用长带束在中腰无骨处。在各种正式的场合都很有用。

---

[1]考古研究所:《长沙发掘报告》(1957年),图版28:4及13。
[2]《仪礼·丧服》:"凡衰、外削幅,裳、内削幅。幅三袧。"郑玄注:"袧者,谓辟两侧,空中央也。祭服,朝服,辟积无数。凡裳,前三幅后四幅也。"《仪礼正义》,卷二五,页13。
[3]《诗·小雅·采菽》:"赤芾在股,邪幅在下。"郑笺:"芾,大古蔽膝之象也。冕服谓之芾,其他服谓之韠,以韦为之。其制上广一尺,下广二尺,其颈五寸,肩革带博二寸,胫本曰股,邪幅如今行縢也。幅束其胫,自足至膝,故曰在下。"《毛诗》,卷一五之一,页4。
[4]《左传》昭公二十五年,卷五一,页8。
[5]《释名》(四部丛刊本),卷五,页38。
[6]《韩非子·外储说左》:"危子曰吾父独冬不失袴。刖足者不衣袴,虽终其冬夏无所损失也。"(四部备要本)卷一二,页7—8。

图 1　长沙出土之战国木俑

深衣又谓中衣[1]，在家燕居固无妨，但在朝会之时，仍需有外衣，所谓"朝玄端，夕深衣"[2]。深衣固然舒适，但长大宽博，行动不便，是以家居以外，仍用衣裳，外加外衣，所谓袍或裘。单衣为禅绹，夹衣而无着为褶，加丝绵衬里的时候，称为茧袍，皮

---

[1]《礼记正义》，卷五八，页3—4。
[2] 同上书，卷二九，页11。

毛外衣则为裘。楚国漆器的车马奁上，人物皆内御白衣，外披罩衫，露出衣领的白色[1]。不过着裘又有袭裼之制，亦即花皮袍子外面加上颜色适当的罩袍。据《论语·乡党》，黑衣罩在麑裘上，黄衣罩在狐裘上。可是《礼记·玉藻》的记载又全不相同[2]。证之史传，狐裘可以有羔袖，紫衣可以加在狐外，似古时制度也未必如《礼经》所说之划一[3]。不过裘的外衣，大约只是披罩而不全掩盖，所以才有裼衣的可能，状如披风斗篷，既可保护毛裘，又可不掩内美，披拂飘扬也极尽威风[4]。

最后说到鞋子，古人鞋分屦、舄两种，据《周礼·天官·屦人》郑注，复下曰舄，禅下曰屦，则显然依双底单底分别。复底的可能还有一层木板夹层，以避泥污[5]。屦材，夏用葛，冬用皮。鞋面上有一层装饰，其状如同"刀衣"，而鼻在屦头，则鞋形似是鞋尖上翘，中央有一条鼻缝，颇像老式手制的棉鞋[6]。长沙楚墓出土草履，则是复底鞋面平直，鞋口作三角形[7]。

另外有袜，但似与今日的袜不尽相同。《左传》哀公二十年，褚师声子因为有足疾，不便脱袜而登席，引起卫侯大怒。君臣雅会饮宴，却必须去袜跣足登席，可知袜的着卸也不致十分困难，而且是屦的同类。大约属于软鞋之列，与在鞋内之袜有别。

---

[1]《礼记正义》，卷二九，页12。商承祚:《长沙出土楚漆器图录》(1955年)，图版25。
[2]《礼记正义》，卷三〇，页1—2。
[3]《左传》襄公十四年，卷三二，页9；哀公十七年，卷六〇，页4。
[4]《礼记正义》，卷三〇，页2。
[5]《周礼注疏》，卷八，页11。尚秉和:《历代社会风俗事物考》，页71。
[6]《仪礼正义》，卷二，页13—15。《楚文物展览图录》，页25，图44。
[7]《左传》哀公二十五年，卷六〇，页10。

古人处室，似以跣足为常。《左传》宣公十四年，剑及屦及的典故，即谓楚子投袂而起，鞋未着、剑未佩，从人持屦，追到寝宫门口，方始穿鞋。又如襄公三年，晋侯也为了魏绛徒跣而出[1]。是以室内有人，可由室外之屦判断。据"曲礼"，入室之前脱屦于堂外阶下，俟辞退时再着屦，室外有两双屦时表示室内有二人，即须扬声，室内使人始入[2]。户外屦满即表示室内人多。《庄子·列御寇》："无几何而往，则户外之屦满矣，伯昏瞀人北面而立，敦杖蹙之乎颐，立有间，不言而出，宾者以告列子，列子提屦，跣而走，暨乎门，曰：先生既来，曾不发药乎。"[3]台湾光复初期，日俗未除，室外屦满，主人提屦跣足迎迓后来客人，宛然如此。

衣着的附带装饰也不少。衣带上有组有带钩，后者传世实物极多，大致玉钩及金属钩均有之。男子须佩剑措笏，剑象威武，笏备录忘，汉以后都成为朝服的一部分，但在古时则是日常服饰的附件。此外随身携带的大小物件还有佩巾、小刀、佩刀、火石、火钻，男子措笏杆笔，女子带针线包。虽然《礼记·内则》指明是子妇事父母时随身物件以便侍奉，平时大致也须有这些物件使用[4]。

衣服的材料，不外毛皮麻葛及丝制品。皮毛蔽体自古已然。在先秦正式服装及冬季御寒，仍多用皮裘、皮弁、皮履。《周礼·考工记》，攻之皮工有五，函人、鲍人、韗人、韦人、裘人。

---

[1]《左传》，宣公十四年，卷二四，页2；襄公三年，卷二九，页8。
[2]《礼记正义》，卷二，页2，页7。
[3]《庄子》，卷一〇，页7。
[4]《礼记正义》，卷一七，页1—2。

偏偏制革的《韦人》及做皮衣的《裘人》两节已佚。但由《鲍人》观之，做革囊的革也力求其柔软，由制甲的《函人》言之，革甲经"锻"的过程，则古时大约用连续的敲击达到柔化。不过《鲍人》形容革的颜色为"荼白"，据郑注是芳茅之色。动物皮色不尽是灰色，其中当另有某种漂白的方法，至少可能有相当的浣洗过程。《鲍人》也提到以动物脂肪涂抹，也是相当柔化的一法。由此类推，制弁、制带、制韝（护臂）、韠（蔽膝）及袜履各物的熟革，其制造方法，必也与此相仿[1]。若柔化不够，也可用小块皮革连缀缝制为革甲。例如长沙出土有一件皮甲上半部为皮革，下半部为丝织，全形似战衣，其革制部分即以小片革缝缉拼缀而成[2]。长沙出土有战国的皮包、皮鞋，望之与今日的革制品也无大分别（图2）[3]。裘之原料以经传所载言之，则羔与狐最为常见，苏秦所用黑貂皮，应是很考究的了。

用粗毛绩成的毛褐，也是皮毛制品之一种，可能以其粗短触人，显然只用作工作服，《诗·豳风·七月》："无衣无褐，何以卒岁。"据郑笺，褐为毛布[4]。孟子问许行的弟子，许行穿何种衣服，据答"许子衣褐"，赵岐注："以毳织之，若今马衣者也。[5]"足见褐是农夫常用的冬衣。

用丝是中国人对人类文化的重要贡献之一。早在新石器时

---

[1]《周礼注疏》，卷四〇，页11—12。
[2]湖南文物管委会：《长沙出土的三座大型木椁墓》（《考古学报》1957年第1期），页96。
[3]《文物》1957年第2期，页61。《楚文物展览目录》，页25，图44。
[4]《毛诗正义》，卷八之一，页5。
[5]《孟子》（四部备要本《四书集注》），卷三，页7、8。

图 2　长沙出土战国革履

代，西阴村遗址即有家蚕的蚕茧出土，吴兴钱山漾的新石器文化遗址出土了丝织品的残片，其密度据鉴定为每平方英寸120根（1平方英寸合6.45平方厘米），当时纺织已能如此细密，令人咋舌[1]。文献中提到丝帛锦绣，不胜枚举，可说是常识范围中事。

---

[1] 浙江省文管会：《吴兴钱山漾遗址第一、二次发掘报告》(《考古学报》1960年第2期)，页89。

以实物言之,长沙有绢残片一片,有卷折缝绢痕迹,知是衣服的一部分。另一片残绢,有绣花,有褐紫色绸片,上具菱形花纹。遗物中诸物甚多:有极脆的细纱片,可能为帽子的一部分;有丝织网络残片,以深褐细丝织成,其反面粘附黄褐色薄绸残片;有丝织缥带残片,紫褐地,菱形纹及犬齿纹,迎光闪烁变色;有用黑褐两色丝线编成褐底黑斑节的丝带;还有丝棉被,盖覆人骨架,却只剩一段了[1]。由这些实物观之,战国时丝织品已能织斜纹、织提花,也能刺绣。织物的技巧可以织成二匹长的锦却卷成只有耳瑱大的细卷,其轻密细软可知[2]。

治丝之法,据《考工记·帼氏》用温热的灰碱水,浸泡七天,白日在阳光下曝晒,夜间悬在井上,七日七夜谓之水涑。治帛的水涑法,大体也相同。此法不外以灰碱脱去生丝外面的蜡质,以阳光曝晒漂白。另有一节说到灰涑法,只是用栏灰直接用在帛上,然后用蜃灰增加白色,想来蜃灰是当作一种填充料使用,可以使帛较为密致[3]。

仅次于丝帛的衣料为麻织品,吴兴钱山漾新石器文化出土的苎麻织品残片,经专家鉴定为平纹组织,密度有每平方厘米24根,16根和经30根、纬20根三种,其细密可观。长沙战国遗址出土的白色麻布残片,也经鉴定为苎麻纤维平纹组织,密度高达每平方厘米28×24根经纬线[4],其规格与古代所谓一升(或稷)相近。《说文》,稷为80缕,按照《礼记·王制》,精细的布

---

[1]《长沙发掘报告》,页63—65。
[2]《左传》昭公二十六年,卷五二,页1—2。
[3]《周礼注疏》,卷四〇,页16。
[4]《考古学报》1960年2期,页89。《长沙发掘报告》,页64。

是朝服之布，15升，幅度2尺2寸，如按新莽嘉量及商鞅量周尺只当尺23厘米强，则经线1200根，平均每厘米中有经线24根。如按古棺自标尺寸与实测相较，则古尺一尺只相当20.47—21.75厘米，则1200根经线平均为每厘米25—27缕[1]。这种标准的幅度，似乎是约定俗成，不仅见于《礼经》而已。至少在孔子的时候，细麻比纯丝更昂贵，可见麻的价值因人工花得多而值钱[2]。《韩非子》载有吴起为妻子织组幅狭于度而休妻的故事[3]。迄于汉世，稯仍是量度布质粗细的单位。织物单位的标准化，历时亘千余年。此中缘故，可能部分由于织器的功能，一部分可能由于纺织在某些地区已专业化，别处模仿，遂遵照某地已发展的规格，相沿成俗，规格也就沿用下去了[4]。

夏衣葛也有精粗之别，精者曰缔，粗者曰绤，也在衣着中占有一定的地位。《诗·周南·葛覃》："葛之覃兮，施于中谷，维叶莫莫，是刈是濩。为缔为绤，服之无斁。"看来是采集野生的葛草纤维，作为衣料，葛丝绵绵，是以诗人在《王风·葛藟》中比喻为斩不断理还乱的乡愁亲思。据《齐风·南山》，葛屦是新

---

[1]《礼记正义》："布帛精粗不中数，幅广狭不中量，不粥于市。"卷一三，页5—6，孔疏，卷一三，页8。《仪礼》贾疏，80缕为升，卷二一，页4。郭宝钧：《中国青铜器时代》，页84。古棺长度记录参看考古研究所洛阳发掘报告：《洛阳涧滨古文化遗址及汉墓》(《考古学报》，1956年1期)，页19。周尺与汉尺之间似无大别，参看 Nancy Lee Swann, *Food and Money in Ancient China*（Princeton Univ. Press, 1950），p.362。
[2]《论语》(四部备要本《四书集注》)，卷五，页1。
[3]《韩非子》，卷一三，页11。
[4]《左传》成公二年，楚侵及阳桥，鲁国请盟，以一批职业工人为贿，其中包括织缝百人，此是鲁国高级技术输出至楚国的例子。卷二五，页12。

娘送给新郎的礼物,可想必是相当精美之物,与草鞋不同,当是葛布制成的屦[1]。除麻葛以外,还有一些植物纤维也可用作代用品,是以《左传》引《逸诗》"虽有丝麻,无弃菅蒯":菅蒯是茅草之属,据说宜于作绳索,蒯则可以为屦。但是粗是精,即不得而知了[2]。

冬日天寒,除毛裘外,丝麻衣服势非有纩缊不可。据《礼记·玉藻》,纩为茧,缊为袍。郑注解释,以为纩是新绵,缊是旧絮,长沙战国墓中出丝棉被一段,亦是以丝棉作为填充物[3]。子路"衣敝缊袍"站在穿狐貉皮裘的人旁边而毫不在乎,是则旧絮的袍服是比较便宜的[4]。"三军之士皆如挟纩",可见新絮较为轻暖。散茧为纩,须用水漂洗,《庄子·逍遥篇》,宋人有"世世以洴澼絖为事",是有合族以洗絮为专业的人,其市场可知[5]。填充寒衣的材料,也可能是麻缕,上引《论语·子路篇》的缊袍,孔安国注谓是"枲着",价格想来也是低廉的。甚至细草的纤维也可用来着衣。《大戴礼记·夏小正》,"七月莠藋苇",据说以荼、藋、苇之莠作为褚。《左传》成公三年,荀罃被俘在楚,郑国贾人曾计划把荀罃放在褚中偷运离楚,这位贾人当是在草木茂盛的南方,大量收购装衣资料北运[6]。

衣服颜色以缟素为主,但平时衣着也有朱黄绿紫诸色,经传

---

[1]《毛诗正义》,卷一之二,页2;卷四之一,页9;卷五之二,页3。
[2]《左传》成公九年,卷二六,页14。
[3]《礼记正义》,卷二九,页12。《长沙发掘报告》,页64。
[4]《论语》,卷五,页6。
[5]《庄子》,卷一,页8。
[6]《左传》成公三年,卷二六,页3。

中不胜枚举。其中青绿朱黄都可由植物染素如靛青、茜红、栀黄染成，但《周礼·天官·染人》郑注提到"石染，当及盛暑热润，始湛研之"，是也用一些矿物质的染料了[1]。紫色的染料最为特别，似产自海域，《荀子·王制篇》："东海则有紫紶鱼盐焉，然而中国得而衣食之。"[2] 染紫之后，臭味腥恶。齐桓公好服紫，一国尽服紫，以致五件素衣不能换一件紫服。据说于是管子劝桓公以恶紫臭为辞，使国人不再以此为风[3]。然而紫的价格大约未必全出风尚，可能因紫色染料难得而致以衣紫为贵，甚至败素染之后，也可以价十倍[4]。

《礼经》记轻衣服，每多涉及阶级及各种不同场合的体制。长短丰杀及内外颜色，均有规定，但凡此与生活之实质无关，故本文不赘及之。所惜史料不足，无法考证各种衣服及质料的嬗变。以理推之，因为人口日多，田野日辟，山林及牧地日减，古人衣着为渐由动物皮毛转变为丝帛及植物纤维。冬日挟纩着枲显然是以此取代重袭了。中国自古不重视毛织品，古代的短褐始终是粗制，大约也与这个转变的大方向有关。中国农业发达，牧业早就式微，对衣着方面也很有影响。

赵武灵王胡服骑射，是古代服装史上一件大事。可惜我们不知道胡服究竟曾否十分流行，为此我们不得不略过这件有趣的史事。

---

[1]《周礼正义》，卷八，页9。
[2]《荀子》（四部备要本），卷五，页6。
[3]《韩非子》，卷一一，页10。
[4]《战国策》（四部备要本），卷二九，页9。

二、饮食——食物与烹调

人类由茹毛饮血而至熟食。熟食之中，在中国传统言之，至少又可分饭食、菜馔、饮料三方面讨论。食具则分属于这三项之下。

中国自古以来以谷食为主食，所谓饭食即指这一类主要的充饥物，因而现代军中及学校的伙食仍有所谓主食以及佐餐的菜馔；所谓"副食"，中国古代有五谷九谷之称，作者在《两周农作技术》一文中曾尝试考定主要谷食的品种，此处不赘。大致言之，中国古代以黍稷、粱、大小麦、稻为主，菽麻（豆粒、麻籽）也可勉强列为谷食之中，但不占重要地位。南方江河湖沼星罗棋布，苽米也曾列为谷食，然其产量使其不可能成为普遍的食物。重要的谷食，仍为黍稷稻粱及大小麦。其中又以黍稷为最普遍，粟（稷的一种）显然更为普遍。黍又比稷贵重，祭祀待客都以黍为上乘。稻粱麦诸种渐盛之后，其为食又美于黍，是以各种谷实以次代兴，却又并未有所废。简言之，黍稷初擅胜场，但食物越来越美好，诸谷分化，新种也渐渐发展[1]。

稻之普及，可能比麦还早些。西周铜器有名为簠的长方形浅器，往往自铭"用盛稻粱"[2]，则贵族宴席上已用稻粱。据《左传》僖公三十年："王使周公阅来聘，飨有昌歜，白黑，形盐，

---

[1] 许倬云：《两周农作技术》（《"中央研究院"历史语言所研究集刊》第四十二本第四分），页803—808。
[2] 容庚：《金文编》（1959年），页239。

辞曰:'……荐五味,羞嘉谷,盐虎形,以献其功,吾何以堪之。'"此中,白是"熬稻",黑是"熬黍"。但由周公阅辞谢之词看来,这仍是比较珍贵难得的食物。至孔子之时,"食夫稻,衣夫锦",即使居丧不宜,却已失去了阶级性限制的社会意义,则至多价值高点而已,普通人也吃得起了[1]。

麦比稻更适宜于中国北方,但显然到西汉初年仍未普遍种植。是以董仲舒虽指出麦禾不成则《春秋》必书,但也指出"关中俗不好种麦",而鼓吹由政府提倡推广种麦[2]。

豆类也早见于文献,在战国时期,豆类成为救荒及济贫的食物。《孟子·尽心》以菽粟连称,当作最起码的食物,比之如水火[3];《礼记·檀弓》说到贫民的日常食物,据说孔子指出"啜菽饮水"若尽其欢,也算是养亲之道了[4]。豆在山地也能生长,韩国多山,《战国策·韩策》:"韩地险恶山居,五谷所生,非麦而豆,民之所食大抵豆饭藿羹,一岁不收,民不厌糟糠。"[5]是则豆所以不为时人所重,主要由于其能在边际山地生长之故。

烹制谷物的方法,以古器物言之,有煮饭及蒸饭二种,前者用鬲,后者用甑甗。古人煮饭,大约近于今日的"干粥烂饭",浓稠的称为饘,稀而水多的称为粥。孔子的祖宗自称"饘于是,粥于是,以糊余口",显然日常饭食,不外啜粥。孔子鼎铭,也

---

[1]《左传》僖公三十年,卷一七,页3。
[2]《汉书补注》(艺文影印本),卷二四,页16。
[3]《孟子》,卷七,页7。
[4]《礼记正义》,卷一〇,页2。
[5]《战国策》,卷二六,页2。

不外虚已不肯自满[1]。比较考究的人吃蒸饭，至少有地位的人以此为常。孔子周游列国，侍食诸侯，大约天天吃蒸饭，有时急于离开，则接淅而行——淅是已浸漉未炊的米，煮粥不须经过这番手续，唯蒸饭则可以取出已浸渍的米[2]。《诗·大雅·泂酌》："泂酌彼行潦，挹彼注兹，可以餴饎。"行潦是雨后地上的积水，若用来直接煮饭，未免不洁，但若夹层蒸煮，却也无妨了，北方水源固然不及多湖泊水泉的南方，若只有高贵人家用蒸似还不必取诸行潦。由此推想，蒸制当也相当普遍[3]。但蒸饭究属费时费事，而且颗粒松散，不能"涨锅"，也就比较费粮食。也许为此之故，古人仍以煮食为主，蒸食的普及性，远不如之。出土古物中，陶鬲所在皆是，而甑甗就相对言之，远为稀少。其缘故大约即在图省事。

谷类大多可以粒食，也可以粉食。若是粒食，去皮扬壳的手续在所必经，杵臼之用自新石器时代即已常见[4]。粉食的明白记载，如《周礼·天官·笾人》的"糗饵粉糍"之称。据郑玄注粉糍是稻米与黍米的粉合蒸曰饵，饼之曰糍[5]，也就是今日的蒸粉与糕。石磨在汉代遗址中为常见之物。先秦遗址则至今尚未有磨出土，虽然有公输般发明石磨之说，苦于未能证实[6]。但研粉并不是非磨不可，用杵研磨，一样可以制粉。早在新石器时代遗址

---

[1]《左传》昭公七年，卷四四，页9。
[2]《孟子》，卷五，页13。
[3]《毛诗正义》，卷一七之三，页9。
[4] 天野元之助：《中国农业史研究》（东京，1962年），页843—850。
[5]《周礼注疏》，卷五，页14。
[6]《说文解字段注》（四部备要本），卷九下，页21。

中,已出土磨盘及辗杆,前者形制如鞍,以棒研压,当是为了粉食之用[1],则粉食之古,也已可证。

次言菜馔,肉类方面,据《礼记·曲礼》所列[2],祭祀用食物有牛、羊、豕、犬、鸡、雉、兔、鱼,《礼记·内则》所举公食大夫正式的宴客包括腒臐膮、牛炙醢、牛胾醢、牛脍、羊炙、羊胾醢、豕炙醢、豕胾、芥酱、鱼脍、雉、兔、鹑鷃……不外乎牛羊豕鱼及一些野味。平时燕食所用则范围较广,可以包括蜗、雉、兔、鱼卵、鳖、虾、蚳、麋、牛、羊、豕、犬、雁、麇、麕、爵、鷃、蜩、范。其中颇多今日不食之物,例如蜗牛、蚂蚁、蝉、蜂之类[3]。在不能吃的范围内,又列举了狼肠、狗肾、狸脊、兔尻、狐首、豚脑、鱼乙、鳖甲,既然上述诸物仅为不可食部分,其余也可充食物了。

以《礼经》以外的史料观之,肉食项目就未必如此整齐了。例如熊掌及鼋,都属罕见的异味,因此楚成王临死时还想吃熊蹯,郑君为了楚人献鼋而召宴卿大夫[4]。平时日常食物,即使贵为诸侯,也可能不过一天两只鸡,节省的人家如孙叔敖身为楚相,却只以鱼干作羹[5]。

周代为中国农业渐盛之时,牧地及山林都不免渐渐辟为田野,肉食的供应来源相对减少,因此大约只有富贵人家能餐餐吃肉,所谓"肉食者鄙",则以"肉食"为卿大夫的代名了。即使

---

[1] 天野元之助:《中国农业史研究》,页80—81。
[2]《礼记正义》,卷五,页11;卷二七,页7—8。
[3] 同上书,卷二八,页1。
[4]《左传》文公元年,卷一八,页4。宣公四年,卷二一,页11。
[5] 同上书,哀公二十八年,卷三八,页13。《韩非子》,卷一二,页9。

如此，杀牛宰羊仍是大事，是以《礼记》有君无故不杀牛，大夫无故不杀羊，士无故不杀犬豕的说法[1]。其补救之法，大约渐以豕犬鱼鸡蛋为代替。孟子以鱼与熊掌并举，然而舍鱼而取熊掌，由其语气，鱼是可欲之物，却也是常常吃得着的[2]。孟尝君食客中，中等的客人即有鱼为食，也可见鱼类不算十分难得之物[3]。《诗经》中提到鱼类的例子甚多。黄河的鲂与鲤，是陈人心目中的美味。《小雅·鱼丽》列了鳢、鲨、鲂、鳢、鳏、鲤，当作燕客的下酒菜。《大雅·韩奕》，鲜鱼是送行盛宴时一道好菜，《周颂·潜》"有鳣有鲔，鲦鳢鳏鲤"，可作为享礼佳肴[4]。

养猪养狗养鸡，都不须牧地，饲料也不外糟糠饭余，是以这种肉渐渐成为主要肉食。孔子的时候，已有出售熟肉的店家，所谓"沽酒市脯"，《礼记·王制》，禽兽鱼鳖不中杀，不粥于市[5]。逮至战国，孟子的井田理想，即包括农家饲养鸡豚狗彘，至少可使七十岁以上的老人食肉[6]。市上屠狗杀猪的屠房，也显然已是常见的处所[7]，街市有屠户，一方面便利消费者，人家不必自己宰杀整猪整羊，另一方面也意味着饮食不再受社会阶级的限制。有钱买肉，即可肉食，此中也可观见生活条件的改善。辉县战国

---

[1]《礼记正义》，卷二九，页5。
[2]《孟子》，卷六，页8。
[3]《战国策》，卷一一，页1。
[4]《毛诗正义》，卷七之一，页4；卷九之四，页5—6；卷一八之四，页4；卷一九之三，页5。
[5]《论语》，卷五，页10。《礼记正义》，卷一三，页6。
[6]《孟子》，卷七，页7。
[7]例如聂政是狗屠出身，其收入即可"旦夕得甘脆以养亲"（《战国策》，卷二七，页6）。

墓葬遗址，出土有鼎豆壶三器一组的标准组合，鼎中常有鸡骨鱼骨肉骨。显然豆盛稻粱，鼎盛肉食，壶盛酒浆，象征三种主要的食物[1]。石家庄市庄村战国遗址，考古发现各种动物骨殖共547块，可以辨认者有牛羊狗猪鸡鱼等，另处则有鸡蛋壳及碳化了的高粱各二堆，可能为当时人们遗弃的食物[2]。辉县之例尚可能系殉葬明器，代表理想的生活条件。石家庄之例则是古人生活的实证，则食肉者已不限于上级社会。

中国南北异俗，但从《楚辞》看来，战国时代南方的肉食也未尝与前述北方食物有甚大差别。宋玉的《招魂》列了肥牛之腱，胹鳖炮羔，鹄、凫、鸿、鸧、露鸡臛蠵；景差的《大招》列了臑、鸧、鸽、鹄、豺羹，鲜蠵甘鸡，豚狗、鸹凫、鹑鯦、臛雀[3]。其中多野味而少鱼类，大约作者为了招诱魂魄，只举了难得、罕见的异味，反而把日常食物不提了。二文都着重当时理想的可欲之物，极富"国际性"，是以综合当时四方各地的地方色彩，南方的本地风光也许反而不突出显著。

蔬果方面，按照《周礼·醢人》，朝事之豆，盛放有韭菹、昌本、菁菹、茆菹。四者都用来与鹿属的肉酱相配。又"馈食之豆"则盛置葵菹及一些杂记菜肴，加豆之中有芥菹、深蒲、箈菹、笋菹。诸色蔬食中只有韭葵、芹、菖蒲、笋仍为今日常用食物，而菁可能为蔓菁，茆可能为茅芽，但自来注疏家也不能确

———————

[1] 考古研究所：《辉县发掘报告》(1956年)，页38—39。
[2] 孙德海、陈惠：《河北省石家庄市庄村战国遗址的发掘》(《考古学报》1957年1期)，页91。
[3] 严可均：《全上古三代文》(世界书局影印本)，卷一〇，页13、15。

定,我们自更不易说了[1]。

《礼记·内则》所举诸项食物中,蔬菜有芥、蓼、苦、荼、姜、桂[2],调胹的蔬菜则有葱、芥、韭、蓼、薤、藙作为调味的佐料[3]。诸色中以香辛味烈者为多,显然当配料之用,也许为了上述史料主要叙述天子诸侯的食单,蔬菜上不了席之故?若以《诗经》作为史料,情形就不同了。《关雎》有荇菜;《卷耳》有卷耳;《苤苢》有苤苢;《采蘩》有蘩;《采蘋》有蘋、藻;《匏有苦叶》有匏;《谷风》有荠、菲、荼、荠;《棘园》有桃、棘;《椒聊》有椒聊;《七月》有蘩、郁、薁、葵、菽、瓜、壶、苴、荼、樗;《东山》有苦瓜;《采薇》有薇;《南有嘉鱼》有甘瓠;《采芑》有芑;《我行其野》有蓫葍;《信南山》有芦、瓜;《采菽》有芹、菽;《瓠叶》有瓠;《绵》有堇荼;《生民》有荏菽、瓜;《韩奕》有笋蒲;《泮水》有芹茆。凡此诸品,有今日常用的萝卜、苦瓜、葫芦、荏椒、葵、芹之属,也有不少采集的野生食物,而水生植物为今日蔬菜中较罕见者。大约周代园艺未必像秦汉以后发达,但也已有些瓜菜在田间培植,《礼记·月令》:"仲冬行秋令,则天时雨,汁瓜瓠不成。"[4]除此之外,仍有不少菜蔬采自野外。

水果干果之属,《礼记·内则》列有芝、栭、菱、椇、枣、栗、榛、柿、瓜、桃、李、梅、杏、楂、梨[5]。《礼记·笾人》列

---

[1]《周礼注疏》,卷六,页1—2。
[2]《礼记正义》,卷二七,页7—8。
[3] 同上书,卷二八,页1。
[4] 同上书,卷一七,页11。
[5] 同上书,卷二七,页8。

有枣、栗、桃、干藤、榛实及菱芡[1]。大致这些果实也以采集得来为主，是以《礼记·月令》，仲冬之月，农夫收藏，牛马不得散佚，而"山林薮泽有能取蔬食田猎禽兽者，野虞教道之，其有相侵夺者，罪之不赦"[2]，足见果蔬采自山泽而不在农夫种植范围。总之果蔬的作用远不及肉类，遂致"月令"中天子尝新，除樱桃一见外，仅有谷食肉类，而不及于时新果蔬[3]。据说鲁哀公曾赐孔子桃与黍，孔子先饭黍而后啖桃，哀公左右都掩口而笑。哀公解释，黍是用来"雪桃"的。孔子回答：黍贵桃贱，前者"祭先王为上盛"，后者"不得入庙"，是以不敢以贵雪贱。[4]《韩非子》所载可能为寓言。但由寓言也可看出，嘉果如桃，须至韩非子时方被重视，而果瓜在"先王"时是不入庙堂的。大约园艺至战国始盛，已有专门"理园圃而食者"[5]。园艺的兴起自然与城市的发达有关。有了相当数量的都市消费人口，才能有相当规模的市场胃纳，才能导致园艺的专业化，最终刺激发展园艺品种的增加。但大规模的园艺事业当仍须在秦汉始出现，召侯之瓜及《史记·货殖列传》所见的千亩菜蔬，在先秦可能尚未有之；也因同样缘故，先秦的蔬果栽培种类仍是相当简单的[6]。

---

[1]《礼记注疏》，卷五，页13。
[2]《礼记正义》，卷一七，页11。
[3] 同上书，卷一六，页3。
[4]《韩非子》，卷一二，页6。
[5]《管子》（四部备要本），卷九，页12。
[6] 张光直、李惠林二氏所举的古代菜蔬种类，仍不过13种而已。参看 K.C.Chang, "Food and Food Vessels in Ancient China", *Transactions of the New York Academy of Sciences*, Serics Ⅱ, Vol. 35 No.6（1973），p.499，及 Hui-lin Li, "The Vegetable of Ancient China", *Economic Botany* 23, pp.253-260。

烹饪的方法，古代较之后世，自然远为逊色。中国食物整治与烹调同样重要，因此伊尹以"割""烹"要汤，割与烹占相同的分量。以肉类的烹饪方法而言，有带骨的肴，白切载，剁碎的醢[1]，而杂有碎骨的又称为臡[2]。考究而讲礼的人如孔子，割不正则不食，足见切割不仅在便于烹调，还具有礼仪性的意义，也表现于进食时，各式各样的菜肴有固定的位置，取食也有一定的程序[3]。

烹调之术，古不如今。古人不过用蒸、煮、烤、煨、干腊及菹酿诸法，而后世烹饪术中最重要的爆炒一法，独付阙如[4]。

《礼记·内则》列有"八珍"的烹调法。既名为八珍，当可代表古人饮膳的最高标准。约次，炮豚：小猪洗剥干净，腹中实枣，包以湿泥，烤干，剥泥取出小猪，再以米粉糊涂遍猪身，而言之如深油炸透，然后置小鼎于大镬中央水蒸三日三夜，取出调以肉酱，费时费事，为八珍之最。捣珍：取牛羊麋鹿麇五种里脊肉等量，用棰反复捣击，去筋，调成肉酱，此法不用刀切，不用火化，大约是相当古老的方法。渍：生牛肉横断薄切，浸湛美酒，一日一夜，取出与梅子酱同食。熬：牛肉捶捣去筋，加姜桂、盐腌，干透食用。糁：牛羊肉各一份小切，加上米六份，作饼煎食。肝膋：狗肝用油炙焦。黍酏：稻米熬粥，加狼膏。淳熬淳母：肉酱连汁加在黍米或稻米的饭上[5]。日常的馔食大约仍

---

[1]《礼记正义》，卷二，页10。
[2]《尔雅注疏》（四部备要本），卷五，页8。
[3]《礼记正义》，卷二，页10。《仪礼正义》，卷一九，页11。
[4] K.C.Chang, "Food and Food Vessels in Ancient China", p.500.
[5]《礼记正义》，卷二八，页4—5。

以"羹"为最重要,所谓羹食自诸侯以下至于庶人无等[1]。但蔬食菜羹比之啜菽饮水已高一等,更非藜藿不饱的贫民可以相提并论了。

调味的佐料,太古连盐也谈不上,是以"大羹不和"即指祭祀大礼肉汤不放盐菜,以遵古礼[2]。普通的羹,却须多种调味品,《左传》昭公二十年:"公曰:'和与同异乎?'对曰:'异,和如羹焉,水火醯醢盐梅以烹鱼肉,燀之以薪,宰夫和之,齐之以味,济其不及以泄其过,君子食之以平其心。'"用梅为佐料与后世之俗大异[3]。唯其调味之道不精,古人不能不借助于香草香菜之属,除昌韭之类外,所谓铏芼,即肉羹中的菜类,"牛藿,羊苦,豕薇,皆有滑",则配菜有藿苦薇,夏天还加上苴葵,冬天加上萱叶,三牲用藙也是带一些苦辛的植物[4]。这些植物大多野生,由此也可看出古人园艺并不十分发达。

古人无糖,但已有麦芽糖可以制成甜品,例如枣栗都可用饴,以为甘蜜[5]。南方的楚国则用柘浆、蜜饵,可能即为蔗糖与蜂蜜[6]。

饮料方面:有醴酒、酏浆、醷、滥诸品[7],醴酒大致是稻米黍粱的汤水,醷是果汁,凡此或是新鲜的或是稍微发酵的。滥或

---

[1]《礼记正义》,卷二八,页1。
[2]《仪礼正义》,卷一九,页12—13。
[3]《左传》昭公二十年,卷四九,页7—8。
[4]《仪礼正义》,卷一九,页30—31;《礼记正义》,卷二八,页1。
[5]《礼记正义》,卷二七,页3。
[6]《全上古三代文》,卷一〇,页13。
[7]《礼记正义》,卷二七,页7。

凉,据说是"寒粥",当类似今日的"凉粉"一类冻结的淀粉[1]。

酒类则至少有五种,依其清浊而分等级:最浊的是泛齐,高一级是醴齐,汁滓相将,大约相当于今日的酒酿,更高是盎齐(白色)、缇齐(红色),最高一级是沈齐,亦即酒滓澄净的清酒了[2]。滤清沉淀用茅缩去滓,滤清后还可加上秬鬯之类香料。酒越放越陈,是以古人也有"昔酒"之称,相当于后世的陈酒[3]。古人不知蒸馏,上述各种酒类的醇度大约相当低。古代饮器比后世量大,然用来饮醇度不高的酒,也无不可。

食器方面:烹调用鼎、鬲、甗、甑、釜,进食用铏俎置肉类,簋置五谷,笾豆置菜肴[4]。勺匕载食,箸则挟食。诸种器物,考古遗址累见不鲜,不赘述。

宴会之事,《礼经》记载极详,但大多为大祭大宾的贵族生活,未必能代表一般的生活水平,其中礼仪的意义,大于饮食本身,故亦从略。

三、居室——建筑与起居

中原土质,其性细密,加以紧压便可坚致,是以在新石器时代遗址中已见夯土的遗迹。张光直列夯土为中国新石器文化特

---

[1]《周礼注疏》,卷五,页10。
[2]同上书,卷五,页6。
[3]同上书,卷五,页7。《礼记正义》,卷二六,页13。
[4]《仪礼正义》,卷一九,页11。

色之一,殊为定论[1]。在西周及春秋战国时期,"夯土"仍是主要的建筑技术。夯土筑台,夯土筑基,夯土筑墙,夯土平地。大约除草顶及支撑草顶的梁柱以外,无一不仗夯土筑成。《诗·大雅·绵》描述宫室的情形:用绳子量画地基的直线,然后运"版"来筑墙,建筑庄严的宗庙,运土的小车轧轧地响,夹杂着投土入版的轰轰声,版筑时的咚咚声,削平墙上凸凹的砰砰声,论百座宫墙筑成了,鼓声不绝,让工人跟着节奏工作[2]。

版筑的技术到战国时,经过多年的发展,当已有一些相当特殊的方法。"版"的排列和位置,可能已有更高的安排。中原因为长期使用版筑,其技术水平尤高。据《吕氏春秋》,吴起在楚国教当地的工匠用"四版"代替"两版",据说工习而筑多[3]。虽然细节不知,大约四版法是技术上的进步。版筑之要在于轻重适当,又须筑者耐久,是以有鼓声为节奏的,也有以歌唱为节奏的。好手可以歌唱领导,不仅使行者止观,筑者不倦,而且可使功速而墙坚,坚固的程度可用利镐刺入的深度为标准[4]。

夯土作墙,屋顶则葺草为之,清庙茅屋是其明证。葺屋时大约用湿泥作涂,一方面固定茅草,一方面也可借草泥相结,构成较为坚固的屋顶。《韩非子》记载一段故事,虞庆为屋,认为屋顶太耸,建筑师回答:"此新屋也,涂濡而椽生。"虞庆不同意,认为:"夫濡涂重而生椽挠,以挠椽任重涂此宜卑,更日久则涂

---

[1] K. C. Chang, *The Archaeology of Ancient China* (New Haven, rev. edition, 1968), p.86.
[2] 《毛诗正义》,卷一六之二,页2—12。
[3] 《吕氏春秋》(四部备要本),卷一四,页10。
[4] 《韩非子》,卷一一,页13。

干而椽燥，涂干则轻，椽燥则直，以直椽任轻涂，此益尊。"建筑师不能说服虞庆，据说不久屋仍坏了[1]。

想象中在降雨量不大的中国北方，彻底干燥的一层泥面，是会比完全用茅草的草屋顶有用的。

瓦的使用，自然是建筑史上一件大事。西安开瑞庄及洛阳南王湾的西周遗址，已有板瓦残片出土，据考古学家推测，这些瓦片也许只用于压护屋脊或边沿。有人甚至于以《左传》隐公八年"盟于瓦屋"认为瓦屋可以作为地名的专名词，则瓦的房屋在春秋的初期似乎仍旧不算普遍[2]。但是侯马的春秋村落遗址，即使是普通平民居住的窖穴，也已有瓦片出现，则瓦的使用，春秋时期已相当普及，实物的出现足可矫正文献造成的错误印象[3]。

瓦的使用到春秋末期及战国时期，已极为常见。一些大规模的居住遗址，如洛阳王城，侯马新田，牛村晋城，临淄齐城，曲阜鲁城，邯郸赵城，易县燕下都，凤翔秦城……都有不可计数的瓦片[4]。瓦的种类也有板瓦、筒瓦、瓦行、半瓦当及瓦当的分别，每一种有其个别的用途，瓦顶的结构显然趋于复杂[5]。

屋顶用瓦自然比较葺屋为重，后者即使涂泥犹湿时重量虽不轻，一旦干燥，则究竟轻于全是瓦片的屋顶。为了防止屋瓦下滑，瓦屋屋顶的坡度不能太陡，是以《周礼·考工记》有葺屋三

---

[1]《韩非子》，卷一一，页5。
[2] 郭宝钧：《中国青铜器时代》，页136。
[3] 山西省文管会：《山西省文管会侯马工作站工作的总收获（1956年冬至1959年初）》(《考古》1959年第5期)，页225。
[4] K. C. Chang, *The Archaeology of Ancient China*, pp.283–305.
[5] 郭宝钧：《中国青铜器时代》，页136。

分、瓦屋四分的分别。所谓茸屋之分屋脊的高度是屋深的 1/3，瓦屋四分，屋脊高度是屋深的 1/4[1]。其制示意如下：

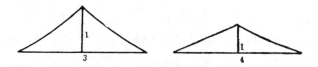

斜面的重量全压在柱头，但斜面本身也须承担下压的压力。斜面越长，压力越大。这种结构上的难题，显然极使古人困扰。前引《韩非子》所载虞庆的故事，即显示当时人注意屋顶重量问题。

木结构的改造，也许与用瓦有相当的关系。木柱早见于新石器时代，商代遗址也有成列的柱孔出现[2]。只为了支撑草顶，殷商遗址的木柱，必须相当密集地排列在四周以及中央[3]。若为了支撑比草顶沉重的瓦顶，木柱势须排列得更为密集。中国建筑的一大特色——斗拱，就是为了承担瓦顶重量而发明的。《论语·公冶长》："山节藻棁"，据说"节"是柱头斗拱，大约是关于斗拱最早的记载[4]。古代的斗拱实物固已无法保留至今，所幸由镂刻描绘在古器物上的建筑物，仍可看出古代斗拱的形制。辉县赵固村战国第一号墓出土铜鉴，其上刻纹有一座建筑物，屋顶板瓦平铺，束以筒瓦，四周有列柱16根，柱顶肥大，二倍于柱径[5]。长治分水岭战国古墓出土镏金残铜匜，流上浅刻图

---

[1]《周礼注疏》，卷四二，页 5。
[2] K. C. Chang, *The Archaeology of Ancient China*, 页 97，页 196。
[3] 石璋如：《殷代地上建筑复原一例》(《"中央研究院"院刊》第 1 期)，页 267 以下。
[4]《论语》，卷三，页 5。
[5] 考古研究所：《辉县发掘报告》，页 116，图 138。

案,其中屋宇为二层楼式,剖面为廊,列柱柱顶有斗拱[1]。长沙出土楚国车马奁,漆绘路侧一亭,独柱支撑亭顶;柱顶也是四出斗拱[2]。斗拱以力臂支撑横梁的重量,使重量转嫁于木柱,不仅承担屋面瓦顶的重量,而且可以使外延的檐角也有所依托。中国建筑的飞檐,成为一种特色。孟子所说"榱题数尺"[3]正是形容外延数尺的檐角。

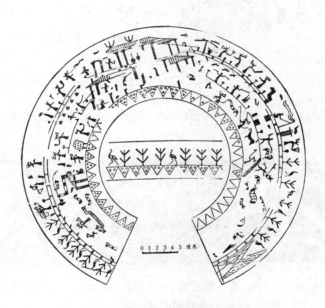

图3之一　辉县赵固村战国墓出土铜鉴

[1]畅文斋:《山西长治市分水岭古墓的清理》(《考古学报》1957年第1期),页109,图2。
[2]商承祚:《长沙出土漆器图录》,图版25。
[3]《孟子》,卷七,页23。

图3之二　长治分水岭战国古墓出土镏金残铜匜流线刻图案

图3之三　长沙出土楚国车马奁漆绘路侧一亭，独柱支撑亭顶；柱顶四出斗拱

中国古代的宫室宗庙，往往建筑在夯土的高台上，其目的自然在于取其高爽。考古遗迹中，夯土台址，所在皆是，而以易县燕下都及邯郸赵城为多[1]。以侯马的古城为例，牛村宫殿遗址纵

---

[1] K. C. Chang, *The Archaeology of Ancient China*, pp.283-305.

横各 52 米，台高 6.5 米，夯土坚实，顶积坍塌瓦片厚达 1 米许。平望遗址的台基可分三级，第一级平面正方长宽各 75 米夯土高于地面，第二级高于地面 4 米，第三级面积 35×45 平方米，三级总高度 8.5 米，台顶有瓦片堆积约 1 米。第二级两边有青石柱础[1]。

  这样崇高的台基，除了求高爽通风外，当然也有防御功能。卫国内乱，太子蹞台，子路在台下即以燔台威胁，却攻不上去，终于被卫太子手下的石乞盂黡所杀[2]。台上的建筑也有数层，以上述平望宫殿台基观之，第二层有柱础，第三层有瓦砾，则两层均有建筑物。这两层建筑可能是分开的，但也未尝不可能有部分的重叠。如属后者，则这种架叠在一起的建筑物，实为楼居的滥觞。前引辉县铜鉴及长治铜匜上描刻屋宇，都显示二层结构。辉县之例，可能是二层平台的建筑，而长治一例则上层叠压在下层之上，楼上平台的栏杆也昭然可见。汉代楼观已极常见，战国时代渐有楼居，自然可能。木架结构之斗拱，无疑对于楼台建筑的发展，有不可忽略的关联性。

  木架结构的进步，相对的可以减少墙壁的功能。墙壁完全无须承受横梁的重量，只须具有屏障及隔间的作用。夯土为墙，有坚实的好处，但本身太厚却又不能过高。《周礼·考工记》所谓"墙厚三尺，崇三之"。高 9 尺的墙，竟厚至 3 尺[3]，十分浪费空间。编苇墁土的墁墙，原是很古老的建筑方式，早见于新石器

---

[1] 山西文管会:《山西文管会侯马工作站工作的总收获（1956 年冬至 1959 年初）》，页 222—228。
[2]《左传》哀公十五年，卷五九，页 12—13。
[3]《周礼注疏》，卷四二，页 5。

时代。可能由于墁墙比夯土墙节省空间,是以战国初期的宫殿,竟也有用墁墙建筑的。据说董安于经管晋阳,"公宫之垣,皆以狄蒿苫楚廧之,其高至丈"[1]。燕下都的宫殿遗址,台上有木柱柱孔,砖、瓦、水管及编苇墁土的墙垣[2]。用竹条木片墁土的墙壁,至今还常用于屋内隔间。

中国南方雨量比较黄河流域为多,而土质湿软,不宜夯实。是以楚国建筑,当不能不着重竹木结构。《楚辞·招魂》,描述居室之美有:"高堂邃宇,槛层轩兮,层台累榭,临高山兮,网户朱缀,刻方连兮","冬有突厦,夏室寒兮","红壁沙版,玄玉梁兮,仰观刻桷,画龙蛇兮,坐堂伏槛,临曲池兮"[3],形容得富丽堂皇,其中透亮曲折的屋宇,大约不会是夯土为墙,而是用木柱斗拱,上加瓦顶。长沙出土舞女奁,绘有二室,室皆洞达内外,颇可与《招魂》所描述的互相发明[4]。大约楚国建筑,别有动人之处,以致鲁襄公在访楚之后,回国仿造了楚宫,甚至最后死在这"楚宫"之中[5]。笔者甚至怀疑,中原的夯土台观与南方的干栏文化两个传统结合,成为所谓层台累轩的楼台木结构传统。不过这一段结合过程,以目前的考古资料,还难以证明。

居室划分,有堂、有室,固无庸论。有些房屋大约还有由两翼伸展而成的东西厢,古人谓之个。但正寝却有室而无东西厢。

---

[1]《战国策》,卷一八,页2。
[2] K. C. Chang, *The Archaeology of Ancient China*, p.297.
[3]《全上古三代文》,卷一〇,页12—13。
[4] 商承祚:《长沙出土漆器图录》,图版22。
[5]《左传》襄公三十一年,卷四〇,页7。

堂前有庭，基本上已形成后世一进院落的规模[1]。考究的房屋，丹楹刻桷，山节藻棁，红壁龙纹，有种种的装饰，自有一番气象。然而春秋以前可能以朴素为庄严，是以鲁庄公丹桓公之楹，刻桓公之桷，居然劳动史官在《春秋》记了两笔[2]。一般高级房屋都用的蜃灰垩壁，所谓白盛，则为了清洁，未必算是装饰[3]。

堂室都有窗采光，若以《考工记》所谓准，每室四户八窗[4]——如此门窗未免太多了些，恐是宗庙制度，未必为居室写实。居室大约前后有窗，前面的窗比较大，室外站着可以由窗与室内人谈话。伯牛有疾，孔子自牖执其手，必须窗沿不太高，方可办到[5]。后面也有窗，可能高而小，只是透光而已，由此可见天光，是以谓之"屋漏"[6]。室西南隅谓之奥，最是幽暗处，当由于离西北小窗颇远，又不当户之故。

屋面用瓦，排水情形已比茸墁为佳。瓦当拦在瓦列前端，既增美观又可约束灰泥滑落。而且也不无约束瓦上流水流向仰槽的

---

[1]明堂有一堂五室，其布局自古为聚讼之点。以无关一般生活，暂置不论。《周礼注疏》卷四一，页15。以《尚书·顾命》所见王室的布局言之，有应门，门侧有塾，有庭，登一阶为堂，两侧有东西厢，东西序，东西垂；东西序也有堂。与四向相对的明堂，并不相同，而与后世的院落布局几乎完全一致。《尚书今古文注疏》（四部备要本）卷二十五下。又《左传》昭公四年："使寔馈于个而退。"卷四二，页17。又《尔雅·释名》"无东西厢，有室曰寝"《尔雅注疏》（四部备要本），卷五，页4。
[2]《左传》庄公二十三年、二十四年，卷一〇，页2。但楚国漆器舞女衣上，房屋的壁间有红色为花的彩绘图案，明晰可见。商承祚：《长沙出土漆器图录》，图版22。
[3]《周礼注疏》，卷四一，页15。
[4]同上书，卷四一，页5。
[5]《论语》，卷三，页11。
[6]《大雅·抑》："相在尔室，尚不愧于屋漏。"《毛诗正义》，卷一八之一，页8。《尔雅·释宫》："西北隅谓之屋漏。"然而屋漏之义，自古注疏未能确解。金鹗以为西北面小窗，始得其真。《求古录·礼说》(《皇清经解续编》)，卷三，页8—11。

作用。城市中也有下水道设备。燕下都的遗址出土有陶制水管，城中也有水沟。其中可能有供水道，也可能有排水沟[1]。咸阳秦古城也有不少陶制水管出土，可能亦是地下水道的残余[2]。

室内设席，是以登堂入室须去屦，此说已见本文第一节。古人量度房间面积，也以筵（席）为单位。一筵9尺，所谓"室中度以几，堂上度以筵，宫中度以寻"[3]。席以竹丝或莞草编制。以《尚书·顾命》为例，有篾席（以竹篾制成），有底席（马融谓青蒲，郑玄谓细篾致席），有丰席（竹席画有雪气图案），有笋席（竹青皮制席），无非竹制品[4]，曾子临终易箦，据说"华而睆"当是有彩绘的莞草席[5]。

夜间照明，室外为庭燎，室内手烛。但手烛也不过是一束细薪，而且以其燃速易尽，不可树置烛架，只能用专人手执。上引曾子易箦时，童子隅坐执烛即是。即使贵族的夜间生活，也有赖执烛的人持烛照明，而不能有烛架烛台之类，如《左传》哀公十六年"良夫代执火者而言"，便是浑良夫屏除执烛人，俾得密言，但是浑良夫自己只得代为执烛了[6]。庭燎可能是火炬，所谓大烛，但也可能是营火，所谓"夜如何其，夜未央，庭燎之光"，

---

[1] K. C. Chang, *The Archaeology of Ancient China*, pp.267, 283–365.
[2] 吴梓林、郭长江：《秦都咸阳故城遗址的调查和试掘》（《考古》1962年第6期），页281—299。
[3]《周礼注疏》，卷四一，页15—16。
[4]《尚书今古文注疏》，卷二五下，页1—3。
[5]《礼记正义》，卷六，页10。睆，据说指莞削节目，但《说文》：莞，草也，可以为席。则睆可能由莞而来，未必指刮治竹节而言。
[6]《左传》哀公十六年，卷六〇，页10。

大朝会也不过多燃几堆营火而已[1]。又《左传》昭公二十年公孙卿聘卫，"终夕与于燎"。可知燎火终夜不绝，若是火把，势须有人终夜手执，未免劳费过甚。燃烛颇不便，是以宴会之际，若宾客未到齐，主人可能即不燃烛。客去之后，大约也就不再继烛了[2]。到战国末期，似乎富贵人家已改用油脂为烛，甚至加入香料，则不仅光亮耐久，更有芬芳气息，实是古代照明一大进步。但此种设备，殆非人人可以为之[3]。

以上所述，受史料性质之影响，大体为上层社会之居室状况。平民贫户，生活情形，自然未必能有这种水平。春秋中期，贵族讥诃微贱人家为"筚门圭窬之人"[4]，筚门犹谓柴扉，圭窬是在夯土墙上凿壁为户。上锐下方，甚至未有窗框。战国时形容贫民居室为"穷巷掘门，桑户棬枢"，简陋可想[5]。比较具体的形容，则可借《庄子·让王篇》："原宪居鲁环堵之室，茨以生草，蓬户不完，桑以为枢，而瓮牖二室褐以为塞，上漏下湿。"[6]总结这段形容陋室的文献资料，我们可以想象小小土室，柴扉零落，窗子是在土壁上凿了个洞，也许有一个破瓦罐的圈作为窗框的代用品，用破麻布或破毛毡挡住窗外的寒风，屋顶只是一些草束覆盖，漏雨固不用说，平时地上也是湿漉漉的。

再以考古资料言之，侯马东离牛村古城约5000米处有一

---

[1]《毛诗正义》，卷一一之一，页3—4。《礼记正义》，卷六，页10。
[2]《左传》，卷四九，页9。《礼记·少仪》："其未有烛而后至者，则以在者告。"又"凡饮酒为献，主者执烛抱燋，客作面辞然后以授人"。《礼记正义》，卷三五，页14。
[3]《楚辞·招魂》："兰膏明烛，华容备些。"《全上古三代文》，卷一〇，页12。
[4]《左传》襄公十年，卷三一，页7。
[5]《战国策》，卷三，页4。
[6]《庄子》，卷九，页13。

座春秋村落的遗址，居室大小，形制大致相同，均在地下。深1.4—1.5米，长方面积3×2.4平方米或4×3平方米。底部稍大，四壁规则。底面平坦，方向坐北朝南，门口有上下台阶。墙上均有小龛，有的龛分上下三层。根据柱洞及瓦片，房屋上部当用木料作架覆瓦。居室附近往往有窖穴或大储藏室相连。有些居室旁有水井。窖穴形制大小不一，大致均作储存室用。其中若干也有瓦顶及上下台阶。有若干粮窖内储谷物已经腐烂，但可以检定其中有不少黄豆。村落遗址中并且出土不少蚌锯、蚌刀、骨簪及少量铜锥，是当时使用的遗留[1]。这种半地下室的居住形态，上承新石器时代，在黄土地带，土质干燥细密，雨量又不大，半地下室有其存在的价值。贵族住宅中甚至也有地下室，作特殊用途。例如：郑伯有好酒，特辟了"窟室"，在其中夜饮。又如宫廷的乐队，可以在地下室演奏，以娱嘉宾[2]。不过若只是作为居室，以地下室与贵族富人的亭台楼榭对比，其生活水准太悬殊了。

由居室当可附带讨论帷幄：古人外出旅次则张帷幕为幄。《周礼·天官》列有掌舍、幕人、掌次三职。综合三处叙述，旅次宿营，营外有拒马架一类围卫之物，并掘土为垣，无土则以车马为藩。围内以绘制帷幄，在旁曰帷，在上曰幕，四合如屋，以象宫室。幄内以毡为案，重席为床。不仅大型的会盟、旅行，即使时间延长至一日的大祭祠也在野外设立这种帷幄[3]。帷幄四方如屋，则古人的帐幕显然与圆形的蒙古包，低平的藏人黑帐

---

[1]山西省文管会：《山西省文管会侯马工作站的总收获（1956年冬至1959年初）》，页225。
[2]《左传》襄公三十年，卷四，页4，又成公十二年，卷二七，页3。
[3]《周礼注疏》，卷六，页4—7。

篷,均不相似,当为中国特有的行帐。《礼经》以外的史料,也颇有提及帷帐者,例如《左传》的昭公十三年,晋会诸侯,郑国"子产命外仆速张于除",被子大叔延迟一日,次日已无处可张帷幕。此是大盟会的情形[1]。又如哀公十七年,卫为虎幄于藉圃,则是花园囿中造幄幕而以虎兽为饰[2]。

帷不仅施于旅次野外,宫室之中也在堂前设帷,以障隔内外。据说天子诸侯用屏,大夫用帘,士用帷,但又泛称为帷薄[3]。《楚辞·招魂》形容帷帐,"离榭修幕,侍君之闲兮,翡帷翠帐,饰高堂兮"。配合另一节"砥室翠翘,絓曲琼兮,翡翠珠被,烂齐光兮"[4]。则帷幕之饰,似乎是壁饰的一部分,未必仅是悬挂堂前以分内外了。如果帷帐已成壁衣,甚可能是后世"壁饰"的前身。中世以后,中国建筑以素壁白垩为特色,无复彩饰。

个别的居室集合则为聚落。当在另一专文中讨论,此处不赘。

四、行道路与交通工具

周道、周行在《诗经》中数见不鲜,如《周南·卷耳》"置彼周行",如《桧风·匪风》"顾瞻周道",《小雅·四牡》"周道倭迟",《小雅·小弁》"踧踧周道,鞠为茂草"皆是。而最能形容透彻的莫如《小雅·大东》"周道如砥,其直如矢;君子所履,小人所视",及"佻佻公子,行彼周行"。由诗句即可看出,周道

---

[1]《左传》昭公十三年,卷四六,页6、9。
[2] 同上书,哀公十七年,卷六〇,页4。
[3]《礼记正义》,卷二,页3—4。
[4]《全上古三代文》,卷一〇,页12。

或周行是君子贵人车驾往来的大道,屈翼鹏先生认为是周的国道,其说甚确[1]。

参之其他典籍,《国语·周语》也举"周制",据说"列树以表道,立鄙食以守路"[2],而《左传》襄公九年,晋国的军队还曾"斩行栗",则以栗树为表道树[3]。

大约周初建国,封建诸侯以为藩屏,这些新建封国之间,有平直坚实的驰道相通,道旁并有"行道树"及专司护路的人员。是以"周道"成为诗人寄兴的对象。而且霸主们也以维持道路畅通为己任无疑的,旧日周人的"国道"当仍能发挥若干功能[4]。

秦一中国,驰道四达,其盛当不下于所谓"条条大路通罗马"的西谚。驰道情形:"道广五十步,三丈而树,厚筑其外,隐以金椎,树以青松。"[5]则有坚实的路基,有广阔的路面,有整齐的行道树及护基路桩,自然又比周道高出一筹了。

虽然有官道,旅行恐仍不是易事,不仅冲冒风寒暑热,而且往往无处投宿,无处觅食。古时官吏旅行,可能有所谓候馆逆旅。如《周礼·遗人》所谓"十里有庐,庐有饮食;三十里有宿,宿有路室,路室有委;五十里有市,市有候馆,候馆有积"[6]。有人认为这些委积的饮食薪刍,号为施惠,则甚至可能是免费供应[7]。然而《周礼》原义,施惠只是遗人职掌的一部分,

---

[1] 屈万里:《诗经释义》(台北),页172—173。
[2]《国语》(四部备要本),卷二,页12。
[3]《左传》襄公九年,卷三〇,页15。
[4]《左传》成公十二年"凡晋楚之从无相加戎,往来道路无壅"。卷二七,页3。
[5]《汉书》,卷五一,页2。
[6]《周礼注疏》,卷一三,页12—13。
[7] 郭宝钧:《中国青铜器时代》,页152。

在道路委积的上文，明指这种庐宿候馆的布置是为了宾客会同师役[1]。由此可知凡此设备，并非一般行人可以享受。是以《左传》文公五年阳处父，聘于卫，返过宁，宁嬴从之。据说这位宁嬴是逆旅大夫，即是专司官吏过境事务的官员。阳处父代表晋国聘问友邦，方能得到逆旅的招待。

　　晚至战国，随着商业的发达，都邑的发展，大约以营利为目的的逆旅始出现。例如《庄子·山木篇》，阳子至宋，宿于逆旅，又如《则阳篇》，孔子至楚，"舍于蚁丘之浆"，据说也是逆旅，但顾名思义，当是旅舍兼售饮料者[2]。至于商鞅立法，客舍不能不先验明客人身份，则逆施行业已在治安人员监察之下，与后世的旅舍，并无二致了[3]。

　　旅行又须赍粮自炊。孔子在陈绝粮，如有处可以购买饭食，夫子也未必不能出钱购买。唯其行旅自备粮食，又无处购现成饮食，始有绝粮之事。又据《孟子》"孔子去齐，接淅而行"，可见孔子出门不仅携带米粮，连釜甑也须自备[4]。是以《庄子·逍遥游》："适百里者宿舂粮，适千里者三日聚粮。"远行携带的粮食多，似乎沿途竟无法补充[5]。

　　以理推论，战国时既有商业化的逆旅，市上又有沽酒卖肉的营业，行旅赍粮，似乎多余。但古代的市镇分布不及后世繁密，也许旅人未必能容易每餐赶上"打尖"之处，也未必夜夜能适巧

---

[1]《周礼注疏》，卷一三，页13。
[2]《庄子》，卷七，页15；卷八，页26—27。
[3]《史记会注考证》，卷六八，页20。
[4]《孟子》，卷五，页13。
[5]《庄子》，卷一，页2—3。

到达投宿之处。于是野宿自炊，均所难免。大约远行千里，不需持粮，至唐初始习以为常。然而也仍烦诗人歌咏，足见当时也认为盛事。尝忆抗战期间，在内地转徙数省，每每陆行数百里，旅途能有客舍的机会颇不易得，而持粮供炊，更是常见。由今言之，竟若隔世。以此及彼，则古人必须千里赢粮，也就不足为怪了。

驿传之制，在中国自古有之。《左传》文公十六年"楚子乘驲会师于临品"，又成公五年，梁山崩，晋侯以传召伯宗，又昭公二年，公孙黑作乱，驷氏与诸大夫欲杀之，"子产在鄙闻之惧弗及，乘遽而至"。无论传遽或驲，均是更换车马以求迅捷[1]。驿传可分临时及常设二种，为某事而专设者，如《左传》昭公元年，秦后子享晋侯，"十里舍车，自雍及绛，归取酬币，终事八反"[2]。每十里置一站，竟可在山西陕西之间往还八次。是不仅待命的车马多，路面也需极好。常设的驿传，据《周礼·行夫》，邦国传遽，使者可以旌节调度[3]。近年寿县出土的鄂君启节四枚，据说为楚怀王赏赐鄂君启的金节[4]。铭文说明水路可以用船150艘，陆路可以用车50辆。凡此车马船只，可能即由常设驿传供应。《韩非子·难势篇》："夫良马固车，五十里而一置，使中手御之，追速致远，可以及也，而千里可日致也。"[5]此处"五十里一置"，大约是一日之程，如果常设驿站，当即以此为度。乘驿旅行，仍是非常的特权，普通平民必不能享受其便利。然而因置

---

[1]《左传》，卷二〇，页2；卷二六，页5；卷四二，页3。
[2]同上书，卷四一，页9。
[3]《周礼注疏》，卷三八，页8。
[4]殷涤非、罗长铭：《寿县出土的鄂君启金节》(《文物》1958年4期)，页3—11。
[5]《韩非子》，卷一七，页3。

驿而使交通路线固定，平民也未尝不能分沾余利。

　　道路之上必有桥梁，由于中国建筑以夯土及木架为主，砖石均至后世始常用。大约为此之故，古人对筑桥颇觉困难。北方河川流量，受上游融雪及雨量影响，春夏为盛。水大时极目浩瀚，枯水时又只在河床有浅水一溜。木制桥架，在大水时不易修筑，天寒水浅是修桥的时刻，一则易于施工，二则寒冷时徒涉太苦。秋冬之际修筑桥梁，文献似乎颇为一致。如《孟子·离娄》，十一月徒杠成，十二月舆梁成，于是"民未病涉"[1]。又如《国语·周语》"故先王之教曰，雨毕而除道，水涸而成梁"，按，《夏正》是九月除道，十月成梁，正与孟子所说的时节相当[2]。唯木桥梁只能施之小河川，江汉之上只能借用舟楫。《诗经·邶风·谷风》的"方之舟之"，可能指用渡船（舟之）及浮梁（方之）两种方法。造浮桥之事，如秦后子享晋侯"造舟于河"[3]，然而一般渡水方法，恐怕不外乎"深则厉，浅则揭"，或者"泳之游之"[4]。晚至战国，徒涉仍是常事。《战国策·齐策》，襄王立，田单相之，过菑水，有老人涉菑而寒，出不能行，坐于沙中，田单见其寒，欲使后车分衣，无可以分者，单解裘而衣之[5]。其涉水的苦况可知。

　　交通工具，仍以车船为主，而至战国则骑乘也是常事。先说车：《周礼·考工记》车制最详，有车人、轮人、舆人、辀人，

[1]《孟子》，卷四，页14。
[2]《国语》，卷二，页11—12。
[3]《左传》昭公元年，卷四一，页9。
[4]《毛诗正义》，卷二之二，页8、4。
[5]《战国策》，卷一三，页3—4。

均详说细节,是以《考工记》本身也说"一器而工聚焉者,车为多"[1]。自来注疏,对车制常有扞隔。概括言之,《考工记》的制度,车以曲辀架马,以直辕服牛,轮绠形成碟形的箄。乘车横軫,有较轼可以扶持,牛车直厢,以载重物。车轮的结构用火定型,务求其匀称。用材极讲究,务选适当的木料,同时又很注重重量的限度,不使有赢不足。车各部相合,用斗榫,用革用筋,用漆用胶。车制比例,因地形而异,也因用途而异[2]。

近来考古资料,古车遗迹遗物,数见不鲜。殷商车制,已有石璋如先生复原,周代的车制,有宝鸡、洛阳、辉县、汲县、浚县、上村岭各遗址,均有资料。以复原的上村岭春秋车与辉县琉璃阁战国车相比,基本的结构十分相像,也与殷商复原车原则上无甚改变(图4)[3]。以实物对证《考工记》,无论春秋或战国的车,辀的曲度都极有限,多为直木而在前端上扬,春秋车上扬比战国车更为显著。比较各遗址车制,仍可看出若干进化痕迹。以辐数而言,其趋向如下:殷车18辐,西周11—22辐,春秋25辐,战国26辐,辉县琉璃阁(战国)一车有央辅二条,故望之如有30辐之多,而汲县山彪县(战国)则有30根辐的车痕,洛阳东郊西周车辐22—24根,介于浚县辛村(西周)18辐与琉璃阁26辐之间,充分说明辐数渐增的过程[4]。

---

[1]《周礼注疏》,卷三九,页5。
[2]《周礼注疏》,卷三九,页6—14;卷四〇,页1—4;卷四二,页7。
[3]《新中国的考古收获》(1961年),图27。《辉县发掘报告》,页43。
[4]《新中国的考古收获》(1961年),页57—58。《辉县发掘报告》,页47—51。郭宝钧、林寿晋:《一九五二年秋季洛阳东郊发掘报告》,《考古学报》(1954年第9期),页115。

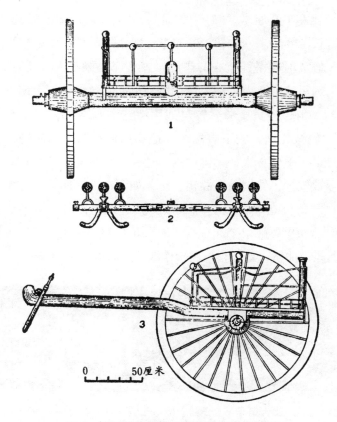

图 4　辉县琉璃阁战国车马坑出土车原图

以辉县琉璃阁五辆战国车为例,可以看出古车形制。辕分直辕曲辕两种,车箱底部以木板或皮革为底,四周以粗木条为框,中央为辕木,纵贯车底。车篷大于车厢,状似四阿式屋顶,篷顶有横梁,两扇梯形芦席向左右下披,两扇三角形席遮蔽两端。另以细木条为支架,纵横编成格子,以骨扣缚住席篷。车最大的轮径是140厘米,轨宽180厘米,舆广150厘米。最小的轮径95

厘米，轨宽140厘米，舆广95厘米，舆长43厘米，轼高22厘米，辕长120厘米，轴长170厘米，辐条均斜放成中凹碟形，对于车子倾仄时有平衡重心的作用[1]。大车站乘3人，还算宽裕，小车大约只能乘2人了。上述车型，也未必各地皆同。南方楚国的车制，由长沙黄土岭木椁墓战国漆器图画看来，一车有车辐14根，侧辕无辀，轴下有两根支撑物后伸，防车向后倾，车盖如伞，伞下乘坐2人，一御一乘。这种形制不同于辉县车制凡三点：辐数较少，侧辕而非曲辀；车盖如伞，而非四阿；至于乘坐方式也与传统立乘之说不同（图5）。这种差异未必由于地方性的不同，而更可能由于兵车与普通乘车之间的异制，兵车须灵活轻便，是以曲辀，普通车不用于作战，是以可以坐乘[2]。

图5　长沙出土楚车马夋漆绘，侧辕无辀，轴下有两根支撑后伸，车盖如伞，乘二人，一御一乘

车的种类，大约还不仅于此。《周礼·考工记》以贵贱分辨

---

[1]《辉县发掘报告》，页47—51。关于碟形轮箄，据说欧洲到中世纪始用，参看 Joseph Needham, *Science and Civilization in China*, Vol. Ⅳ, Pt.2（Cambridge University Press, 1965）, p.77.
[2]《长沙出土漆器图录》，图版25。

有无革挽的栈车及以革挽的饰车[1]。以用途分,有泽行的短毂车及山行的长毂车。以载重的牛车言,有山地的柏车,平地载任的大车及小型的"羊车"[2]。再从车子外形分。车盖如伞,四面透空,似是正式的乘车设备。《周礼·考工记》所谓"盖之圜也,以象天也",而且有不用盖,仅在必须时张笠者[3]。不过也有前后遮蔽,两旁开窗的固定车篷,如辉县车制,又如《左传》定公九年阳虎逃亡用的"葱灵车",乘者可以寝卧其中[4]。

车的结构轻巧,如上乘者站立,遂不免重心偏高,车厢宽度大于深度,车轴特长,以及用碟形轮箄,大约都针对这个缺点而设。不过也因车身轻,马负担不重,日行五十里,并非难事。车辖用动物脂膏润滑,自然更能增加速度[5]。

一般行车以二马为常,《孟子·尽心》所谓"城门之轨,两马之力与",《左传》哀公二十七年所谓"乘马两车"[6],均可为证。有大事则除负轭的二马外,可再加上挽靷的两骖[7],一般有车人家,可能只有二马,在有事时,方向人借用二骖[8]。

牛车侧辕,是以只需一牛将车。古时牛车仅为载重,长途运载,则用牛车。晚至战国,竟有人以赁车为业者,《吕氏春秋·举难篇》,宁戚"于是为商旅,将任车以至齐",大批的牛车

---

[1]《周礼注疏》,卷三九,页14。
[2]同上书,卷四七,页7。
[3]同上书,卷四〇,页4。《左传》宣公四年"以贯笠毂",卷二一,页12。
[4]《左传》定公九年,卷五五,页11。
[5]同上书,哀公三年"巾车脂辖",卷五七,页9。
[6]《孟子》,卷七,页9。《左传》哀公二十七年,卷六〇,页13。
[7]《左传》哀公二年,卷五七,页8;哀公十七年"衷甸牡",卷六〇,页4。
[8]《战国策》,卷三二,页2。

夫在城门外烧起营火,居车下饭牛,车重牛缓,车队又大。其一日行程,必不能与良马轻车的情况相比[1]。

有时人力也用来挽车,所谓辇,南宫万多力,能够以乘车辇其母,由宋至陈只走了一天,挽靷自是轻车[2]。若是三个人挽不动,必须五个人始克行动的"车士引车",则大约是载重车了[3]。

服牛乘马,中国用车当自草原传来。晚至《周礼·考工记》写成的时代,仍以胡地人人能制弓车为说[4]。驿马之风,战国始普及,战国兵力,动辄千乘万骑。赵武灵王胡服骑射,是知骑马之俗也来自北方草原。但典籍中也偶有在战国前已骑马的痕迹。《诗经·大雅·绵》:"古公亶父,来朝走马,率西水浒,至于岐下。"只说马,未说车。而逾越梁山,乘车未必方便[5]。正如后世晋国败狄太原,也由于地形厄狭,不利乘车,必须毁车作行。那些原来驾车的马匹,未尝不可能改为骑乘[6]。鲁昭公逃亡于齐,从者企图解决僵局,曾想让昭公乘马返鲁。既然用车非用马不可,此处特别提出乘马而不提车字,可能是建议骑马驰返,一则出其不意,二则比乘车更迅速,是以刘炫以为"此骑马之渐也"[7]。晋楚邲之战,赵旃在败军之际,"以其良马二济其兄与叔父,以他马反,遇敌不能去,弃车而走林"[8]。此处未明言"良

---

[1]《吕氏春秋》(四部备要本),卷一九,页20。
[2]《左传》庄公十二年,卷九,页3。
[3]《战国策》,卷三〇,页9。
[4]《周礼注疏》,卷三九,页3。
[5]《毛诗正义》,卷一六之二,页9。
[6]《左传》昭公元年,卷四一,页10。
[7]同上书,昭公二十五年,卷五一,页11。
[8]同上书,宣公十二年,卷二三,页10。

马"是否用来骑乘,但这两匹马系由赵旃车上用别的马换下来,若赵旃用车,其兄与叔父也用车,换马远不如换车(连马)便捷,似无换马必要。由此推想,那两匹良马可能用作单骑了。

不过战国骑马似仍以军事为主,马匹大约仍以驾车为常,《庄子·马蹄篇》伯乐治马的寓言,驯马的最后阶段仍是以"加之以衡轭,齐之以月题"是驾车,而非骑乘[1]。

水路交通的史料,远比陆路为少。南方诸国荆楚吴越,多江海湖泊,水路用舟自然早已有之。不过最早文献资料说到大规模的船运,仍是《左传》僖公十三年泛舟之役,由秦输粟于晋,"自雍及绛相继",从渭河转黄河,入汾水,自是一番盛举[2]。晚至战国渭泾诸水大约仍为秦国主要运输道路,被当时认为秦国可畏原因之一,"秦以牛田,水通粮,其死士皆列之于上地,令严政行,不可与战"[3]。齐国滨海,沿海航行早已知之甚谂。《孟子·梁惠王》所述齐景公计划,"遵海而南,放于琅邪",当是沿着海岸的航行[4]。南方诸国争霸中原,也利用水路,《左传》哀公九年,吴国开了邗沟,直达江淮,实为后世南北大运河的祖型[5]。次年徐承且率舟师遵海路入齐,更是中国最早的沿海航行记录[6]。越人拊吴之背,即由海运入淮,绝吴师归路,又循江路攻入吴国首都。可见春秋末叶江、淮、河、海均已畅通舟楫[7]。

---

[1]《庄子》,卷四,页8。
[2]《左传》僖公十三年,卷一三,页11。
[3]《战国策》,卷一八,页9。
[4]《孟子》,卷一,页16。
[5]《左传》,卷五八,页9。
[6] 同上书,卷五八,页10。
[7]《国语》,卷一九,页5。

至于战国,则河渭水道已如前说,长江航行,可由巴蜀循江至郑。一船可载50人及3月粮,其体积已不算小[1]。

寿县楚墓出土的鄂君启金节,其铭辞说明楚王允许鄂君启使用150艘船只在江西湖南湖北运载货物,也以江域为水运网[2]。

战国都会,陶卫二地的发达,与东方水路网的沟通大有关系。继邗沟之后,吴人又开了荷水,使江淮河济四条水系,得以打成一片,鸿沟之开更使宋国的陶成为天下之中[3]。水运的发达可想而知了。秦十六国,始皇屡次东巡,二渡浮江,一次到湘山,一次到浙江,又曾渡江循海北上琅邪[4]。自然是战国水路畅通之后,秦始皇才能循江遵海。所惜考古资料,仅得武进奄城出土的三只独木舟,形制简单,体积亦小,难以与古代已具规模的船制相比较[5]。如果徐市携童男童女出海的传说确属殖民日本,则战国末年的水运技术必已很高了。

凌纯声先生比较民俗学与文献资料认为:木筏、戈船、方舟、楼船四种水运工具,系环太平洋地区各文化所共有,可以载重致远。而且凌先生认为这几种交通工具在中国远古即已发展,固然凌先生远溯起源于传说时代,其史料则大半为两周秦汉的资

---

[1]《战国策》,卷一四,页7。
[2] 殷涤非、罗长铭:《寿县出土的鄂君启金节》,页3—11。
[3]《水经注》(世界书局本),页114有徐偃王通沟陈蔡。又参史念海:《释史记货殖列传所说的陶为天下之中兼论战国时代的经济都会》(《人文杂志》1958年2期),页78—80。
[4]《史记会注考证·秦始皇本纪》,卷六,页41、61、65。
[5] K. C. Chang, *The Archaeology of Ancient China*, p.390. 谢春祝:《奄城发现战国时代的独木船》(《文物》1958年11期),页80。

料[1]。我们无妨说，两周（尤其战国时代）东南海洋文化与中原文化的融合，使中国掌握了远航的能力，才有徐市之辈出现的可能。

总结行的部分。古代无论道路或交通工具，都还简陋。早期徒涉河川，携粮自炊野宿风露，大抵艰困非常。是以古人出门祖祓，无非以不可知的命运求托神佑。然而以战国与春秋相比，交通工具的进步，可由辐数增多观之，道路情况的改良，可由旅舍出现观之。水运渐趋发达，载重行远，不烦牛马，也对中国的交通有重大意义。逮及战国以后，秦皇筑驰道，汉武试楼船，其滥觞实在仍由周行砥直，乘舟余皇。

原载《"中央研究院"历史语言研究所集刊》第四十七本第三分

---

[1] 凌纯声:《中国远古与太平印度两洋的帆筏戈船方舟和楼船的研究》(《"中央研究院"民族学研究所专刊》之十六，1970年)，页209。

从《周礼》中推测远古的妇女工作

《周礼》这部书属于古文家的系统,由于书出最迟,今文经师坚持门户之见,一口咬定是假的,如何休、临硕之流称之为战国阴谋之书,唐赵匡、陆淳以逮宋元诸儒,迄于胡五峰、季本、万斯同、姚际恒都说《周礼》出于伪造。康有为的《新学伪经考》更罗织罪状,说刘歆为了佐莽篡汉,有计划、有用意地作伪,所谓:"歆欲附成莽业,而为此书,其伪群经乃以证《周官》者,故歆之伪学,此书为首。"

另一方面,自从刘(歆)、杜(子春)通之,马(融)、郑(玄)尊之,康成以为《三礼》之首,号为周公致太平之书,唐贾公彦,宋朱熹都极力拥护,朱氏以为"盛水不漏,非周公不能作"。清人孙诒让仍说:"粤昔周公缵文武之志……爰述官政,以垂成宪,有周一代之典,炳然大备……此经上承百王,集其善而革其弊,盖尤其精详之至者,故其治跻于纯太平之域。"

以上两派意见各趋极端。若说《周礼》全由周公著作,未免有点拘泥。周公综理万机,一饭三吐哺,一沐三握发,恐怕也少有余暇编如此完密的巨著。而且《周礼》有许多部分过于整齐,在实际施行上尤有扞格之虞。因此,《四库全书总目提要》认为可能有历代增删,窜入后世之法者。这话甚为公允,自然,也还可能有后世羼入乌托邦理想的。

反过来说,此书也绝不可能是刘歆伪造。吾乡名史家钱宾四先生"刘向歆父子年谱"已辟解清楚了。就《周礼》本身言,其中也颇有与他书相符的,汪中所举"六征"就是这一类证据。而且,在《周礼》中,我们可以找到不少古代的材料,例如本篇所将讨论的远古妇女工作。唯其这些材料是古代的真面目,因此社会状态已改变后的汉人不能了解。唯其汉人看不懂而只能作一种错误的解释,因此可断定这些材料不可能是后人伪造的。但是,必须用社会学及民族学的眼光加以分析,才能发现这些材料的真正意义。

例如,在《周礼·天官冢宰》"内宰"条:

> 内宰……以阴礼教六宫,以阴礼教九嫔,以妇职之法教九御,使各有属,以作二事,正其服,禁其奇邪,展其功绪。……凡建国佐后立市,设其次,置其叙,正其肆,陈其货贿,出其度量淳制,祭之以阴礼;中春,诏后帅外内命妇始蚕于北郊,以为祭服;岁终,则会内人之稍食,稽其功事,佐后而受献功者,比其小大,与其粗良,而赏罚之;……上春,诏王后帅六宫之人,而生稺稑之种,而献之于王。

在这一节引文中,所讲的都是"阴礼""妇职",但有关祭事丧事的一部分因与本文所论无干,已略去。此处所引的可说都是生产事业——立市、蚕桑、女红和献穜。但为行文方便计,以下不拟按此次序讨论。

关于蚕桑及女红,比较容易说清楚,兹先述之。引文极明白,自古以来,女子料理衣着,几乎像是天经地义的事。孙诒让疏:

> 凡蚕桑之事,通谓之蚕。

据《礼记·月令》:

> 季春,后妃斋戒,亲东乡躬桑(郑玄注:后妃亲采桑,示帅先天下也)。

《孟子·滕文公下》:

> 夫人蚕缫以为衣服。

迄于近今,在机器纺织以前,养蚕或纺纱依然是妇女的主要工作。因此,在古时,皇后必须亲自倡导,其意义与天子耕籍劝农并无二致。此处把蚕桑列为妇女的工作是极自然的事。

其次说到"妇功",所谓"稽其功事",据贾公彦疏:

> 稽,计也。又当计女御丝枲二者之功事,以知多少。

所谓"献功",贾疏说:

>内宰佐助后而受女御等献丝枲之功布帛。

而郑玄注"妇职"说：

>妇职谓织纴、组紃、缝线之事（孙诒让疏：此即化治丝枲之事）。

足见"妇功"就是纺织一类工作。除此处所引解释外，据《国语·鲁语》：

>公父文伯退朝，朝其母，其母方绩，文伯曰：以歜之家而主犹绩，惧忏季孙之怒也，其以歜为不能事主乎？其母叹曰……王后亲织玄紞，公侯之夫人加之以纮綖，卿之内子为大带，命妇成祭服，列士之妻加之以朝服，自庶士以下皆衣其夫。

"女织"一事自古而然，所以对于这一节，注家并无误解。我们也不必多费篇幅作不必要的讨论。

但另外两节与前举蚕织平行的记载，郑、贾诸代注疏都不能令人满意，反是越注越糊涂。以下将试为释之。

先说所谓"献穜"，据郑玄注：

>六宫之人，夫人以下分居后之六宫者。古者使后宫藏种；以其有传类蕃孳之祥，必生而献之，示能育之，使不伤败，且以佐王耕事，共禘郊也。郑司农云，先种后孰谓之穜，后

种先孰谓之秠，王当以耕种于籍田，玄谓黍稷穜稑是也。

天子必须亲耕以为天下先，言之顺理成章，因为耕种是男子的工作，所谓"男耕女织"也。然而，根据这一节记载，"穜稑之种"必须由王后藏于后宫，然后再献之于王。郑玄不明白王后牵涉在内的原因，所以只能勉强用"传类蕃挚之祥"作解释。其实由社会学的观点看，农业大部属于男子，只是后来的事，在最初，男子的事业是打猎，种植的始祖应归于妇女。

远古之时，以采集为主，果实树根，水滨的蛤蜊，泥中的虫豸莫不是食物。逐渐，人类由拾取动物尸体及手抟小动物，进而至于用强弓长箭射猎或用标枪利刃追逐。人类的食物范围扩大了，"茹毛饮血"是这时候的生活写真。但是妇女即使有些人"硕大且卷"，甚至体力不让须眉，然而在做母亲前后必有一个时期无法做剧烈运动。狩猎主要有赖于身手矫捷，在这一段时期，妇女自然势必退出驱兔逐鹿生涯，仍回到比较轻易的采集工作上。妇女和植物接近的关系因此远较男子为多，她们也因此更有机会观察万物萌茁生生不息的情形。

也许，有一次，她们偶然把种核遗落在居处附近，或是把截枝无意插在地上。居然，种子生长了，截枝发育了。开始的时候，她们也许只知惊诧。但是屡次经验的积累，令她们悟透了生命的秘密。于是开始有意地撒种插枝，这便是农业的萌芽。

黍稷疏食以味论也许稍逊于兔肉鹿脯。但一则不必穿山越岭冒生命危险和野兽搏斗，二则农产品储存的时间较肉类长久。所以，以生活安定论，农人远胜于猎人。于是男子也逐渐放下猎弓，持起锄犁。男子挟其体力上的优势，寖假取妇女的地位而代之,把妇女逼进厨房内室。"男耕女织"遂成定局,但农业的始祖到底仍是妇女。

发明农业的荣誉既该归于妇女(把这功绩属之黄帝、后稷只是男子掠美的行为),所以在早期或较原始的阶段,即使男女已经合作耕作,妇女依旧负责较重要的一部分。例如毛利人(Maori)虽然男女都下田,男子的工作只是伐木、砍树、清除和掘土之类粗工;松土、下种等精细工作仍属于妇女。自耘草以至收割全由妇女担任,只是有时由奴隶在熟练妇女指导下工作(Raymond Fith, *Primitive Economics of the Newzealand Maori*, p.197)。

美洲印第安人妇女担任田间工作,一年只须操作六七周,从耕种到收获,一手包办。男力整年忙着打猎,常常跋涉百数十里,回来时仍是两手空空。在南非,卡佛人(Kaffir)的妇女每年春天花三四周种玉蜀黍,两三个月后,再花三四周耙土除草,以后就可以坐享其成了。西非克鲁人(Kru)的每个女子都有米或薯类的种植地,虽然有奴隶,但妇女仍自愿参加工作。诸如此类,不胜枚举(Briffault, *The Mothers*, Chapter Ⅸ, pp.436-440)。

反观我国典籍中也不无蛛丝马迹可循,虽没有明白记上一条"农业由女子始",但是妇女与植物的关系似乎比男子深,试看《春秋》庄公二十四年:

> 戊寅,大夫宗妇觌用币。

据《公羊传》:

> 宗妇者何？大夫之妻也。觌者何？见也。用者何？用者，不宜用也（何休注：不宜用币为贽也）。见用币，非礼也。然则曷用？枣栗云乎，腶脩云乎。

据《穀梁传》：

> 觌，见也。礼：大夫不见夫人，不言，及不正其行妇道，故列数之也。男子之贽，羔雁雉腒，妇人之贽，枣栗锻修；用币，非礼也，用者，不宜用者也。大夫国体也，而行妇道，恶之，故谨而日之也。

据《左传》：

> 哀姜至，公使宗妇觌用币，非礼也。御孙曰，男贽大者玉帛，小者禽鸟，以章物也。女贽不过榛栗枣脩，以告虔也。今男女同贽，是无别也。男女之别，国之大节也；而由夫人乱之，无乃不可乎。

所谓贽，就是见面礼。男子的贽，玉帛是贵重东西，而禽鸟则代表猎物；女子的贽中，脩是干肉，但榛、栗、枣则都是代表妇女能得到的东西，即是采集或种植得来的。男女生产的方式不同，所以男女能拿得出来的礼物也不一样，若相侵越，便是乱了"男女之别"的"大节"了。与前条相似的记载还有《礼记·曲礼》下：

> 凡挚，天子鬯，诸侯圭，卿羔，大夫雁，士雉，庶人之挚匹（郑注：鹜也）。童子委挚而退。野外军中无挚，以缨拾矢可也。妇人之挚，棋榛脯脩枣栗。

所以男子聘妻，到丈人家都要献上野鸭子，《仪礼·士昏礼》：

> 昏礼下达纳采，用雁。……纳吉，用雁，如纳采礼。……请期用雁……

而新妇献给舅姑的是枣栗，同篇：

> 夙兴，妇沐浴以俟见，质明赞见妇于舅姑，席于阼……妇执笲枣栗自门入，升自西阶，进拜奠于席……
> 若舅姑既没，则妇入三月乃奠菜（郑玄注：没，终也。奠菜者，以筐祭菜也，盖用堇）。

此外，男子之间的交往也用动物作贽，《仪礼·士相见礼》：

> 士相见之礼，贽，冬用雉，夏用腒。……下大夫相见以雁。……上大夫相见以羔。

对于外宾，男子的礼物是皮，《仪礼·聘礼》：

> 乘皮设（郑玄注：设于门内也，物四曰乘。皮，麋鹿皮也。张凤歧疏：设乘皮以劳傧者）。

> 庭实皮则摄之（郑玄注：皮，虎豹之皮。……凡君于臣，臣于君，麋鹿皮可也）。……卿大夫劳宾，宾不见，大夫奠雁再拜。

相反的，女子的礼物仍是植物，《仪礼·聘礼》：

> 夫人使下大夫劳以二竹簋……其实枣蒸栗择，兼执之以进，宾受枣，大夫二手授栗。

祭祀时亦复如是，男子献的是肉类，妇女献的是蔬食。例如《仪礼》记载的，《士虞礼》中"主人"献肺鱼腊俎肩肝俎菹醢，"主妇"献的是枣栗。《郊特牲》中"主人"献的是俎肝鱼腊，"主妇"献的葵菹蜗醢，还有两个"敦"，其中是黍稷，两个"铏"的芼。所谓"芼"，《郊特牲》记：

> 铏芼用苦，若薇，有滑，夏用葵，冬用荁。

总而言之，都是植物。此外"少牢馈食礼"，"主妇"献蠃醢（蠃即蜗）和稷。《有司彻》中，"主妇"荐的是韭菹醢昌菹醢麷蕡白（熬稻）黑（熬黍）。通观《仪礼》中记祭礼的礼节，虽然偶有例外，大体有个原则，男子献动物及其制品，妇女献植物或其他小虫豸如蜗肉之类。

再把《诗经》一翻，很多有关妇女的诗篇中，比兴都是在田野水滨采集植物。比兴类多眼前景物，本地风光，自此观之，每多可观，例如《周南·关雎》：

参差荇菜，左右流之。……参差荇菜，左右采之。……参差荇菜，左右芼之（流，求也。芼，搴也。皆采择之意。荇，音杏，水生植物，似莼可食）。

《周南·葛覃》：

葛之覃兮，施于中谷。维叶莫莫，是刈是濩（此妇人自咏归宁之诗，刈训割，濩训煮）。

《周南·卷耳》：

采采卷耳，不盈顷筐（采采，采而又采）。

《周南·芣苢》：

采采芣苢，薄言采之。采采芣苢，薄言有之。采采芣苢，薄言掇之。采采芣苢，薄言捋之。采采芣苢，薄言袺之。采采芣苢，薄言襭之（此咏妇人采芣苢之诗。有，取也。掇，拾也。捋，以指尘取之也。袺，以衣贮物而执其襟。襭，以衣贮物而扱其襟于腰带间也）。

《召南·采蘩》：

于以采蘩，于沼于沚。于以用之，公侯之事。于以采蘩，于涧之中。于以用之，公侯之宫（此咏诸侯夫人祭祀之诗)。

《召南·采蘋》：

> 于以采蘋，南涧之滨。于以采藻，于彼行潦。于以盛之，维筐及筥。于以湘之，维锜及釜。于以奠之，宗室牖下。谁其尸之，有齐季女。

《邶风·谷风》：

> 采葑采菲，无以下体（朱传：妇人为夫所弃，故作此诗。葑，芜菁也。菲，萝卜也。下体，根也。以，及也）（按，以上训注，并从屈万里先生《诗经释义》）。

这些诗都是女子所咏或咏女子的，而又都借采集野生植物，联想铺张。这中间暗示着一桩事实：这时的妇女仍须采集野生植物作副食。但在《豳风·七月》的时代，男妇已共同下田操作，所谓"同我妇子，馌彼南亩"。因此，《豳风·七月》的时代离农业萌芽已相当远。然而，狩猎在生活中仍颇占地位。如"一之日于貉，取彼狐狸，为公子裘。二之日其同，载缵武功，言私其豵，献豜于公"。而贵族们更以田猎为娱乐，如《郑风·叔于田》《大叔于田》和《秦风·驷驖》三篇的记载。他们固然注意农业，有天子、诸侯"籍耕"的提倡，然而对于射箭的训练毫不含糊。乡射就是这种训练的仪式化。贵族也以此为本领，所谓"仪既成兮，终日射侯"。所谓"舞则选兮，射则贯兮"（《齐风·猗嗟》），都是绝妙写照。

由以上引,可见妇女常常担任采集植物的工作。黍稷之类农产和妇女的关系也比较深。反之,男子和狩猎畜牧的关系也较密切。这中间透露出一点消息,最初男女的分工并不是"男耕女织"而是"男猎女耕"。不是男在田野,女在厨房;而是男在山林,女在田野。农业是属于女子的。

其次,再看前文引文中"佐后立市"一节,内宰的责任在名义上是"佐后",所以理论上"后"才是"市"的监督者。郑玄注:

> 市朝者,君所以建国也。……王立朝而后立市,阴阳相成之义。

贾公彦疏:

> 王立朝,即三朝皆王立之也。后立市者,即此文是也。朝是阳,王立之;市是阴,后立之。独阳不生,独阴不成,故云阴阳相成之义也。

孙诒让疏:

> 佐后立市者,以后命于北宫后周垣之外立三市,而兼治其市政,与司市为官联也……后立市,谓建国之时,以后命立之,特取阴阳相成之义,其实市事非后所与也。

以王后之尊而干涉市场之行政，这是和"男子治外，女子治内"的观念相悖的，所以孙诒让特为辟之说"其实市事非所与"了。征之典籍，《国语·鲁语》：

> 寝门之内，妇人治其业焉，上下同之。

公父文伯之母的话正足以代表正统思想。寝门以外非女子的事，王后当然管不到市场。郑玄无法解释，只得归之于阴阳之理。其实由前面论到农业和妇女的关系一点观之，商业与妇女有关正亦不足异。

狩猎生活最大缺点是不安定，有时固然大快朵颐，但肉类无法储存，有时即不免枵腹终日。而且每日忙于糊口果腹，除必要的武器外，根本无暇制作其他物品。因此，猎人的交易行为也只能限于用皮毛换弓矢之类。但在农人而言，有吃不完的食粮，又有从事工艺制作的余暇。因此，农业社会的商业范围必然远比狩猎社会扩大。据前面论列的资料，农业和蚕桑纺织都属于妇女。妇女手中掌有可靠而安定的衣、食两项资源，则商业也由妇女掌握似乎并不足奇。她们有多余的出产可以抛出，又有时间制手工艺品，她们自然可以借此与人交换自己需要的东西。

据说初民社会的交易不少在妇女手中。布列佛氏（Briffault）在《母权论》中曾经收集不少资料：例如在非洲，蔬菜、篮子和陶器都由妇女带进市场，全部交易过程由妇女进行；吉库尤人（Kikuyu）和马塞人（Massai）的旅行商都是女子；喀麦隆人（Caimeron）的妇女经营商站；在尼日利亚（Nigeria），市场上清一色是女性，市场由有势力的老妇掌管，制定规则和章程；每一个市场有一位"女王"监督,辅以一个妇女会议,该会有权决定市价和工资,以及决定和那些市场村镇维持商业关系(这一段记载宛然是《周礼》中"佐后立市"一节的注解);在非洲铁菩区(Tibbu County),最大的交易是东北非运来的食盐,运盐是妇女的专利,男子看见盐车就必须回避;北美的印第安妇女负责制革,所以皮货交易由妇女经营,男子不得过问。略举数则,以见其余(Briffault, *The Mothers*, Chapter Ⅸ, p.483)。

在《诗经》中,我们也找到一段记载,《卫风·氓》:

氓之蚩蚩,抱布贸丝;匪来贸丝,来即我谋。

这篇诗全文过长未录,原诗叙述弃妇自悲自伤,历历自述从议婚到被弃的经过。此诗可算记载古代女子经商的绝好资料。此外,玄伯师示我二则记载,一是《左传》昭公二十年:

内宠之妾,肆夺于市。

一是《战国策·东周策》:

齐桓公宫中七市,女闾七百。

可见晚至齐桓公之时犹有宫市、女闾,其殆古俗之流风余韵欤?

社会无时不在变动。一度实行而在既变复将亡未亡的社会制度大率一变而为例行习惯,再度而为纯粹仪式,不再能和当时的实际社会状况配合。继续变化,后世的人数典忘祖,对于这种

"告朔饩羊"无法解释，就只能各安己意，勉强上一个理由。郑玄身处文化极高的汉代，中原农业已进入精耕，商业也极发达，做梦也不能想象古时农商都属妇女的情景。所以，他除了对仍在女子手中的"蚕桑""妇功"能作适当解释外，对于"献穜""立市"两条就不得不乞助于玄而又玄的"传类蕃孳之祥"或"阴阳相成"之义的一类不着边际的话了。

然而，这种似是而非的解释反倒指出一条夹缝，由这夹缝中，我们看到了古俗的遗痕。我们借此也许可以推测一部分"可能的"古俗。本文所述远古妇女工作中包括后世专属男子的农、商事业，亦即采取这种方法。远古的妇女倒的确是不愧于"男女平等"的。

原载《大陆杂志》七卷八期

周代都市的发展与商业的发达

一、西周的邑与都

西周封邑,其经济上的功能,大率只是配合封田的聚落。《散氏盘》的第一句即有散邑的名称,接下去又说到"乃即散用田",下文叙述疆界时,又提到接界的眉邑与邢邑,以及眉邢"邑田"。可见田统于邑,也许邑是有司治田之所,也许是封君自己居住的封邑。《鬲从盨》牵涉的邑有13个之多,也每提到"其田"附属于"其邑"。《曶鼎》中更明说"必尚俾处厥邑田厥田",足知田者属于厥邑,则邑应相当于田者聚居的村落。邑也不会十分大,新出土的《宜侯夨簋》有35个邑,可考的耕作人口数字是鬲有"一千又五十夫,及庶人六百(□□)又六夫",合计为1600多人,分配在35个邑中,每邑不过50人上下而已[1]。《论

---

[1] 散氏盘、鬲从盨、曶鼎诸器铭文,见郭沫若:《两周金文辞大系考释》。宜侯夨簋,则见郭沫若:《夨簋铭考释》(《考古学报》1956年第1期)及唐兰:《宜侯夨簋考释》(同上,1956年第2期)。

语·公冶长》"十室之邑必有忠信"的邑，若以一室8口计算，也只有80口，与上文所得估计相去不远，是以金文《巾尸镈》及《素命镈》可以有多到"锡县二百"，"锡县二百九十八"的记载[1]。《左传》襄公二十八年，崔氏之乱结束后，晏子与北郭佐各由齐君赏赐60个邑。这些邑是额外的赏赐，他们原有的邑数大率多于此数。《论语·宪问》"夺伯氏骈邑三百"之后，这位丧邑的伯氏只能饭疏食了，则三百邑之数即是伯氏全部或大部的封邑[2]。这种小型的聚落，是不能当作城市的。

大致封君自己住的地方，有城墙作为防御工事，而且也有封建宗法制下象征宗法地位权威的宗庙，则这种邑称为"都"。据《左传》庄公二十八年："凡邑有宗庙先君之主曰都，无曰邑，邑曰筑，都曰城。"[3] "都"是行政中心、宗教中心与军事中心的三一体，也可能有较多的人口。若以上文一个封君拥有二三百个封邑作估计的基数，一个"都"至少是管理封地上一二万人口的行政中枢，合计封君的家族、仆役、卫队，若干有司的工作人员，以及支持这些人口的生产人口，则这个"都"当也有成千的居民。春秋初期，鲁闵公二年，狄人灭卫，首都逃出来的难民只有男女730人，"益之以共滕之民为五千人"[4]。由此推算，共与滕各别的人口只有二千多一点，大约即相当于小封君的"都"了。《战国策》："古者……城虽大，无过三百丈者，人虽众，无

---

[1]容庚：《商周彝器通考》，页502、509。
[2]《春秋左传正义》（四部备要本），卷三八，页15—16。《论语》（四部备要本），卷一四，页3。
[3]《左传》，卷一〇，页8。
[4]同上书，卷一一，页5。

过三千家者。"[1]《战国策》所说的"古者"往往指西周或春秋初期，如以三百丈作为城的每边长度计算，这种城仍比曲沃古城（东西1100千米，南北600—1000千米）略小些。曲沃古城有内外之分，而且有汉代遗物夹杂，可知这个古城到汉时仍旧存在。若桓叔初封的沃国并无外郭，则其原址可能会比曲沃古城现见遗址更小。《战国策》所举成数，也就相去不远了[2]。三千家人口以5口计，为1.5万人；以8口计为2.4万人。取其约数，三千家当在2万人口上下。卫国为康叔之后，不为小国，其国都人口，当与《战国策》所举"古者"大城的数字相差不远。卫文公复国于楚丘后25年间，由革车35乘休养生息，又拥有了革车300乘的兵力[3]。5000人可以维持30乘，则300乘至少也须5万人口。卫新迁楚丘，旁邑未必甚多，首都当是唯一大城，但5万人口中有多少在楚丘城，却不易估计了。

古史渺远难征，由上文推论，我们至多只能假定一个封国的首都有一二万人口，其下的旁邑，若是小封君的宗邑或都邑则有一二千人口。周人两都宗周与成周可能是特级城邑，又当别论。

二、西周与春秋都邑的分布

古史学家颇有试图研究古代城市的分布者。李济先生是近代

---

[1]《战国策》（四部备要本），卷二〇，页1。
[2] 参考山西省文物管理委员会：《山西省文管会侯马工作站工作的总收获（1956年冬至1959年初）》（《考古》1959年第5期），页222。
[3]《左传》，卷一一，页8。

首次作此尝试的考古学家。他根据地方志书的史料，找出585个周代的城邑，另外还有233个不易确定年代的城邑。这些古代城邑在西周时分布于现在的陕、晋、豫以及冀；到东周时才见于江汉淮济（山东、湖北、江苏）诸处[1]。另一方面，地理学家章生道氏根据陈槃先生补充的《春秋大事表》，作了古代城市的分布图，却只列了春秋时代的97个古城。诚如Paul Wheatley指出，大岛利一由《春秋》经传包括《左传》及《公羊》《穀梁》两传，已可找到78次在春秋时代筑城的记载，若春秋时代只有97个城市，则西周势必只有19个城市。更何况经传所记未必是当时各国的全部筑城记录[2]。

Paul Wheatley 自己也做了一番尝试。以《史记》所见古代城邑为主，参以先秦文献及古本《竹书纪年》的资料，他假定了西周91个城市的位置。其中自然西周封建诸侯的国都占大多数[3]。Paul Wheatley 的西周城市分布图（附图一），基本上与伊藤道治的地图（附图二）是一致的。诚如伊藤指出，西周封建诸国，主要分布于七个地域：第一，王朝首都的渭水流域；第二，黄河汾水地区；第三，洛阳—开封—安阳的三角地带，成周的近畿；第四，山东半岛，由邹滕梁山以至济水流域；第五，鲁南、苏北、豫东及皖北一带；第六，豫南、鄂北；第七，鄂南、湘赣以至浙

---

[1] Chi Li, *The Formation of the Chinese People* (Harvard University Press, 1928), pp.94–104.
[2] Sen-dou Chang, "The historical trend of Chinese Urbanization," *Annals of the Association of American Geographers* 53 (2), [1963] p.113. 大岛利一:《中国古代の城について》(《东方学报》〔京都〕第30册)，页53—54。Paul Wheatley, *The Privot of the Four Quarters* (Chicago, Aldine, 1971).
[3] Paul Wheatley pp. op. cit., 164–167, Fig13.

江。在这七个地域，文献上的古城分布与考古学上的遗址分布，呈现相当高的一致性[1]。

伊藤也发现至少在上述第二、三、四、六诸地域，姬姓诸侯的封国沿着殷周的古代交通路线分布。另一方面，西周诸国也分布在殷以来黄河流域的主要农业地域，西周的东进，似颇以掌握农业生产地区为大目标[2]。

西周封国具有显著的军事功能。周以西隅小国征服了广大的东方平原，成周的建设，构成了两都辅车相依的形势。上文第三地域因而有最密集的分布点；第二、四、六诸区的分布点，主要的作用是第三区的延展及其拱卫；第五、七两区只是外围的外围，分布点自然少了。由于西周城邑的军事功能，其分布于交通要道上，也是自然的现象。一则便于彼此呼应，二则扼制反侧的联络。张光直氏特别指出，周代城邑大多位于近山平原，又接近水道，筑城扼守，自可占尽形势[3]。

Paul Wheatley 的春秋时代城邑分布图（附图三）系主要根据《左传》的材料。出现于附图三的城邑有 466 个分布点，比西周的分布图多出 375 个点。反映春秋时代极为活泼的都市化

---

[1] 伊藤道治：《中國古代王朝の形成：出土資料を中心とする殷周史の研究》（东京，創文社，1975年），页 248 以下。
[2] 同上书，页 276—278。
[3] Kwang-chih Chang, *Early Chinese Civilization: Anthropologial Perspective* (Harvard University Press, 1976). 木村正雄认为中国古代城市，多在山丘上，似本于章炳麟旧说，见木村正雄：《中國古代帝國の形成》（东京，不昧堂，1965年），页 74—76，但西周城邑的考古遗址却罕见位于山丘之上，K.C.Chang, 前引书，页 67，附注五，又页 66 附图四。

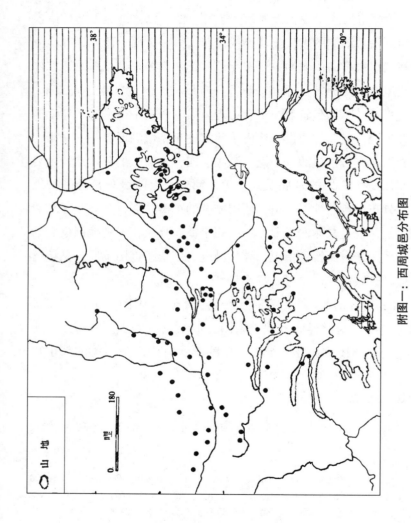

附图一：西周城邑分布图

采自 Paul Wheatley, *Pivot of Four Quarters* (University of Edingberg Press, 1971), fig 13

附图二：西周封建诸侯图（采自伊藤道治，《中國古代王朝の形成》p.248后页）

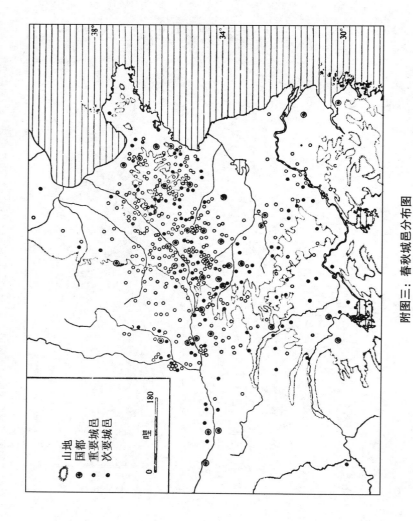

附图三：春秋城邑分布图

采自 Paul Wheatley, *Pivot of Four Quarteters* (University of Edingberg Press, 1971), fig 14

扩展过程[1]。

春秋筑城记录,见于经传者有 78 次,其中鲁筑城 27 次,楚 20 次,晋 10 次,郑 4 次,齐 3 次,宋 2 次,邾陈吴越各 1 次。大岛利一认为筑城活动的主要原因是军事上的防御。鲁国 27 次筑城记录中第一期(前 722—前 554 年)19 次,是为了对齐国的抗争,第二期(前 553—前 505 年)无筑城记录,第三期(前 504—前 480 年)筑城记录 8 次则是为了防备晋国的侵略[2]。

按之史实,经传所载的筑城活动绝非当时这一举动的全部。不仅鲁以外各国的筑城不可能全见于《春秋》经传,即使鲁国本身的筑城也大有缺漏。鲁国三桓的城邑:季孙氏的费,叔孙氏的郈,以及孟孙氏的成号为"三都"。但"城费"见于《左传》襄公七年的夏天,"城成郭"见于襄公十五年夏天[3]。当时费为季氏都邑已久,费地也早已有专驻的邑宰。成的筑城又是"城成郭",亦即加筑外郭,并非首次建立城邑。由此看来,三都之中,至少二都的城筑或修葺,未入《春秋》经传。以此类推,鲁国的筑城建邑,未必尽入记载。旁国的城邑建筑,更不见得都入经传了。仅以郑国为例,据木村正雄的统计,郑国有都邑 102 处,而提及筑城的只有 4 处:一次是城虎牢,一次是城岩、戈、锡[4]。郑国如此,他国城邑建立多未入经传者当可想见。

春秋二百余年中,城邑的数字,依 Wheatley 的估计增加了 375 个。若由当时十几个较大的诸侯分摊,每国可得二三十

---

[1] Paul Wheatley, *Pivot of Four Quarteters*, 页 168—173, 又附图一四。
[2] 大岛利一, 前引文, 页 55。
[3]《左传》, 卷三, 页 5; 卷三二, 页 12。
[4] 木村正雄, 前引文, 页 68。《左传》, 卷一二, 页 12; 卷五九, 页 3。

个城邑。春秋时每国卿大夫即有十余家,每家世袭的贵族至少有一个城邑,则这375个城邑,也很可能以贵族的都邑为主了。顾栋高的《春秋战国列国都邑表》列了386个都邑:计周(40),鲁(40),齐(38),郑(31),宋(21),卫(18),曹(9),邾(9),莒(13),纪(4),徐(1),晋(71),虞(2),虢(2),秦(7),陈(4),蔡(4),许(6),庸(3),麇(1),吴(7),越(1),另有楚和杞的都邑,等等[1]。

春秋宗法制下,宗族有不断分裂衍生为大宗小宗的现象。分出去另立大宗的宗族成员可以自设宗庙,建立城邑。这种新设的城邑,也适足反映人口增殖。新立的城邑,有取名与分封贵族的氏相同者,如周的刘、毛、甘、尹及齐的鲍、晏、崔、隰;也可与贵族氏名不同,如鲁的费(季氏)、郈(叔孙)、成(孟氏),卫的蒲(宁氏)、戚(孙氏),及郑七穆之邑,大率仍沿用原有的地名。新立采邑,自然极可能是新兴的都市;即使新封君仍袭用已存在的旧封,也仍可因为新封君之到来而使这个地区发展成为较大的聚落。另一方面,有了聚落,某一新贵族才被分封到该处建立都邑。无论上述那三种可能性之任何一个,都直接地反映都邑数字的增加。

春秋初期郑国共叔段先请求封于制,郑庄公以岩邑为辞,改封于京,祭仲警告其中潜在的危险:"都城过百雉,国之害也,先王之制,大都不过三国之一,中五之一,小九之一,今京不度,非制也,君将不堪。"[2] 晋国桓戚封于曲沃,其子武公于鲁桓

---

[1] 顾栋高:《春秋大事表》(《皇清经解续编》本),表七之一至七之四。
[2] 《左传》,卷二,页10。

公八年灭翼，庄公十年遂并晋国[1]。鲁闵公元年，晋侯为太子申生城曲沃，士蒍认为这是"分之都城，而位以卿，先为之极，又焉得立"[2]；狐突引用辛伯的话，"内宠并后，外宠二政，嬖子配适，大都耦国，乱之本也"，深以为忧[3]。

看来春秋初期"大都耦国"已是相当引人注意的现象，整个春秋时代，处处是"末大必折，尾大不掉"引起的竞争。《左传》昭公十一年："王曰，'国有大城，何如？'（申无宇）对曰：'郑京栎实杀曼伯，宋萧亳实杀子游，齐渠丘实杀无知，卫蒲戚实出献公。'"[4]春秋末季，三都终于使季氏代政，六卿终于分为三晋。政柄倒置与大都耦国是一件事的两个表相。整个春秋时代，始终有大夫执国命的现象，也就普遍地有新都邑的衍生。Wheatley 认为在春秋方始成长的三百多个都邑，当有不少是新兴的政治都市。

三、西周春秋交通路线

西周的交通路线，大抵以宗周与成周之间的一条大路为主轴，然后由成周辐射四及东方平原上的诸侯。所谓"周道如砥，其直如矢"，当是主要的交通干道。由成周四出的交通网，既有殷代王畿的旧规模为基础，也可能远及淮济之间的广大地区。董彦堂先生作《征人方日谱》，即显示殷王足迹所至，深入黄淮平

---

[1]《左传》，卷七，页1、2；卷九，页7。
[2] 同上书，卷一一，页11。
[3] 同上书，卷一一，页8。辛伯自己的话见于桓公十八年，但更为简洁，卷七，页14。
[4] 同上书，卷四五，页12。

原的东半部,绕了一个大圈子[1]。不过周初东夷南夷常常不服,成康时期的伯懋父曾经因为"东夷大反"而率领殷八师东征,达于海滨。晚至中叶昭王时期。淮夷仍旧"敢伐内国",录伯必须率"成周师氏"远戍镇压。而同期伯辟父伐南夷,却是以"成师即东"。显然在成周的东方与南方还有一条交通的弧线[2]。本文第一节提到的宜侯夨𣪘,系于1954年在江苏丹徒烟墩山出土,这位虎侯在周王(可能是康王)东巡商图时,改封为宜侯,受赐"王人"及郑的"七伯",率领一批𩇕及庶人,在宜立国。虎侯如即为殷代的虎方,其地域当在豫东淮河上游。则由淮上到长江下游,似也是东巡向南可以到达的一条路线[3]。

另一方面,南国范围包括汉阳诸姬。申伯"于邑于谢"乃是南国之中最有名的例子。《诗经·二南》,仅次于"大小雅"。但是更往南去,昭王南征不复,交通未必会很频繁。大约江汉一途也就止于豫鄂之间的汉上而已。

往北去重要的诸侯有北燕与晋。但到春秋时代燕国仍不过问中原事,交通未便可知。"狄之广莫,于晋为都",晋孤悬北道也未与中原有很多的交往。

要言之,西周的交通情形,仍只是在两都间的轴线为主。各地区间的频繁交通,仍有待于春秋时代方得开展。以王廷为中心的朝聘征伐,形同辐辏,而春秋诸侯间的战争会盟,成为多中心多方向的交通,情形就比较繁杂了。

---

[1] 董作宾:《殷历谱》(李庄,中央研究院,1945年),卷九,页48以下。
[2] 分别见《小臣𧅥𣪘》,《录伯𣪘卣》与《竞卣》,白川静:《金文の世界》(东京,平凡社,1971年),页83,页110—111,页115。
[3] 宜侯夨𣪘出处,参看本书页295注〔1〕、页296注〔1〕,白川静,前引书,页97。

春秋列国交国，由初期宋、鲁、卫、郑为中心，逐步进入宋、齐、晋、楚争霸的局面，牵涉的诸侯越来越多。尤其是晋楚之从，不管是随着霸主出征，抑或是会盟，十余诸侯齐赴会所是常见的事。辎重往返，聘币运输，无不足以促进交通的发展，最后必然会有几条常走的大道出现。

中原用兵之地，四通八达。至于横越中原的东西道路，黄河北岸太行南麓有一条齐晋之间的通道，经过卫国便在泰山之北，济之南，直驱临淄了。秦与东方的通道，当循黄河南岸的大道，秦晋之间却走渭北汾涑流域，秦输晋粟，自雍及绛，所谓泛舟之役，是水路，殽之战则是兵车渡河的旱路。东平原上，齐鲁宋卫与王室之间午道交叉，当仍以宋郑为主要的交通中心。

南北之间，晋国向北开疆辟土，齐国也为了燕而伐山戎，中原北出，当有东西两途，一在太行山东，一在太行山西。更重要的南北通道，毋宁是中原南出直达江汉的两条路。一线为申吕、方城，经汉水而至郑都，一线是经陈、蔡到汉东的东线。上述西线的上端，又可沿丹江、汉水的河谷延伸入关中。鲁定公五年，吴师入郑，申包胥秦廷一哭，秦师五百乘的兵力，经此东下，这一条路当也不能不有相当规模的交通量。

春秋末年新兴的吴越两国，北出须经徐、淮、泗上，鲁哀公九年邗沟联络江淮，一端是今日的扬州，另一端则在淮阴县境。为了黄池会盟，又有新的运河（黄沟）联络济、泗两水，由外黄（河南民权县西北）经定陶以迄今日江苏的沛县。由吴入中原，可以循邗沟、黄沟，打通江、淮、济、泗，乘舟直达。这条人工运河另有支线北属之沂，则又可北达曲阜，所谓商鲁之间的一线。吴楚相争，战场似以淮水流域为主。鲁定公四年，吴伐楚，淮泗、大别、小别、柏举，一连串的地名，无不在淮河一线。吴徐承帅舟师溯海入齐，越人沿海溯淮截夫差归途，两事说明沿海航行也是已知的交通线[1]。

四、春秋时代的商业

频繁的列国交通，倒也不限于兵车来往及官方的使用。有眼光的领袖也能看出交通方便对于贸易的用处。本文作者在《周代的衣食住行》一文中，已说到周代国道系统有其理想的水准。路边有行道树，按时要修筑桥梁，沿途有馆舍，并且有驿传的制度。春秋时代，在上节所述的主要交通线上，因为来往多了，官方为此修路，也是可想象的事。例如鲁襄公三十一年，郑国的子产责备盟主晋国忽略了接待宾客的责任，其中有一条该做的事即"司空以时平易道路"。鲁昭公元年，秦后子过晋，其车千乘也曾"造舟于河"，使秦晋之间有了浮梁[2]。吴国为了参加中原会盟及用兵，可以不厌其烦地开掘邗沟及黄沟，陆地开路工程比开运河方便，想来为了军事及大批的运输，交通线有较永久的道路，是合理的假定。

在这种交通线上，商贩运输，无妨与官方的用途同时有之。鲁僖公三十五年秦师袭郑，过周北门，显然走的是一条大路，及滑，大军却遇上了赴周贸易的郑国商人弦高。仓促之际，弦高以

---

[1] 以上交通路线的叙述，系节取史念海研究的大意，史念海：《河山集》（又名《中国史地论稿》，1963年），页67—81。
[2]《左传》，卷四〇，页9；卷四一，页9。

牛十二作为犒师。若这些牛均由弦高的车队中提供，则这一个商队不能算小。同时他又"使遽告于郑"，遽是传驿，更足见商人也可以使用大路上的传驿设备[1]。鲁成公五年，晋国山崩，晋公以传召伯宗。在路上遇见重载的运输车。伯宗的驿车要求他让道，这位驾车的"重人"则说"待我不如捷之速也"。大路上重载的车辆不易转动让路，官家的急传以绕行为速，足见民间车辆在大道上行驶也是常事[2]。甚至官方还开路以方便商业为着眼点。晋文公新为晋君，经济政策中即有"轻关易道，通商宽农"一项。平易道路并非仅仅戎车是利[3]。

　　方便的交通，可以促进各地区物品的交流。地方性的特产尤可变成"外销"的货品。齐国滨海，渔盐为得天独厚的资源。齐国始终富强，以鱼盐之利为主要的经济原因。是以管仲"通齐国之鱼盐于东莱，使关市几而不征，以为诸侯利，诸侯称广焉"[4]。鲁国的纺织工业，在春秋的中国，大约是很突出的。鲁成公二年，楚军侵及阳桥，鲁国送给楚100名工匠，100名裁缝，100名织工，才换得和平。足见鲁国的手工艺有其特长。另一段故事：昭公二十六年鲁国季孙氏的家臣，贿赂齐国大臣高龁的是两匹极薄的细锦，卷缚如瑱，只有小小一把，其工细可知[5]。楚国在南方崛起，浸浸乎问鼎中原，齐晋霸局，都以楚为主要敌手。但不论战争抑或和平，夏楚周旋的后果，诚如傅孟真先生指

---

[1]《左传》，卷一七，页7—8。
[2]同上书，卷二六，页5。
[3]《国语》(四部备要本)，卷一〇，页17。
[4]同上书，卷六，页14。
[5]《左传》，卷二五，页12；卷五二，页1。

出的古代东西夷夏局面，一转而为南北对峙。这一局面却也使南方的特产为北方所用。楚材晋用，固不仅限于人才，原也包括物产在内，所谓"杞梓皮革自楚往也"[1]。晋文公得国以前，流浪在外19年。他在楚国与楚君谈话，说到未来将退避三舍以报楚国，也说到"子女玉帛则君有之，羽毛齿革则君地生焉，其波及晋国者，君之余也"。可见至少楚国的羽毛齿革早已可能外销晋国了[2]。事实上，春秋已有一些往还列国之间的国际商人。鲁文公四年，晋国荀罃被俘在楚，郑国的贾人打算把他藏在褚中走私出境，事情未成，荀罃被释。后来这位贾人赴晋，又遇见了已成为重要人物的荀罃，荀罃待他甚厚。他不愿居功，遂赴齐国。数其足迹，这位历史上未留姓字的郑贾人，显然在楚晋齐郑诸处贸易来往。褚絮为物不算贵重，仍可成为当时区间贸易的货物，更贵重易运的货品，大约尤为商人当作贸易物品了[3]。

当时各国以郑卫宋居交通的冲要，是以发展了相当程度的商业。前面弦高、郑贾人各条例证，都说明了郑国商人活跃于国际间。郑国国内，商人与政府之间也有极密切的关系。《左传》昭公十六年，记载一段政府与商人的协议：晋国使韩起在郑国想要购买一只玉环，价钱已讲妥了，韩起向郑国的子产请求购置，子产回答："昔我先君桓公与商人皆出自周，庸次比耦以艾杀此地。斩之蓬蒿藜藋而共处之，世有盟誓以相信也，曰：'尔无我叛，我无强贾，毋或匄夺，尔有利市宝贿，我勿与知。'恃此质

---

[1]《左传》，卷三七，页7。
[2]同上书，卷一五，页6。
[3]同上书，卷二六，页3。

誓,故能相保以至于今。"[1]由这段故事推断,郑国的商人有某种相当于公会的组织,方可成为盟誓的主体。当年郑桓公东来,郑国的商人可能原来非其服属,委质为臣,却仍保持一定程度的自主性。郑对于市易一途,确有专门的官员管理,号为褚师。公孙黑将死,还希望儿子能得到这个职务[2]。

五、春秋的都邑

各国都邑,以《左传》所见的描述,约述如下。

郑国都城,由散见的地名综合,其规模似乎颇为可观。城门有南门曰里门,通向成周王畿,东门曰鄟门,东走鲁卫,西门曰师之梁,北门无别名。外面一层,楚伐郑入于桔柣之门,然后入自纯门,则南门至少有三重。纯门之内有逵市,据说是郭内道上的市街。皇门之内仍有逵路,据说宽有九轨。城南另有时门,临洧水之上,不知是否水门?宋伐郑楚渠门入及大逵,则东门也有两重,而且也有很宽广的大路。自西入城可经墓门之渎入国,大约实在是水门了。北门有旧北门,相对而言,当有一个新北门?其内则又有闺门。东南门曰仓门,道路名称,除上述逵路、大逵外,犹有周氏之衢,子产杀公孙黑,尸诸于此"加木焉",必是来往行人不少的地方,始宜于陈尸示众,公告罪名。住宅区有南里,处于桔柣之门外面,是以知伯伐郑入南里门于桔柣之门,当

---

[1]《左传》,卷四七,页11。
[2]同上书,卷四二,页3,其他各国有褚师一职为宋、卫,也是世官。与此相似的则是鲁国的贾正。顾栋高:《春秋大事表》,表一〇,页31,页37。

得附郭的新扩区?《论语》有东里子产之称,则东里也是城东的住宅区[1]。这个城市有三层城门,城外却仍有南里,最可能是由于城市的膨胀,必须一次又一次地加筑外城圈,使城外的人口也获得适当的保护。逵市之称,尤饶兴味,当是大道渐发展为商业区。而郑国大逵之宽广,自然对交通有其作用[2]。

卫也是春秋时代重要的都邑。卫原都朝歌,因狄难而迁楚邱,鲁僖公三十一年,卫成公又因逼于狄人之围而迁都帝邱,地在濮水之上。自此以后,所谓卫只指此地。孔子过卫,大为赞叹卫人口之众多[3]。工商在卫,也有其举足轻重的位置,卫侯以受辱而拟叛晋,王孙贾为了激怒卫人,宣称"苟卫国有难,工商未尝不为患,使皆行而后可",终于激起卫人同仇敌忾的气概。可见工商或占庶民之多数,或为国命之所寄[4]。其地除东西南北四门外尚有阅门,似是稍为偏侧的城门。郭门有豚泽之门,近关及近郭的死乌,大路则有马路之衢[5]。

宋都商丘,城门特多:正东曰扬门,东城南门曰泽门,其北门曰桐门,西门无别名,东南城门曰卢门,又有曹门——西北走曹,则当是西北门——蒙门,依蒙城方位定之,亦是东北门——外城门曰桑林门,关门曰肜门。里名有南里、新里、公里。华氏居卢门,以南里叛,则南里有可据以为叛的实力或建筑物,当不

---

[1] 顾栋高:《春秋大事表》,表七之二,页1—10。
[2] 关于城郭问题,讨论古代城市有双重城墙及其作用者,有宫崎市定:《中国上代は封建制か都市国家か》(《史林》三三卷二号,1950年),唯城中人口固不必以农业生产者为主体,如宫崎所说也。
[3]《论语》,卷一三,页3。
[4]《左传》,卷五五,页8。
[5] 顾栋高:《春秋大事表》,表七之二,页20—23。

是很小的地区。全城城门不仅在正方位上,也可在四个偏角。所谓东城南门,据《孟子》鲁君夜间之宋呼于垤泽之门一事觇之,当是外城门。可能东城即是东郭的地区,这个城区大约也颇不小的。添设的外郭当也是为了保护膨胀的人口[1]。

鲁都曲阜,地点不如郑、卫、宋居四冲之地,但因《春秋》记鲁特详,对曲阜的描述也特多细节。城长委曲七八里,其正南曰稷门,僖公二十年更高大而新之号为高门,南门之西曰零门,是南城西门。东门之左曰始明门,亦曰上东门是东城之北门,定公八年,公敛处父帅成人自此入城,与阳虎战于南门之内。由此推论,东城也是一个子城型的外郭。东门之右鹿门,是东城南门。襄公二十三年臧纥斩鹿门之关出奔,则外此便别无城门,可见东城是一个外城。正西的史门,正北的圭门,又名争门,西郭门曰子驹之门,东北郭门曰莱门。宫中若干处高台及庙寝,其内城曰中城。城外则有东郭西郭与中城对言。大路有五父之衢。季武子对国人诅盟于此,可知是来往行人众多之处。曲阜的大概情形,可以略知[2]。

齐都临淄,城周50里,有13门,是春秋有名的大城邑。由已知的城门言之,其西曰雍门,南曰稷门,西南曰申门,西北曰扬门,东门曰东间,东南曰鹿门,郭门曰郭关。官城外门曰虎门,城内大路曰庄曰狱。《孟子》所谓置之庄狱之间,以象征满是齐国口音的地方,当是人来人往的大街。鲁襄公二十八年,陈桓子得庆氏之木百车于庄,道路而可停驻百乘木材,其

---

[1] 顾栋高:《春秋大事表》,表七之二,页12—15。
[2] 同上书,页10—20。

宽广可知[1]。

　　晋自穆侯以后居绛，考侯改绛曰翼，献公又北广其城方二里，命之曰绛，则翼与绛原是一地二名，但新辟的北城子城，袭用了旧名而已。晋于鲁成公六年迁都新田，又名新都曰绛，自此迄于春秋末，都以新田为绛。其地"土厚水深居之不疾，有汾浍以流其恶"，当时另有可迁之地为郇瑕氏之地，离产盐的解池不远，韩厥却以为"国饶则民骄佚，近宝公室乃贫"，主张不要迁去土薄水淡的郇瑕，而迁都土厚水深的新田[2]。足见韩厥原意只在发展都城附近的农业，而不主张让人民有机会追求"末利"。绛既以农产为主，又不居交通要道，然而绛到底是霸主的都城，冠盖往来，仍难免某种程度的商业活动。是以叔向说："夫绛之富商，韦藩木楗以过于朝。唯其功庸少也，而能金玉其车，文错其服，能行诸侯之贿，而无寻尺之禄，无大绩于民故也。"[3] 上文曾提过一位想私运晋俘离楚的"郑之贾人"，后来曾在绛与当时已居显职的荀罃晤面，这位贾人当即是能行诸侯之贿的富商一类人物。春秋末季，甚至晋国的稍次一级的城市，也可以成为相当的财源。尹铎被委任治晋阳时，他向赵简子请示究竟视晋阳"以为茧丝乎？抑为保障乎"？为前者，城邑可发展为经济

---

[1] 顾栋高：《春秋大事表》，页22—25。
[2]《左传》，卷二六，页7。近年考古发掘，在侯马发现古城两处可能是新田的遗址，出土有宫殿废址，铜器和骨器作坊和陶窑。两个古城都不算大，牛村古城南北有1340—1740米，东西长1100—1400米，西北角与平望古城插接，殆即翼与绛的关系？参看山西文物管理委员会，《山西文管会侯马工作站工作总收获（1956年冬至1959年初）》(《考古》1959年，第5期)，页222—228。
[3]《国语》，卷一四，页11。

都会；为后者，则可发展为军事基地[1]。

南方诸国，文献资料不足，但知吴城姑苏系阖闾所建，大城城周42里30步，小城8里260步，开陆门八水门八，均伍子胥所制，规模可想[2]。楚郢都为南方巨强的首都，虽不知究竟，但想来也当是一个大型都会。

考古学上的资料，点点滴滴也积聚了不少。其中有些古城可能从未具有商市功能，然仍不失为城邑。大部遗址经春秋至战国继续使用，而又以战国遗址为多。唯洛阳西部东周古城当是春秋王城故址。这个城址的城墙周围约12千米，比汉代古城大得多。临淄古城，东西约4千米，南北4千米余。曲阜古城东西约3.5千米，南北约2.5千米。较小诸侯的城邑则有薛、滕，前者东西2.8千米，南北3.6千米，后者的内城东西900米，南北600米，外城据估计东西1.5千米，南北约1千米[3]。

春秋古城遗址，几乎无例外的，有大量土台基地散布在城区较为中心的部分，由其建筑遗存判断，当是宫室宗庙[4]。核对文献，春秋都邑中这种土台也不少。例如鲁昭公伐季氏，季平子"登台而请"，此台当是季氏最后还可据守的地点[5]。曲阜又有泉台及观台、党氏台、武子之台诸处。后者是为了堕三都，鲁公及

---

[1]《国语》，卷一五，页4。
[2] 顾栋高:《春秋大事表》，表七之四，页32。
[3] 考古研究所洛阳发掘队:《洛阳涧滨东周城址发掘报告》(《考古学报》1959年，第2期)，大岛利一:《中國古代の城について》(《东方学报》〔京都〕，第30册)，页60，参看关野雄:《中国考古学研究》(东京，1956年)，页281，及有关名城调查诸篇。
[4] Kwang-chih Chang, *Early Chinese Civilization*, pp. 67–68. 关野雄:《南漢魯國靈光殿の遺跡》(前引《中国考古学研究》)。
[5]《左传》，卷五一，页10。

其臣子据守抵抗叔孙辄的地方，可觇见高台有其战略上的重要性，也适足显示春秋都邑的政治性[1]。

不过春秋城市中的贵族住宅，并非一定集中在内城或高亢的土台上。也许由于城市的成长迅速，也许由于市集的侵入住宅区，总之在贵族邸宅附近已有市场。例如晏氏在齐地位颇高，其住宅却邻近市区，《左传》昭公三年，齐景公想为晏子换一处较好的住宅，理由是"子之宅近市，湫隘嚣尘，不可以居，请更诸爽垲者"，晏子辞谢说："君之先臣容焉，臣不足以嗣之，于臣侈矣，且小人近市，朝夕得所求，小人之利也，敢烦里旅。"[2]游氏在郑，也是大族，而其庙在大路的南面，其寝在大路的北面，庭院都很狭窄[3]。庙寝通常相连，而被道路阻隔，自系不得已。大约城中已经拥挤，不得不尔。

由齐晋两例看来，有些春秋城邑已逐渐由纯政治与军事的功能转变为兼具经济功能了。

六、战国时代的商业

春秋时代已发生的转变，在战国时代继续而且加速。众多小国合并于七强及若干次等强国，使较大的地域统一于同一政府之下，对于改进道路及减少郡国间关隘限制，都会有相当程度的影响。战国时代的行旅往返，可以说明此点。孟子以一个并无特殊

---

[1] 顾栋高:《春秋大事表》，七之一，页 14—16。《左传》，卷五六，页 5。
[2]《左传》，卷四二，页 6—9。
[3] 同上书，卷四八，页 10。

职务的学者，可以后车数十乘，传食于列国之间。而虞卿也可以挑着担子单独旅行。地居中原的大梁则可以有人民驾车来往日夜不休如三军之众[1]。

区间贸易的另一个相关问题，是地方特产的互相依赖。《禹贡》如系战国作品，则各州的土贡适足以表示战国时各国的特产。如兖州的漆丝；青州的盐絺海物、丝枲、厥丝，徐州的蠙珠、鱼、玄纤缟；扬州的金三品、瑶琨、筿、簜、齿、革、羽、毛、木材、织具、橘柚，荆州的羽、毛、齿、革，金三品、杶、干、栝、柏、砺砥、砮丹、箘簬楛、菁茅、玄纁、玑组，豫州的漆、枲、絺、丝、纤纩，梁州的璆铁银镂、熊黑狐狸、织皮，雍州的球琳琅玕。此中有天然产物，有人工制品[2]。《周礼·职方氏》所举各州特产，也与此相符：兖州与青州的鱼产，扬州的锡铜竹箭，荆州的丹锡齿革，豫州的林漆丝枲，幽州的鱼盐，冀州的松柏，并州的布帛，燕州的玉石[3]。大率言之，东方燕齐的鱼盐，南方荆楚的金属木材，中原的丝麻纺织品，都是各地天然条件所赋予的特产，有全中国性的市场，却不是各地都能生产。

以工艺方面言之，各地也自有特色。例如考古常发现的战国漆器，似以楚国为主要产地。其艺术之精美，已为人所共知，不

---

[1] Cho-yun Hsu, *Ancient China in Transition* (Stanford University Press, 1965), pp. 116-118. 战国外交使节动辄以百乘出使，在《战国策》中随处可见，如《战国策》（四部备要本），卷二二，页6,《孟子》（四部备要本），卷六上，页4。《战国策》，卷二二，页3。
[2]《尚书今古文注疏》（四部备要本），卷三上，页7；卷三中，页12。
[3]《周礼正义》（四部备要本），卷六三，页3—卷六四，页4。

用此处介绍[1]。又如宋人的精细雕刻，大约独擅胜场，《韩非子》举了宋人刻画艺术的例子。据说"宋人有为其君以象为楮叶者，三年而成，丰杀茎柯，毫芒繁泽，乱之楮叶之中而不可别"[2]。直到汉代仍有宋画吴冶之称[3]。这许多地方特产是可以为各地的消费者一体享用的。李斯《谏逐客书》即指出秦王宫中种种服御使用的珍宝玩好尽出自四方各地，例如昆山之玉，随和之宝，明月之珠，太阿之剑，翠凤之旗，灵鼍之鼓，夜光之璧，犀象之器，骏良駃騠，江南金锡，西蜀丹青，宛珠傅玑，阿缟之衣，锦绣之饰……都不是秦国的土产而辐辏于秦廷[4]。

最足以表现活泼的商业活动者，厥为货币的出现。春秋时代的货赇似仍以实物为主，而战国时代则已有大量的铜制货币周流各地。文献中提到用货币之处，多不胜枚举[5]。

战国货币的实物，传世殊多，可分刀、布、圆钱、楚镤四种。刀币主要流行于齐燕赵，齐刀较大尖头，燕赵的刀，十形，方头或圆头。布钱为三晋的货币，有方肩、圆肩、方足、尖足，方袴、圆袴诸种。周秦用圆钱，楚用类似贝形的铜币，而同时也有划成小格金版，上书"郢寽"或"陈寽"，作为货币。凡此种种货币，多有铸造地点、货币单位及价值，如刀布有"梁正尚全

---

[1] 商承祚：《长沙出土楚漆器图录》（上海，1955年）序，页4。又可参看吴铭生、戴亚东：《长沙出土的三座大型木椁墓》(《考古学报》1957年，第1期），页99。
[2]《韩非子》（四部备要本），卷七，页4。
[3]《淮南子》（四部备要本），卷一九，页7。
[4]《史记会注考证》（台北，艺文影印本），卷八七，页8—9。
[5] 例如《墨子·经说》下："买刀籴相为贾，刀轻则籴不贵，刀重则籴不易，王刀无变，籴有变。岁变籴，则岁变刀。"《墨子》（四部备要本），卷一〇，页12；此是讨论物价与币值的关系了。

尚㝬""垣釿""齐厺化""齐建邦造厺化"，秦圆钱"重一两十二朱"之类，不胜枚举[1]。

一国货币之出现于另一国，自可说明两地之间有经济交流。古代窖艺出土有包括诸种货币于同一容器中的例证，更可说明货币之无国界，经济上中国已是一个互相勾络的整体。再以特殊情形言之，源于齐国的刀币，能侵入燕国已可觇见齐国经济力已影响于北邻，而赵国兼用刀布，足知刀币的力量已侵入布币流通的三晋范围了[2]。

总之，上述货币经济的发展，与活泼的区间贸易互为倚伏，而两者都相当程度地促进了城市的发展。

七、战国的城市

据汉代的《盐铁论·通有篇》追述战国的大都市："燕之涿、蓟，赵之邯郸，魏之温轵，韩之荥阳，齐之临淄，楚之宛、陈，郑之阳翟，三川之二周，富冠海内，皆为天下名都，非有助之耕其野而田其地者也，居五诸之冲，跨街衢之路也。"[3] 以上各地都因位居交通中心而成为名都，其中只有小部分也兼具政治功

---

[1] 关于先秦货币的著作，王毓铨：《我国古代货币起源和发展》（北京，1957年）及同氏英文著作，Wang Yü-Chuan, *Early Chinese Coinage*（New York, American Numismatic Society, 1951）。
[2] Cho-yun Hsu, *Ancient China in Transition*（Stanford University Press, 1965）, P.121. 王毓铨：《我国古代货币起源和发展》（北京，1957年）。Cheng Te-kun, *Archaeology in China*（Cambridge, Heffer, 1963）, Vol. Ⅲ, p. 70。中国科学院考古研究所：《新中国的考古收获》（北京，1961年），页67。
[3]《盐铁论》（四部备要本），卷一，页6—7。

能,如临淄即为齐国的首都。若加上后一类,则大都市中尚需包括曾为国都的安邑,大梁、郑、河南、洛阳、鄢郢、寿春、陈、濮阳、雍、咸阳各处。再加上定陶、邓、宛、宜阳、吴会,战国时代的中国有二三十个头等的大都市。如以曾铸货币的都市加进去,又可增加一批:例如魏的蒲阪、山阳、晋阳、共、虞、垂、垣、平周、皮氏、高都、宅阳、长垣;赵的柏人、蔺、离石、晋阳、武安、中阳、武平、安平、中都;韩的平阳、高都、安留、长子、涅、卢氏;齐的即墨……总数当在五六十个[1]。

战国的行政都市,因郡县制的确立,而使郡城县治均具有构成都市的条件、可能郡城有数万人口,县城有数千人口,是以三万户是封太守的标准,而千户是封县令的标准[2]。也因此而有"今千丈之城,万家之邑相望"的说法[3]。上党一郡,即有城市之邑十七,城邑相望,倒也未必是过分的夸张[4]。若干居交通要道的城市,当然可以有更多的人口:宜阳不过是一个县治,但因其居南阳与上党之间,具有战略地位,两郡的积蓄都集中在宜阳,以至可以号称"名为县,其实郡也"。宜阳的城周可有八里,军队可驻十万,积粟可支数年,其大可想而知[5]。

战国都市有单纯由于经济条件而发达的,最好的例子是陶和卫。陶在今山东定陶附近,春秋为曹地,无籍籍名,春秋末年,

---

[1] 杨宽:《战国史》(上海,1955年),页47—48,页53—54。
[2]《战国策》,卷一八,页9。
[3] 同上书,卷二〇,页1。
[4] 同上书,卷一八,页9,又《韩策》谓张翠称病,病而日行一县,县邑之相迩可知(卷二七,页1)。
[5] 同上书,卷一,页2;卷四,页4。

陶忽然成为繁荣的都会，陶朱公在陶卜居，即为了"陶为天下之中"，于此三掷千金。近人史念海由历史地理研究，认为吴开掘了邗沟及黄沟，使江、淮、济、泗几条河流可以联络交通。陶居这一新水道网的枢纽，又加上济泗之间西至黄河平原都是古代重要的农业生产地区，是以陶占尽地利。鸿沟的开凿，更使陶居于济、汝、淮、泗水道网的中央，近则西迫韩魏，东连齐鲁，远则可由水道及于江淮。这一经济都会的繁荣，竟可使强秦的权臣魏冉掠取陶作为自己的封邑[1]。

另一经济都市为卫的濮阳，卫在战国只是微不足道的小国，但濮阳可经济水与陶联络，由秦经安邑向东通往定陶的北道，非经过濮阳不可，魏迁大梁，大梁邯郸之间的交通也当经过濮阳。河济之间农产亦富，也使濮阳具备经济都会的资格。由于水道纵横，新兴的经济都市尚有获水睢水之间的睢阳，获水泗水之间的彭城，和楚夏之间的寿春[2]。

此外，太行山东边南北走向的大道连结了蓟与邯郸，"西贾上党，北贾赵中山"的温轵，"东贾齐鲁，南贾梁楚"的洛阳，"西通武关，东受江淮"的宛，关中"南邻巴蜀，北接胡苑"，而栎阳更是"北却戎翟，东通三晋"，咸阳又居关中的中心，郑居江汉，上接巴蜀，下通吴会。凡此都是交通枢纽的地位[3]。

考古学家发掘得到的战国城市遗址，已为数不少。张光直列举了下列诸处及其概况（参看附图四，但张氏所举春秋时代遗址数例，则予排除）：

---

[1] 史念海:《河山集》，页110—120。
[2] 同上书，页121—124。
[3] 同上书，页124—130。

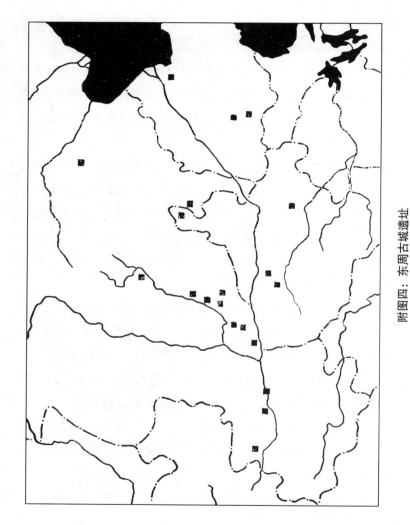

附图四：东周古城遗址
采自 Kwang-chih Chang, *Archaeology of Ancient China*, fig 96

（1）周王城，在河南洛阳，大致呈正方形，北城城墙长2890米，中央及靠南部分是重要建筑，城西北有陶窑及骨器作坊，城中散见水沟遗址。

（2）魏安邑，在山西夏县，城有外中内三层，中城居西北角，北墙长4500米，南端宽2100米，内城似是宫殿所在，正居大城圈的中央。

（3）魏魏城，在山西芮城，未全部发掘。不是很整齐的正方形，每边约长1500米，有砖瓦遗存。

（4）韩宜阳，在河南宜阳，发掘得夯土围墙，正方形，每边长1400米，有砖瓦散布遗址表面。

（5）赵邯郸，在河北邯郸，遗址有相连接的二城，旁边可能有第三个城址。本城约略呈正方形，每边长1400米，东城有一子城，以本城东墙为西墙，南北墙各延伸约本城的一半长度，北城也有一段向北延展的墙垣，可能是另一子城。本城南北中线上有一串土台基址，均有砖瓦散布，当是宫室宗庙的所在，城中有若干墓葬。

（6）赵午城，在河北午城，略呈方形，每边长1100米，沿北墙有水沟，城中出土砖瓦、布钱、铜镞。

（7）赵午汲，在河北武安，有古城遗址两处，西城约呈长方形，东西889米，南北768米，四城城门各有道路，城中有水井陶窑遗址。

（8）燕下都，在河北易县，自1930年开始曾多次发掘，城中出土遗址及遗存均极丰富，城呈长方形，东西长8000米，南北长4000米，中线另有一墙及水沟分割全城为东西两区，东城北区又有一墙隔开，约占东城1/3的区域，西城较为后筑，东城北区有宫殿遗址的土台基址若干处。东城南区有冶铁作坊、武器作坊、铸钱、烧陶、制骨器诸般工场。宫殿及作坊四周为居住遗址，东城的西北角则有墓葬群。城中有水沟数条。

（9）齐临淄，在山东临淄，城东西长4000米，南北则较4000米稍长。西南角另隔为小城，面积约为1350平方米。出土遗物有砖瓦陶版、刀钱、钱模、铜镞、陶制镜模、陶印。据估计，城中人口当有二万户。

（10）邾城，在山东邹县，城墙沿山而筑，两山夹辅，中间的谷地约1200米宽，即为城区。城中片土台长500米，宽250米，当地居民称为皇台，城中有砖瓦陶片。

（11）滕、薛两城，在山东滕县，滕城约呈长方形，东西约800米，南北约600米；薛城呈不规则形，南墙东墙约略直线直交，西北为曲折的弧线，南墙约长2000米，东墙略短。

（12）秦栎阳，在陕西临潼，城呈长方形，南北长2500米，东西长1800米，有一条直街贯穿南北，两条横街贯穿东西，城中出土砖瓦、井圈陶窑、下水道，遗迹北墙外面有灌溉渠及壕沟遗迹。

（13）秦咸阳，在陕西咸阳，地居渭滨，城的轮廓因未全部发掘，尚不可知。城中有筑在台基上的房屋铜器、骨器及铁钉，另有不少瓦管，可能为古代下水道的遗迹；水井、陶窑、窖穴，则所在都有。

（14）秦雍城，在陕西凤翔，城长方形，东西4500米，南北2000米，出土砖瓦，陶水管[1]。

---

[1] Kwang-Chih Chang, *Archaeology of Ancient China* (Yale University Press, revised edition, 1968), pp. 280–305.

山西侯马的牛村、平望两古城是春秋时代遗址，但也继续到战国以后。平望城作长方形，南北最长部分约 1700 米，东西最宽部分约 1400 米，墙外有与城墙平行的壕沟，墙内有沿墙的车道。城中有宫殿遗迹的土台基址。城南郊分布许多铸铜、烧陶及制骨器的作坊，当是手工业区。

　　此外还有一些较小的遗址，为韩魏赵燕楚的古城。大致均在近河地方，或为正方形或呈长方形，或随地形建筑，面积在 0.25 平方千米至 1 平方千米之间，每边有一二个城门及由此出入的道路，上述午汲古城的东西大街宽约 6 米，穿城而过，并有若干和大街垂直的小街道[1]。

　　综合言之，固然若干考古学上所见的战国古城尚未发展为商市，大多数古城，则除了仍具有行政与军事功能外，已有手工业作坊普遍存在。城市方便整齐，横街直衢，凡此均说明城市已有相当程度的工业生产与商货贸易的功能。尤其前者，由其规模言，侯马铸铜工场的内范数以万计，兴隆冶铁工场的农具铸范重数百斤，凡此均可看出生产的数量相当庞大。而且侯马铸铜工场三处，多有专门的产品，也足见生产已有分化专业的趋向[2]。

　　战国时代商业的发达，由前叙货币流通的情形已可觇之。《史记·货殖列传》更有极为生动的描述。太行山以西的材竹谷（谷树的皮）、垆（山间野纻）、旄、玉石；山以东的鱼盐；江南的楠梓、姜桂、金、锡、丹砂、犀、玳瑁、珠玑、齿革；北边的马

---

[1] 夏鼐：《一九五四年我国考古工作》(《考古通讯》，1955 年，第 6 期)，页 6–8。
[2] 山西省文物管理委员会：《山西文管会侯马工作站工作总收获（1956 年冬至 1959 年初）》，页 222—228。郑绍宗：《热河兴隆发现的战国生产工具铸范》(《考古通讯》，1956 年，第 1 期)。

牛羊，旃裘筋角，都已由商贾贩运四方[1]。可以致富的行业包括畜牧、养猪、养鱼、植林、果园、养竹、造漆、艺麻、种桑、颜料植物与香料植物的栽培。城邑之中，经营酒浆、醯酱、屠宰、贩粮、燃料、运输、建材、木材、冶铸、纺织、衣料、合漆，甚至咸货、干货……均可成千单位地制作与出售，以致巨富[2]。

其他先秦文献资料，固然只有零碎片段提到城市生活。综合言之，仍可得到一些有趣的消息。《史记》所说诸般行业，很多可以点点滴滴得到证实。一个城市之中，有政府官署，宫室台榭。可是在附近即可有依赖手艺度日的工匠作坊[3]。街市朝聚暮散，所谓"市朝则满，夕则虚，非朝爱市而夕憎之也，求存故往，亡故去"。这种贸易区大约是集中百业的市场[4]。街市上面，大而珠宝银楼，小而卖卜的小摊子，无不有之[5]。市井之徒更是可在酒楼赌场中与朋辈饮食流连，酒色征逐[6]。城市中招徕了任侠奸人，也集中了高谈阔论的学者名流[7]。

---

[1]《史记》，卷一二九，页45。
[2]《史记》，卷一二九，页31—37、43—44。
[3]《吕氏春秋》记载宋国制鞔的工人，住在贵族司城子罕的南邻。《吕氏春秋》（四部备要本），卷二〇，页10。
[4]《战国策》，卷一一，页3。
[5] 关于珠宝店，如楚人卖珠，郑人买椟还珠的故事，《韩非子》（四部备要本），卷一一，页3。关于银楼有齐人往"鬻金者"之所夺金的故事，《吕氏春秋》，卷一六，页16。关于卖卜，《战国策》，卷八，页4。
[6] 关于酒楼，《韩非子》，卷一三，页8，关于赌博及倡优，《史记》，卷一二九，页29、43。
[7] 孟尝君招致天下任侠奸人入薛，据说有六万家之多，《史记》，卷七五，页26。又如信陵君也以监门屠夫为宾客，《史记》，卷七七，页4—5，齐宣王在稷下集合了文学游说之士数百千人，《史记》，卷四六，页31。

由于人口众多，手艺工匠也可以有不恶的工资，据说竟可以"一日作而五日食"。[1]甚至残疾的人只要有一技之长，例如浣洗缝补，或挑精米，也足以糊口了[2]。有许多的人口在都市中谋生，因此不仅城郊会有种水果蔬菜的"唐园"，有编打草鞋及草席的贫户[3]，而每天出入城门的车辆，也足够压出两条轨迹了[4]。

形容战国头等大都市的资料，以《史记·苏秦列传》的一段最传神："临淄之中七万户，臣窃度之，不下户三男子，三七二十一万，不待发于远县，而临淄之卒，固已二十一万矣。临淄甚富而实，其民无不吹竽鼓瑟，弹琴击筑，斗鸡走狗，六博蹋鞠者。临淄之涂车毂击，人肩摩，连衽成帷，举袂成幕，挥汗成雨，家殷人足，志高气扬。"[5]

临淄是否真有这么多人口，学者见仁见智并不一致[6]。即使只以《史记》所说1/3计算，临淄仍有十至二十万的人口，全国重要都会，若以60个计，其中10个有与此相当的人口。其余以"万家之邑"为标准，则全国有20万户以上住在头等都市中，50万户住在中等城市中。都市人口总数可达三四百万，数目仍是很庞大的。

---

[1]《管子》（四部备要本），卷一五，页14。
[2]《庄子》（四部备要本），卷二，页14。
[3]《管子》，卷二三，页15。
[4]《孟子》，卷一四上，页6。
[5]《史记》，卷六九，页27。
[6] 如Wheatley即极为怀疑此数的夸大，Paul Wheatley, *Pivot of Four Quarteters* (University of Edingberg Press, 1971), P.190。关野雄认为以临淄古城面积计算二三万户是相当合理的估计，见关野雄著《中国考古学研究》（东京，1956年），页141以下。中国学者则至今未有怀疑这个数字者。

由数十家的邑，经过西周、春秋、战国三时代的发展，古代中国具有了众多大型都市。其中聚居了数以万计的人口，从事诸种行业。战国时代的都邑是十分符合多种功能的都市性格了。而街道的横直正交，甚至还有下水系统，均足以说明都市生活的水准已非常高。与战国并世，在中东与地中海地区也都已有高度的都市文明，及繁忙的经济活动。然而论规模，论总人口，论都市数字，中国古代的都市发展仍是罕有伦比的。

原载《"中央研究院"历史语言研究所集刊》第四十八本第二分

两周的物理天文与工艺

中国传统的科学与工艺，在秦以前仅是发轫阶段，因此当代治中国科学史最称巨擘的李约瑟氏，对于先秦部分也不能给予很多的篇幅。先秦典籍以今日科学与工艺为范围者，甚为稀少，不过"墨经"、《周髀算经》、《周礼·考工记》，及诸子学中的一些片段而已。中国的学问一向以治平之道为主题，外此往往难入典籍，也往往难以保存流传，是以上述史料的稀少，并不可推衍为古代科学与工艺之不发达；而这些史料保存的一些零碎的知识，反倒可以反映古代科技到达的水平。近年来考古发现层出不穷，因之也时有古人实物呈现今世，足与典籍记载互为佐证。然而我们对于古代科技水平的知识毕竟是零碎的，我们也唯有本"知之为知之，不知为不知"的态度，仅作一些片段的反映而已。本文内容采撷李约瑟之意见处最多，其中取舍则多参以己意。特为声明，庶不掠人之美。

一、墨经中的物理学观念

此处所说明的"墨经"包括《墨子》中的《经上》《经下》与《经说上》《经说下》诸篇，其文字诸般错乱，自来以艰涩难通著称；经过孙星衍、卢抱经、毕沅诸人校订，始堪阅读，而以孙诒让的《墨子闲诂》为集其大成。可惜毕、孙诸氏虽已注意到"墨经"中讨论光学力学的资料，限于他们本身的物理学知识，未能多所阐述。直到最近二三十年，才有专于"墨经"物理学着手整理者。治"墨经"的学者梁任公、胡适之两位先生，在以墨学与近代科学观念对比上有极大的开创之功。但专精之著，则在后起，如杨宽、谭戒甫、栾调甫、钱临照、吴南薰诸先生[1]。李约瑟在其巨著中陈述，即以栾、吴之成果为主要依据。李氏以科学史名家，又得到物理学家的合作，其对于"墨经"物理学知识的了解及重建，自是后来者居上，最有系统。是以本节所论也以李约瑟重建的系统为依据，庶几不致像"墨经"原文散漫的排列。

李氏在他的巨著第四卷第一分（即全书第二十六节），开宗明义即介绍"墨经"对于时间、空间与性质之连续或不连续，诸

---

[1] 杨宽：《墨经哲学》（正中，1942年，1949年）。但杨氏原意实为反对以墨学比拟现代科学。谭戒甫：《墨经易解》（上海，商务，1955年）。钱临照：《释墨经中光学力学诸条》（《李石曾先生六十岁纪念论文集》，昆明，北京研究院，1940年）。栾调甫：《墨子研究论文集》（北京，1957年）。吴南薰先生著有《中国物理学史》，但外间未见流传，仅由李约瑟引文见到其大致面目，似对"墨经"文字及句读，大大改订修正过。

项观念。列举的诸节为：

《经上》：久，弥异时也。（孙诒让:《墨子闲诂》〔台北艺文影印本〕，页593。以下简称孙诒让）

《经说上》：久，古今旦莫。（同上，页624）

这是指抽象的时间，超越了，也包括了任何特定的时间片段，以说明时间范围。

《经上》：盈，莫不有也。（孙诒让，页590）

《经说上》：盈，无盈无厚。（同上，页630）

这是指抽象的体积，有所充满，才能说到有厚度，易言之，是界说延伸性的空间。

《经上》：樱，相得也。（孙诒让，页590）

《经说上》：尺与尺俱不尽，端与端俱尽，尺与（端）或尽或不尽，坚白之樱相尽，体樱不相尽。（同上，页630—631）

李氏以尺释为线段，以端释为点，以为两线未必同长，是以未必能完全相合，而两点可以重合，由于点的定义原就不占空间。点若落在线上即是相合。两件有质量的物体相接触，纵使性质完全相同，终究是各占空间的物体，无从相合[1]。

《经上》：纑闲虚也。（孙诒让，页589）
《经说上》：纑闲虚者，两木之间谓其无木者也。（同上，页630）

李约瑟解释这一节"墨经"文字，以为意指"面"不可能充分平滑，使以二木相接，终有缝隙[2]。也许比较适当的解释不仅在讨论面的平滑程度，还更抽象地讨论到"面"的性质，其实与前面讨论线与点的差别是连类相属的。

李约瑟在讨论了这四节介于物理与几何之间的问题后，又提出了波动理论与粒子理论。他以为中国传统的物理观念偏于波动理论，而与欧洲及印度偏于粒子理论不同，然而他也承认任何文化都可因为人类切割木片的经验而导致最小颗粒单位的观念。古代中国也有过粒子理论，而"墨经"中的"端"，也就表达这一切割至最小单位的粒子[3]。"墨经"中亦有应用"端"的观念分解时间至最小单位，而名之曰"始"，是以：

《经上》：始，当时也。（孙诒让，页594）
《经说上》：始，时或有久，或无久，始当无久。（同上，页625）

---

[1] Joseph Needham, *Science and Civilization in China*, Vol. IV, Part I（Cambridge University Press, 1962），pp.23.
[2] 同上书，页3。
[3] 同上书，页3。

此等"始"即不作开端，而是当作时间的"点"——亦是没有持续线段的"久"。

墨子非攻，他的游说各国息争，却并非全仗口舌，其弟子禽滑釐之徒便有在围城代筹战守之事。《墨子》书末"备城门"诸篇固可能为后世著作，但其列于《墨子》书中自亦由于传说中总以为墨家颇重防御战具的制作。"墨经"中讨论器械，每涉细节，足见"墨经"作家不是坐而论说的理论家，而是亲手操作的机械工人。"墨经"中的力学胜义特多，当即由此种实际经验抽绎的知识。

《经上》：力，刑之所以奋也。（孙诒让，页 590）
《经说上》：重之谓下，与重奋也。（同上，页 620）

刑同形，毕沅之说甚是。与，孙诒让以为当是举之误。若如此解释，则此处所说是力与重量的定义，而且明确说出重量是向下的。

力学中的力矩观念，也在一般"墨经"中有所论述。《经下》："合与一，或复否，说在拒。"（孙诒让，页 600）这一段"经"没有"经说"的阐述。李约瑟以为是说明若干"力"可以合而为一，而有时可能有反动力，有时可以没有反动力，所谓或"复"或"否"[1]。

---

[1] Joseph Needham, *Science and Civilization in China*, Vol. IV, Part I（Cambridge University Press, 1962）, p. 19.

《经下》：挈与枝板，说在薄。（孙诒让，页609）

《经说下》：挈，有力也，引无力也，不正。所挈之止于施也，绳制挈之也，若以锥刺之，挈长重者下，短轻者上，上者愈得，下下者愈亡。绳直权重相若，则正矣。收上者愈丧，下者愈得。上者权重尽则遂挈。（同上，页663）

这两节文字，李约瑟根据吴南薰的解释，以为是讨论滑车起重的原理。孙诒让也曾引述张惠言的意见，以为契即挈，枝即收，板字则孙氏谓是仮，与反同。孙氏又因经说有"权"，而疑薄为权之误：对照"经说"，张孙之说当甚是。经说所述，邹伯奇以为是升重法。按，这一段经说夹在说明"天平"与用辘车升重方法之间。则为用绳及重锤升重的滑车原理，亦殊为合理，凡此数节，当均系墨家在运用简单器械时观察得到的经验。栾调甫以为此节论桔槔，似误[1]。

最近有人以为"不正，所挈之止于施也"纯指在斜面上移动重物，但刘仙洲仍以为由斜面发展为螺丝则在古代记载中未得到可靠的史料[2]。辘车可能是滑车与斜面配合使用的机械。

关于天平，据《经说下》："衡加重于其一旁，必捶。权重相若也，相衡则本短标长。两加焉，重相若，则标必下，标得权也。"（孙诒让，页661—662）本节前半节意义不明，但至少在这一节的后半段，我们可以清楚地了解，是讨论重量与支点距

---

[1] 栾调甫：《墨子研究论文集》（北京，1957年），页89。
[2] 魏西河：《滑车与斜面的发见和使用以中国为最早》（《清华大学学报》第7卷第2期，1960年）。刘仙洲：《中国机械工程发明史》（上海，1962年），页24。

离愈远,其力愈大,所谓本短标长重量相同时,标的这一端会下坠。中国俗语所谓四两拨千斤,也不过运用这一点杠杆原理而已。

所谓辁车升重,只见"经说"有大段文字,却不见于"经",其连属在滑车的下文,也许也只在说明上引"经下"文字中的"挈"字。《经说下》:

> 两轮高,两轮为辁,车梯也,重其前,弦其前,载弦其前。载弦其轱,而县重于其前,是梯。挈,且挈且行,凡重,上弗挈,下弗收,旁弗劫,则下直,扡,或害之也。沰梯者不得沰,直也。(孙诒让,页 664)

李约瑟根据栾调甫的解释,作了一个示意图,如下:

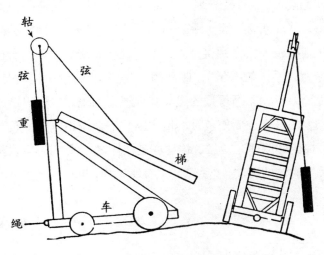

采自 J. Needham, *Science and Civilization in China*, Vol. Ⅳ, Part. Ⅰ, p. 21

照图意所示，则轮车的使用，基本上是应用滑车原理将重物（如云梯）升高。

"墨经"讨论到负重问题的还有两处：

《经下》：贞而不挠，说在胜。（孙诒让，页609）

《经说下》：故招负衡木，加重焉而不挠，极胜重也，右校交绳，无加焉，而挠，极不胜重也。（同上，页661—662）

《经下》：均之绝不，说在所均（同上，页601）。

《经说下》：均，发均县。轻重而发绝，不均也。均，其绝也莫绝。（同上，页678）

孙星衍引《列子·汤问篇》张湛注，以为指发质均匀，则不至断绝，否则即断裂。若此，则"墨经"所讨论是材料强度的问题，由后推论前节，"右校交绳"当也指重量因一方偏倚而使支点受力不匀，终于折断。此句张惠言先释校为连木，又释校为急疾。孙诒让则疑校为权之讹误，以为挈权之绳相交绂。李约瑟据吴南薰，释为"手搓的绳子"，似都因未与"发均县"一节相比，然而孙说仍差近，若悬重量的绳与其他绳索纠绕，也可以造成重量在支点上的轩轾，而使负重的衡木断裂。栾调甫以为"负"一节也论桔槔俯仰原理[1]。按，桔槔亦是杠杆之一种，故其说亦可从。

关于物体的运动，"墨经"也有所论列，如：

《经下》：行循以久，说在先后。（孙诒让，页609）

---

[1] 栾调甫：《墨子研究论文集》（北京，1957年），页88。

《经说下》：行者，必先近而后远，远近修也，先后久也。（孙诒让，页683）

此处便将时间与空间的关系交代清楚，换句话说，涉及了运动速度的问题。

《经上》：动，或从也。（孙诒让，页595）
《经说上》：户枢免瑟。（同上，页626）
《经上》：止，因以别道。（同上，页596）
《经说上》：止，无久之不止，当牛非马，若矢过楹，有久之不止，当为非马，若人过梁。（同上，页626—627）

李约瑟以为这两节所指殊与牛顿惯性定律相同，而在西方文化系统，同样想法的出现至早在10世纪至11世纪间，"墨经"的讨论早了十三四个世纪[1]。但我们细参原文，实在太过简略，而原文若从其他学者的解释，便可有极不同的说法，例如"从"若仍作"徒"，栾调甫即以为"墨子不谓世间有绝对之动，当亦不许其有绝对之止"[2]。按，改字或增字以解释古书，每难免"强作解人"，似仍不如存疑为宜。

"墨经"中讨论的光学问题，大多明白易解。论其内容不外在镜鉴中成影的大小与正倒。

---

[1] Joseph Needham, *Science and Civilization in China*, Vol. IV, Part I (Cambridge University Press, 1962), p.58.
[2] 栾调甫：《墨子研究论文集》（北京，1957年），页70—71。

①《经下》：景不徙，说在改为。（孙诒让，页606）

《经说下》：景光至景亡，若在，尽古息。（同上，页655）

②《经下》：住景二，说在重。（同上，页607）

《经说下》：景，二光夹一光，一光者，景也。（同上，页656）

③《经下》：景之小大，说在地岳远近。（同上，页608）

《经说下》：景，木柂，景短大，木正，景长小。大（光）小于木，则景大于木，非独小也。（同上，页658）

④《经下》：景到在午，有端，与景长，说在端。（同上，页607）

《经说下》：景光之人煦若射。下者之人也高，高者之人也下，足敝下光，故成景于上。首敝上光，故成景于下。在远近，有端与于光，故景廉内也。（同上，页656—657）

⑤《经下》：景迎日，说在抟。（同上，页608）

《经说下》：景，日之光反烛人，则景在日与人之间。（同上，页657）

⑥《经下》：临鉴而立，景到。多而若少，说在寡区。（同上，页602）

《经说下》：远近临正鉴，景寡，貌能白黑，远近柂正，异于光鉴，景当俱就，去亦当俱，俱用北，鉴者之臭，于鉴无所不鉴，景之臭无数而必过正，故同处，其体俱，然鉴分。（同上，页659）

⑦《经下》：荆之大，其沉浅也，说在具。（同上，页605）

《经说下》：荆沉，荆之贝也，则沉浅，非荆浅也，若易五之一。（同上，页 680）

⑧《经下》：鉴位，景一小而易。一大而正，说在中之外内。（同上，页 603—604）

《经说下》：鉴中之内，鉴者近中，则所鉴大，景亦大，远中，则所鉴小，景亦小，而必正，起于中，缘正而长其直也。中之外，鉴者近中，则所鉴大，景亦大，远中，则所鉴小，景亦小，而必易，合于中而长其直也。（同上，页 659—660）

⑨《经下》：鉴团，景一（在，一）夭而必正，说在得。（同上，页 604，据栾调甫前引书页 87 改订）

《经说下》：鉴鉴者近，则所鉴大，景亦大，亦远，所鉴小，景亦小，而必正，景过正。（同上，页 661）

这些光学的讨论，在中国古籍中是很特殊的，而在"墨经"中却又可算得上是文辞较明白的。其注释虽不为极困难，只是为何在"墨经"中独有此种讨论，仍是饶有趣味的事。挨次说来，第①、②节说明景由光生，第③节说明物体与光源的相对部位决定影之大小，第④节似在说明倒影，李约瑟以为指针孔透影的原理，并且与"库易也"（孙诒让，页 595）相提并论[1]。然而后者以库作障解，虽见孙诂，究属揣测之辞，故本文不列。唯第④节所说，在日常经验中也不难观察得之，第⑤节为反光成影，李约

---

[1] Joseph Needham, *Science and Civilization in China*, Vol. IV, Part I（Cambridge University Press, 1962）, p.82.

瑟归之于平面镜的原理,然而又不同意栾调甫、吴南薰指为讨论角的意见[1]。第⑥节明白说到镜鉴,也论及单镜及一组平面镜的区别。李约瑟从吴南薰的解释,以"当"为二镜相对的角度,臭为皋,解作镜中成影的目标[2]。然亦难免强经就己之病,尤其经文中未见提到二镜。李氏解释则专论二镜斜列的关系。第⑦节论折光作用,以说明荆枝在水面下似乎接近水面的现象。李约瑟甚至用吴南薰的解释,认为本节经说当连下文"若易五之一"在内,并认为系指折光率 1.25 或 1.5(水的准确折光率当为 1.33)[3]。按,"若易五之一",细释文意,当属下文,则与"荆沉"现象未必相关。第⑧节说凹镜,第⑨节说凸镜,确是说明成影正反大小与在焦点内外的关系,文字明白,无可犹豫。

古时镜鉴多为青铜所铸。中国古代早至公元前 6 世纪或 4 世纪已有玻璃珠,但用于镜鉴仅作镶嵌装饰之用,并未用作透镜[4]。是以"墨经"的光学原理,当均由反射镜得来。事实上中国古代所谓阳燧取火,也是用反射凹镜在焦点上集中日光而引起燃烧,是以《周礼·秋官》"司烜氏掌以夫遂取明火于日",《周礼正义》疏即以"窐经"释"夫遂"[5]。

"墨经"中出现如许众多物理学的讨论,自是极奇特的现象,

---

[1] Joseph Needham, *Science and Civilization in China*, Vol. Ⅳ, Part Ⅰ (Cambridge University Press, 1962), p.83. 参看栾调甫:《墨子研究论文集》(北京,1957 年),页 83。
[2] 栾调甫:《墨子研究论文集》,页 83。
[3] 同上书,页 83-84。
[4] George Sarton, "Chinese Glass at the Beginning of Confucian Age", *JSIS*, 25 (1936), p.23; C. G. Seligman & H.C. Beck, "Far Eastern Glass: Some Western Origin," *Bulletin of Museum of Eastern Antiquities*, (1938) 10, p.1.
[5]《周礼正义》(四部备要本),卷七〇,页 10。

此事或当为由"墨经"之性质找说明,杨宽的《墨经哲学》基本上虽否定可用科学观念解释"墨经",但是其中有一些见解,甚可有助于了解科学观念之何以在"墨经"上出现。杨宽以为《经上》与《经下》不同,前者"命名举实,文皆界说,其于宇宙人生及名实之理,无不通条连贯,盖……墨家要旨之所在……《经下》文皆辩说,固后墨与他家辩难而作"[1]。战国时代诸家杂作,然仍以儒、墨、道三家最为显学,此所以孟子攻墨与杨,庄子诛儒与墨,《墨子》中则有《非儒》专篇,而"大取""小取",又专以驳诘惠施一类诡辩家之学,所谓"夫辩者将以明是非之分审治乱之纪,明同异之处,察明实之理"[2]。墨家尚同,是以主张凡事须有一定的准则,如《天志下》:

> 故子墨子置立天以为仪法,若轮人之有规,匠人之有矩,今轮人以规,匠人以矩,以此方圜之别矣。是故子墨子置立天下,以为仪法……[3]

为此之故,墨家必须严格地下界说,仔细地辩说差异,不容许道家大而化之地混合同异,齐一生死。杨宽特别指出,墨家以知识为首要,事缘于知而绝于情欲。其对于知识的态度是严肃的[4]。墨家重理性、重经验,当然与道家的弃知识主怀疑态度,处处相悖。前者必持知识之普遍性与必然性,后者则每以人对

---

[1] 杨宽:《墨经哲学》,页2。
[2] 孙诒让:《墨子闲诂》,页758。
[3] 同上书,页407。
[4] 杨宽:《墨经哲学》。

于事物之认识，各囿于其特定的空间与时间，逾此范围，标准便当更易。庄子、惠施最能为后者代表[1]。栾调甫以为杨墨之辩系战国子家围绕着几个大题目的辩论，如墨盈坚白，杨离坚白，墨别同异，杨则合之。而所谓"杨"者，实为道家之代表。栾氏之说实为墨学中一大发现，有关古代学术史甚巨。杨宽的议论事实上与此相近，不过说得更细腻。

循此观点，我们可以分"墨经"中的科学知识为两大类：一类以建立绝对的标准为目的，"经上"中的有关时空的定义，均可入此类。其记载辖车之制、滑车原理等，又系此类的应用于实际器械。另一类则为以实验所得的知识破除世人妄说妄想，有关光学诸条，可能即为破除对于光影变化的错误认识，以免导入真幻莫辨的怀疑论。虽然诸家辩论未见有围绕于镜中真幻的主题，但是庄子有蝴蝶之梦，公孙龙有离坚白之辩。前者以为真幻难分，后者以官感不可靠[2]。即以"墨经"言，也有专门指出睡梦与实际人生之不同，《经上》所谓"卧知无知也"，"梦卧而以为然也"（孙诒让，前引书，页591），则《经下》的光学诸节甚可能便是由廓清梦卧幻境的迷惑，而延长及于另一可能导致真幻迷惘的光影之理。

---

[1] 栾调甫：《墨子研究论文集》（北京，1957年），页59以下。
[2]《公孙龙子·坚白论》："视不得坚，而得其所白，无坚也。拊不得其所白，而得其所坚，得其坚也，无白也。……且犹白以目以火见，而火不见，则火与目不见，而神见，神不见而见离。"（四部备要本，页9）即完全怀疑官感之可靠，更不论官感印象之结合。

二、天文与星象

中国古代天文学与历法有不可分的关系，董彦堂师的"殷历谱序"，对于古代历法有深刻讨论，故本节只就天文与星象二部着手。

中国天文学自始即与近东古代文化所发展的天文学不同蹊径。以决定季节为目的，中国古代用作测候标准的星象，名之为辰；而辰则因时代不同，先后曾有参、大火、北斜、日月交会及太阳。埃及的标准是晨现东方的天狼，Chaldea 则以五车二星为观测标准。同时中国古代观测着重昏星，故"夏小正"有"正月初昏参中"，"斗柄悬在下"，"六月初昏斗柄正在上"的说法，说明昏时斗柄方向以决定四季[1]。反之，古埃及则以天狼初现于东方作为一年的开始。

日食周期的不同，也足以证明中国与近东古代天文学的差别。Chaldea 人发现 223 月的"沙罗周期"为日食周期的近似值，中国在太初历中可见的周期则为 135 个月。中国一年岁实早已为 365 又 1/4 天，于是周天度数也相应为 365 又 1/4 度；而近东天文学周天度数为 360 度，沿用迄今[2]。

先秦天文专书传世的自以《周髀算经》为古。《周髀算经》不见于《汉书·艺文志》，是以此书之时代颇滋人疑问，而且书中有引用《吕氏春秋》之处，更使人以《周髀》为汉时作品，然

---

[1]《大戴礼记》(四部丛刊本)，卷二，页 4，页 8。
[2] 陈遵妫:《中国古代天文学简史》(上海，1955 年)，页 16—18。

而细审引《吕氏春秋》文字，殊与上下文不属，故注家赵君卿已断定"非周髀本文"。[1]同时《周髀》中的"盖天说"在汉时较"浑天""宣夜"早，显然是古时的天文知识，《周髀》中的数学资料也较《九章》古老，是以算学史家李俨列《周髀》为最古算书，并假定为战国作品[2]。李约瑟则比较《周髀》中的七衡图，与古代巴比伦日行周天三匝的观念极类似，而后者的时代早在公元前14世纪，晚亦在公元前8世纪。于是李约瑟以为《周髀》中最古老的部分可能早至孔子时代，甚或更早[3]。

《周髀》中的"盖天说"，实是中国最古老的宇宙观念：所谓"方属地，圆属天，天圆地方"，"天象盖笠，地法覆槃"[4]。天高八万里，天地都向四周边缘逐渐低下，中央高于四旁六万里——是以日运行处到极北时，南方夜半，极东时，西方夜半[5]。日周游四至，而正北极的"北极中大星"是天之中正，所谓璇玑之中，天心之正[6]。璇玑径二万三千里，周六万九千里，"此阳绝阴彰，故不生万物，北极左右，夏有不释之冰"[7]。《周髀》以为日光有照射的极限，所及不过十六万七千里，于是有黑夜，而月

---

[1]《周髀算经》（四部丛刊本），卷上，页57。
[2] 李俨：《中国算学史》（上海，1937年），页15。参考《中山大学语言历史研究所周刊》，1929，第94至96号，《天文学专号》，页1—69。及能田忠亮：《周髀算经之研究》（京都，1963年）。
[3] Joseph Needham, *Science and Civilization in China*, Vol. Ⅳ, Part Ⅰ（Cambridge University Press, 1962），Vol.3, p.256, Note e.
[4]《周髀算经》，卷上，页17—18；卷下，页2。
[5] 同上书，卷下，页1—2。
[6] 同上书，页4。
[7] 同上书，页7—8。

之生光，亦由借日，所谓"日兆月也，月光乃出，故成明月"。甚至星辰也因日月光华而能成行列[1]。Herbert Chatley 曾作一图，解释"盖天说"的宇宙与日行，见于"'The Heavenly Cover', a Study in Ancient Chinese Astronomy"（*Observatory*，1938，No.61，p.10），兹复制如下页图。

根据《晋书·天文志》，"盖天说"谓天地向左旋转如磨砣，日月星辰则向右旋转，但天行速，日月行缓，日月终于随天左旋[2]。Chatley 图中的天地轴心，即是璇玑，也就是天地旋转的中轴。这一观念，显然与 Mercia Eliad 所谓古代神话中的天柱有关，天柱也就是共工氏头触的不周山。据李约瑟的意见，不周也正是不旋转的意思[3]。《晋书·天文志》提到盖天说以为天如伞盖，地如棋盘，则天如穹形，地却是平正的[4]。此说虽与"地如覆槃"之说不同，却似更近古代"天圆地方"的原始观念。

综此数端，盖天说显然保留了不少民俗信仰中的观念，而在《周髀》中合理化为这样一个素朴的宇宙观。但是到了后代，盖天说终于不能不让位给浑天说。浑天说以宇宙变作鸡蛋，而以大地居于中央，天体怀游四周。张衡即根据浑天的观念做成了浑天仪。

次论宿的观念。在中国天文学中，二十八宿是一个重要的观念，二十八宿——角、亢、氐、房、心、尾、箕、斗、牛、女、虚、危、室、壁、奎、娄、胃、昴、毕、觜、参、井、鬼、柳、

---

[1]《周髀算经》，卷下，页1，页3。
[2]《晋书》（四部备要本），卷一一，页2。
[3] Joseph Needham, *Science and Civilization in China*, Vol. IV, Part I（Cambridge University Press, 1962），p.214.
[4]《晋书》，卷一一，页1—2。

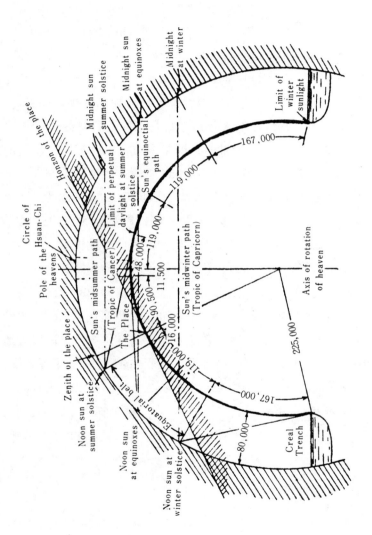

Herbort Chatley 所作解释盖天说宇宙与日行之图

星、张、翼、轸——分别属于四方，每方有七宿。

殷墟出土武丁时代的卜辞中曾见有鸟星及火星。据竺可桢的研究，鸟星当即南方的星宿，而火星是东方的房宿与心宿。竺氏遂谓殷商已有苍龙、白虎、朱雀、玄武四象的划分，而上述鸟、火二星则是南方与东方的中星[1]。在《尚书·尧典》中提到鸟、火、虚、昴，作为四季的中星，天文学史家曾用这些中星当时的位置作为依据，尝试确定"尧典"所记天文知识的年代。法国汉学家 Biot 所定的时代最早，可以远在公元前 2400 年。但是定中星位置有两大困难：一则观测时刻的早晚可以有位置的变移；二则每方七宿的位置也不甚一致：鸟可占七宿的位置，火也占不下三宿的位置。因此选择的测定时刻与选择的星位不同，即可逆测为种种不同的年代。据李约瑟的意见，诸家之中，以桥本增吉和竺可桢逆测的年代最有可能，即"尧典"四中星的测定可能在公元前 1500 年左右[2]。

二十八宿见于《诗经》者凡八，如"七月流火"的火，包括心、房、氐，"定之方中"的定，可包括室与壁，此外则有昴（即罶）、参、毕、箕，如：

---

[1] 竺可桢:《二十八宿起源之地点与时间》(《气象学报》18 期，1944 年)，页 12，参看董作宾:《殷历谱》(中央研究院，1945 年)，第 2 册，卷三，页 1 下。按：房心均在十二岁次的"大火"之内。

[2] Joseph Needham, *Science and Civilization in China*, Vol. IV, Part I (Cambridge University Press, 1962), Vol.3, pp.245—246. 参看桥木增吉:《書經の研究》(《東洋学報》二卷，[1912 年]，一三卷 [1913 年]，四卷 [1914 年])；又同氏:《書經堯典の四中星に就て》(同上，一七卷 3 号 [1928 年])，页 303。竺可桢:《论以岁差定〈尚书·尧典〉四仲中星之年代》(徐旭生:《中国古史的传说时代》[北京，1960 年])，页 279 以下。

《七月》：七月流火。

《定之方中》：定之方中。

《苕之华》：三星在罶。

《小星》：维参与昴。

《渐渐之石》：月离于毕。

《大东》：维南有箕……维北有斗[1]。

《夏小正》中的天象资料，据能田忠亮的意见，反映公元前4世纪的现象，而《夏小正》所见的二十八宿中的房、心、尾、昴、参与柳，其中柳与尾更是初次在古籍中出现[2]。《月令》中则二十八宿有二十三宿见于记载，只缺心、箕、昴、鬼、张，然而却又多了孤与建，前者和牛接近，后者和斗接近[3]。《月令》的记载，如三月"日在房，昏虚中，旦柳中"，充分说明了以二十八宿记的太阳所在的观念，李约瑟以为，中国古代天文学用可见的宿推知太阳位置：凡某宿不见，太阳即在不可见的宿中[4]。

如果二十八宿为黄道赤道的28个据点，其相互距离及位置应当相当整齐，然而今日的二十八宿位置显然有参差不齐之处。竺可桢以为，在公元前4300—前2300年，二十八宿中，十八到二十宿可以在一个环带上，是以竺氏主张二十八宿的排列当系公

---

[1]《毛诗正义》（四部备要本），卷八之一，页5；卷三之一，页3；卷一五之三，页8；卷一之五，页3；卷一五之三，页5；卷一三之一，页8。

[2] 能田忠亮：《东洋天文学史论丛》（东京，1944年）。又同氏：《夏小正星象论》（《东方学报》〔京都，1942年，页12〕）。

[3] 能田忠亮：《礼记月令天文考》（京都，1938年）。

[4] Joseph Needham, *Science and Civilization in China*, Vol. IV, Part I（Cambridge University Press, 1962）, Vol.3, p.246.

元前3000年左右的观念[1]。李约瑟即以为公元1600年前的赤道可经过二十八宿中的大部。换句话说，二十八宿的观念当在殷商以前，李氏也比较了中国与印度的星象观念，结论是两者虽均有黄道赤道列宿，但是中国的列宿观念显然发生较早；然而中国古代天文学也可能受了古代的巴比伦月行赤道的观念而修正，并且逐步发展为二十八宿。到《夏小正》与《月令》的时代，二十八宿无疑地早已完备。新城新藏早已认为二十八宿观念在中国形成，经中亚传入印度。但在中国天文学上，二十八宿经过几次修正，而在印度天文上的二十八宿反停滞在其原始面目。陈遵妫也肯定新城新藏，以为二十八宿的发祥地，大概在渭水附近周人居住的地方，而且大概在周初已经使用，后来又经过不止一次的修正[2]。

星图的制作，在中国也有很早的记录。

中国古代曾有过三位制作星图的天文学家。巫咸的著作即以《巫咸》为名，战国时齐国的石申则有《天文》，楚人甘德则有《天文星占》。三书均尚著录于《梁书》，但是隋时三书已均散佚。据《晋书》，三国时吴国的陈卓增依甘、石、巫三家作星图。根据《隋书》，陈卓星图上记载254官，星1283颗，外加二十八宿及辅官附坐的182星。元嘉中钱乐之又据陈卓的图铸为

---

[1] 竺可桢：《二十八宿起源之地点与时间》。
[2] Joseph Needham, *Science and Civilization in China*, Vol. Ⅳ, Part Ⅰ (Cambridge University Press, 1962), Vol.3, p.248, pp.253—259. 新城新藏：《东洋天文学史研究》，（京都，弘文堂，1928年），页194以下。陈遵妫：《中国古代天文学简史》（上海，1955年），页87—89。

铜图，并以三色区别三家[1]。李约瑟根据大英博物馆藏斯坦因取去敦煌卷子中钱乐之的星图，得到的中外星总数为：星座284，星1464[2]。三家星经所载星位都标明在黄道列宿内的度数及去极（北辰）的度数。李约瑟指出，中国古代天文学上星位的标位方法，与现代天文学所用的一致，却与希腊和阿拉伯的方法大相径庭。希腊的方法是以中天黄道和经度作坐标，欧洲中古时期的天文学也因袭此法，直到近代天文学才有改正。阿拉伯人则以高度与高度角为坐标，更是因地面而异，难求精确。李氏以为只有中国的这种标星方法能致使虞喜发现岁差，而欧洲的天文学家要到1718年才有同样的观念[3]。

中国古代能够有这样进步的天文知识，当系由于对于天象有精密的观测。是以中国历史上具有世界最早、最详，也最可靠的天象记录。以日食而言，这种极其惊心动魄的天变，自然引起其极大的注意。事实上，在最早的中国文字记载——殷代的甲骨卜

---

[1]《晋书》（四部备要本），卷一一，页7。陈卓总合三家的星数为283官，1464星。《陈书》所载则为283官，1565星，参看《陈书》（四部备要本），卷一九，页1—2。薮内清以为石氏星经的年代应在汉代初期太初改历后。但薮内清据浑天仪时代立说，只能谓钱荣之重建诸星位置系后出，似不能据此攻石氏星经本身记录星位问题，参看薮内清：《中国四天文历法》（东京，平凡社，1969），页12、46以下。又朱文鑫：《天文学小史》（商务，台北重印本），页19。甘石星经所测星位，据上田穣意见，当系公元前三百五六十年时位置，新城新藏从之。新城新藏：《东洋天文学史研究》（京都，弘文堂，1298），页26。参看薮内清：《中国四天文历法》（东京，平凡社，1969），页50。

[2] Joseph Needham, *Science and Civilization in China*, Vol. IV, Part I (Cambridge University Press, 1962), Vol.3, p.265.

[3] Joseph Needham, *Science and Civilization in China*, Vol. IV, Part I (Cambridge University Press, 1962), Vol.3, p.263-270.

辞上，日食的记载即为主要的项目之一，董彦堂先生的《殷历谱》中有专记日月食的"交食谱"，董先生甚至曾以卜辞记录的日食核对奥伯尔子日食图表。日食的记录在卜辞更多，甚至有殷都不能见，而由方国报告中央者[1]。

如果《书经·夏书·胤征》记载的仲康日食确系实录，这个在公元前2137年10月22日发生的日食可能是世界上最古老的日食记录了[2]。《春秋》在242年中记载日食37次，有33次可以证实的记载，其精详可知[3]。

甲骨卜辞中有一片乙卯日食，提到"三留日食，大星"[4]。此处的三留，据陈遵妫解释，当系指日珥的现象。而这次日食的日期当在公元前14世纪，无疑是世界最古的日珥记事[5]。

彗星在中国列入灾异，然而中国因此对彗星纪事，颇称详尽。《春秋》鲁文公十四年（公元前613年）秋七月，有星孛入于北斗，据说是对哈雷彗星最早的记录[6]。

中夜流星，疾飞而逝，自也引起人的注意。《春秋》鲁庄公七年四月辛卯（公元前687年3月16日）的"星陨如雨"，据推

---

[1] 董作宾：《殷历谱》，下编卷三《交食谱》。
[2]《书经》日食的问题，自古聚讼纷纭，中外古今推算这次日食的日期，颇不一致。据陈遵妫列举，有公元前2128，前2155，前2077，前2156，前2137，前2072，前2165，前2127年诸种说法，但以奥泊尔子第一次所推公元前2137年10月22日最说方为人接受。参看陈遵妫：《中国古代天文学简史》（上海，1955年），页55，注3；董彦堂先生亦主此说，见前引《殷历谱》，下编卷三，页4。
[3] 钱伟长：《我国历史上的科学发明》（北京，1954年），页36。
[4] 陈遵妫：《中国古代天文学简史》（上海，1955年），页60注引。
[5] 同上书，页60。
[6] 同上书，页65。

算是天琴流星群出现的最古记录[1]。

本节曾提到中国古代辰星定义的变迁，也足观古人之重实测，方屡次改动观测标准，以求精密[2]。

关于太阳系诸行星的认识，最早为人注意的当是木星。古人因木星绕天一周，遂创为12次之法，甚至把地上的列国也分配为12个分野，木星一年在一"次"，用来纪岁。陈遵妫认为至迟到公元前400年左右，古人已知其一周天不是整12年。战国甘德已有《岁星经》，当为关于木星的专著，惜已佚失[3]。

古人重视五星连珠、日月合璧的现象，是以汉代的三统四分诸历所测五星行度和会合周期，均已与今日所知相差不远。推及先秦，既有木星的专门研究，汉代的精密实数，当也所来有自，不为突然矣[4]。

三、器械的使用

李约瑟根据器械的性质，简约器械的作用为八类：（1）杠杆，铰链与其他开关器械；（2）轮，齿轮，踏板；（3）滑车，传动器，传动链；（4）曲柄摇杆与其他偏心轮的作用；（5）螺旋，旋轴，旋桨；（6）弹簧类；（7）管道；（8）活塞，活门类[5]。

---

[1] 陈遵妫：《中国古代天文学简史》（上海，1955年），页72—73。
[2] 新城新藏：《东洋天文学史研究》（京都，弘文堂，1928年），页5—9。
[3] 陈遵妫：《中国古代天文学简史》（上海，1955年），页93。
[4] 同上书，页95。
[5] Joseph Needham, *Science and Civilization in China*, Vol. IV, Part I (Cambridge University Press, 1962), Vol.4, p.68.

桔槔是最显著的杠杆作用。《庄子》所提到的桔槔,显然已是战国常见的汲水器械。即使灌园老人拒绝使用,他也知道有此一物,《庄子·天地篇》:

> 子贡南游于楚,反于晋,过汉阴,见一丈人方将为圃畦,凿隧而入井,抱瓮而出灌,搰搰然用力甚多,而见功寡。子贡曰:"有械于此,一日浸百畦,用力甚寡而见功多,夫子不欲乎?"为圃者卬而视之曰:"奈何?"曰:"凿木为机,后重前轻,挈水若抽,数如泆汤,其名为槔。"

又《天运篇》:

> 子独不见夫桔槔者乎,引之则俯,舍之则仰。[1]

桔槔虽在中国出现很早,李约瑟氏却以为古巴比伦有更早的桔槔记录,而且认为在欧亚大陆各处均有桔槔,却也是传布的结果[2]。然而在这一段有关桔槔的对话中,子贡却给"机械"下了一个很好的定义,所谓"用力甚寡而见功多"。其定义的恰当,可概括一切工具的使用目的。这一个定义在中国古代显然是很普遍的认识,因此《韩非子》也有过类似的说法:"舟车机械之利,

---

[1]《庄子》(四部备要本),卷五,页6—7;页22。
[2] Joseph Needham, *Science and Civilization in China*, Vol. Ⅳ, Part Ⅰ(Cambridge University Press, 1962), Vol.4, pp.331-335.

用力少,致功大,则入多。"[1]

铰链的使用在青铜器中颇多见,所谓金铺与环纽即今日的铰链。小者例如铜器的盖用铰链联系在把手上,大者例如伞架与车盖的插架,都充分利用了铰链的原理。下图所示即为周穆王时代的铜盉与战国的铜制铰链[2]。

铜盉

---

[1]《韩非子》,卷一五,《难二》第三十七(王先慎:《韩非子集解》,世界书局诸子集成本),页272。这一对于机械的定义,刘仙洲是第一个认识其重要性的现代学者,见刘仙洲:《中国机械工程发明史》(上海,1962年),页4—5。

[2] 唐兰:《五省出土重要文物展览图录(序言)》(1958年),图版28、63、64。

a. 伞架

b. 车盖的插架

c. 铰链

轮之使用自以车轮为最常见。从《周礼·考工记·轮人》的记载，车轮的结构包括毂、辐与牙、辁，而各部分分别以榆木、檀木、橿木制作，制作过程也极复杂。一只车轮大约以三十辐为常度，是以《道德经》说到"三十辐共一毂，当其无，有车之用"[1]。据李约瑟的意见，欧洲在15世纪始发展如碟形的内凹或外凸，但在中国则早在《考工记》中已说到轮的"绠"，郑众即释为"轮箄"[2]，而考古实物也显示辉县出土的战国时代古车有向内凹的车轮，长沙出土的战国古车却有向外凸的车轮[3]。

　　齿轮的使用可自实物得到证明：战国晚期的墓葬中出现过若干小型齿轮，据说可能是弩弓的零件[4]。若没有齿轮作用的知识，汉以后指南车、里鼓车、浑天仪一类工具将都难以制作。

　　滑车类的使用，在中国古代当以辘轳为最主要，《礼记》中记载公输般以机封，当是使用丰碑和辘轳[5]。李约瑟以为辘轳太常见，以致本身未必常出现于典籍，其名称反而见于借用作形容词时，例如鹿卢剑之类[6]。

　　中国古代应用活塞的作用发展了世界最早的鼓风铸铁，即

---

[1]《周礼正义》（四部备要本），卷七五，页1以下。《老子》（四部备要本），上篇，页6。
[2]《周礼正义》，卷七五，页3。
[3]《辉县发掘报告》（北京，1956年），页48—50，图61（1—2）。《长沙发掘报告》（北京，1957年），页27，图版7（1）。
[4] 畅文斋：《山西永济县薛家崖发现的一批铜器》（《文物参考资料》1955年第8期），页40。
[5]《礼记正义》（四部备要本），卷一〇，页3。
[6] Joseph Needham, Science and Civilization in China, Vol. IV, Part I（Cambridge University Press, 1962），Vol.4, p.96.

《左传》昭公二十九年"一鼓铁"的记载；固然也有以"鼓"为容量单位的可能，然而《老子》与《墨子》两书中，提到的橐籥，杨宽以为便是鼓铸金属时使用的"风箱"——这种牛皮制的皮囊，配上一对活塞，即可往复充气排气，发挥鼓风作用。墨子所谓"橐以牛皮，炉有两甈，以桥鼓之百十"，由于牛皮囊是空的，是以老子称为"虚而不屈，动而愈出"[1]。这种橐籥在战时可以用于熏灼地道中的敌人，对抗敌人的地道攻击，但更重要的用途仍在鼓铸金属时，以鼓风提高温度。《淮南子·本经训》所说"鼓橐吹埵，以销铜铁"当可认作冶铁用橐鼓风的证据，正如高诱解释，"冶炉排橐"，"橐口铁筒入火中吹火"[2]。据杨宽的意见，中国古代的冶铁技术，因为排橐的使用，产生了世界上最早的风炉。《史记·货殖列传》中不少以冶铁致富者，当即拜鼓风炉之赐。

四、车马

古代中国的车，最早的实物证据为殷墟出土的车轮零件；而完整的车辆的出土，当以辉县琉璃阁和上村岭虢国墓地两次发现春秋战国的古车为最重要[3]。车轮结构的讨论已见于前节，

---

[1]《墨子闲诂》，卷一四，页42。《老子》，上篇，页3。参看杨宽：《中国古代冶铁鼓风炉和水力冶铁鼓风炉的发明》(李光璧、钱君晔编：《中国科学技术发明和科学技术人物论集》〔北京，1955年〕)，页71。

[2]《淮南子》(四部备要本)，卷八，页10。

[3] 石璋如：《殷代战争的记录与车战方法》(未刊)。《辉县发掘报告》，页46—51。《上村岭虢国墓地》(北京，1959年)，页42—47。马得志、周永珍、张云鹏：《一九五三年安阳大司空村发掘报告》(《考古学报》1955年第9期)，页25。

据李约瑟对《周礼·考工记》记载的描述，古车以方形车厢架在双轮之间的轴上，车宽大约 0.3 米，轮高 0.6 米，轮轴之间有金属的釭、䩅或䡅，其上装设辐和辖保护，而以轸辖固定其位置。轴上车箱（轸）下部的，是輂和轐。轸本身包括则两侧的輒与较，及扶手凭依的轼和軓。辀由车厢双曲前伸，为衡，衡的两端则架设一对车轭[1]。

　　古车的辀都是曲辀，成为形的曲线。只有汉代以后的车才变化为栈车的直辕[2]。曲辀的使用，据李约瑟的意见，与中国古代套马的方法有关[3]。李氏以为欧洲古代套马的马具套住颈部与腹部，马在前拉时势必有气管窒息的痛苦；而中国古代却是用胸带和背带，曲辀的使用即以下压和前拉的力量分配在背部和胸部。李氏根据大司空村殷代遗址的车马坑，判断商代的轭仍架在颈部，但在战国时代，轭已有颈部移置在前股两侧，也就是使用曲辀的设备了[4]。长沙出土的楚国漆奁上的马车，显示早期颈带转化为胸带的过渡，胸前有轭带，却与辀的中点联系在一起[5]。

　　下图为 Needham 比较中国与欧洲的勒带装置[6]。

―――――――

[1] Joseph Needham, *Science and Civilization in China*, Vol. Ⅳ, Part Ⅰ（Cambridge University Press, 1962）, Vol.4, p.249.
[2] 参看《四川汉书画像砖选集》（北京，1957年），页 40 以下。
[3] Joseph Needham, *Science and Civilization in China*, Vol. Ⅳ, Part Ⅰ（Cambridge University Press, 1962）, Vol.4, pp.248-250.
[4] 同上书，页 304—307。
[5] 同上书，页 310。参看常任侠：《汉代绘画选集》（北京，1955年），图版 11。《楚文物展览图录》（北京，1954），图版 43。
[6] 见 Joseph Needham, *Science and Civilization in China*, Vol. Ⅳ, Part1., Vol. Ⅳ, Part2, p.305, fig.536 及 p.311, fig.548。

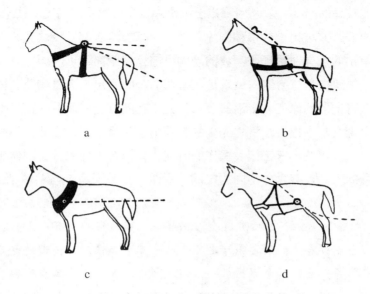

马具勒带装置示意图
a. 西方古代　b. 中国古代及中古早期
c. 中国及西方中古晚期　d. 长沙出土漆奁

五、"陶""冶"的传统

中国制陶的技术，在新石器时代即有良好的传统。彩陶的描绘手法，用彩的调和美观，以及黑陶的型制，都有极高的工艺水平。龙山出土的蛋壳陶，陶质坚硬，古人必已有掌握高温的能力方可制作。中国新石器时代遗址中颇有不少烧制陶器的窑。有一些窑在夯土墙中，而且有倾斜的角度。这种向上的火道，可以产生比较高的温度[1]。从殷商出土的白陶,也可以看出高度的技术;而西安张家坡出土的带釉陶片,已经专家检定,其硬度之高,以及带釉的现象,足证张家坡的硬陶已与瓷器距离不远[2]。

制陶技术与冶炼的关系是很密切的。殷商出土大量陶范,即铸造青铜器的原范。史语所万家保先生在此有专门研究,而且上古史论文集中也有李济之先生的专篇论述青铜工艺,故此处不赘述。到《周礼·考工记》撰作的时代,青铜合金的成分,因器用本身的需要,有六种不同的比例,所谓:

> 金有六齐,六分其金而锡居一,谓之钟鼎之齐;五分其金而锡居一,谓之斧斤之齐;四分其金而锡居一,谓之戈戟之齐;三分其金而锡居一,谓之大刃之齐;五分其金而锡居二,谓之削杀矢之齐;金锡半,谓之鉴燧之齐。[3]

而且青铜器上的花纹也用拍版印在陶范的内面,然后浇铸在铜器的表面。这一发展本身,即可说明青铜铸造已由个别的生产发展为大量的生产[4]。

青铜器在生产工具方面一直不太重要,由铸造青铜器获得的冶铸技术却为铁制工具的生产铺设了一条坦途。

---

[1] Kwang-chih Chang, *The Archaeology of Ancient China*(Yale University Press, rev. ed, 1968), pp.100, 105, 97.《西安半坡》(1963),图版 118。
[2] 周仁、李家治、郑永圃:《张家坡西周居住遗址陶瓷碎片的研究》(《考古》1960年第9期),页48—52;又载《沣西发掘报告》附录2(北京,1962年),页161—165。
[3]《周礼正义》(艺文印书馆印行),页7779。
[4] 张光直(Kwang-chih Chang), *The Archaeology of Ancient China*(Yale University Press, rev. ed, 1968)。

铁在中国出现的时间一直是一个聚讼的问题，梅原末治以为早在殷代即有用铁的知识[1]。然而自殷商以至西周，生产工具仍以木石为主，青铜只占辅助地位，更遑论铁器了[2]。自考古发现言之，铁器在中国的大量出现，当在春秋战国之交，是以前此的墓葬罕见铁器出土，而战国至汉代的墓葬则几乎无不有铁器，而且有时颇有相当数量[3]。折中一点的说法，张光直以为铁制工具的大量出现当在公元前6世纪，即春秋中期，但到公元前5世纪时技术已臻完美，而且已广泛地为人所使用了[4]。

在中国古代的制铁技术方面，最大的特色是铸铁的出现早于世界其他地区，领先欧洲几达1500年之久[5]。

李恒德以为，中国在冶金技术上发展的方向与欧洲的冶铁过程相反：欧洲由锻铁开始，而中国由铸铁开始。Vander Merse 也有相同的看法[6]。杨宽则以为中国冶金技术也曾经历过原始的块炼法。由于冶炉的温度不够高，铁矿石不能熔成液体，只能

---

[1] 梅原末治：《支那考古学论考》（东京，1929年），页179—180。
[2] 黄展岳：《近年出土的战国两汉铁器》（《考古学报》1957年第3期），页106。
[3] 华觉明：《战国两汉铁器的金相学考查初步报告》（《考古学报》1960年第1期），页82—83。
[4] Kwang-chih Chang, *The Archaeology of Ancient China*（Yale University Press, rev. ed, 1968）, p.313.
[5] 近来研究这个问题者，以杨宽、李约瑟、关野雄为最著。见杨宽：《中国古代冶铁技术的发明与发展》（上海，1956年）；Joseph Needham, *The Development of Iron and Steel Technology in China*（London, Newcome Society, 1968）；关野雄：《中国考古学研究》（1956年，东洋文化研究所）。最近 Nikoloas vander mense 有一综合的研究，其论点见 Kwang-chih Chang, *The Archaeology of Ancient China*，页314以下。
[6] 李恒德：《中国历史上的钢铁冶金技术》（《自然科学》一卷七期）。Kwang-chih Chang, *The Archaeology of Ancient China*, pp.315–316.

呈现海绵状,再经过锻制成为器用。而且他举《尚书·费誓》的"锻乃戈矛"和《诗经·公刘》的"取厉取锻",互证锻即锻炼的意思[1]。冶金学家对辉县出土的若干铁工具的金相学考察,也证实了原始的块炼法迟至战国仍有人使用:出土的六件铁器有的成型并未经过铸型,而是经过空鞘法,或则用锤打扁板金合拢,或则用模具作空鞘,反复加热、反复加工而成[2]。下图为战国铸器实例:

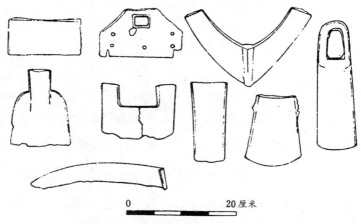

(采自《新中国的考古收获》,1962年,页61)

---

[1] 杨宽:《中国古代冶铁技术的发明与发展》(上海,1956年),页2—3,页15—16。《尚书·费誓》的上下文为"备乃弓矢,锻乃戈矛,砺乃锋刃,无敢不善"(四部备要本,《尚书正义》,卷二〇,页4)。《诗经·公刘》的上下为"取厉取锻,止基乃理"(四部备要本,《毛诗正义》,卷一七之三,页8)。
[2] 孙廷烈:《辉县出土的几件铁器底金相学考察》(《考古学报》1956年第2期),页125—140。

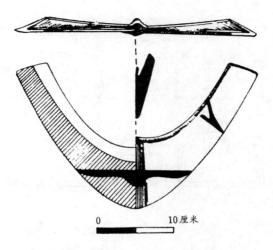

(采自夏鼐:《辉县发掘报告》,1959年,页92)

然而战国铁器已由铸铁制造,也是考古实物所表现的事实。大约由于青铜铸造时获得的高温熔炉经验,兴隆出土的战国铁工具,不但有铸范,而且是使用技术水准很高的冷铸法才能产生的经过1500摄氏度高温的灰口铁[1]。范型实例见后图。

以出土物的比例言,铸铁也是比较常见的,例如李文信根据对46件铁农具的观察,战国诸件均是铸造。而锻制熟铁的工具,须在汉代诸件中才出现。范型也在战国时即已有较原始的单合范和进步的双合范[2]。

战国出土的铸铁工具和武器,无论在楚在燕,其技术水平都

---

[1] 周则岳:《试论中国古代冶金史的几个问题》(《中南矿冶学院学报》1956年第1期)。郑绍宗:《热河兴隆发现的战国生产工具铸范》(《考古通讯》1956年第1期),页29—35。

[2] 李文信:《古代的铁农具》(《文物》1954年第9期),页80—86。

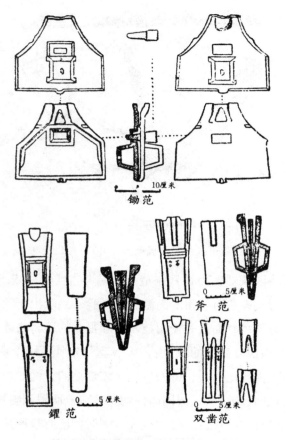

热河兴隆发现的战国生产工具铸范

相当地接近。前述热河兴隆的遗址出土了 87 件战国铁范，包括锄、钁、双镰、斧、凿及车具，而且在附近发现大量红烧土、木炭屑和筑石基址，此处应是战国的冶铁作坊[1]。在山西长治分水

---

[1] 郑绍宗：《热河兴隆发现的战国生产工具铸范》(《考古通讯》1956 年第 1 期)。

岭的两个战国墓葬中，也分别找到 11 件和 9 件铸铁制成的工具，如凿、铲、钁、斧等[1]。又如长沙及衡阳出土的战国楚墓，出土有铁剑 14 件，铁戟 2 件，铁匕首 4 件，铁刀 10 件，铁矛 1 件，还有些箭杆、箭镞等[2]。

中国古代冶铸生铁的技术，当与熔炉具有鼓风设备有关。本文前节曾提到鼓风用的排橐和囊橐，使用皮囊或一列皮囊鼓风入炉，可以集中燃烧的时间，使铁熔成流汁，流出炉外。为了产生高温，连续鼓风是必要的，因此冶铁不仅需要大量人力在炉旁操作，也需大量人力采集燃料。《管子·轻重乙篇》：

> 一农之事，必有一耜、一铫、一镰、一耨、一椎、一铚，然后成为农；一车必有一斤、一锯、一釭、一钻、一凿、一銶、一轲，然后成为车；一女必有一刀、一锥、一箴、一铢，然后成为女；请以令断山木，鼓山铁，是可以无籍而用足。[3]

也无怪汉代的"铁官"动辄需要大量的卒徒从事冶铸。而以冶铁致富的实业家也往往拥有大量的家僮[4]。

以铁矿石直接入炉冶铸，铁价自必低廉。是以在汉代铁价只

---

[1] 畅文斋：《山西长治市分水岭古墓的清理》(《考古学报》1957 年第 1 期)，页 103—118。
[2] 李正光：《长沙衡阳出土战国时代的铁器》(《考古通讯》1956 年第 1 期)，页 77—79。
[3] 《管子》(四部备要本)，卷二四，页 2。
[4] 《汉书》(四部备要本)，卷七二，页 1。《史记》(四部备要本)，卷一二九，页 5，页 13—14。

当铜价的1/4,有千钧铜的商人,其财富可与有千石铁的商人同样富有,而石是钧的4倍[1]。也可能因此古代才以铜为美金,以铁为恶金,所谓:

> 美金以铸剑戟,试诸狗马,恶金以铸锄夷斤斸,试诸壤土。[2]

生铁易铸但质脆,非再加工难以使用,战国时铁工已经知道了生铁炉炼熟铁的技术。楚国的铁剑即可长达140厘米,若单用铸铁,如此长度的铁剑势非折断不可[3]。

辉县铁器,据金相学的考察,固可能是块炼法的产品,也有可能是生铁加锻的产品。是以才可能在同一件铁器上出现高碳钢口和纯铁的空鞘[4]。至于炼钢,战国当也已有"自然钢"的冶炼技术。《吴越春秋》所载的古代名剑,干将剑身作龟文,莫邪剑身作漫理,杨宽以为即所谓的"布拉特钢"[5]。杨宽解释布拉特钢是由纯铁和夹在纯铁内的碳化薄片所组成的东西,碳化铁质硬而脆,然也耐磨,外包软而有韧性的纯铁,则刚柔相济,成为有弹性又耐用且锋利的刀剑良材[6]。"禹贡"梁洲有"璆铁银镂","镂"据说即是刚铁;而《荀子》说到楚的宛钜铁釶,"钜"也是

---

[1]《史记》,卷一二九,页12。
[2]《国语·齐语》(四部备要本),卷六,页8。
[3]同上书。
[4]孙廷烈:《辉县出土的几件铁器底金相学考察》(《考古学报》1956年第2期)。又参看林寿晋:《东晋南北朝时期矿冶铸造业的恢复与发展》(《历史研究》1955年第6期)。
[5]杨宽:《战国史》(上海,1955年),页84。
[6]同上书,页85。

刚铁。杨宽以为古时称利兵为白刃，即指带钢的白色刀[1]。证之辉县铁器的高碳钢锋刃，杨宽的说法是很有可能的。

六、土木建筑

中国中原位居黄土地带，黄土土质坚致细腻，是以夯土成为中国建筑上一大特色，早在新石器时代，夯土已在村落遗址出现[2]。逮乎殷商之世，夯土成为建筑上不可缺的项目，用于筑基、造墙、填塞墓穴，无不有之[3]。也许即为了夯土的方便易筑，中国古代建筑从未向石筑方面发展，而只在土木建材方面发展中国建筑特有的传统。在佛教塔状建筑传入中国以前，中国建筑通常不向高处，而向平面发展，当也与土基土墙不架结构的特性有极大关系。

先秦城市遗址，几乎无不有夯土筑墙，早如郑州的殷代城市，夯土版筑的城墙有 10 米高，20 米厚，围绕 3.2 平方千米的中央行政区域[4]。周代古城之有夯土城墙者如洛阳王城、平望、牛村、新田、晋阳、襄汾赵康镇的古城、曲沃、闻喜、安邑、魏城古城、午城古城、武安古城、燕下都、临淄、诸城、薛、滕鄹城、溧阳、邯郸、咸阳、雍城，诸处古城遗址，几乎均因发掘到

---

[1]《尚书正义》（四部备要本），卷六，页 11 引注疏。《荀子》（四部备要本），卷一〇，页 10，杨倞注。杨宽：《战国史》，页 85—86。
[2] Kwang-chih Chang, *The Archaeology of Ancient China* (Yale University Press, rev. ed, 1968), p.86.
[3] 参看石璋如先生论殷代建筑的专篇：《殷代的夯土，版筑与一般建筑》。
[4] Paul Wheatley, *Pivot of Four Quarteters* (University of Edingberg Press, 1971), p.205.

夯土城墙而被断定为古代城市的[1]。

　　城市在社会经济方面的作用，当别由专篇讨论。纯从建筑方面着眼，中国古代城市也有可注意之点，上述夯土城墙是其中重要特色。同时中国城市往往具有行政中心的性格，都市的建设因之也是有计划的。《周礼·考工记》建国规模说到一个城市前朝后市，纵横各有9条通衢大道。其说法固是理想的浓缩结晶，但在人类学上的观察，此种以人主居中的观念，未尝不反映"大宇宙"与"微宇宙"的交感[2]。最近考古收获至少有两点证实了这种观念在建筑上的表征。其一是中国古代城市大多采正南正北方向，偶尔有一些与地极歧异者，也可以用极星位置的变移，得到合理的解释——例如临淄与燕下都的位置都离正方向颇有几度距离，可能即是因当时极星的位置与真极不甚相同之故[3]。其二是宫殿宗庙建于夯土高台上，牛村古城的建筑台地位于全城的几何中心，平望的土台亦复如此。邯郸有中央平行排列的两列土台。临淄与燕下都的夯土台地虽不在中央，却也大致是集中的[4]。官方建筑物之高于平地，在殷墟即已有其例证，如石璋如先生按，柱孔复原的宗庙，即在土筑高台上[5]。按照人类学的说法，当与天柱天极观念有颇深的血缘关系[6]。然而高借重于土台，而不能

---

[1] Paul Wheatley, *Pivot of Four Quarteters* (University of Edingberg Press, 1971), pp.286-305.
[2] 同上书，pp.441ff。参看《周礼正义》(四部备要本)，卷八三，页1—4。
[3] Pivot of Four Quarteters, p.426.
[4] Ibid., p.185.
[5] 石璋如：《殷墟建筑遗存》(1959年)，图版区Ⅳ、Ⅵ。同氏，《小屯殷代的建筑遗迹》(《"中央研究院"历史语言研究所集刊》，第二十六本)，页160—161。
[6] Paul Wheatley,*Pivot of Four Quarteters* (University of Edingberg Press, 1971),p.436.

像西亚古代文明之借重于石阶,自然也受中国黄土平原自然条件的限制。夯土台上的木结构自是由殷商以来即有的传统[1]。

平台上建筑楼房当是更进一步的发展。长治分水岭出土的战国铜器上有楼房的建构:两层楼房,有显著的柱头支撑柱形状,应是斗拱的滥觞[2]。

木架结构的产生,当与南方干栏传统有关,北传与夯土基础结合而成为中国特有的建筑特色。斗拱尤为木架结构中最重要的发明。至迟在公元前6世纪,斗拱已是大型建筑不可缺少的部

---

[1] Kwang-chih Chang, *The Archaeology of Ancient China* (Yale University Press, rev. ed, 1968), p.220.
[2] 畅文斋:《山西长治市分水岭古墓的清理》(《考古学报》1957年第1期),页109。

分。《孟子》说到"榱题数尺"。这种伸展的檐头,势须借重斗拱的结构,方有可能[1]。

屋顶用瓦,在西周建筑的遗址上已数见不鲜。瓦列之前使用瓦当,既可做装饰,又可帮助排水[2]。更值得注意的是城市中的下水道,燕下都的遗址出土若干陶制水管,城中还有几条水沟,有的可能是供水道,有的则是排水沟[3]。咸阳古城也有不少陶制水管出土,可能是地下道的残余[4]。

夯土的使用,不仅限于城墙及基地,中国防洪的堤岸历来也是用夯土筑成,至今黄河堤仍是如此。防御工事与防洪工事都称为防,二者在古代是合一的。夯土显然也应用于道路,秦统一中国,遍筑驰道,所谓"道广五十步,三丈而树,厚筑其外,隐以金椎,树以青松"[5]。即是以金属桩柱打桩的路面。其宽广坚实,堪称当时最佳的公路系统了。

七、结语

综上所述,略可窥见中国古代科技的特色,在于理论和实用的结合。物理中力学突出,自然与创制器械有关,天文历数,也

---

[1] 钱伟长:《我国历史上的科学发明》,页91—93。
[2] Kwang-chih Chang, *The Archaeology of Ancient China*（Yale University Press, rev. ed, 1968）, pp.267, 283–305.
[3] Ibid., p.299.
[4] 吴梓林、郭长江:《秦都咸阳故城遗址的调查和试掘》(《考古》1962年第6期),页281—299。
[5]《汉书》(四部备要本),卷五一,页2。厚筑,服虔以为筑壁,师古以为筑令坚实,与壁无涉,今从师古。

与观象授时的实用自然分不开。甚至光学的若干讨论似也为说明官感作用的实证。这种现象，一方面反映中国古代文化中利用厚生的基本思想，另一方面也使中国古代科技有偏于一边的趋向，忽略了纯理论的探讨。本文土木工程不涉堨堰，因已在"农业技术"一文中讨论。青铜冶制则别有专文，也不在此重叠。

原载《"中央研究院"历史语言研究所集刊》第四十四本第四分

下 编

秦汉帝国的转型

秦汉知识分子

"知识分子"是现代的名词,顾名思义,指受过教育的人。在古代,这一种人自命为"士"。士在先秦时期的演变,余英时先生已有所论述,兹不赘述。此处仍须就秦统一中国前夕,"士"的情形稍加说明,以为讨论秦汉的"士"的背景。

战国多游士,或则游说于朝廷,以求售于诸侯,或则寄食于贵族,谋枝栖于一隅。范雎、蔡泽之属,甚至鸡鸣狗盗之徒,无非以一己的才能,作为谋生的本钱。论这批游士的知识性质,儒墨道法纵横阴阳,以至兵农方技无不有之。论他们的出身,即使本业未尝不可是农夫子弟甚至为没落的贵族,一旦进入游士这一行,便成为知识的贩卖者,无恒业,也无恒产。这一批无法认定为某一社会阶层的人物,孟子只好勉强称为有"恒心"的人。换句话说,只有在从事"心智活动"这一工作上,这些士是有所认同的。因此,这一大群受过教育,而习于心智活动的人物,充分地符合所谓"流动资源"的定义[1]。

秦统一中国的过程中,游士们无疑为秦提供了不少服务,秦廷智谋之士,由商鞅到李斯,都来自东方诸国,属于游士人物。然而秦得天下之后,秦帝国以耕战的兵农基础,对于游士并不重视。新出土的云梦秦简有一条关于游士的律文,"游士在亡符,居县赀一甲,卒岁责之,有为故秦人出,削籍,上造以上有鬼薪,公士以下刑为城旦——游士律"[2]。这条法律,目的似在减少流动的人口,以增加帝国的安定性。然而秦并未有妥当的方法,使"士"成为秦帝国权力结构的一部分,也没有在以政治与生产两橛相契的秦社会结构中,为"士"留下一个有发展的活动空间。

秦始皇曾设博士,掌通今古,参与廷议。这些博士及其候补人,也是由各地征召,例如叔孙通即是以文学征。大约秦廷至少有学者百余人供职。始皇坑儒,死者四百余人,然而仍有未坑者如伏生、叔孙通诸人,则在秦廷必有过相当数字的学者[3]。秦始皇甚至自称,"吾悉召文学方术士甚众,欲以炎太平"。秦始皇刻石也包括了一些以儒家理想为主体的词句[4]。但是秦帝国需要的

---

[1] S. N. Eisenstadt, *The Political Systems of Empire* (N. Y.: Free Press of Glencoe, 1963), pp.27-28.
[2]《睡虎地秦墓竹简》(北京,文物出版社,1977年),第5册,页86;又《云梦秦简释文》(《文物》1976年第7期),页9。
[3] 关于坑儒一案,郑樵即曾质疑,以为未必以儒家人士为对象。见《通志·校仇略》(宋文景本),页1536。这批被坑的学者,大约以方术之士为多。陈槃:《战国秦汉间方士考论》(《中央研究院历史语言研究所集刊》第十七本,1948年),页5—57。
[4] 沈刚伯:《秦汉的儒》(《大陆杂志》编《秦汉中古史学研究论集》,台北,1970年),页1—6(原载《大陆杂志》,第38卷第9期)。

是一批称职的官吏，而不是求知心切的知识分子。吕不韦的门客，合纂了综合性的《吕氏春秋》。随着吕不韦的坍台，这批知识分子也或徙或匿，不再于秦帝国的结构中有任何的效用。焚书坑儒之后，书当然仍有藏于博士的典籍，而天下的教育则只是限于以吏为师，学习书写。教育的目的只是在庞大的政府机构中担任文牍记录的工作。史籀《急就篇》是秦时以吏为师的教科书，其中全无深文大义，甚至单字也不外簿书期会公文文件中必需的词。最近出土的云梦秦简，是秦吏（名喜）的随葬文书，包括南腾守的一篇文告及标体"为吏之道"的一篇韵文，由此中可以觇见秦吏的典型：清廉奉法，恭谨奉职。为吏该注意的是为民除害兴利，注意一切公共设施及百姓的生活。教导百姓的终极目的是"因而征之，将而兴之"，亦即为了训练一批随时可以征发的国民[1]。秦帝国的教育不是为了造就知识分子，知识分子无所用于秦，折而为秦的敌人。是以孔子八世孙孔鲋，奔附陈涉，竟殉陈王。太史公评论此事："陈涉之王也，而鲁诸儒持孔氏之礼器，往归陈王，于是孔甲为陈涉博士，卒与涉俱死。陈涉起匹夫，驱瓦合适戍，旬月以王楚，不满半岁，竟灭亡，其事至微浅。然而缙绅先生之徒负孔子礼器，往委质为臣者，何也？以秦焚其业，积怨而发愤于陈王也。"[2]大约秦时的学者不得志于当世，遂隐匿待时。例如，张耳、陈余、郦食其，都自匿于监门小吏的位置。又处半神话性的人物黄石公，夜半桥前传书竖子。范增、李左车好智计之属，在突然进入项羽、韩信幕府以前，当也是隐伏待时。

---

[1]《睡虎地秦墓竹简》，第3册，页16—18，页166—179。
[2]《史记会注考证》，《儒林传》，卷一二一，页4—5。

鲁国诸生为项王城守,为数当不在少。《史记·儒林传》中列举五经在秦汉之际的传授系统,历历可数。虽然学问之道不绝如缕,终究有一批学者在尽力为了学问与知识传薪接火,为中国知识分子建立了一个值得钦佩的楷模。这一类型的人物,当可视为知识的持守者。他们没有发扬光大的机会,但其辛苦艰难处,若不是对于知识本身有极大的信念与诚意,这个在黑暗时期默默持守的任务绝难担任。

秦汉之际及汉初,伏匿的学者纷纷复出。不过初出之时,知识分子早以学问知识为人见重。其中少数幸而得到机会参加新兴政治势力之中,也往往以他们纵横游说的能力,提供实用性的服务。郦食其见信于刘邦,不是以儒术,而是以冯轼说服齐国田荣归汉的功劳。陆贾以客从高祖,善口辩,常为汉出使诸侯,尤以出使南越,说赵佗归汉,以及晚年调和陈平周勃以安刘氏二事为毕生事业所在。陆贾曾以儒术陈说,高祖的著名答复"乃公居马上得天下,安事诗书!"正代表当时重视实用,不重视学问的态度。又如张苍,学有渊源,可是张苍在汉初的主要贡献,是领郡国上计,号为计相。张苍又厘订历法及规划百工程品(度量衡标准),也是在实用方面的工作[1]。汉初聚士,不仅在于朝廷,诸侯王也往往养士。韩信之有蒯通,是其一例。张敖门下客多贤士,后来往往为汉二千石。陈豨宾客随之者千余乘,是皆汉初的事。这种"士"大抵未脱离战国游士的类型[2]。文帝以后,以至武帝,汉帝国政权逐渐稳固。虽然仍有主父偃、伍被一类纵横之士,窥

---

[1]《史记会注考证》,卷九六,页11。
[2]《汉书补注》,卷四五,页1—5;卷三二,页9;卷三四,页22。

间乘隙，利用中央与诸侯之间的矛盾计谋策划；更多的是一些文学之士，驰骋文采，如贾山、枚乘、严安、司马相如以至东方朔之辈，都已离开了实用而为政治作点缀装饰。这批人物大多可称为文学之士[1]。这批文学之士，也往往对国政有所建言，对皇帝有所谏诤。不过由于他们不过是被"养"之"士"，有智计，有文采，然而不能卓然以自立。汉代文学中的赋，承受屈原以来的风格，言多怨艾，十足反映汉代文学之士内心的郁积及牢骚[2]。司马迁感叹："文史星历，近乎卜祝之间，固主上所戏弄，倡优畜之，流俗之所轻也。"[3]试与《东方朔传》相比，文学之士，也是"上所戏弄，倡优畜之"之列。东方朔善诙谐，其遭遇如此，或由自取。然而以文学待诏金马门的知识分子，在帝王看来，实在也未必高于其他以技艺待诏的人才。徐复观先生谓汉代知识分子对专制政治压力特多感愤，以为知识分子不能自外于皇帝权力的笼罩。其说甚有意致[4]。换一个角度看，文学之士自己感觉到在这个政治体制中失落无所用，也是感触愤激的原因之一。

凡是以技艺与才能向统治者提供服务的知识分子，我们可称为专业性的知识分子，其技艺与才能实际上是一种商品，统治者以利禄为商品的代价。中国俗语，"学成文武艺，货与帝王家"，

---

[1]《汉书补注》，卷四四，页8；卷四七，页2；卷五一，页1—30；卷五七上，页2；卷六四上，页1—21；卷六五，页1—22。
[2] Hellmut Wilhelm, "The Scholar's Frustration: Notes on a Type of Fu" in John K. Fairbank (ed.), *Chinese Thought and Institutions* (Chicago: University of Chicago Press, 1957), pp.310–319.
[3]《汉书补注》，卷六二，页21。
[4] 徐复观：《周秦汉政治社会结构之研究》（香港，新亚研究所，1972年），页284以下。

正是很恰切的比喻。凡是商品交易,都将受市场供应律的影响。战国时列国均须有人服务,"买主"多,则士贵。汉初有诸侯王作为中央政权以外的竞争者,士犹有可以抉择处。到大一统的局面逐步形成,天下只有一个服务的对象,"买主"只有一个了,"士"的地位就低落了。东方朔遂有一段著名的牢骚:"夫苏秦张仪之时,周室大坏,诸侯不朝,力政争权,相禽以兵。并为十二国,未有雌雄。得士者强,失士者亡,故谈说行焉。身处尊位,珍宝充内,外有廪仓,泽及后世,子孙长享。今则不然,圣帝流德,天下震慑,诸侯宾服,连四海之外以为带,安于覆盂,动犹运之掌,贤不肖何以异哉?遵天之道,顺地之理,物无不得其所;故绥之则安,动之则苦;尊之则为将,卑之则为虏;抗之则在青云之上,抑之则在深泉之下;用之则为虎,不用则为鼠。虽欲尽节效情,安知前后?夫天地之大,士民之众,竭精谈说,并进辐辏者,不可胜数,悉力慕之,困于衣食,或失门户。使苏秦张仪与仆并生于今之世,曾不得掌故,安敢望常侍郎乎?"[1]总之,士若只以知识为商品,其不受大一统的统治者钳制,几乎不可能。真正的知识分子必须自己争取另一条安身立命的途径。

真正的知识分子,只是社会的良知,为社会提供对于世间事物的解释。知识不是商品,而是追寻解释与贯穿组织散乱的解释。没有这种系统性的解释,整个宇宙将在零乱之中,失去意

---

[1]《汉书补注》,卷六五,页 17。徐复观先生也以这一段议论与扬雄的"解嘲",合而言之,以证明无政治自由时,士感受的压迫。徐复观:《周秦汉政治社会结构之研究》(香港,新亚研究所,1972 年),页 286—288。

义,人生价值也将因宇宙缺乏意义而无所附丽[1]。先秦的知识分子,据司马谈以学问重点分类,有阴阳、儒、墨、名、法、道德六家。《汉书·艺文志》据刘歆《七略》又加上纵横、农家、杂家及小说家[2]。司马谈的六家,选择甚为有道理,都为了建立某种秩序,以统摄包容散乱的现象:阴阳家为了自然的秩序,儒家为了人伦的秩序,墨家为了宗教的秩序,名家为了逻辑的秩序,法家为了统治的秩序,道家反秩序,却也有一种反秩序的秩序。相形之下,刘歆加添的四家,至少三家是实用的技艺或琐碎的知识(至于杂家另作别论,将在稍后及之)。换句话说,太史公"六家要旨"包括的几派知识分子,原已有一定的规模与气象,足当前述知识分子为社会提供解释的任务。

中国的统一,在古代的东亚世界,几乎就等于整个已知文明世界的统一。这个新局面同样反映于知识界,是以知识界也有求统一的趋向。韩非子为法家完成了综合工作。韩非子原出荀子门下,又吸收了若干老子的思想。《韩非子》在若干程度上,已是儒道法的整合。但是气宇开阔的大规模整合工作,当以《吕氏春秋》为始。《吕氏春秋》博采儒道墨阴阳,甚至农家、名家的思想。对于法家则似乎故意不提。《吕氏春秋》的目的,"以为备天地万物古今之事","上揆之天,下验之地,中审之人"[3]。大抵其

---

[1] 参看 Karl Mannheim, Ideology and Utopia: *An Introduction to the Sociology of Knowledge*, translated by Lowis Wirth and Edward Shils(New York: Harvest, Brace and World, 1936), pp.16–24, 79 note 2, 80-83。
[2]《史记会注考证》,卷一三〇,页 7—14;《汉书补注》,卷一〇,页 2—81。
[3]《史记会注考证》,卷八五,页 10—11;《吕氏春秋·序意》(四部备要本),卷一二,页 9。

自然秩序，祖述阴阳家，其中天人相感的思想，则开董仲舒学说系统的先河[1]。《淮南子》是另一件大整合的成果，其目的也在为一切事务提出综合的解释。是以《淮南子·要略》自揭宗旨："夫作为书论者，所以纪纲道德，经纬人事，上考之天，下揆之地，中通诸理。"总结谓"若刘氏之书，观天地之象，通古今之事，权事而立制，度形而施宜……以统天下，理万物，应变化，通殊类，非循一迹之路，守一隅之指，拘系牵连之物，而不与世推移也。故置之寻常而不塞，布之天下而不窕"[2]。充分说明了《淮南子》的著作志趣是一个贯穿天人的理论系统，其内容则以老庄融合儒家的仁义礼教及为学态度，而仍以"无为"为主旨，全书是一个大整合[3]。不仅《吕氏春秋》《淮南子》二书是大规模地整合各家思想，以期创造涵盖宇宙的理论系统，马王堆汉墓新出土的《黄帝四经》也是综合道家与法家思想的作品，也加进了若干阴阳家的看法。《经法篇》以道为法的本体，然而立法之后，法有其权威："道生法，法者引得失以绳，而明曲直者殹（也）。□执道者，生法而弗敢犯殹（也）。法立而弗敢废也。"形与名必须相称，"故天下有事，无不自为刑（形）名声号矣，刑（形）名已立，声号已建，则无所逃迹匿正矣"。是皆为法家辨名实的说法[4]。然而也有雌节雄节之辨，而又以雌节为胜，这又是老家守雌的理论了。《十大经篇》："皇后屯磨，吉凶之常，以辨雌雄

---

[1] 徐复观：《两汉思想史》（香港，新亚研究所，1975年），页5—69。
[2]《淮南子》（四部备要本），卷二一，页1，页8。
[3] 徐复观：《两汉思想史》，页85—170。
[4]《长沙马王堆汉墓出土〈老子〉乙本卷前古佚书释文》（《文物》1974年第10期），页30。

之节,乃分祸福之乡。宪傲骄居,是谓雄节,□□暴俭,是谓雌节……凡人好用雄节,是谓妨生,大人则毁,小人则亡。……是谓凶节,是谓散德。凡人好用雌节,是谓承禄,富者则昌,贫者则谷,……是谓绛德,故德积者昌,□殃积者亡,观其所积,乃知祸福之乡。"[1]阴阳家的影响则见之于天人相参之说,《经法篇》:"天有死生之时,国有死生之政,因天之生也以养生,谓之文,因天之杀也以伐死,谓之武。……人之本在地,地之本在宜,宜之生在时,时之用在民,民之用在力;力之用在节,知地宜,须时而树,节民力以使,则财生。"又谓:"王天下之道,有天焉,有人焉,又有地焉,参者参用之,□□而有天下矣。"反逆天常,以致祸殃,"夏起大土功,命曰绝理,犯禁绝理,天诛必至"[2]。

这批可能是《黄帝四经》的古佚书,用黄老之说,支持法家的统治秩序,以天地之恒常,投射于万民之恒位。结合了自然的秩序和社会统治的秩序,一旦法立道成,只须持守不失。汉初以黄老之术为政治思想的主流。萧何为法,讲若划一,曹参代之,守而勿失。载其清静,民以宁一[3]。因为自然秩序与人间秩序相结合,于是必然延伸为天人相参,人间必须服从自然秩序的约束。

汉初这种思想,大约已有流行的趋向。陆贾虽以舌辨成功劳,他的《新语》一书,却是以儒家为主流的作品。《本行篇》:

---

[1]《长沙马王堆汉墓出土〈老子〉乙本卷前古佚书释文》(《文物》1974年第10期),页38。
[2]同上书,页31,页32,页34。
[3]程武:《汉初黄老思想和法家路线》(《文物》1974年第10期),页43以下;唐兰:《黄帝四经初探》(《文物》1974年第10期),页48以下;《史记会注考证》,卷五四,页17。

"□□德为上行,以仁义为本,故尊于位而无德者黜,富于财而无义者刑。贱而好德者尊,贫而有义者荣。"[1]表面上看来,《新语》有《无为篇》,似乎有黄老的影响,然而其内容却与黄老之宁静持守又不一样:他的"无为","是以君子尚宽舒以苞身,行中和以统远,民畏其威而从其化,怀其德而归其境,美其治而不敢违其政,民不罚而畏罪,不赏而欢悦,渐渍于道德,被服于中和之所致也。夫法令者所以诛恶,非所以劝善,故曾闵之孝,夷齐之廉,岂畏死而为之哉,教化之所致也……夫王者之都,南面之君,臣姓之所取法,□□举措动作不可失法则也",仍是儒家重教化致中和的说法[2]。

《新语》中却有了一大段论灾异与时政的关系,当也是天人相感的理论。《明诫篇》:"尧舜不易日月而兴,桀纣不易星辰而亡。天道不改而人道易也。夫持天地之政,操四海之纲,□□不以失度,动作不可以离道。……故世衰道亡,非天之所为也,乃国君者有所取之也。恶政生于恶气,恶气生于灾异。蝮虫之类也,随气而生,虹蜺之属,因政而见。治道失于下,则天文度于上。恶政流于民,则虫灾生于地。……易曰:天垂象,见吉凶,圣人则之,天出善道,圣人得之。……故曰则天之明,因地之利,观天之化,推演万事之类。"[3]虽然也是天道与人事的结合,但是天人感应的关系,由人事发端,自然的秩序也是动态的,其着重点与黄老的静态秩序大相径庭。

---

[1]《新语》(四部备要本),卷下,页6。
[2]同上书,卷上,页7。
[3]同上书,卷下,页7—9。

《吕氏春秋》《淮南子》《黄帝四经》，以及陆贾的《新语》，无不反映时代的精神，设法将当世的几家学说结合自然的秩序与人间的秩序，构成大系统，以解释人事。不过除陆贾以外，另外三家都未尝赋人事以主动的力量。陆贾由儒家出发，杂谈天人相感，终究是以人事为末。到董仲舒手上，天人感应的系统终于大成。董仲舒的学说，大家都很熟悉，不像《新语》与《黄帝四经》那样隐晦，因此此处也不多征引原文了。唯董仲舒的系统中，由公羊家的影响，不仅在天人之际加上了时间（历史）一环，而且更将褒贬之权操之于知识分子手中。这两点重要的贡献，使董仲舒虽多引阴阳家语不为纯儒，却成为儒家系统的划时代人物，也使儒家能超逸其他学派而居中国学术的主流[1]。

汉室建立大一统的政权，但是刘邦崛起民间，凭气力以定天下。汉代初建时，天下喘息未定，未遑其他。一二代之后，肯定政权的合法性，遂成为当务之急了。景帝时，儒家辕固生与另一位大约是黄老之徒的黄生有一番辩论："辕固，齐人也，以治诗孝景时为博士，与黄生争论于上前。黄生曰：'汤武非受命，乃杀也。'固曰：'不然。夫桀纣荒乱，天下之心皆归汤武，汤武因天下之心而诛桀纣，桀纣之民弗为使而归汤武，汤武不得已而立，非受命而何。'黄生曰：'冠虽敝，必加于首，履虽新，必贯于足。何者？上下之分也。今桀纣虽失道，然君上也；汤武虽圣，臣下也。夫主有失行，臣不正言匡过以尊天子，反因过而诛之，代立南面，非杀而何？'固曰：'必若云，是高皇帝代秦即

---

[1]《汉书·五行志》："董仲舒治公羊春秋，始推阴阳为儒者宗。"《汉书补注》，卷二七上，页2。

天子之位，非耶？'于是上曰：'食肉毋食马肝，未为不知味也；言学者毋言汤武受命，不为愚。'遂罢。"[1]虽然这一场辩论不了了之，但由此可见景帝时朝廷所关怀的问题。黄生所持的法家与道家的君权论，其自然与人事的大系统是静态的"恒位"，不容许改变。这种亘古不变的秩序置汉室的合法性于无地。辕固生把天命归结为民心，使汉室有了受命的合法根据。儒家理论，无疑可以为当时政权提出一套最能取信于人的理论基础。董仲舒的天人感应论，也正因为这一特点而能蔚为儒宗。

儒家的早期人物，未尝不为汉室提供极有用的服务。叔孙通定朝仪，使汉高祖真正领略到天子的权势；叔孙通虽为同时儒生所鄙视，但也为儒家进入统治圈做了铺路的工作[2]。贾谊博学能文，在文帝时，议改正朔、易服色、制法度、定官名、兴礼乐[3]。这一番工作，也不外乎为汉室立下正统的规模，建立汉代的合法性。不过由传世的《新书》看来，贾谊主要的议论（《过秦论》，论强干弱枝及对付匈奴的战略各篇），仍不出讨论形势及利害的范围。基本上，贾谊依旧继承了战国策士的传统，是一个政论家与战略家。贾谊并未在《新书》中提出天人秩序结合的大系统。在这一点说，贾谊犹不及陆贾，更不能与董仲舒相提并论。因此，贾谊的正朔服色诸论，缺少理论根据，不免被当世大臣认为少年多事了。汉初儒生，叔孙通与贾谊均为汉室提供了若干实用性的服务。然而到底因为只是实用，而不能自免于役属的

---

[1]《汉书补注》，卷八八，页18—19。
[2]同上书，卷四三，页15—16。
[3]同上书，卷四八，页1。参看金谷治：《賈誼と賈山と經典學者たす》(《東洋の文化と社會》第6辑，1957年)，页25—55。

地位。役属的儒生演变为能特立独行的知识分子,还必须拥有另一层凭借,具备另一种信念。

董仲舒的大系统正是知识分子的精神凭借,天人交感并不是由董仲舒新创的理论。如前所述,以自然与人间两重秩序综合为一,已是当时学术共有的时代精神。不过以儒家为主体的系统,具有浓重的道德性。陆贾及董仲舒的系统,都有此特征。而且董仲舒着重对于灾异的解释,有变即有常。所谓"常",也就是一个理想的正常。操持这种信念的人,有了理想型作为尺度,必然会对于不完美的现实世界提出批评与指责。因此董仲舒由公羊学继承了褒贬。他的"十指"据本篇:"春秋二百四十二年之文,天下之大事变之博无不有也。虽然,大略之要有十指。十指者,事之所系也,王化之由得流也。举事变见有重焉,一指也。见事变之所至者,一指也。因其所以至者而治之,一指也。强干弱枝,大本小末,一指也。别嫌疑,异同类,一指也。论贤才之义,别所长之能,一指也。亲近来远,同民所欲,一指也。承周文而反之质,一指也。木生火,火为夏,天之端,一指也。切刺讥之所罚,考变异之所加,天之端,一指也。"[1] 究其文义,实在是三类重点。第一类是选择评断对象的过程,按照重要性选择评断的事物,究察其原因,并确定矫治的方案。第二类是以社会关系等差作为尺度:①强干弱枝,②别嫌疑定是非,③论贤才用所长,④亲近来远,分别中外。第三类是评断事物时的方法:①承文反质,②明阴阳四时之理,③切讥刺之所罚,④考变异之所加。其中第二类是关键所在,理想的秩序有高低,贤不肖,远近

---

[1]《春秋繁露·十指》(四部备要本),卷五,页4。

及是非之分。再据第三类依据理想的秩序比照自然秩序，考察其变异，追索其本质，而定责罚。至于第一类，则是选个案、考察、下判断，三个评断的一般原则。

董仲舒的褒贬，是根据一个理想的秩序作为标准尺度。他甚至把孔子置于王者的宝座上，执行褒贬的权力。所谓"故春秋应天作新王之事，时正黑统，王鲁，尚黑，绌夏亲周故宋"，硬把知识的道统放入政治的传授系统中[1]。如此，儒生操持了批评论断现世界的权力，而儒家的经典成为评断事物是非长短的依据。儒家为汉室的政治肯定了合法性，可是也相对地把知识分子提升到与政权抗衡的地位。由此以后，汉代的知识分子脱离了役属的身份，建立了新的信念和自觉。

当时天人感应的理论大约已是一代时尚，董仲舒有加以系统化的功劳，却也未尝为首创。前面已说过《吕氏春秋》即已有此观念。与董仲舒同时的公孙弘应贤良文学之举时，策问的题目已充分表现天人感应的观念："子大夫修先圣之术，明君臣之义，讲论洽闻，有声乎当世，问子大夫，天人之道，何所本始？吉凶之效，安所期焉？禹汤水旱，厥咎何由？仁义礼知四者之宜，当安设施？属统垂业，物鬼变化，天命之符，废兴何如？"而公孙弘的对策，列举人类为治之本，实际上是儒墨法三家的大综合：因能任官、赏罚，当是申韩之学；进用有德、不夺民时，是儒家之说，不作无用之器，则有墨家意识。公孙弘对于仁义礼知的解释，也是综合诸家之说。"致利除害，兼爱无私谓之仁"，根本是墨家的名词，"明是非，立可否，谓之义，进退有度，尊卑有分

---

[1]《春秋繁露・三代政制》，卷七，页3。

谓之礼"不脱儒家本色；而"擅杀生之柄，通塞之涂，权轻重之数，论得失之道，使远近情伪必见于上，谓之术"，则全是形名之说申韩之学了。关于天人之际，公孙弘认为"气同则从，声比则应"，"天德无私亲，顺之和起，逆之害生"，必须"人主和德于上，百姓和合于下"，可以导致"天地之和应矣"。天人感应的主动权，仍是操持在人间[1]。公孙弘曾为狱吏，四十余岁以后乃学《春秋》杂说，因此"习文法吏事，缘饰以儒术"，正是外儒内法的汉家传统。儒术为缘饰，当然因儒术对汉室的权力有其用处[2]。董仲舒治经术，以经义为褒贬标准，似乎也成为一时的风气了。张汤出身掾史，任太中大夫时参与定诸律令，深文拘吏，全无儒家色彩。及为廷尉，朝廷有大议，每遣张汤就问于董仲舒。《张汤传》，"是时上方乡文学，汤决大狱，欲传古义，乃请博士弟子治《尚书》《春秋》，补廷尉史，平亭疑法，奉谳疑，必奏先为上分别其原，上所是，受而著谳法，廷尉挈令"[3]。是武帝时以经义治狱，已经过定律令而制度化了。著名的隽不疑以春秋大义断决卫太子真伪的疑案，尤可看出经义已成当时判断是非的标准，其意义几乎等于以经义为根本宪法了[4]。

知识分子，尤其儒生，逐渐在汉代取得了裁决是非的权柄。这一新的情势，使知识分子确实地以为他们可以用知识的力量改

---

[1]《汉书补注》，卷五八，页2—4。
[2] 同上书，卷五八，页1，页5。
[3] 同上书，卷五九，页1—2。关于汉代儒家建立学术正统过程中公孙弘与张汤二人的角色，参看 Benjamin E. Wallaker, "Han Confucianism and Confucians in Han", David Ray and T. H. Tsien (ed.), *Ancient: Studies in Early Civilization* (Hong Kong: Chinese University Press, 1978), pp.216–228。
[4] 同上书，卷七一，页2—3。

变政治的权力。董仲舒的学生眭弘在昭帝时用灾异上书，"先师董仲舒有言，虽有继体守文之君，不害圣人之受命。汉家尧后，有传国之运，汉帝宜谁差天下，求索贤人，禅以帝位，而退自封百里如殷周二王后，以承顺天命"。上书之后，及代上书人内官长赐坐"妄设祅言惑众，大逆不道，皆伏诛"[1]。由眭弘以后，持灾变议论政事得失，人事当否者，西汉学者追踪而至。哀帝时甘忠可及夏贺良，又提出汉历中衰当更受命。哀帝为自己起了一个古古怪怪的陈圣刘太平皇帝的称号，最后王莽代汉，仍以天命历数为言[2]。中国过去的历史上，只有西汉有这种以自然法则的信仰向政权直接挑战的个例。汉代天人感应学说，无疑是欠缺实证的形上学，但其持守者仍自以为是一个知识系统。这批人，今人视之为愚妄之士，在当时仍不失为知识分子，而他们对知识力量信念之挚，却是难得的。

汉代知识阶层渐有举足轻重的力量。其可按据的理由之一，当是人数增多，而另一理由则是知识分子打开了参加决策阶层的孔道。知识分子的顶层，一是中央的待诏、宾客、博士及其弟子员，另一群是以孝廉贤良方正等名称察举征辟的地方俊英。博士为秦官，叔孙通就曾担任过这个职务。汉初公卿皆武力功臣，博士大约备员而已。文景二世及窦太后执政时期，当局好刑名黄老，因此诸博士具官待问，未有进者，人数也不会增加。然而景帝时蜀郡已遣小吏诣京师受业博士[3]。田蚡任丞相时期黜黄老

---

[1]《汉书补注》，卷七五，页1—2。
[2]同上书，卷七二，页23；卷七五，页31—32；卷九九上，页35；卷九九下，页10，页13。
[3]同上书，卷八九，页2。

刑名百家之言，延用文学儒者以百数，其中公孙弘以治《春秋》为丞相封侯。于是"天下学士靡然乡风矣"，这是中央知识分子人数第一次急剧增加[1]。武帝元朔五年，公孙弘建议设博士弟子员，人数不过五十人，而二千石还可派遣"好文学，敬长上，肃政教，顺乡里，出入不悖"的青年人赴太常，受业如弟子。这时的博士弟子员总人数，若郡国各一人，加上本来的博士弟子员，也不过百人上下。昭帝时增加博士弟子员满百人，当指额内的正员。宣帝末，博士弟子员加了一倍。元帝好儒，设员千人，郡国也置《五经》百石卒史，等于地方性的博士官，可谓乡学的教官。成帝末，弟子员一度加到三千人[2]。哀帝时，司隶校尉鲍宣下廷尉狱，博士弟子济南王咸举幡太学下，号召同学挽救，"诸生会者千余人"，则在学的弟子员人数，只有多于千余人[3]。平帝元始五年"又征天下通知逸经古记天文历算钟律小学史篇方术本草及以《五经》《论语》《孝经》《尔雅》教授者，在所为驾一封轺传遣诣京师"，应征的有"数千人"[4]。到西汉末年时，王莽奏起明堂辟雍灵台，"为学者筑舍万区"。据《三辅黄图》，国学在郭内西南，博士舍有三十区，会市有槐树数百行。诸生朔望会于槐市，或在树下交游议论，或则交易由家乡携来的土产及图书。当时五经博士领弟子员三百六十人，设博士的经学三十科（相当于今日大学的学系），博士弟子员总数是一万零八百人，主事高弟侍讲各二十四人。学舍毗接，诸生在檐下行走，可以"雨不涂

---

[1]《汉书补注》，卷八八，页3。
[2] 同上书，卷六，页11；卷九，页6；卷八八，页4—6。
[3] 同上书，卷七二，页24。
[4] 同上书，卷一二，页9。

足，暑不暴首"[1]。

　　由武帝时到西汉末，博士弟子员数增加二百倍。这是一个金字塔的上层而已。博士弟子员卒业以后，补为中外郡国卒史吏掾，于是基层行政人员，多为太学毕业的知识分子。是以《汉书·儒林传》谓自从公孙弘奏请以知识分子任吏以后，"自此以来公卿大夫士吏，彬彬多文学之士矣"[2]。前节曾说及郡国有五经卒史，实为乡学教官。早在景帝时，文翁治蜀，已修起学官于成都市中，招下县子弟为学官弟子，除免更繇的义务，高弟补郡县吏。武帝令郡国立学校，实由文翁首创的制度[3]。这些由基层教育造就的知识分子，是博士弟子的候补来源，犹如金字塔的下层，其人数无疑更数十百倍于博士弟子员。郡国学官以前的阶段，当也有预备教育，其受教育人数又当大于郡国学官，这是金字塔的底层了。综合来看，到西汉末期时，在数量上，已形成一个不可忽视的社会力量。汉代初期政治权力掌握在功臣外戚集团手中，其后逐渐吸收文吏，以充实政府；但汉代政治权力真正扩大到可以吸收全国的精英，实有赖于郡国察举制度。由武帝察举的名额，经昭宣元成四世，汉代的官僚组织与察举制度已合而为一，由中央到地方，官员吏属，均由孝廉进用[4]。于是知识分子在政治权力方面，以庞大的官僚组织，与专制君主平分秋色。汉

[1]《汉书补注》，卷九九上，页8—19；《三辅黄图》，见补注沈钦韩引。
[2] 同上书，卷八八，页4—6。
[3] 同上书，卷八九，页3。
[4] 许倬云：《西汉政权与社会势力的交互作用》（《"中央研究院"历史语言研究所集刊》，第三十五本），页261—291；池田雄一：《中国古代における郡県属吏制の展開》（中国古代研究会编：《中国古代研究》第4册，东京，雄山阁，1976年），页319—344。

代的外廷每受内廷牵制[1]，但外朝臣僚多谔谔之士，气节为中国列代之首，推原其故，未尝不因为汉代的官僚组织有众多的知识分子为其后盾，有地方的精英为其基础。如此，则知识分子能形成不可忽视的社会势力，一方面因人数多了，另一方面也因为充分地渗透了政治的权力机构之中，获得了决策的发言权。王莽闰统，其兴起固由外戚，但也有一部分原因是王莽取悦当世的知识分子。是以王莽政权始终假借儒家的经典及儒家的口号，如复古制，用《周礼》，等等，均可认为是儒家的"符号语言"。其败也，也由于以知识分子为主干的反抗势力，结合在保卫王统的旗号下，翟义发难起兵讨伐王莽篡位，已是汉光武成功的先河。东汉的建立，则是以士族大姓合作的成果，是以光武佐命，大多为西汉的太学生，此事余英时先生已有详细论说，兹不赘述[2]。

东汉知识分子的地位，因察举的制度化而更形强大。郡国不仅每岁都须举孝廉，而且按人口有一定的配额，据《后汉志·百官志》，郡人口每20万举孝廉一人。据《丁鸿传》，和帝时定制：郡人口20万岁举一人，40万二人，60万三人，80万四人，100万五人，120万六人，不满20万二岁一人，不满10万三岁一人；边郡则口10万岁举一人，不满10万二岁举一人，5万以

---

[1] 劳榦：《论汉代的内朝与外朝》（《中央研究院历史语言研究所集刊》，第十三本），页227—267。
[2] 余英时：《东汉政权之建立与士族大姓之关系》（《新亚学报》，第1卷，第2期，1956年），页226—244。又参看宇都宫清吉：《汉代社会经济史研究》（东京，讲文堂，1954年），页393—396。

下三岁举一人[1]。截长补短，仍以口20万举一人为率。和帝时有53256229人，当岁举266人。全国郡国凡105，其中缘边凉益并幽交五州有40余郡，有"保障名额"，则全国岁举人数是300人上下。如以30年为一世代，每一代当有9000至10000人可由察举进入政治权力圈，从而获得一定的社会地位[2]。至于太学，光武时四方学士怀挟，会集京师。明帝亲自讲学，表彰儒术，备至殷勤。顺帝时太学学生人数增至3万余人，比之西汉末年又加三倍[3]。知识阶层人口金字塔的上层如此增长，其基盘自然也会成比例地增加。相对地说，东汉知识分子的社会影响力比较西汉尤为巨大。

这个庞大而有影响力的知识分子阶层，在经济上也获得了特权的地位。西汉早期的地主，大率为地方豪强或强宗大族。武帝一朝尤其极力打击这批对于政权有威胁性的地主[4]。利用原有地方势力，由货殖致富的富人，在强大的专制政权下，都不再能形成地主阶层。在汉代政治力量垄断利益与权力的情势下，只有政治权力结构中的成员有力量占取利权，而在农业经营为唯一经济形态时，土地成为主要的利权。因此只有帝室亲贵（包括外戚、宠臣与宦寺）与政府官吏能累积资金攫取土地。汉代俸禄颇厚，汉代的中高级官员以其俸余，颇可购置土地。而且汉代在政府手

---

[1]《后汉志》，卷二八，页4。《后汉书集解》，卷四，页12—13；卷三七，页12—13。
[2]《后汉志》，卷二三。和帝时人口数字，见卷二三，页31。
[3]《后汉书集解》，卷七九上，页1—2。
[4] T'ung-tsu Ch'ü, *Han Social Structure*（Seattle: University of Washington Press, 1972）, pp.200-201.

里的公田，数为不少。近水楼台先得月，官吏即使不在任所假借公田，在家乡则颇有利用其种种人事关系占取公田的例子。因此，汉代在武帝打击工商业致富的富人以后，土地集中的现象始终是汉代政治上的一个主要问题。中朝亲贵占地多，自然成为侧目而视的对象。但这种权贵人数究竟比较少，每一代不过可数的若干家。相对的，知识分子为骨干的官僚组织庞大，总人数超过亲贵千百倍，而且因察举制度而来自所有郡国。因此，论分布面及掌握土地的总面积而言，知识分子阶层无疑是直接地把持土地财富的社会阶层。到东汉时，崔实《四民月令》一书，最能代表这种士与农（地主）结合的情形。《四民月令》号为士农工商四民，实际上工商二字只象征精耕制农业经济下产生的市场活动。崔实与其他东汉士大夫一样，以农业经营为主要谋生方式，而以"士"为其社会身份[1]。

知识分子的社会影响，又表现于其群中的亲和力。汉代有门生、门堂、弟子之称，其中有受业师门，确实有师弟关系者，也有举主与被举者之间或长官与属吏之间的主从关系，也有若干例子可以看出并无受业或荐举的关系，大约只是依附名势为门生。这第三类则甚至有宦寺在内，当然谈不上受业云云，但前两类到底是常态。知识分子固然也有独学成功的例子，大多仍循师弟相承的教学系统获得教育。汉代这种社会关系，颇被强调：弟子门人对于师门简直有同父子之恩。察举制下，又有保恩举主的常例。儒家重伦常，门人弟子与故吏之于座师举主，实在是家族

---

[1] Cho-yun Hsü, *Han Agriculture* (Seattle: University of Washington, 1980), pp.51–55.

伦理的延长，而成为知识分子阶层团结凝聚的重要形式[1]。演变至极，知识分子阶层中若干得势的成员，利用这种家族伦理的观念，彼此扶援，连成少数世族把持权势[2]。

东汉末年，原是维护知识阶层团结及吸收新血液的察举制度，竟限制了社会流动的自由度，也造成了知识阶层内部的分化，相对地削弱了知识分子在社会上的影响力。

由上面的讨论，知识分子由汉初不足称道的社会地位，先以实用价值为政治权力提供了若干必要的服务。继而以天人感应的理论，知识分子获得了代社会立言的发言权，及对政治的监督权，再经过教育机构的扩大，知识分子成为汉帝国庞大官僚组织的参与者，其人数也越来越多。东汉时，知识分子已与专制君主平分政治权力。在经济方面，知识分子掌握了土地资源，而在社会关系上，知识分子用家族伦理的延展，取得内部的认同与团结。然而也正在这一环，知识分子为自己阶层的僵化，种下了病根。

随着知识分子群体影响力的增长，知识分子担任的社会角色也有多种多样的分化。根据角色的性质，下文将循政治性和学术性两条线索讨论知识分子角色的类型。

汉代知识分子是先秦的诸子百家继承人，而汉代政治儒法表里，是以儒法二家尤为重要。儒家与法家都以改革政治为其使

---

[1]《后汉书集解》，卷七九上，页1—2。关于这个问题的讨论，由欧阳修注意及之。顾炎武：《日知录》（四部备要本），卷二四，页26—27；赵翼：《陔余丛考》（上海，商务印书馆，1957年），卷三六，页798。又参看贺昌群：《论两汉土地占有形态的发展》（上海，上海人民出版社，1956年），页76。T'ung-tsu Chü, *Han Social Structure*, p.207。
[2]《后汉书集解》，卷三二，页4；卷四九，页2；卷六一，页20。杨联陞：《东汉的豪族》（《清华学报》第11卷，第4期，1936年），页1007—1065。鎌田重雄：《秦漢政治制度の研究》（东京，日本学术振兴会，1963年），页450以下。

命，因此汉代知识分子对政治有无法割舍的兴趣。政治的特征正是儒家的士（知识分子），以天下为己任。这是本文必须包括政治性角色的主要原因。

最早出现的政治性角色，是叔孙通一类人物，以其知识的实用价值为政治权威服务。此种人物可称为政治权威的依附者，包括叔孙通之流，明礼仪知掌故的诸生，也包括明律法政令的文吏在内。事实上，这一类型是官僚制度的主要成员，符合韦伯所谓具有专门技能的专家。专家们并不具有任何个人的理想，可以为任何掌握统治机器的权威服务。规章条例繁杂苛细，不是普通人所能了解，处理政府簿书，已非专才不可[1]。因此汉代法律与经学一样均多世家，父子相继，家世传授——西汉的于氏，东汉的郭氏，均是以律法传家，甚至地方吏掾，也有世袭的情形。同理，礼学专家也多世袭，如普徐氏世为礼官大夫，也是由于礼仪复杂，非素习不能[2]。这一类型的人物，以知识为换取禄位的工具，夏侯胜每讲授，常告诉诸生："士病不明经术，经术苟明，其取青紫如俯拾地芥耳，学经不明，不如归耕。"知识只是商品而已[3]。

第二类是理想型，如前文曾论述的董仲舒一类知识分子，努力建立一套理论，希望用知识多少约束节制政治的权威。此中第一流人物，如贾谊、辕固生等人，颇能因为有道德勇气而不轻易屈服者。是以贾谊曾说："主上遇其大臣如遇犬马，彼将犬马自

---

[1]《汉书补注》，卷四八，页20。
[2]同上书，卷七一，页5；卷七六，页4；卷八八，页20—21。《后汉书集解》，卷四六，页2，页9。
[3]《汉书补注》，卷七五，页5。

为也；如遇官徒，彼将官徒自为也。"[1]其中特出的极端人物，则是眭孟、夏贺良、京房诸人，持守理想，以至用理想要求皇帝退位。其次也可以儒家理想，纠弹现实政治，萧望之、鲍宣之类为数甚多。然而汉代的理论系统仍以维护君主政体为前提，因此儒家理想往往不免迁就专制政体。即使大儒如董仲舒，以及第一个拜相的儒生公孙弘都不免以儒术缘饰[2]。西汉晚期的名相翟方进，以儒学起家，在朝方正，豪强畏服，然而仍不能自免于希旨以固位的毛病，所谓"知能有余，兼通文法吏事，以儒雅缘饰法律，号为通明相"[3]。是以班固在几位儒家丞相合传的传末感叹："自孝武兴学，公孙弘以儒相。其后蔡义、韦贤、玄成、匡衡、张禹、翟方进、孔光、平当、马宫及当子晏咸以儒宗居宰相位，服儒衣冠，传先王语，其酝藉可也，然皆持禄保位，被阿谀之讥。彼以古人之迹见绳，乌能胜其任乎？"[4]以上二类政治性知识分子，事实上均为官僚组织的一部分。汉代的知识分子中，这二类无疑仍是最主要的部分，只是眭孟诸人不多见耳。

在知识分子获得极重大的社会影响力之后，有若干知识分子开始以理想的世界来绳墨现实世界，这是第三类的角色，可称之为批评性的角色。在西汉时，这种人物不算多，但《盐铁论》是儒生集体批评。在东汉则有好几位代表人物，如王符、仲长统、崔实，都能以在野的身份，论刺批评当世政治、社会、经济各方

---

[1]《汉书补注》，卷四八，页29。
[2] 余英时：《历史与思想》（台北，联经出版事业公司，1976年），页31—43。
[3]《汉书补注》，卷八五，页8。
[4] 同上书，卷八一，页21—24。

面的弊病[1]。东汉由中期以后，社会危机，如土地集中，贫富悬殊，豪强显贵横行一时。王符、仲长统、崔实诸人的理论，确实是针对这些现象而发[2]。然而若是知识分子没有针砭当世的使命感，没有一个衡量制度长短的尺度，没有一个好恶分际的理想，他们不可能具有批评的能力与决心。同时，若没有大批知识分子作为读者听众，没有别的知识分子为他们传布和保存这些议论，他们名位不显，批评了也不会传留。因此，必须在知识分子群体已经成长到举足轻重的地位时，有群众、有影响，批评型的角色才会出现。

第四类的角色是反抗型的知识分子。东汉的党锢事件，即是这一类的角色。由李固、陈蕃、李膺、张俭、范滂以下的知识分子，他们为了维持理想中儒家的君主政治，不畏强御，与外戚宦官生死相搏。殉者视死如归，生者前仆后继，为中国历史上知识分子立一勇敢不屈之典型。他们之所以敢于如此，一则京师又为人文荟萃，二则全国的知识分子经常接触，形成了舆论，可以评论时政，月旦人物。范晔在《党锢传》序谓桓灵之间，主荒政缪，国命委于阉寺，士子羞与为伍，于是匹夫抗愤，处士横议，遂乃激扬声名，互相题拂，品覆公卿，裁量执政。又谓太学诸生三万余人，郭林宗、贾伟节为其冠；并与李膺、陈蕃、王畅更相褒重，自公卿以下畏惧他们的贬议。到发动时，然加以援手者比比皆是，破家三族在所不顾[3]。要言之，这批反抗型的知识分子

---

[1]《后汉书集解》，卷四九，五二，各人本传及王符的《潜夫论》，崔实的《政论》。
[2] Etienne Balazs, *Chinese Civilization and Bureaucracy* (tr. by H. M. Wright, New Haven: Yale University Press, 1964) pp.213ff.
[3]《后汉书集解》，卷六七，页1—3，页19；又参卷六八。

有群众,追捕党人时,天下群体大多认同;而更要紧的,他们具有知识分子善善恶恶的自觉。

第五类可称为隐逸型的知识分子。由汉初四皓不应高帝召命,汉代知识分子中已有了隐逸的典型。《史记》以伯夷、叔齐、鲁仲连为第一等人物,多少象征了司马迁在专制压力下无所逃死的精神避世所。先秦诸家中,道家原以隐逸为重,儒家用进退藏,或任或清原有入世出世两条选择。东汉重名节,不应召辟也是时论所尊重。汉代《逸民传》中人物及终生不仕号为处士的学者,矫情沽誉的人不少,然而大多数知识分子若在目击时艰明摆着理想世界与现实世界无法妥协时,逃世自匿,也是诚实的做法[1]。

第六类则是地方领袖型,这一类事实已兼跨上列各类中的若干人物,在其未仕前或退休后,大率具有作为地方领袖的资格。第五伦是一个例证:他在王莽时组织宗族闾里以自卫,后为乡啬夫,得人欢心;中途退隐以贩盐自给,变姓名以自匿。及仕光武,职任修理,而纠弹贵戚,方正峭直为时所惮,一身具有第一类、第二类、第三类及第五类诸种身份[2]。《逸民传》中的逢萌曾任亭长,后来赴长安学《春秋经》,王莽时隐居劳山,吏来捕捉,当地人民居然集众捍御,俨然是当地的领袖[3]。又如《独行传》中的刘翊,家世丰给,守志卧疾,不屈聘命,是第五类人物,及遇种拂守郡,为名公之子,则起为功曹。在任抗拒朝贵为民全利,行为同于第三类第四类人物。黄巾乱时,刘翊救济乡里孤寒乏

---

[1]《后汉书集解》,卷七三;又鎌田重雄:《秦漢政治制度の研究》,页511—516。
[2]《后汉书集解》,卷四一,页1—6。
[3] 同上书,卷八三,页3—4。

绝，资食数百人，则是地方领袖[1]。

综合这六个类型，后面四类都以东汉为盛，其缘故为彼时知识分子阶层已成气候。知识分子以理想世界来衡量现实世界，遂产生有淑世以救世及逃世以全节的矛盾。以个人言之，对于意念与理想，愈忠实愈认真，其以理想责备现实愈甚，则其对社会疏离的程度也愈深。反之，对于社会现实及正统观念愈深，则淑世之志愈切，于是投身政治直接参与。但因此一念之间，有太过迁就而损害其原有理想者，也有因抗拒而以身殉者。至于为乡里表率，为地方领袖，仍是知识分子的俊英地位所必致的角色。中国儒家治天下的任务原由乡党亲族开始，因此在无法治平时，为一方的福祉尽力，也是好的。再以知识分子群体意识言之，群体力量越强大，群体的自觉与使命感也越迫切。因此，上述六类中第三、第四及第五三个类型，只能广泛地出现于东汉而罕见于西汉。大致中国的知识分子，时时都在淑世与自好两端之间动荡，圣之任者与圣之清者都不能两全，而圣之时者是一个高悬而难以达到的鹄的[2]。

---

[1]《后汉书集解》，卷八一，页 22。
[2] 这里涉及若干处理知识分子问题的一些观念。关于知识分子内在的压力，迫使知识分子追寻世界的意义，以及意义现实之间的距离，参看 Max Weber, *The Sociology of Religion* (Boston: Beacon Press, 1963), pp.124–125，关于知识分子与外在现实世界的紧张及知识分子与政治权威之间的拉锯战。参看 Edward Shils, "The Intellectuals and the Powers: Some Perspectives for Comparative Analysis," in Philip Rieff (ed.), *On Intellectuals* (Garden City: Doubleday Co., 1969), pp.25–48。关于知识分子势须保持疏离态度，参看 Lewis A. Cos, *Men of Ideas* (New York: The Free Press, 1965) p. 360。而关于知识分子理想或正统理念之间的抉择及知识分子与其整合的程度，参看 Peter C. Ludz, "Methodological Problems in Comparative Studies of the Intelligentsia," in Aleksander Gella (ed.), *The Intelligentsia and the Intellectuals* (Beverley Hills, Colif., 1976), pp.37–45。

知识分子的定义是受过教育的人士,因此知识分子必然有另一项社会功能:知识的追求及知识的传授。本文将由知识分子的学术活动分析其类型。

第一类是文学家,如司马相如一类人物,以辞藻之美为文学侍从,别无其他知性活动。不过在《后汉书·文苑传》中的文学家,则无复如西汉辞赋作者那样的专业性了[1]。

第二类是经学家,其中当包括《汉书》及《后汉书》儒林传中的全部人物,并兼及马融、郑玄、贾逵诸人。自从五经立博士以后,每经各有立于学官的几家师说。经古文今文学派之争,事实上涉及意识观念少,涉及禄位利权者多。儒家典籍,因为相斥百家而取得了经典的地位(纬书是神圣传统的衍生物,故不另论)。一旦成为经典,必有其相应而生的权威性与神圣性。于是经学家最重师承,以保持其神圣传统。经学每多在一个家族中屡世继承。西汉如此,东汉也如此。欧阳氏传《尚书》,一家担任博士八世之久。经学传统也因此一方面具有保守的特征;另一方面,支派曼衍,越分越细,重训诂辞章,而失落了经学义理的本旨。《汉书·艺文志》有一段评论:"古之学者耕且养,三年而通一艺,存其大体,玩经文而已。是故用日少而畜德多,三十而五经立也。后世经传既已乖离,博学者又不思多闻阙疑之义,而务碎义逃难,便辞巧说,破坏形体。说五字之文,至于二三万言。"[2]

---

[1]《后汉书集解》,卷八〇上下。
[2]《汉书补注》,卷三〇,页27。按此节后半与桓谭《新论》差近。《新论》:"秦近君能说'尧典',篇目两字之说十余万言,但说曰若稽古之万言"(四部备要本,页11)《汉书·儒林传》中有秦恭,字延君,据云:"恭增师法至百万言。"《汉书补注》卷八八,页13。

烦琐至极必有反正。汉世两次由皇帝召集经学会议，一次在宣帝甘露三年，"诏诸儒讲《五经》同异，太子太傅萧望之等平奏其议，上亲称制临决焉"。又一次在章帝建初四年，也为了"《五经》章句繁多，议欲减省"，"大夫博士议郎郎官及诸生诸儒会白虎观，讲议《五经》同异"，最后皇帝"亲称制临决，如孝宣甘露石渠故事，作《白虎奏议》"。[1]均是由皇帝以政治权威肯定经典的权威。

另一方面，又有若干不拘守家法的通儒如马融、郑玄诸人都兼通数经，担起综合的责任，贯通各家异文，甚至打破今古文的界限，使经文通读恢复本来面目[2]。除郑、马二人以外，郑兴、郑众、范升、贾逵，也当属于这一类综合工作者之中[3]。在经典因为信仰而居于神圣地位时，学者持守传统甚严，这种综合的工作殆不可能。但一旦经典因烦琐而必须乞灵政治权威肯定其地位时，这一番整理梳爬的工作反而有其必要了。

经学家的职业大抵为讲学教授。立于学官任博士的经学家讲学于太学，其支派弟子则为私家讲学。一位大师，弟子少则数百，多则逾千成万，尤以东汉为盛。据《汉书·儒林传》赞："一经说至百余万言，大师众至千余人，盖禄利之路然也。"[4]《后汉书·儒林传》论："其服儒衣称，先王，游庠序，聚横塾者，盖布之于邦域矣。若乃经生所处，不远万里之路，精庐暂建，赢

---

[1]《汉书补注》，卷八，页23；《后汉书集解》，卷三，页6。
[2]《后汉书集解》，卷三五，页10—15；卷六〇上，页13—14。
[3]同上书，卷三六，页1—6。
[4]《汉书补注》，卷八八，页25。

粮动有千百,其耆名高义,开门受徒者,编牒不下万人。"[1]对比两书,西汉大师中只有《申生传》中有弟子千余,眭孟有弟子百余人。而在东汉《儒林传》中,几乎触处均有成千累百的弟子。由此也可见东汉知识分子的众多及活跃。

第三类为著作家,包括所有有创作的学者。其中当然又可大别为两个分类。一是博学多闻,整理已有的知识。如刘歆之整齐旧书,班固、蔡邕之史学著作,甚至桓宽之《盐铁论》,桓谭之《新论》,都当归入此类。二是有创见的著作如《淮南子》、董仲舒之《春秋繁露》、太史公之《史记》及扬雄之《太玄经》,甚至《京房传》,延寿之卦气理论。此类作者志在明天人之际,通古今之变,立一家之言。两类相比,第一分类以撰述为主,其方法是历史性的;第二分类则往往是形而上学的著作,方法是哲学的。即如《史记》,明明是史学作品,但太史公的抉择出于自己历史哲学的观点,组织也夐夐独造,前无古人。凡此著作家,道于创造性的学术活动,扬雄尤为其中最有创作能力者。《太玄经》虽说仿《易》,但以玄代道,以数字象征代表现象,组织一个以数字为语言的形上学以解释宇宙的本体与变化。[2]

第四类则是方术之士,汉代的方术包括星象、历算、医药以至风角占卜。《汉书·艺文志》列有方术三十六家,其实还可加上农家如《氾胜之书》等。这些著作大抵可以相当于今日所谓科技类的作品(风角占卜在今日为迷信,在古代则也是原始科学的

---

[1]《后汉书集解》,卷七九下,页16。
[2]《太玄经》(四部备要本)《说言》,卷一,页1—3;《玄文》,卷九,页1—5;《玄图》,卷一〇,页1—4。

一部分），其作者则只有张衡稍有事迹可考，他的天文理论及技术也足以称道。论方术之士的社会地位，除张衡本身别有功业外，大致都不甚高，或倡优畜之，或在市肆逐微末之利。

第五类则是批评家，如王充，而扬雄、桓谭也常有对学术的批评。《论衡》一书虽其论据未必服人，攻击精神却十分勇猛。王充不依傍学派，疾忌虚妄，重视知识。虽然其地位在中国学术史上不必如胡适之先生所强调的重要，仍不失为注重知性的知识分子[1]。

今日知识分子在学术工作上的任务，以追求知识最为首要。知识的累积是由已知求未知，其中包括整理旧学探索新知两个阶段。但是在第一个阶段的工作，整理旧学（已知）只是为了由已知更迈进一步。另外一面，在任何神圣传统下，学问不是为了探索未知，而是在肯定神圣传统已经是圆足的前提下，重新组合神圣的内容，无目的在为先圣立言，搜寻未发挥的意义，以及引申神圣传统未解释经典未载的事物或现象。这种知性活动，当可称为求智慧。智慧与知识实在是不同的[2]：智慧求圆足，知识则不以圆足为其特点。以此标准，汉代经学家一型的学术活动，当属求智慧；只有创作家的分型，虽然往往是形而上学的思想家，其知性活动有求知识的趋向。不过董仲舒、扬雄的创作也在求取一个圆足的系统，其目的仍是智慧。王充对于神圣系统的知性活动取怀疑的态度，是有所破；但是他的《论衡》中并未有所立，这

---

[1] 关于王充的评价，徐复观先生近作则比较落实；参看，《两汉思想史》（第二卷），页 428—441。
[2] 关于智慧与知识的分别，可参看 Richard Hofstadt, *Anti-Intellectualism in American Life* (New York: Knopf, 1963), p. 25。

也是受其时代的限制了。至于文学及方术二类人物，前者追寻的是文字的表现艺术，后者以实用为目的，求知识只是手段而已。

汉代知识分子的主流，由其知性活动的性质说，与今日的知识分子并不同科。在政治活动的角度来看，汉代知识分子逐渐肯定了一个理想的秩序，因此可以自己悬道德为个人修养的鹄的，也因此可以用理想世界来督责现实世界。知识分子与官僚组织的结合，则一方面赋予知识分子扩大影响力的机会，另一方面也使知识分子的视野永远被局限在政治活动的范畴内了。神圣传统与政治视野相重叠的结果，汉代的知识分子虽有空前的影响力，虽有十分优越的教育机会受知识分子扩大与延续，然而知性的活动势必表现为保守的与排他的。能"炒冷饭"而不能以大批受教育的知识分子，以开放与批评的精神，领导文化走向更高层次。汉代的知识分子因为浓重的政治趋向而获得社会上无可否认的领袖地位，但是这番胜利也限制了此后的发展。这也是中国传统知识分子的两难之局，由汉代直到近代，中国的读书人始终受困于这个难题。

西汉政权与社会势力的交互作用

秦一宇内,凭借武力结束了列国并峙的局面。然而秦以高压手段治天下,激水过山,造成怀山襄陵的大乱,驶道四达,终究挡不住阿房一炬的结局。此无他,唯秦政权缺乏社会基础而已。刘邦以泗上亭长,提三尺剑,却能立四百年基业。在这四百年中,中国真正地熔铸成为一个完整的个体。这一段熔铸的过程,不在汉初的郡国并建,不在武帝的权力膨胀,而在于昭、宣以后逐渐建立起政权的社会基础。在武帝以后,中国开始了政治至上的一元结构:权力的唯一来源是政治,而智勇辩力之士最后的归结也唯有在政治上求出头;一切其他途径都只是政治势力的旁支而已。所谓"士大夫"阶级也在武、昭以后才开始取得其现有的含义,而不再是军人与武士的别称[1]。一元的权力结构与"士大夫"在中国历史上有极度密切的功能关系,有一位社会人类学家认为士大夫是中国社会变动的安全瓣,使中国社会史上减少了不

---

[1] 余英时:《东汉政权之建立与士族大姓之关系》(《新亚学报》,第1卷,第2期,1956年),页259—261。

少激剧的革命[1]。士大夫一方面是未来官吏的储备人员，另一方面也是社会上的领导分子，或以教育程度，或以地位，或以富资成为乡里的领袖[2]。本文所要讨论的也就是西汉"士大夫"如何逐渐形成一个特殊的群体，以及士大夫构成西汉政权之社会基础的过程。下文将由三个角度考察这个问题：各个时期的政权性质、社会秩序，及地方政府结构；尤其最后这两项与"士大夫"群的生根苗长似有密切关系。

一

西汉各个时期政权的性质由丞相来源即可看出不同。自高祖至于景帝，丞相十三人都是列侯，不为高祖从龙功臣，即是功勋子嗣。武帝朝在列侯之外，加上外戚、宗室，及一个临时封侯的公孙弘。昭、宣两朝的丞相则绝大多数出身郡县掾吏，或公府僚属，都是文吏。元帝以下，丞相多属儒生，除王商是外戚外，多是经学之士，见下表[3]。

---

[1] Fei Hsiao-t'ung, *China's Gentry* (Chicago: University of Chicago Press, 1953), p.12.
[2] Ho Ping-ti, *The Ladder of Success in Imperial China* (New York: Columbia University Press, 1962), pp.34ff.
[3] 周道济：《汉唐宰相制度》（台北，政治大学博士论文油印本），页273—276。周道济：《西汉君权与相权之关系》(《大陆杂志史学丛书》，第1辑，第4册），页14—15。周君的"西汉丞相一览表"是根据《汉书·百官公卿表》编列的，参看《汉书补注》（王先谦，长沙，虚受堂本），卷一九下及各人本传。昭帝以后，权在大将军，但在此处为求标准一致计，我们仍用丞相作为参考指标。

时代	丞相	功臣	功臣弟子	外戚（宗室）	掾史文吏	经学之士	其他
高帝	萧何	×					
惠帝	曹参	×					
	王陵	×					
	陈平	×					
	审食其	×					
文帝	周勃	×					
	灌婴	×					
	张苍	×					
	申屠嘉	×					
景帝	陶青		×				
	周亚夫		×				
	刘舍		×				
	卫绾						戏车为郎
武帝	窦婴			×			
	田蚡			×			
	许昌		×				
	薛泽		×				
	公孙弘				×		
	李蔡						六郡良家子
	严青翟		×				
	赵周		×				
	公孙贺			×			
	刘屈氂			×			
	田千秋						高寝郎
昭帝	王䜣				×		
	杨敞				×		
	蔡义				×		
宣帝	韦贤					×	
	魏相				×		
	丙吉				×		

续表

时代	丞相	功臣	功臣弟子	外戚（宗室）	掾史文吏	经学之士	其他
宣帝	黄霸						富资为郎
	于定国				×		
	韦玄成					×	
	匡衡					×	
成帝	王商			×			
	张禹					×	
	薛宣				×		
	翟方进					×	
	孔光					×	
哀帝	朱博				×		
	平当					×	
	王嘉					×	
	马宫					×	
平帝	平宴					×	

史家亦早已指出，汉初丞相专任列侯的事实。范晔在《朱景王杜马刘傅坚马列传》末曾论赞：

> ……降自秦汉，世资战力，至于翼扶王运，皆武人堀起。亦有鬻缯屠狗轻猾之徒，或崇以连城之赏，或任以阿衡之地。故势疑则隙生，力侔则乱起。萧樊且犹缧绁，信越终见菹戮，不其然乎！自兹以降，迄于孝武，宰辅五世，莫非公侯。遂使缙绅道塞，贤能蔽壅，朝有世及之私，下多抱关之怨。[1]

---

[1]《后汉书集解》（王先谦，长沙，乙卯王氏刊本），卷二二，页12—13。

武帝的朝廷则又显出另一番气象，《汉书·公孙弘传》赞：

> ……是时汉兴六十余载，海内艾安，府库充实，而四夷未宾，制度多阙。上方欲用文武，求之如弗及。始以蒲轮迎枚生，见主父而叹息。群士慕向，异人并出。卜式拔于刍牧，弘羊擢于贾竖，卫青奋于奴仆，日䃅出于降虏，斯亦曩时版筑饭牛之朋已。[1]

诚所谓异途竞进，汉兴以来号为得士。然而仔细检核，这时期表面上似乎活泼的社会波动，事实上只是若干特例，影响只及于皇帝特选的个人，并没有一个制度化的上升通道，从社会基层作普遍的选拔。易言之，从汉初的功臣集团独占性质演变到武帝时的名臣出身庞杂，也许只是表示功臣集团的权力让渡给皇帝一人，并不是政权的社会基础有任何改变。

汉初功臣集团对于高祖本人的领袖地位，自从韩彭黥陈被削平后，始终确信无疑，因此王陵和申屠嘉才有"天下是高帝天下，朝廷是高帝朝廷"的想法[2]。同时，他们也分沾高祖的所有。如前所说，丞相必自列侯中选任，到功臣老死殆尽时，申嘉屠以当年队率之微，也居然擢登相位。郡守中以高祖功臣身份出任者也占不少[3]。

在这种狭窄的小集团观念下，首都区域的关中并不把关东视

---

[1]《汉书补注》，卷五八，页14。
[2] 同上书，卷三，页5—8；卷四〇，页18；卷四二，页7。
[3] 同上书，卷四，页8，页26。文帝即位时，汉郡国六十二，而二千石以从高帝受封者至少有20人。

为可以信赖的部分。文景以前的诸侯王始终是中央猜疑见外的对象:入关出关须用符传,关防严紧,宛如外国。《新书·益通篇》:

> 所谓建武关、函谷关、临晋关者,大抵为备山东诸侯也。天子之制在陛下。今大诸侯多其力,因建关而备之,若秦时之备六国也。……所谓禁游宦诸侯,及无得出马关者,岂不曰诸侯得众则权益重,其国众车骑则力益多,故明为之法,无资诸侯。[1]

《汉书·景帝本纪》中元四年:

> 御史大夫绾奏,禁马高五尺九寸以上,齿未平,不得出关。

《昭帝本纪》始元五年:

> 夏,罢天下亭母马及马弩关。(……孟康曰:"旧马高五尺六寸齿未平,弩十石以上,皆不得出关,今不禁也。")[2]

可知对东方防范之严,到昭帝时方才放宽。

"王国人"不得宿卫,不得在京师选吏——也就是说,王国的人民虽然也是大汉的百姓,却不能和大汉诸郡的人民平等[3]。

---

[1]《新书》(汉魏丛书本),卷三,页8。
[2]《汉书补注》,卷五,页6;卷七,页4。
[3]同上书,卷七一,页11—12;卷七二,页16。

以李广的战功,和梁孝王为汉力拒吴楚,终以李广曾受过梁王的将军印,而有功不赏[1]。武帝建立的阿附藩王法,禁止官吏交通诸侯王[2]。五经博士的举状中,据《汉官仪》,有"身无金痍痼疾,世六属不与妖恶交通,王侯赏赐,行应四科,经任博士"的句子[3]。

另一方面,诸侯王在景帝以前对于国内有相当大的权力;而诸侯王所封的地方又是关东文化传统深厚的区域,再加上中央官吏鄙视"山东"人士,《盐铁论·国疾篇》所谓"(丞相史曰)世人有言鄙儒不如都士,文学皆出山东,希涉大论"[4]。于是山东豪俊往往先在诸侯处试试运气,《盐铁论·晁错篇》:

> 日者淮南、衡山修文学,招四方游士,山东儒墨咸聚于江淮之间。[5]

《汉书·主父偃传》:

> 主父偃,齐国临菑人,学长短从横术,晚乃学《易》、《春秋》、百家之言。游齐诸子间,诸儒生相与排傧,不容于齐。家贫,假贷无所得,北游燕、赵、中山,皆莫能厚,客

---

[1]《汉书补注》,卷五四,页1。
[2]《后汉书集解》,卷一下,页17。
[3] 同上书,卷三三,页5—6,集解引《汉官仪》。
[4]《盐铁论》(汉魏丛书本),卷七,页6。
[5] 同上书,卷三,页1。

甚困。以诸侯莫足游者，元光元年，乃西入关。[1]

毛公、申公、庄忌、枚乘也莫不都先在关东诸侯处求出身的[2]。

诚如王毓铨所说，中央政府在制服关东诸侯以前，能直接掌握的区域实在只限于畿辅一带而已[3]。在结构上说，西汉初中央政府能施之于诸侯王的制衡工具，只是与王国犬牙相错的诸郡及亲子弟所封的王国。例如淮阳之设，据《新书》说：

> 今淮阳之比大诸侯，仅过黑子之比于面耳，岂足以为禁御哉。而陛下所恃以为藩捍者，以代、淮阳耳。[4]

这些郡守又大多由功臣、外戚，或出身郎署的亲近人物担任。严耕望先生《两汉太守刺史表》的西汉部分列了武帝以前的太守共 73 任，其中 44 任是上述几类人物，其余 29 任来历或身份不明[5]。似乎武帝以前，西汉中央与山东之间维持一种倚靠实力的稳定局面，而郡守的任务就在监督那些诸侯。于是郡守以军人为

---

[1]《汉书补注》，卷六四上，页 16—17。
[2] 同上书，卷八八，页 15，页 20；卷五一，页 9，页 23。
[3] Wang Yü-ch'üan, "An Outline of the Central Government of the Former Han Dynasty," *Harvard Journal of Asiatic Studies* XII（1949），p.135.
[4]《新书》，卷一，页 17。《汉书》文略同，文句次序稍颠倒，见《汉书补注》，卷四八，页 32—33。淮阳与代都是文帝亲子的封地。淮阳旋即于景帝四年恢复为郡，据钱大昕说，见同上书，卷四七，页 7，补注引。"淮阳为天下郊，劲兵处"，故文帝初年守淮阳者为高帝队率，功臣仅存者之一申屠嘉；景帝恢复为郡后，则以勇敢尚气的灌夫守之。见同上书，卷四一，页 6；卷五二，页 7。
[5] 严耕望：《两汉太守刺史表》(《中央研究院历史语言研究所专刊》之三十，上海，商务印书馆，1948 年)。

多，严耕望先生以为不仅汉初守相为功臣，武帝时也甚多以军功补地方官者，其多者竟可达当时郡国守相的1/3以上。无怪乎太守总治军民，其军权之大、威仪之盛，不是后世地方官以狱讼钱谷为专责者可以比拟。此所以郡守握虎符，号为"郡将"；而"守"之一词，更足说明其职责的本意在军事，不在治民[1]。由于不理庶务，西汉的守相是可以办到"卧治"的，如曹参、汲黯之类。只要四境安堵，似乎一般性的日常公务竟可以完全放手不管[2]。由于郡国守相的注意力并不集中于日常地方事务，汉初中央政权对于地方的固有社会秩序几乎可说未加扰动。

另一方面，汉初用人以军功、荫任、赀选诸途登进[3]。换句话说，这种方式吸收的人才仍大部局限于原已参与政权者，对于从全国普遍地吸收新血仍缺乏制度化的途径。于是武帝以前的中央政权并不能在社会的基层扎下根，同时也没有把原来的地方性社会秩序加以改变或扰动。

二

社会秩序中最重要的是地方的领袖，也就是所谓豪杰或豪侠之辈。以《游侠传》中的人物为例，早期的郭解，"以匹夫之细，

---

[1] 严先生对于此节有极具见地的一段讨论，见《中国地方行政制度史》上编，卷上，《秦汉地方行政制度》部分（《"中央研究院"历史语言研究所专刊》之四十五，台北，1961年），页73—75，页93—96，页388。参王鸣盛：《十七史商榷》，卷四，页10。
[2]《汉书补注》，卷三九，页11；卷五〇，页9，页13。
[3] 严耕望：《秦汉郎吏制度考》，《"中央研究院"历史语言研究所集刊》，第二十三本，上册（1951），页13—113。

窃杀生之权",可以指挥尉史,决定谁当徭役;又可以为人居间,排难解纷。然而,郭解也尊重其他豪侠的势力范围,不愿"从它县夺人邑贤大夫权"[1]。

直到武帝从主父偃的谋议,于元朔二年"徙郡国豪杰及资三百万以上者于茂陵"[2],地方的社会秩序才第一次受到严重的干扰。关于人口迁徙,武帝并非始作俑者。秦始皇曾徙富人于咸阳,汉高帝也曾徙六国大族于关中[3]。一般人也往往根据班固《两都赋》所说"七相五公,与乎州郡之豪杰,五都之货殖,三选七迁,充奉陵邑,盖以强干弱枝,隆上都而观万国"[4],就以为西汉曾七次大事迁徙吏二千石,高资富人及豪杰并兼之家。事实上,高帝所徙的只是六国王族;这些王孙公子与一般的郡国豪杰颇有不同,所集中的区域也比较有限,人数则有十余万[5]。嗣立诸帝大率"募"民徙陵,显然未用强迫手段。人数则多少不等,少的可少到安陵只有几千人[6]。甚至武帝初立茂陵时,似乎也未用强迫迁徙。元朔二年(公元前127年),第一批被徙的人口,包括资三百万以上及郡国豪杰。太始元年(公元前96年),又第二次"徙郡国吏民豪杰于茂陵云陵"。理由则主父偃曾说了,"茂陵初立,天下豪杰兼并之家乱众民,皆可徙茂陵,内实京师,

---

[1]《汉书补注》,卷九二,页1,页4—5。关于游侠的性质,见劳榦:《论汉代的游侠》,《台湾大学文史哲学报》,第1期(1950年)。
[2]《汉书补注》,卷六,页10;卷六四上,页19。
[3]《史记会注考证》,卷三〇,页6;《汉书补注》,卷四三,页13。
[4]《后汉书集解》,卷四〇上,页10。
[5]《汉书补注》,卷四三,页13。
[6] 同上书,卷四〇,页2;卷五,页5;卷二八上,页38注引《关中记》。

外销奸猾，此所谓不诛而害除"[1]。茂陵一县人口，据《地理志》所载，多达277277人，超过三辅全部人口（2436360）的1/10；而当时三辅辖县多达57个，茂陵不过其中之一而已[2]。

未经迁徙的地方领袖如豪杰之属，当仍不少，然而他们也面临并不更好的命运。《酷吏传》中人物大多为武帝时郡守，或在霍光掌权时，这不能说酷吏独出于此时为多，只能说武帝及其继承遗志者鼓励郡守们以非常手段铲除豪强[3]。增渊龙夫注意到一个现象：这些"酷吏"大多曾在中央政府担任御史，他认为这一特点也并非出于偶然。"酷吏"中至少7人并非世家子，而是出于刀笔吏。这些出身寒微的"内朝""近臣"正是执行武帝个人专制权力的最佳工具[4]。刺史制度的确立，也在武帝之世。刺史所察的六条中，第一条就针对地方豪强而设，所谓"强宗豪右，田宅逾制，以强凌弱，以众暴寡"，其余五条则以二千石为问事对象。是以王毓铨以为刺史由中央派出，事实上是皇帝的直接工具[5]。由此，皇权直接干涉地方社会秩序，既见之于皇权人格化的"酷吏"，又见之于制度化的部刺史制。中央势力的伸张及于

---

[1]《汉书补注》，卷六，页3，页10，页35；卷六四上，页19。
[2] 同上书，卷二八上，页19，页38。
[3] 同上书，卷九〇，13人中在武帝朝的有9人。
[4] 增渊龙夫：《中国古代の社会と国家》（东京，弘文堂，1957年），页235以下。关于御史的性质，参看樱井芳郎：《御史制度の形成》，《东洋学报》，(1936年) 及劳榦：《两汉刺史制度考》，《中央研究院历史语言研究所集刊》第十一本（1943年），第二章。
[5] 劳榦：《两汉刺史制度考》，页43。严耕望：《中国地方行政制度史》，同前部分；Wang Yü-ch'üan, "An Outline of the Central Government of the Former Han Dynasty", *Harvard Journal of Asiatic Studies* XII (1949)，页156以下。

地方基层，是汉初放任政策下所未见的。汉初汲黯、郑当时之类学黄老、好游侠、任气节，对于酷吏则深致不满[1]，其对立态度并不纯由于道德标准方面，毋宁说是由于双方对地方社会秩序采取承认与干涉两种不同的观点。

豪杰之外，富人也是中央政权要压抑的对象。战国末及秦汉之交的货殖人物确实有过一段相当自由的时期。他们以富役贫，使中家以下为之奔走；甚至还可借高利贷役使贵人，使封君低首，仰承意旨[2]。掌握社会势力的豪杰，与掌握财富的富人，二者都构成对于政权的威胁，桑弘羊所谓：

> 民大富则不可以禄使也，大强则不可威罚也。[3]

何况二者又经常结合，譬如采山冶铁的事业可以致富，却必须有集结千百人的能力方可从事。如《盐铁论·复古篇》所说：

> 往者豪强大家，得管山海之利，采铁石鼓铸煮盐，一家聚众，或至千余人……成奸伪之业，遂朋党之权。[4]

政权对于这种可能的威胁，必须尽一切力量加以压制，于是而有

---

[1]《汉书补注》，卷五〇；增渊龙夫：《中国古代の社会と国家》（东京，弘文堂，1957年），页246以下。
[2]《史记会注考证》，卷一二九。《汉书补注》，卷九一；卷三四上，页13—14；卷二四下，页10。
[3]《盐铁论》，卷二，页1。
[4] 同上书，卷二，页6。

盐铁专卖、平准均输以及算缗钱等，与商贾竞争。甚至卖官鬻爵及输谷赎罪的措施，也是政府吸取民间剩余资本的手段；政府以名位和法律作为兑易实际财富的本钱，这是一种只具有强制力量（coercive power）的政治权力办得到，民间无法具备任何足以对抗的实力。卖爵和输谷的收入在文帝前元二年（公元前178年）晁错建议时开始实施，十年之间，政府蓄积可以当北边5年之用及全国12年租税之丰，显然这一笔收入是一个很可观的收入[1]。若这一大笔资金不曾被政府吸取，而用于工商生产事业，其对于经济发展作用之大是可以想象的。何况这还只是西汉若干同样措施中的一次而已。

对于工商业最大的打击还是武帝时（公元前117年）的杨可告缗，"得民财物以亿计，奴婢以千万数，田大县数百顷……宅亦如之，于是商贾中家以上大抵破"。文景武三朝所收集的民间多余资本为数之巨，使汉初70年间富积之厚盛于任何时期，大农、上林、少府蓄积足够武帝开边及种种用度。同时，由战国后期开始发达的货殖事业也从此一蹶之后，许久不振[2]。

铲除豪杰与富人，对于汉代的地方社会秩序有严重的后果。如前面所述，汉初郡国守相的职任偏重在监督可能向中央挑战

---

[1]《汉书补注》，卷二四上，页14—15；卷二四下，页7，页12—13，页419。关于晁错上输边疏的年份，见 Nancy L. Swann（tr. and annotated）, *Food and Money in Ancient China*（Princeton: Princeton University Press，1950），p.158. Note 162。
[2] 同上书，卷二四下，页16。春秋时期亦有过若干突出的商人，如子贡、足以结交诸侯卿相；又如《国语·晋语》："夫绛之富商韦藩木楗以过于朝，唯其功庸少也；而能金玉其车，文错其服，能行诸侯之贿。"似乎春秋末叶商人已有某种势力。然而工商业的全面发达是战国时事，货币也须到战国时才有大量的流通量。这一条附注承陈槃庵师指示，谨致谢。

的诸侯王及"盗贼",而不完全在于处理行政事务[1]。于是守相必须把日常行政事务,例如赋敛、解纷、捕贼一类的小事,都交托给乡亭组织与三老。这些乡官和低级乡吏,事实上是政府与人民之间的中介,例如朱邑曾担任过的桐乡啬夫[2]。三老与卒史在老百姓心目中的地位可由赤眉初起时称号觇见,据《后汉书·刘盆子传》:

> (樊)崇等以困穷为寇,无攻城徇地之计。众既寖盛,乃相与为约:杀人者死,伤人者偿创。以言辞为约束,无文书旌旗部曲号令。其中最尊重者号"三老",次"从事",次"卒史",泛相称曰"巨人"。[3]

即由于老百姓习惯于听取他们的命令。大致说来,发号施令者与接受命令者,二者之间距离愈远,或通信方法愈困难,传达命令的中介愈有随意解释命令的自由,也由之愈有假借的权威,而上级对之也愈具依赖性。汉世命令的传达系统通常须经过丞相、二千石(可能尚需经过县令一关)达于属吏,而"卒史"一阶则是执行命令的人,直接压在小兵或百姓上面。如《居延汉简》:

> □□大夫广明下丞相,承书从事下当用者,如诏书,书到言。□□□郡太守诸侯相,承书从事下当用者,如诏书,

---

[1] 严耕望:《中国地方行政制度史》,同前部分,页74—75。
[2] 同上书,页237—251;谢之勃:《先秦两汉卿官考》,《国专学刊》,页3—5(1936年),页8—14;参看《汉书补注》,卷八九,页9—10,卷七六,页10。
[3] 《后汉书集解》,卷一一,页9。

书到明白布□□到令诸□□县从其□□如诏书律令,书到言。丞相史□□下领武校居延属国鄀农都尉,县官承书□□(六五六。卷一,第四叶)□水都尉千人宗兼行丞事,下官,承书从事下当用者如诏书。□月廿七日,一兼掾丰,属佐忠。(五〇三、七,四九五、九)

□胪野王丞忠下郡,右扶风,汉中,南阳,北地太守。承书从事下当用者。以道次传,别书相报,不报书到言。掾勤,卒史钦,书佐士。(二〇三、二二)

闰月丁巳,张掖肩水城尉谊以近次兼行都尉事,下候,城尉。承书从事下当用者,如诏书。守卒史义。(一〇、二九)[1]

在这种正式的结构以外,地方社会秩序的领导权还另有一个非正式的结构,也就是地方上的豪杰与游侠一流人物。其典型例子已见前节。汉之贤二千石,如赵广汉、张敞,甚至酷吏如王温舒,都必须借这些豪杰为耳目爪牙[2]。

也许有人会问,汉代豪杰游侠一类人物何以能成为一种社会现象?为答复这一点,本文必须先考察西汉社会集团的性质。在一般的理论上说,总是以为中国的家族是社会集团最根本的形式。事实上,在西汉中叶以前,家族的团聚作用还并不如后世那样有力。西汉的家族形态究竟是哪一种,至今未见定论。大致说

---

[1] 劳榦:《居延汉简》,考释之部(《"中央研究院"历史语言研究所专刊》之四十,台北,1960)。《考证》,页7,页14,页16,页33。
[2]《汉书补注》,卷七六,页14,页15—16;卷九〇,页7—9。

来，西汉的豪族也并不是单纯的由某一形态独占。一切的证据都还不足以作全盘性的理论重建[1]。

汉初家族形态也许仍是沿袭商鞅以来秦国的小家庭制：子壮必须分异，另立门户。不分异就必须加倍赋税的罚则，似乎在汉代从未正式废止过。纵然西汉后半期及东汉都以几代同堂、几世不分财为佳话，这条禁令却似乎要等到曹魏时方被废止。魏明帝时曾由陈群、刘邵等人定魏律，其中"序略"部分见于《晋书·刑法志》：

> 正杀继母与亲母同，防继假之隙也。除异子之科，使父子无异财也。殴兄姊，加至五岁刑，以明教化也。[2]

汉初去秦未远，这条"异子之科"的处置并不全是具文。汉初

---

[1] 日本学者在这一方面有颇丰长的讨论。他们之中，有的以为汉时豪族形态为"三族制"，有的以为应是扩大型的家族。下列三篇文字对于在这条线上彼邦人士的讨论有角度不同的分析与解释。参看宇都宫清吉：《漢代豪族論》，《東方學》（1962 年）；同氏：《漢代社會經濟史研究》（东京，弘文堂，1955 年），第十一章。守屋美都雄：《漢代家族の形態に關する考察》（东京，ハーバード，燕京同志社东方文化讲座委员会，1956 年），另参见拙著：《汉代家庭的大小》，原载《庆祝李济先生七十岁论文集》下册（台北，1967 年），收入本书，页 437 以下。

[2]《晋书》（廿四史乾隆四年刊本）卷三〇，页 12。此节守屋美都雄也作过注释，以为"异子"二字指"分异"而言，又把"科"字误释为禁此之意；遂把整节释为禁此"儿子分出去"。见守屋美都雄：《漢代家族の形態に關する考察》（东京，ハーバード，燕京同志社东方文化讲座委员会，1956 年），页 22—25。其实此句与"使父子无异财也"连读，即表示未除该条以前，父子应当是异财的；"异子"当指未分出去的儿子，是科倍赋的对象。关于汉人几世共财的现象，以东汉为主，守屋氏曾做了很仔细的考察。见同书，页 33—36，页 44—46。又参看越智重明：《魏晋における異子の科について》，《東方學》，第 22 期（1961 年）。

动辄提到"五口之家",《地理志》中户与口的比数也平均为 1∶4.88,凡此都足以说明汉初分家是常态[1]。西汉确曾实行强迫分散一些大族的措施。如《后汉书·郑弘传》注引谢承书,"其曾祖父本齐国临淄人,官至蜀郡属国都尉,武帝时徙强宗大姓不得族居,将三子移居山阴,因遂家焉"[2]。

由于家族形态是以"核心家族"为主,个人并不像后世那样容易以大家族作为社会团聚体,从大家族制寻求对于个人的保护

---

[1] 此点承严耕望先生提示,谨致谢。又参看守屋美都雄:《漢代家族の形態に關する考察》(东京,ハーバード,燕京同志社东方文化讲座委员会,1956年),页37;佐藤武敏:《戰國時代農民の經濟生活》(上),《人文研究》,第10卷,第10期(1954年),页30。由居延汉书简的资料看来,汉人的户籍包括妻、子女,及未成年弟妹;也有包括老母的例子,如:

俱起队卒丁仁　　母大女存年六十七用谷二石一斗六升大
弟大女恶女年十八用谷二石一斗六升大
弟使女肩年十八用谷一石六斗六升大
凡用谷六石（劳榦:《居延汉简释文》,四〇二七）
二燧队长居延西道里公乘徐宗年五十
妻"妻"　　宅一区直三千　　妻一人
子男一人　　　　田五十亩值五千　　子男二人
男同产二人　　　用牛二直五千　　　子女二人
　　　　　　　　　　　　　　　　　男同产二人
　　　　　　　　　　　　　　　　　女同产二人
（同上书,页83,4085,24、27 B）
永光四年正月己酉橐佗延寿队长孙时符
妻大女昭岁万岁里□□□年卅二
子大男辅年 19 岁
子小男广宗年 12 岁
子小女足年 1 岁
辅妻南来年 15 岁
皆黑色（同上原片,29、2,考证页4）

[2]《后汉书集解》,卷三三,页12。此条承同事金发根兄检示,谨致谢。

与帮助。而战国的社会由于封建的崩坏,个人从封建关系中解脱出来,游侠集团就发展为掩护个人的结合,由智勇之士集合一群人构成一个比较单独个人强大的力量[1]。汉初游侠豪杰之盛,亦即继承这一传统。也就是说,汉初社会秩序的基层结构是由这种个人结合的集团来维持的,集团领袖成为帝国政治权威疑惧的对象。而汉武帝对于豪杰的打击,尤其强迫迁徙郡国豪杰,正是以破坏这种结合为目的。地方社会秩序则难免因失去领袖而趋于混乱。下列年表可以显示对于郡国的严条峻法与郡国变乱的关系:

公元(年)	史事	来源
前 127	徙郡国豪杰及赀三百万以上者茂陵	《汉书补注》,卷六,页 10
前 122	淮南衡山王叛,郡国豪杰坐死数千人	同上书,卷六,页 13;卷四四,页 13
前 119	榷天下盐铁,算缗钱	同上书,卷二四下,页 12—13
前 117	捕盗铸钱者以百万	同上书,卷二四下,页 14;卷六,页 16—17
	大赦。博士褚大等巡行郡国以抚循百姓	
前 116	杨可告缗起,中家以上均破	同上书,卷二四下,页 16;卷六,页 18
前 109	山东骚动,处处盗贼	同上书,卷六,页 34;卷九〇,页 12
	严关门之禁	《盐铁论》,卷三,页 1
前 108	大赦	《汉书补注》,卷六,页 34

---

[1] 增渊龙夫:《中国古代の社会と国家》,第一篇,第四章。参看 Cho-yün Hsü, "The Transition of Ancient Society" (*International Association of Historians of Asia Second Biennial Conference Proceeding*, Taipei, Chinese 1962), pp.13ff.

续表

公元（年）	史事	来源
前107	徙郡国豪杰吏民及资百万以上茂陵	《汉书补注》，卷六，页35
前86	昭帝即位。 贤良方正请罢盐铁榷酤	同上书，卷七，页5
前80	齐王燕王交结郡国豪杰以千数谋反	同上书，卷六三，页11；卷七一，页2

昭宣时政府开始注意到这种不安，因此才逐步改变中央与地方的关系。昭帝询贤良方正以民间疾苦，及宣帝的禁官吏暴虐，都反映这一顾虑[1]。

三

中央与地方间的桥梁中最要紧的一道，是孝廉和博士弟子员的察举。汉代贤良方正和其他特科的察举在武帝以前及以后都有过许多次，劳贞一师已有丰长研究，兹不赘述[2]。武帝还曾在有名的元朔元年诏书中规定，每郡必须举荐一人，"不举孝"及"不察廉"的二千石都须受罚[3]。然而，武帝以前的贤良方正一类选出来的人物，虽也委任为常侍郎中，却未必都担任实际的职务，如《汉书·贾山传》：

今陛下念思祖考，术追厥功，图所以昭光洪业休德，使

---

[1]《汉书补注》，卷七，页5；卷八，页11。
[2] 劳榦：《汉代察举制度考》，《中央研究院历史语言研究所集刊》第十七本（1948年）。
[3]《汉书补注》，卷六，页8—9。

> 天下举贤良方正之士。天下皆䜣䜣焉。……今方正之士皆在朝廷矣，又选其贤者使为常侍诸吏，与之驰驱射猎，一日再三出。……今从豪俊之臣，方正之士，直与之日日猎射，击兔伐狐，以伤大业，绝天下之望。[1]

显然，这些由各方征来的贤良方正只成为宿卫之臣，也就是说与"保官"中的质子差不多，事实上并没有成为政府构成分子的新血液。两汉各科的察举似乎都不是定期的，往往每隔若干时候，政府下一次诏令，说明目前须察举的何种人才及命令某种官吏负责察举。若这些是定期举行的常例，就不必每次特地下诏了。只有元帝永光元年曾有诏书：

> 二月，诏丞相御史举质朴敦厚逊让有行者，光禄岁以此科第郎从官。[2]

劳贞一师引《汉官仪》的西汉旧例：

> 中兴甲寅诏书：方今选举，贤佞朱紫错用，丞相故事，四科取士。一曰德行高妙，志节清白；二曰学通行修，经中博士；三曰明达法令，足以决疑，能案章复问，文中御史；四曰刚毅多略，遭事不惑，明足以决，才任三辅令——皆有

---

[1]《汉书补注》，卷五一，页6—7。董仲舒在其对策中请求"学贡各二人"，是否曾照其建议付诸实施，殊未易知。《汉书补注》，卷五六，页13。此点承严耕望先生指示，敬谢。
[2] 同上书，卷九，页7。

孝悌、廉正之行。

劳氏据此以为"四科"即孝廉的察举标准，纵与永光诏书所列四条不尽一致，却只为了前后衍变而有不同。劳氏虽未明说，显然认为永光诏书也是指明孝廉的察举科目[1]。永光诏书规定丞相御史以此举士，光禄以此每年科第见在郎及从官。虽然丞相是否每年察举，不得而知；由同一诏令光禄须每年考校，可以推知丞相察举也当是每岁举行的。更主要者，自此以后，诏书只书举茂才、贤良、直言等项，未再见专以孝廉为对象者。也许，自永光以后，孝廉成为常科了。孝廉之成为岁举恐怕还是由每年郡国上计的制度发展而来，如《汉书·儒林传》载武帝元朔五年诏书：

> 郡国县官，有好文学，敬长上，肃政教，顺乡里，出入不悖者。所闻令相长丞上属所二千石，二千石谨察可者，常与计偕，诣太常，得受业如弟子。一岁皆辄课……其高第可以为郎中。

又如《汉书·黄霸传》，记宣帝时张敞奏：

> "……宜令贵臣明饬长吏守丞，归告二千石，举三老、孝弟力田、孝廉、廉吏，务得其人。……"天子嘉纳敞言，召上计吏，使侍中临饬，如敞指意。[2]

---

[1] 劳榦:《汉代察举制度考》，页87—88。
[2]《汉书补注》，卷八八，页4；卷八九，页8。

计吏上京时，大约把察举的名单一并带去，于是孝廉就变成岁举了。

孝廉是可以即刻进入政府的，而与计吏相偕的那些博士弟子员，也可以算得上一条次要的人才登庸途径。正式的博士弟子员额更经过昭帝由 50 人增为百人，宣帝由百人增为 200 人，元帝增至千人，成帝增至 3000 人；郡国并置五经百石卒史。中央的太学，配合上武帝以后郡国仿文翁在蜀所设地方学校，使西汉人才之在郡国者不仅有了孝廉的登庸机构，又有了正式的训练机构[1]。

自此以后，地方上智术之士可以期待经过正式的机构，确定的思想和定期的选拔方式，进入政治的权力结构中，参加这个权力的运行。纵然这时其他权力结构，如经济力量与社会力量，都已经服属在政治权力结构之下了；一条较狭，但还较为稳定的上升途径反使各处的俊杰循规蹈矩地循序求上进。于是汉初的豪杰逐渐变成中叶以后的士大夫。对于任何权力结构，老百姓能否接受是这一结构是否能成为稳定和合法的第一要件；而老百姓中俊杰分子能否有公开的途径被选参加这一机构，则是老百姓愿否加以接受的要件[2]。

另一方面，昭宣以后严格实行回避本籍的规定，对地方政府结构上起了根本性的影响。回避本籍在汉代不算新规定，但是武帝以前执行并不严格，韩信、李广、袁盎、朱买臣等在本籍作长

---

[1]《汉书补注》，卷八八，页 6；卷八九，页 2—13。严耕望：《中国地方行政制度史》，同前部分，第七章。
[2] 关于这一部分所谓"选拔参与"的理论，参看 Philip Selznick, *TV A and the Grass Roots*(Berkeley, University of California, 1949), pp.259ff.

吏的颇不乏其例。据严耕望先生研究，自武帝中叶以后，限制日严，西汉280余任郡国守相的籍贯，绝无例外，都是外郡人。县令县长64令，丞尉7任，不但非本县人，且非本郡人。刺史51任，其中45人籍贯可考，也都不是本州人。仅京畿部分长吏不在此限，地方掾史却照例须用本地人。严耕望先生也作了很彻底的研究，证实顾炎武《日知录·掾属》条：

> 《古文苑》注王延寿"桐柏庙碑"人名，谓掾属皆郡人，可考汉世用人之法。今考之汉碑皆然，不独此庙，盖其时惟守相命于朝廷，而曹掾以下无非本郡之人，故能知一方之人情而为之兴利除害。[1]

由于长吏不及掾史熟知"一方之人情"，长吏依赖掾史是必然导致的后果，韩延寿治郡的方法，"所至必聘其贤士"及"接待下吏，恩施甚厚"，即是一个例证。《酷吏传》中的人物，也一样需要掾史的协助，王温舒为广平都尉，"择郡中豪敢往吏十余人为爪牙，皆把其阴重罪，而纵使督盗贼"[2]。其中素行不检的掾史就难免借此聚敛，作威作福。如王尊任安定太守，即曾教敕掾功曹，"各自底厉助太守为治"，而处罚其中贪暴的张辅，《汉书·王尊传》：

---

[1]《日知录集释》（世界书局版）上，页184—185。严耕望：《中国地方行政制度史》，同前部分，页345以下，页351以下。
[2]《汉书补注》，卷八三，页10，页12；卷九〇，页78。

"……五官掾张辅,怀虎狼之心,贪污不轨,一郡之钱,尽入辅家。然适足以葬矣。今将辅送狱。……"辅系狱数日死,尽得其狡猾不道,百万奸臧。[1]

又如《薛宣传》:

(栎阳令)贼取钱财数十万,给为非法,卖买听任富吏,贾数不可知。[2]

掾史以其接近长吏,近水楼台先得月,往往成为察举的对象。文翁在蜀,先从郡县小吏中选拔开敏者,遣诣京师,学成回郡仍为郡中右职,"用次察举",最后有官至郡守刺史[3]。文翁的设施的后半段,从右职中察举,可说是郡吏与察举两个制度的自然联结。严耕望先生曾列表统计两汉郎吏,其在西汉以孝廉除郎者只有11人:王吉、王骏、盖宽饶、孟喜、京房、冯谭、冯逡、师丹、班况、杜邺及鲍宣[4]。以下是他们的出身:

王吉:以郡吏举孝廉为郎。
王骏:以孝廉为郎。
(龚胜:为郡吏,三举孝廉,以王国人不得宿卫)。

---

[1]《汉书补注》,卷七六,页21。
[2] 同上书,卷八三,页3。
[3] 同上书,卷八九,页2。
[4] 严耕望:《秦汉郎吏制度考》,页134。原表列12人,冯野王系误入,当除去。另补上龚胜。

鲍宣：为县乡啬夫，后为太守都尉功曹，举孝廉为郎。
京房：以孝廉为郎。
盖宽饶：明经为郡文学，以孝廉为郎。
冯谭：奉世长子，太常举孝廉为郎。
冯逡：奉世子，通《易》，太常察孝廉为郎。
杜邺：以孝廉为郎。
师丹：治《诗》，事匡衡，举孝廉为郎。
孟喜：受《易》，举孝廉为郎。
班况：举孝廉为郎。[1]

其中不可考者4人，以外戚举于太常者2人，以明经举者2人，此外3人都由郡吏察举，比外戚和明经各多1人。不过总数太小，不能由此抽绎任何结论。此外，贤良方正、茂才或公车特征中有6个人曾为郡吏：寯不疑、魏相、赵广汉、文翁、朱邑及楼护。早于武帝者只有文翁一人，在武帝世者只有寯不疑一人，其余均在武帝以后[2]。

四

综合说来，西汉中叶以后的士大夫显然已与察举到中央的人士及地方掾史群，合成一个"三位一体"的特殊权力社群。也就

---

[1]《汉书补注》卷七二，页3，页8，页16，页20；卷七二，页5；卷七七，页1；卷七九，页6，8；卷八五，页19；卷八六，页15；卷八八，页8；卷一〇〇上，页2。
[2]同上书，卷七一，页1；卷七四，页1；卷七六，页1；卷八九，页2，页9；卷九二，页8。

是说，士大夫在中央与地方都以选拔而参与其政治结构，构成汉代政权的社会基础。

一般情形，掌握权力的人与掌握财富的人一样，都想把这种基业传留给子孙[1]。昭帝以后，已颇有些大姓的势力往往可能与地方"三合一"的权力分子有关。如以何武为例：武诣博士受业，治《易》，以射策甲科为郎，光禄举四行，选为鄠令，坐法免归。兄弟五人皆为郡吏，"郡县敬惮之"的结果，"武弟显家有市籍，租常不入，县数负其课，市啬夫求商捕辱显家，显怒欲以吏事中商"。何氏一家有郡吏，有在外服官的，还有在家乡仗势做生意的；而得罪他们的人，可以用吏事中伤！以同样方式发展，每一个地区将只能由几家把持，而这几家又很可能延续几代，变为所谓世族大姓——其彼此之间的奥援，自然又可促成权势的延续。《何武传》中又有一段可以为例子：

> 初武为郡吏时，事太守何寿。寿知武有宰相器，以其同姓故厚之。后寿为大司农，其兄子为庐江长史，时武（以扬州刺史）奏事在邸，寿兄子适在长安，寿为具召武弟显及故人杨覆众等，酒酣，见其兄子曰："此子扬州长史，材能驽下，未尝省见。"显等甚惭，退以谓武，武曰："刺史古之方伯，上所委任，一州表率也，职在进善退恶。吏治行有茂异，民有隐逸，乃当召见，不可有私问。"显、覆众强之，

---

[1] Gaetano Mosca, *The Ruling Class* (tr. by Hannah D. Kahn, New York: McGrawhill, 1939), pp.59-69.

不得已召见,赐卮酒。岁中,庐江太守举之。[1]

又如《薛宣传》:

> 薛宣字赣君……琅邪太守赵贡行县,见宣,甚悦其能。从宣历行属县,还至府,令妻子与相见,戒曰:"赣君至丞相,我两子亦中丞相史。"察宣廉,迁乐浪都尉丞。[2]

可知东汉时举主与举子的关系,在宣元之际也已有之。

这些世家大姓,盘根错节,在地方上已有了不可忽视的势力,此所以元帝永光四年(公元前40年)诏:

> 安土重迁,黎民之性;骨肉相附,人情所愿也。顷者有司缘臣子之义,奏徙郡国民以奉园陵,令百姓远弃先祖坟墓。破业失产,亲戚别离。人怀思慕之心,家有不安之意。是以东垂被虚耗之害,关中有无聊之民,非久长之策也。……今所为初陵者,勿置县邑,使天下咸安土乐业,亡有动摇之心。布告天下,令明知之。[3]

---

[1]《汉书补注》,卷八六,页2—3。又如《隶释》所载"灵台碑阴"的诸仲,共31人,泰本为郡掾史,亦有外仕为司徒掾,巨鹿太守,及吕长者,其主持人则为廷尉(卷一,页11),"娄寿碑阴",载南阳府掾以终、娄、陈三氏估绝大比例(卷九,页11)。

[2] 同上书,卷八三,页1。

[3] 同上书,卷九,页10。参看严耕望:《中国地方行政史》上编,卷中《魏晋南北朝地方行政制度》部分,页397以下。

成帝永始二年（公元前15年）又有昌陵不成，罢废不事的记载，哀帝以后遂无复徙陵[1]。事实上，恐怕都是由于东方的大族不愿迁徙，而他们此时已在中央有发言权，不再像武帝时一样轻易地受人支配了。

世家大姓的势力，在王莽时更显得不可忽视。据余英时的研究，莽末郡国起兵，大多以世族大姓为核心，大则主动进兵州郡，小则据守堡寨。据余英时统计，88个起兵集团中，有56个是世族或大姓[2]。

现在举例说明这些大姓的实际情形。若是在平时，大姓的子弟可以预期在地方政府中受得一席掾史地位，《后汉书·马武传》中记有光武与邓禹的一段对话：

> 帝后与功臣诸侯宴语，从容言曰："诸卿不遭际会，自度爵禄何所至乎？"高密侯邓禹先对曰："臣少尝学问，可郡文学博士。"帝曰"何言之谦乎？卿邓氏子，志行修整，何为不掾功曹？"[3]

又如《寇恂传》：

> 寇恂，字子翼，上谷昌平人也。世为著姓，恂初为郡功

---

[1]《汉书补注》，卷一〇，页12。赵翼：《陔余丛考》，卷一六，页16："成帝作初陵，继又改新丰戏乡为昌陵，又徙郡国豪杰，资五百万以上者，哀帝作义陵，始又诏勿徙。"
[2] 余英时：《东汉政权之建立与世族大姓之关系》，页226前附表。
[3]《后汉书集解》，卷二二，页11。

曹，太守耿况甚重之。[1]

等到天下混乱时，这些大姓就变成地方的实际统治者；宗族人口多的更成为地方力量的结集中心。因此《后汉书·吴汉传》：

> 时鬲县五姓共逐守长，据城而反。……（汉）乃移檄告郡，使收守长，而使人谢城中。五姓大喜，即相率归降。[2]

同书《冯异传》：

> 时赤眉、延岑暴乱三辅，郡县大姓各拥兵众。[3]

他们发展的过程，可以据《第五伦传》说明：

> 王莽末，盗贼起，宗族闾里争往附之。伦乃依险固筑营壁，有贼，辄奋厉其众，引强持满以拒之。[4]

同书《冯鲂传》：

> （冯氏）迁于湖阳，为郡族姓。王莽末，四方溃畔。鲂

---

[1]《后汉书集解》，卷一六，页17。
[2]同上书，卷一八，页4。
[3]同上书，卷一七，页5。
[4]同上书，卷四一，页1。

乃聚宾客，招豪杰，作营堑，以待所归。是时，湖阳大姓虞都尉反城称兵，先与同县申屠季有仇而杀其兄，谋灭季族，季亡归鲂。[1]

王莽时的遍地世族大姓自然不能在王莽时方才开始发生，其肇端当在数世前。所惜汉世谱系传下而可靠者甚少，遂致无法稽考各姓起源在何时。但至少在元成以后，世族已成为羡称对象，才有《王吉传》中哀帝诏书所说，"以君有累世之美"一语[2]。

换句话说，世姓豪族，不仅如杨联陞先生所说，是东汉政权的基础[3]，而且也构成西汉中叶以后政治势力的社会基础。整个两汉由汉初政治权力结构与社会秩序各不相涉的局面，演变为武帝时两方面激烈的直接冲突，又发展为昭宣以后逐渐将社会秩序领袖采入政治权力结构，而最后归定为元成以后帝室与士大夫共天下的情势。光武中兴，仅使这一情势成为东汉明显的制度而已。值得注意的是，士大夫与统治者共天下的情势竟延续了许多世纪，成为中国历史上的一大特色。

原载《"中央研究院"历史语言研究所集刊》第三十五本

---

[1]《后汉书集解》，卷三三，页7。
[2]《汉书补注》，卷七二，页9。
[3] 杨联陞：《东汉的豪族》，《清华学报》，第11卷，第4期（1936年）。

汉代家庭的大小

讨论汉代家族制度的学者，以日本最多，自从牧野巽首揭此题以后，有宇都宫清吉、清水盛光、守屋美都雄、加藤常贤等人。大率言之，牧野根据汉代户口统计，一户平均约五人，遂以为汉代颇行父生前即分居的小家庭制。宇都宫以为汉人家庭包括二丁以上的中型家族。清水以为社会上层分子采大家族制，下层采小家族制。守屋则先以为汉人行"三族制"，所谓父母、妻子、兄弟——也就是加藤所称的"小宗制"。1955年宇都宫在《汉代社会史研究》中，又采取了守屋过去的立场。然而守屋自己却又改变了观点，以为汉世风俗颇不一律，有夫妻二口的小家族，有包括从兄弟的大家族，而父母于幼子分异后，大约习惯于与长子同居[1]。这里的所谓"三族制"和"小宗制"，也就是芮逸夫师所

---

[1] 牧野巽:《漢代における家族の大きさ》(《支那家族研究》，生活社，1944年)；宇都宫清吉:《漢代に於ける家と豪族》(《史林》，二四卷2期，1939年)；清水盛光:《支那家族の諸構造》(《支那家族の構造》，岩波书店，1942年)；守屋美都雄:《漢代家族の型體に關する試論》(《史学杂志》，52期，1941年)；又，《漢代家族の形態に關する考察》，(ハーバード，燕京同志社，1956年)。加藤常贤:《支那古代家族制度研究》(岩波书店，1940年)，宇宫清吉:《漢代社会经济史研究》(弘文堂，1955年)。

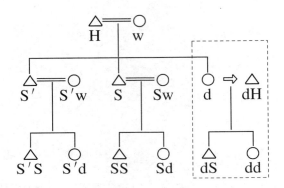

直系家族

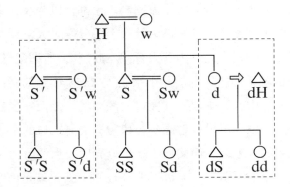

主干家族

用的直系家族（lineal family）；而守屋所谓父在与长子同居的制度，则是芮师所称的主干家族（stem family）。芮师以为主干家族优势的时期，自秦汉至于隋末，历八百年之久；然后演化为直系家族的时期，自唐迄清末。[1]

守屋的折中之说，固然调停了若干困难，但是并不能解释如何有前述差异的存在。本文作者则以为这些差异，至少部分是由于把亲属关系（kinship）和家庭形态（form of household）混淆不清。如宇都宫以为刘邦一家有十口，即由于他以为这十口人就是一个家庭的成员。[2]

我们以为，无论汉代家庭的大小，必须先把这种混淆加以区别。同姓宗族的关系当然应是亲属关系的最大圈子，但此处我们不予讨论，因为其中的血缘纽带还不及社会集团的关系重要。现在我们要探讨休戚相关的亲属圈有多远，同居共财的圈子内包括些什么人。

---

[1] 芮逸夫:《递变的中国家族结构》(《台湾大学考古人类学刊》,17—18合刊,1961年)，上述名词的定义及来源，参看 Frederic Le Play, L'organization de la famille,（1871）; Olga Lang, *Chinese Family and Society*（1946）; George P. Murdock, *Social Structure in Southeast Asia*（1960）。

[2] 宇都宫清吉:《漢代社會經濟史研究》,页77。其所载谱系如下：

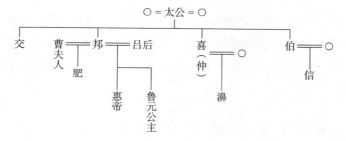

先谈一个人最大限度的有关亲属圈子,《后汉书·党锢传》:

> 于是又诏州郡,更考党人门生故吏父子兄弟,其在位者免官禁锢,爰及五属。光和二年,上禄长和海上言,礼从祖兄弟别居异财,恩义已轻,服属疏末,而今党人锢及五族,既乖典训之文,有谬经常之法。灵帝览而悟之,党锢自从祖以下,皆得解释。[1]

换句话说,连坐的极限,只应达到从兄弟,其关系图如下:

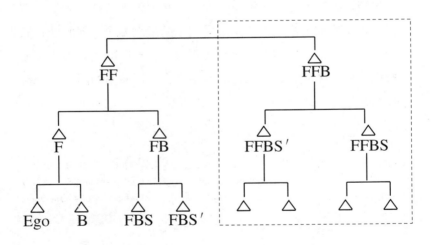

这个图表,和芮师所说的 lineal family 甚相一致。在这一层密切的亲属圈中,除去父母妻子外,就当数兄弟为最亲近;因此,同产相坐是汉代法律中常见的字样,如《汉书·刑法志》:

---

[1] 王先谦:《后汉书集解》(长沙,王氏刊本),卷六七,页5。

孝文二年，又诏丞相、太尉、御史："法者治之正，所以禁暴而卫善人也。今犯法者已论，而使无罪之父母妻子同产坐之及收。朕甚弗取，其议。"左右丞相周勃、陈平奏言："父母妻子同产相坐及收，所以累其心，使重犯法也，收之之道，所由来久矣。臣之愚计，以为如其故便。"文帝复曰："朕闻之，法正则民悫，罪当则民从。且夫牧民而道之以善者，吏也。既不能道，又以不正之法罪之，是法反害于民，为暴者也。朕未见其便，宜孰计之。"平、勃乃曰："陛下幸加大惠于天下，使有罪不收，无罪不相坐，甚盛德，臣等所不及也。臣等谨奉诏，尽除收律、相坐法。"[1]

事实上，这条法律并未完全废除。所以武帝时，萧望之又曾因为"坐弟犯法"，而不得宿卫[2]。到了元帝初元五年，又颁布了命令："除光禄大夫以下至郎中保父母同产之令。"并且"令从官给事宫司马中者，得为大父母、父母、兄弟通籍"[3]。

　　由兄弟推而广之，仍在近亲亲属圈子中的，还有伯父和叔父。如以疏广、疏受两人的关系来说，汉世叔侄也是以父子相称的[4]。然而叔侄之间只算一代的关系，比较直系算到孙子，仍是稍逊一层的。例如，《汉书·两龚传》：

　　　　二人以老病罢，太皇太后使谒者仆射策诏之曰……其上

---

[1] 王先谦：《汉书补注》（长沙虚受堂本），卷二三，页17—18。
[2] 同上书，卷七八，页2。
[3] 同上书，卷九，页6。
[4] 同上书，卷七一，页4。

子若孙，若同产，同产子一人。[1]

叔侄之间有服丧的义务，所以"繁阳令杨君碑"：

> 将有命授，会叔父太尉公薨，委荣轻举，投黻如遗。[2]

汉世重复仇，桓谭所谓"今人相杀伤，虽已伏法，而私结怨仇，子孙相报，后忿深前，至于灭户殄业，而俗称豪健，故虽有怯弱，犹勉而行之"[3]。叔父无子，甚至从兄弟无子时，这个报仇的责任也就落在侄儿或从弟的身上，如《后汉书·赵憙传》：

> 从兄为人所杀，无子，憙年十五，常思报之，乃挟兵结客，后遂往复仇。[4]

又如《风俗通》：

> 汝南陈公思为五官掾，王子祐为兵曹，行会食下亭。子祐曾以县官考杀公思叔父斌。斌无子，公思欲为报仇，不能得。卒见子祐，不胜愤，便格杀之，还府归死。时太守吴广以为诏罪人也，陈公思追念叔父，仁勇奋发，手刃仇敌，自

---

[1]《汉书补注》，卷七二，页18。
[2]《隶释》，卷九，页13。
[3]《后汉书》，卷二八上，页3。
[4]同上书，卷二六，页13。

归司败,便原遣之。[1]

综合言之,一个人的近亲圈子可以包括兄弟及兄弟之子。但是这个圈子未必是同居的圈子,而同居才是本文"家庭"构成的要件。

汉世法律中有匿犯不坐的条文,惠栋以为其范围只及于直系亲属和配偶,《九经古义》:

> 律亲亲得相首匿,《汉书》地节四年诏曰:"父子之亲,夫妇之道,天性也……自今子首匿父母,妻匿夫,孙匿大父母,皆勿坐;其父母匿子,夫匿妻,大父母匿孙,罪殊死,皆上,请廷尉以闻。"[2]

这一个圈子内即不再有叔侄与兄弟一类的旁系亲属。

同居共籍的基本亲属圈子,恐怕仍是配偶与未成年子女;父母同产可以同居,也可以不同居,在两可之间。所以永平八年十月有诏书:

> 三公募郡国中都官死罪系囚,减罪一等,勿笞,诣度辽将军营,屯朔方五原之边县。妻子自随,便占着边县。父母

---

[1]《太平御览》(台北新兴书店印本),卷四八二,页5。参见《后汉书》,卷四四,页10。

[2] 惠栋:《九经古义》(槐庐丛书本),卷一三,页12。《汉书》,卷八,页9—10。参看《后汉书·梁统传》注引,卷三四,页2。

同产欲相代者,恣听之。[1]

从居延汉简中的户籍看来,上面这一段话是对的。汉世戍卒不仅带着妻子在边,而且边县必注意要时时稽核户籍,例如:

□所移觻得书曰县民为部官吏卒,与妻子在官。[2]

劳贞一师即以为系清校他县在官者的名籍。

现在以简文中户籍条列举如下:

① 永光四年正月己酉　妻大女昭武万岁里孙弟卿年廿一
橐佗吞胡隧长张彭祖符　子小女王女年三岁
　　　　　　　　　　　弟小女耳年九岁　皆黑色
　　　　　　　　　　　（一二七三）

② 永光四年正月己酉 妻大女昭武万岁里□□年卅二
橐佗延寿隧长孙时符　子大男辅年十九岁
　　　　　　　　　　子小男广宗十二岁
　　　　　　　　　　子小女女足年九岁
　　　　　　　　　　辅妻南来年十五岁
　　　　　　　　　　（一二七四）

③ 武成隧卒孙青肩　妻大女谢年卅四　用谷二石一斗六升大
　　　　　　　　　子使女于年十　用谷一石六斗六升大

---

[1]《后汉书》,卷二,页10。
[2] 劳榦:《居延汉简考释之部》(《"中央研究院"历史语言研究所专刊》之四十,台北,1960年),页56。

　　　　　　　　　　子未使女女足年六　用谷一石一斗六升
　　　　　　　　　　凡用谷五石
　　　　　　　　　（二七四五）
④ 第五隧卒徐谊　　妻大女职年廿五岁
　　　　　　　　　　子使女侍年九　见暑用谷五石三斗一升
　　　　　　　　　　子未使女男有年三
　　　　　　　　　（二七五二）
⑤ 侯长觻得广昌里公乘礼忠年卅
　　小奴二人值二万　用为五匹直二万　宅一区万
　　大婢一人二万　　牛车二两直四千　田五顷五万
　　轺车一乘直万　　服牛二六千　　　凡赀直十五万
　　（二八二〇）
⑥ 俱起隧卒王并　　妻大女严年十七　用谷二石一斗六升大
　　　　　　　　　　子未使女母知年二　用谷一石一斗六升大
　　　　　　　　　　凡用谷　三石三斗三升大
　　　　　　　　　（三二八一）
⑦ 第七隧卒宁盖邑　父大男偲年五十二
　　　　　　　　　　母大女请卿年卅九　见暑用七石一斗八升大
　　　　　　　　　　妻大女女足年廿一
　　　　　　　　　（三二八二）
⑧ 卒李护宗　　　　妻大女女足年廿九　用谷二石一斗六升大
　　　　　　　　　　子使男望年七　　　用谷二石一斗六升大
　　　　　　　　　　凡用谷四石三斗三升少
　　　　　　　　　（三二八七）
⑨ 妻大女佳年十八　用谷二石一斗六升大

汉代家庭的大小　445

（三二八三）

⑩ 第廿三隧卒王音　妻大女须年廿　居暑卅日用谷二石一

（三二八八）

⑪ 妻大女侍年廿七

　子未使男偃年三　省荻用谷五石三斗一升少

　子小男霸年二

（三二八九）

⑫ 妻大女君至年廿八　用谷二石一斗六升大

　弟大女待年廿三用谷二石一斗六升大

（三二九五）

⑬ 子使男相年十用谷二石一斗六升大

（三二九六）

⑭ 第四隧卒张霸　弟大男辅年九

　　　　　　　　弟使男勋年十　见暑用谷七石八升大

　　　　　　　　妻大女至年十九

（四〇六九）

⑮ 二墥隧长居延西道里公乘徐宗年五十

　妻妻　宅一区直三千　妻一人

　子男一人　田五十亩直五千　子男二人

　男同产二人　用牛二直五千　子女二人

　女同产二人　　　　　　　男同产二人

　　　　　　　　　　　　　女同产二人

（四〇八五）

⑯ 俱起隧卒丁仁　母大女存年六十七　用谷二石一斗六升大

　　　　　　　　弟大女恶女年十八　用谷二石一斗六升

　　　　　　　　弟使女肩年十八　用谷一石六斗六升大
　　　　　　　　凡用谷六石
　　　　　　　　（四二〇七）
⑰ 制房隧长张孝　妻大女弟年卅四　用谷二石一斗六升大
　　　　　　　　子未使女解事年六　用谷一石一斗六升大
　　　　　　　　凡用谷三石三斗三升少
　　　　　　　　（四四六八）
⑱ 第四隧卒伍尊　妻大女女足年十五　见暑用谷二石九斗少
　　（四四七〇）
⑲ 卒王襃　妻大女信年十八　见暑用谷……
　　（四七八九）
⑳ 制房隧卒张放　妻大女自予年廿五　用谷二石一斗六升少
　　　　　　　　子未使男望年二　用谷一石六斗六升大
㉑ 执胡隧卒高凤　妻大女君以年廿八　用谷二石一斗六升大
　　　　　　　　子使女始年七　用谷一石六斗六升大
　　　　　　　　子未使女寄年三　用谷一石一斗六升大
　　　　　　　　凡用谷五石
　　　　　　　　（四九六三）
㉒ 第四隧卒虞护　妻大女胥年十五
　　　　　　　　弟使女自如年十二　见暑用谷四石八斗一升小
　　　　　　　　□未使女卖者年五
　　　　　　　　（五二四二）
㉓ 夷房隧卒徐□　妻大女南弟年廿八　用谷三石一斗六升大
　　　　　　　　子未使男益有年四　用谷一石六斗六升大
　　　　　　　　女曾年一　用谷一升　凡用谷四石六

　　　　　（五三四五）
㉔ 制虏隧卒周贤　妻大女止耳年廿六　用谷二石一斗六升大
　　　　子使女捐之年八　用谷二石六斗六升大
　　　　子使男并年七　用谷二石一斗六升大
　　　　凡用谷六石
　　　　　（五四六二）
㉕ 妻大女止女年廿一　用谷二石一斗六升大
弟使男陵年十二　用谷二石一斗六升大　凡用谷四石三斗三升少
　　　　　（五四六一）
㉖ □□妻大女母年五十二
　（八九七九）
㉗ 母大女次二石一斗
　妻大女再思□
　（六八六一）
㉘ 奉世妻倚郎年十六长六尺五寸□□[1]
　（七二二五）

　　由上面的史料作一统计，户有4口一户者有12户，3口者6户，2口者8户，10口与6口者各1户，平均每户得3.5口。但这是边地，戍卒年龄又大半正在壮年或青年，户稍小些，也是意料中事。大约正常的家庭应是1户4口，也是户数最多的一种。

　　以家庭的组织来说，只有2户与父母或母亲同居，而父母都已年老。11户有弟妹同居，但弟弟未有过12岁者，妹妹则有

---

[1] 编号均见劳榦：《居延汉简释文》。

18、19，甚至 23 岁者。子女中，最大的不过 19 岁，未见一家有两口壮丁，及两兄弟均已婚而仍在同一户的例子。

未成年弟妹随兄居住，在史籍上也有例证。如《汉书·陈平传》：

> 少时家贫好读书，治黄帝老子之术，有田三十亩，与兄伯居，伯常耕田，纵平使游学。平为人长大美色，人或谓平："贫何食而肥若是？"其嫂疾平之不亲家生产，曰："亦食糠覈耳。有叔如此，不如无有！"伯闻之，逐其妇弃之。及平长可取妇，……户牖富人张负有女孙……卒与女……戒其孙曰："毋以贫故，事人不谨。事兄伯如事乃父，事嫂如事乃母。……陈涉起……平已前谢兄伯，从少年往事魏王咎。"[1]

从这个例子看来，陈平未婚前是与兄伯同住的。婚后如何，不易判断；但在他投军时，张氏新妇也许由兄伯照顾的。又《后汉书·窦融传》：

> 家长安中，出入贵戚，连结闾里豪杰，以任侠为名；然事母兄，养弱弟，内修行义。[2]

同书《班超传》：

---

[1]《汉书补注》，卷四〇，页 12。
[2]《后汉书集解》，卷二三，页 1。

> 永平五年，兄固被召诣校书郎，超与母随至洛阳。家贫，常为官佣书以供养。[1]

这种情形，大概都是在父亲已死之后，成年子女有养母抚弟的责任。诸弟自己成年后，情形也许就不一样了。本文的后面，将提到若干兄弟的情形。

单以奉养母亲而说，汉世认为是理所应当的事。未做到此点者会受到惩罚。例如《后汉书·臧宫传》：

> 宫永平元年卒……子信嗣。信卒，子震嗣。震卒，子松嗣。元初四年，与母别居，国除。[2]

越智重明及桑原骘藏都解释此条为汉代禁止亲在分异的法律，守屋却以为证据未足，至多只能是"母在别居"的禁令[3]。《汉书·孙宝传》有段记载可证实及推广守屋的说法：

> 遣吏迎母，母道病，留弟家，独遣妻子。司直陈崇以奏宝，事下三公即讯，宝对曰："年七十，悖眊恩衰，共养营妻子如章。"宝坐免。[4]

---

[1]《后汉书集解》，卷四七，页1。
[2] 同上书，卷一八，页15。
[3] 越智重明：《魏晋における異子の科について》，(《东方学》22期，1961年)，页6。桑原骘藏：《唐明律の比較》(《支那法制史論叢》，页161)。守屋美都雄：《漢代家族の形態に関する考察》，页21—22。
[4]《后汉书集解》，卷二七，页11—12疏引。

因此，汉世家庭似乎是以核心家庭为主，但亲老弟弱时，成年的儿子仍须接他们同门共居。居延简中的徐宗一家有同产男女各二人，可能即为这种情形；而居延简中几家有同产一起居住的例子，其女子的年龄可以大到23岁，男子则均未成年，这也不是偶然的。

汉世有"累世同居"的美谈，细绎之，我们也只不过找到四条而已：

1. 石氏 "万石君家以孝谨闻乎郡国。……以长子建为郎中令，少子庆为内史，建老白首，万石君尚无恙，每五日洗沐，归谒亲，入子舍窃问侍者，其亲中裙厕牏，身自浣洒，复与侍者。……万石君徙居陵里，内史庆醉归，入外门不下车，万石君闻之，不食，庆恐。肉袒谢请罪，不许。举宗及兄建肉袒……"[1]

2. 樊氏 "重性温厚，有法度，三世共财，子孙朝夕礼敬，常若公家"[2]。

3. 蔡氏 "（蔡邕）与叔父、从弟同居，三世不分财，乡党高其义"[3]。

4. 仇氏 "仇福字仲渊，累世同居，州里称述慈孝"[4]。

这四条例证中，万石君一家是否共居，史无明文，但由"万石君徙居陵里"一句看来，石家全家似乎一同迁徙。然而石家是否共财，则依然待考。另外三个例子，都是清清楚楚的，或同居，或共财，或同居而又共财。我们必须注意，这些明明白白不

---

[1]《汉书补注》，卷四六，页2。
[2]《后汉书集解》，卷三二，页1。
[3]同上书，卷六〇下，页1。
[4]《隶释》，卷一，页12，《成汤碑阴》。

分家的记载，不在两汉之交（樊氏），即在东汉（蔡氏、仇氏），这是一个值得注意的现象，我们必须考证一下，是否两汉家庭有变大的趋向。由《汉书·地理志》和《续汉书·郡国志》的人口户数，作一统计（见本文文末附表），全国每户人数，在西汉元始二年平均为 4.8 口，在东汉顺帝永和中为 5.8 口，而在全国可以比较的 86 个郡国，两汉每户数增减情形如下：

	增（郡数）	减（郡数）
大于 2 人	16	3
1.6 至 2 人	6	4
1 至 1.5 人	9	9
0.5 至 0.9 人	13	5
少于 0.5 人	10	11
	54 +	32 = 86 郡国

由此可知，东汉的户比西汉的口多者占 2/3 弱，比西汉口少者占 1/3 强。更须注意，很多的户，在东汉时加了不少人，加了两口以上；而减少率最大的户所减却不到半个人。

这种现象，可以归之于两个可能的原因：①人口增殖，每户多生小孩；②家庭组织有变化，把原来不列入一户的亲属列入同户。

先考察第一个可能性。东汉户数口数，比之西汉，都有减无增。东汉的户数，以《郡国志》为准，比《汉书·地理志》少了 2634996 户；口数少了 10444758 人。人口增殖的现象，显然是不可能的。

由第二点看，东汉户数为西汉的 78.6%，口数是西汉的 82.5%。户减得多，口减得少。也就是说，两汉对比，东汉时每户必须容纳较多的口数[1]。

以 5 口或 6 口一户计算，仍旧难以容纳已婚的兄弟及其子女，因之兄弟分异在所不免：上者为推财，下者为争产；或推让，或争竞，其不为共财则一。下面为若干例子：

1.《汉书·韩延寿传》：

> 民有昆弟相与讼田，……延寿大伤之，……于是讼者宗族传相责让，此两昆弟深自悔，皆自髡肉袒谢，愿以田相移，终死不敢复争。[2]

2. 同书《卜式传》：

> 卜式，河南人也。以田畜为事，有少弟，弟壮，式脱身

---

[1] 此处须稍讨论中国历史上户口数字的可靠性。本文附表为见于记载的中国历代人口统计。晋东迁后及整个南北朝都只有部分的资料，有清一代，大多是有口无户，二者均暂不具论。宋代户口比例太过奇怪，一户只有二人左右，恐未必可信，此中牵涉到逃丁问题，故李心传《建炎以来朝野杂记》："自本朝元丰至绍兴，户口常以十户为二十一，以一家止于二口，则无是理，盖诡名，子户，漏口者众也。"（聚珍丛书本，甲集，卷一七，页 20）当以金人之户口之比为准。汉人户口似相当详细，有"貌阅"点名的措施，如《后汉书·江革传》，"建武末年，与母归里，每至岁时，县当案比，革以母老，不欲摇动，自在辕中挽车，不用牛马"（卷三九，页 7）。集解："沈钦韩据郑司农云，汉时八月案比，则一岁一阅。"据《江革传》，真做到"疲癃咸出"了。关于中国户口调查的弛紧，可参考张敬原：《中国人口问题》（台北，中国人口学会，1959 年），页 84—107。

[2]《汉书补注》，卷七六，页 10。

出，独取畜羊百余，田宅财物尽与弟。[1]

3. 同书《陆贾传》：

　　有五男，乃出所使越橐中装卖千金，分其子，子二百金，令为生产。[2]

4. 同书《王商传》：

　　父薨，商嗣为侯，推财以分异母诸弟，身无所受。[3]

5.《后汉书·樊宏传》：

　　外孙何氏兄弟争财，重耻之，以田二顷解其忿讼，县中称美。……

6.（儵孙梵）悉推财物二千余万，与孤兄子。……
7. 准字幼陵，宏之族曾孙也。……以先父产业数百万，让孤兄子。[4]

8. 同书《光武郭皇后纪》：

---

[1]《汉书补注》，卷五八，页8—9。
[2] 同上书，卷四三，页7—8。
[3] 同上书，卷八二。
[4]《后汉书》，卷三二，页1，页5。

父昌,让田宅财产数百万与异母弟。[1]

9.《后汉书·城阳恭王传》:

敞谦俭好义,尽推父时金宝财产与昆弟。[2]

10.同书《郭丹传》:

及在公辅,有宅数亩,田不过一顷,复推与兄子。[3]

11.同书《张堪传》:

堪早孤,让先父余财数百万与兄子。[4]

12.同书《刘赵淳于江刘周赵列传》:

安帝时,汝南薛包……父娶后妻而憎包,分出之。包日夜号泣不能去,至被欧杖,不得已,庐于舍外,旦入而洒扫。父怒,又逐之,乃庐于里门,昏晨不废。积岁余,父母惭而还之。后行六年服,丧过于哀,既而弟子求分财异居,包不能止,乃中分其财,奴婢引其老者,……田庐

---

[1]《后汉书》,卷一〇上,页4。
[2]同上书,卷一四,页9。
[3]同上书,卷二七,页9。
[4]同上书,卷三一,页6。

取其荒顿者,……器物取朽败者。……弟子数破其产,辄复赈给。[1]

13.《后汉书·李充传》:

家贫,兄弟六人同食递衣,妻窃谓充曰:"今贫居如此,难以久安,妾有私财,愿思分异。"[2]

14. 同书《缪肜传》:

少孤,兄弟四人,皆同财业。及各娶妻,诸妇遂求分异,又数有斗争之言。[3]

15.《隶释·堂邑令费凤碑》:

内□祖业良田,亩直一金,推予弟媳,辞行让财,行义高邵。[4]

16.《太平御览》:

昱年六十二,兄弟同居二十余年,及为宗老所分,昱将

---

[1]《后汉书》,卷三九,页1—2。
[2]同上书,卷八一,页14。
[3]同上书,卷八一,页15。
[4]《隶释》,卷九,页18。

妻子逃旧业，入虞泽，结茅为室，据获野豆，拾掇蠃蚌，以自赈给。[1]

由上面十六条观之，父在时，兄弟已有分异；父归之后，财产更在兄弟间朋分。推财兄弟，推财兄子与弟子的例子，大多在父死时，至于父在时，父亲是否与已婚之子同居，大是问题，至少从上面这些例子，不易判断。兄弟同居者，例子甚为难得，最后或于娶妻后分异，或由"宗老所分"，是知分异仍是常例。《后汉书·许荆传》有明白的记载，兄弟之间，"礼有分异之义，家有别居之道"[2]。

据说，许荆在桂阳太守任内，曾因兄弟争财案自劾，竟使"郴人谢弘等，不养父母，兄弟分析，因此皆还供养者，千有余人也"[3]。

其未在这一千余家之中者，为数必然甚大。是以有兄弟各为一族的说法，如《汉书·王温舒传》：

温舒受员骑钱，它奸利事，罪至族，自杀。其时两弟及两婚家，亦各自坐它罪而族。光禄勋徐自为曰："悲夫！夫古有三族，而王温舒罪至同时而五族乎！"[4]

此处五族，显然把王温舒的兄弟及"两婚家"，各自算作一族了。

---

[1]《太平御览》，卷八四，页941；又《全后汉文》，卷五六，页1。
[2]《后汉书集解》，卷七六，页9。
[3] 同上书，卷七六，页9。集解引《谢承书》。
[4]《汉书》，卷九〇，页9。

兄弟分异，原与礼经甚合，《仪礼·丧服传》：

> 故父子首足也，夫妻胖合也，昆弟四体也，故昆弟之义无分，然而有分者，则辟子之私也。子不私其父，则不成为子，故有东宫，有西宫，有南宫，有北宫，异居而同财，有余则归之宗，不足则资之宗。[1]

细绎这一段礼经，竟可说父子之间也是分居的，只不过住在同一个大合院里，而且有限度的通财而已。是以《抱朴子·外篇·审举篇》记有灵献之际，"察孝廉，父别居"之谚[2]。

综合言之，汉世似乎不可能有父母与两个以上已婚子女同居的事。也就是说，汉世似不至有芮师定义的直系家族；有之，也仅是近亲的极限。前文所述，应足以证实芮师主干家族盛行汉世之说。但似无妨再补充一点，主干家族既只容一个已婚儿子与父母同居，其余已婚及成年的儿子大约都分出去了。

据贾谊说："秦人家富子壮则出分，家贫子壮则出赘。借父耰鉏，虑有德色，母取箕箒，立而谇语。抱哺其子，与公并倨。"又说："曩之为秦者，今转而为汉矣。然其遗风余俗，犹尚未改。"[3]如贾氏所说，则秦及西汉都是行小家庭制。秦人"异子之科"似乎终汉之世存在，直至曹魏始废除此律，所谓"除异子之

---

[1]《仪礼》（丛书集成本），页162—163。
[2]《抱朴子》（世界书局四部刊要本），页127。
[3]《汉书补注》，卷四八，页18—19，页20。

科，使父子无异财也"[1]。然而，法律虽有如此规定，其约束力究竟如何，大是可疑。至少，东汉时每户的口数大于西汉时，这个多出来的口数，既不能由繁殖得来，又不能由包括兄弟得来，则核心家庭扩大的唯一新成员只有求之于上代，也就是说，包括父母在内。若一家有兄弟二人，只有一人可以奉养父母两口，平均每户原以 4 口计，此时一户有 6 口，一户为 4 口，平均为 5 口。两汉口数比例的差别，似即由于家庭结构由核心家庭变为主干家庭的过程。

上述演变的过程，也许是两汉时数百年儒家理论浸淫的影响。在官方的措施中，儒家重孝理想见之于察举的标准，孝廉与父别居，终是被人讥笑的事。大约东汉逐渐以已婚长子或诸子之一奉父母同居为常，数世同居则仍是极端稀少的事，否则历史上也毋庸大书特书，如蔡邕之例。至于核心家庭之普遍与持续，一方面可能因法律上有"异子之科"的旧例（法律与实际情况的脱节是常事，其中有一部分原因是法律须有经常性，因之也难免保守，尤以成文法为甚）。另一方面也可能因为合户未尝有可见的实利。曹魏时，"异子之科"见废，法律上的障碍遂已排除。然而，魏以户为课税对象，又使合户共籍有显著的实利可图。曹操取得冀州后，即规定"收田租亩四升，户出绢二匹，绵二斤"，

---

[1]《晋书》（廿四史乾隆四年刊本）《刑法志》，卷三〇，页 12。日本学者对这一句的注释均误，徒然把养子的问题牵入，殊无谓。其实"使父子无异财也"一语，明明是"除异子之科"的动机，"异子之科"明明是一家有二壮丁之科罚也。参看守屋美都雄：《漢代家族の形態に關する考》，页 22—44。越智重光：《魏晋における異子の科について》(《東方学》22 期，1961 年)，页 11 以下，并参看《中央研究院》历史语言研究所集刊》第三十七本拙作。

汉代家庭的大小　　459

成为晋世户调之滥觞[1]。汉以口赋算钱及徭役为平民最大负担,其性质都是按人口计算的;田赋则按土地面积计算[2]。由此,课税方式的改变,造成了合户共籍的有利条件。

以三国时实行以户征税和无"异子之科"的魏晋,与保持旧日汉制的吴蜀对比,户与口的比数显示极有趣的现象。前者的比数竟高达后者几乎一倍(见附表)。

附 表

时代	公元(年)	户数	口数	每户人数	资料
西汉平帝元始二年	2	12233062	59594978	4.9	《汉书·地理志》
东汉光武中元二年	57	4279634	21007820	4.9	《后汉书·郡国志》注引《伏无忌注》
明帝永平十八年	75	5860573	34125021	5.8	同上
章帝章和二年	88	7456784	43356367	5.8	同上
和帝元兴元年	105	9237112	53256229	5.8	同上
安帝延光四年	125	9647838	48690789	5.1	同上
顺帝永和中		9698630	49150220	5.8	"郡国志"本文
同上		10780000	53869588	5.0	"郡国志"注引《汉官仪》
顺帝建康元年	144	9946919	49730550	5.0	《伏无忌注》
冲帝永嘉元年	145	9937680	49524183	5.0	同上
质帝本初元年	146	9348227	47566772	5.1	同上
桓帝永寿三年	157	10677960	56486856	5.3	《晋书·地理志》

---

[1]《三国志·魏志》,引《魏书》,卷一,页23。
[2]劳榦:《汉代兵制及汉简中的兵制》(《中央研究院历史语言研究所集刊》,第十本),页38以下。

续表

时代	公元（年）	户数	口数	每户人数	资料
魏　景元四年	263	943423	5372891	5.8	《续汉书·郡国志》引《帝王世纪》
蜀　炎兴元年	263	280000	940000	3.4	《三国志·后主纪》引王隐《蜀志》
吴　赤乌五年	242	523000	2400000	4.6	《吴志》注引《晋阳秋》
晋　太康元年	280	2459840	16163863	6.6	《晋书·地理志》
（晋减去吴后）		1936840	13763863	7.1	同上
前燕		2458969	9987935	4.1	《晋书·苻坚载记》
宋　昇明二年	478	802284	4767952	5.9	《宋书·州郡志》
北齐		3302528	20006686	6.6	《周书·武帝纪》
隋　炀帝大业五年	609	8907536	46019956	5.2	《隋书·地理志》
唐　玄宗开元十四年	726	7069565	41419712	5.9	《旧唐书·本纪》
玄宗开元二十八年	740	8412871	48143609	5.7	《新唐书·地理志》
玄宗天宝十三年	754	9069154	52880488	5.8	《旧唐书·本纪》
代宗广德二年	764	2933125	16990386	5.8	同上
穆宗长庆元年	821	2375805	15762432	6.6	同上
宋　真宗大中祥符七年	1014	9055729	21976975	2.4	《宋史·本纪》
神宗元丰三年	1080	14852684	51152762	3.5	《通考》
哲宗绍圣四年	1097	19435570	33411606	1.2	《宋史·本纪》
徽宗大观四年	1110	28182258	46734784	1.7	《宋史·地理志》
高宗绍兴三十年	1160	11375733	19229008	1.7	《通考》
孝宗乾道二年	1166	12335452	25378684	2.0	同上
光宗绍熙四年	1193	12302874	27848085	2.3	同上
金　章宗明昌六年	1195	7223400	48490400	7.7	《金史·食货志》
元　世祖至元二十八年	1291	13430322	59848976	4.5	《新元史·食货志》
明　太祖洪武二十三年	1390	10684435	56774561	5.3	《明史·本纪》

续表

时代	公元（年）	户数	口数	每户人数	资料
太祖洪武二十六年	1393	10652870	60545812	5.7	《明史·食货志》
成祖永乐元年	1403	11415829	66598337	5.9	《续通志》
孝宗弘治四年	1491	9113446	53281158	5.8	《明史·食货志》
武宗正德九年	1514	9151773	46802050	5.1	《续通志》
神宗万历六年	1578	10621436	60692856	5.7	《明史·食货志》
清　乾隆十四年	1749	36261623	177495036	4.3	《清朝通志》

注：上表有部分系依据《中国人口问题》一书推得，参看该书页80以下。

至于两晋南北朝的户口，由于部曲庇荫以及逃口迁户等原因，已成另一局面，本文不拟讨论。

总结全文，我们也许可说，由于秦人遗风及秦律遗留的限制，西汉大约以小家庭，即核心家庭为多。直系家族的范围，可能只是近亲的关系，情感密切，可以服丧报仇，但未必同户共籍。逮及东汉，因为汉世风俗的渐以儒家理想为依归，遂渐有奉父母同居为主干家庭。曹魏以户为课税对象，又无"异子之科"，家庭自然又更大了。

原载《庆祝李济先生七十岁论文集》下册

汉代的精耕农作与市场经济

本文讨论的主题是汉代的农业,尤注目于集约精耕与人口增殖的关系。精耕制与以销售为部分目的的农户经营,由汉代以至近世,始终是中国农业经济的特色。兹先由汉代政府对农业的政策开始讨论。

秦统一中国,废封建,行郡县,诸子不复分封[1]。由此,秦天子以下,天下莫非齐民,中间的只有代表皇权的守令,皇帝与臣民之间的关系是直接的。这也可说是韩非子理想的实现,使强宗大族不复能专垄断赋役所自出的人力资源。《韩非子》:"悉租税,专民力,所以备难充仓府也,而士卒之逃事伏匿,附托有威之门,以避徭赋而上不得者万数。"[2]

商君变法,子壮则出分,家有二夫,则倍其赋。论其用心,商鞅大约为了防范宗族成为皇权与人民之间的一个权力个体,而

---

[1]《史记会注考证》,卷六,页25—27。
[2]《韩非子》(四部备要本),卷一七,页13—14;又参看卷一八,页10—11;卷一九,页8;卷二〇,页4。

使直接皇权的威势打折扣[1]。秦始皇对于生产是颇为注意的，是以《史记》中所见几条秦刻石的铭文，无不有勤力本业的句子。例如琅邪刻石："勤劳本事，上农除末，黔首是富。"碣石刻石："黎庶无繇，天下咸抚，男乐其畴，女修其业，事各有序，惠彼诸产，久并来田。"[2]《吕氏春秋·上农篇》开章就说："古先圣王之所以导其民者，先务于农，民农非徒为地利也，贵其志也。民农则朴，朴则易用，易用则边境安，主位尊。民农则重，重则少私义，少私义则公法立，力专一。民农则其产复，其产复则重徙，重徙则死其处而无二虑。"[3]这一段说明了农民对皇权的价值，在于生产、服兵役、守法奉上，所谓农民朴重不徙，正是秦汉大帝国的最好国民。

汉高肇业，沿秦法不改，中国仍是一个官僚机构统治的社会。汉初诸帝，皇权逐步张大，废功臣诸侯，削同姓列王，其目的都在消除对皇权有威胁的可能来源[4]。汉武帝尽一切力量打击工商人士，桑弘羊筦盐铁酒酤，杨可告缗算赋，一方面固是为了筹措经费，另一方面则使国家权力直接掌握了经济领域。这一连串的作为，基本精神仍是以政治力量干预并独占社会的各项活

---

[1]《史记会注考证》，卷六八，页8，页11。
[2] 同上书，卷六，页34—46。
[3]《吕氏春秋》（四部备要本），卷二六，页4—11。
[4] 许倬云：《西汉政权与社会势力的交互作用》，《"中央研究院"历史语言研究所集刊》，第三十五本上册。

动[1]。最与农业有关的,莫非以政治干预,使农业生产为汉帝国的经济基础[2]。

汉法重农抑商,地租极为轻微。文帝时(公元前166年),税率由十五税一减半为三十税一。正式宣布农为立国的根本,则是文帝在前元二年(公元前178年)的诏书:"夫农,天下之本也,其开籍田,朕亲率耕以给宗庙粢盛。"[3]

自此以后,汉廷屡次下诏,说明政府对农业生产的关怀。文帝前元十二年(公元前168年)一诏尤其注意于粮食的不足。由此而有减税一事,甚至有时完全免除地租的恩诏,目的在使"脱产"的农民,回到土地从事生产[4]。文帝后元元年(公元前163年)一诏,文帝竟怀疑是否因酿酒及饲料二项用途,造成了民食的不足,当然也怀疑是否有太多的农夫脱离生产的工作:"夫度田非益寡而计民未加益,以口量地,其于古犹有余,而食之甚不足者,其咎安在?无乃百姓之从事于末以害农者蕃?"[5]

上述文帝的诏书,显然忽略了人口增殖的问题。汉代经过一个世代的休养生息,人民乐业,人口的数字也为之增加[6]。太史

---

[1]《汉书》(四部备要本),卷二四下,页8—13。《盐铁论》(四部备要本)自然是讨论这个问题的重要史料,近人著作,Ch'ü T'ung-tsu, *Han Social Structure*(Seattle: University of Washington Press, 1972), pp.196-201。S.N. Eisenstadt, *The Political System of Empires: The Rise and Fall of the Historical Bureaucratic Societies*(New York: The Free Press of Glencoe, 1963), pp.121ff.

[2]论汉代的租税,吉田虎雄:《兩漢租税の研究》(东京,1966年),页25以下。关于以农立国,参看贺昌群:《汉唐间封建土地所有形式研究》(上海,1964年)。

[3]《汉书补注》,卷四,页7。

[4]同上书,卷四,页11。

[5]同上书,卷四,页13。

[6]前述诏书明白地指出了户口记录不见增多。

公则已经注意到这个现象,认为一个世纪的人口增加率,在有些地方可以多到不止二倍或三倍[1]。太史公的粗略估计可以提供增加率的大致趋势,然而究属太过粗略,我们仍无法据此而作推算。倒是《汉书·诸侯王表》有若干有用的记载。这些诸侯大多在高祖初年就封,由立国到国除之间的年代是确定的,十九个国的户数也见记载[2]。不过,这一类资料的可靠性,受两项因素的影响:一则立国就封之初的户数可能已是低估了,二则人口数字的增多也未尝不可能因为人口移入,甚至国界有了改变而未能在史料中看到。反之,因史料性质单纯,而且对比的资料出于同一来源,第一项顾虑可以因此减轻其严重性。诸侯的封邑分散地域颇不一致,可说全国各个人口密度不同的区域都有封国。区间人口移动在有些地区是增加,有些地区是减少。整体言之,由于取样侯国分布各地区,因人口移动而导致的误差,当可为之部分的抵消。而且各封国增殖率的一致性甚高,大率在百年左右二倍或三倍其原有人口。除这群十九个诸侯国的人口数字外,西汉后半也有三个郡国的人口增殖率可用,其趋势与上述十九国例证所示颇为一致[3]。22个例案的增加率以几何平均值言之,是每年1.6%,一个颇为合理的人口成长率。

汉代常有大量的流民,自然也是人口与耕地比率失去平衡的

---

[1]《史记会注考证》,卷一八,页3—4。
[2]《汉书》,卷一六。李剑农:《先秦两汉经济史稿》(北京,1962年),页236—237。汉代郡国人口密度,请参考劳榦:《两汉郡国面积之估计及口数增减之推测》,《中央研究院历史语言研究所集刊》第五本,第二分(1935年),页215以下。
[3]《汉书》,卷一八;卷七六,页14。劳榦:《两汉户籍与地理之关系》,《中央研究院历史语言研究所集刊》第五本,第二分(1935年),页179—214。

现象。武帝元狩三年（公元前120年）有72.5万关东贫民由使者部护，送到北边新秦中安置。元封三年（公元前108年）又有移民200万实边的建议。除这两件荦荦大者，《汉书》记录了移民的事不下20件之多，移动的人口动辄成千累万。东汉也有不下20起人口移动的记载[1]。流民大约最后移往人口较稀的宽乡，尤以北方沿边及南方诸郡为多[2]，南方人口，增加添设郡县，更是东汉常见的事。事实上，由汉代开始，中国人口南移是历史上长期的现象，最后终于改变了整个人口的分布情形[3]。

同时，也有相当数量的过剩人口，可能由政府开放前此未开的公田而得到耕地。整个汉代，开放公地公田的记载，史不绝书。其中包括山林园囿，或单纯的"公地"，地区则包括近畿三辅，太常公田，以及所在郡国的公田。甚至王公大臣也往往奉命捐献土地，以假给贫民[4]。大约"公田"来源，最主要的仍是山泽林薮，未开发的土地，依封建习惯是属于封君的。在汉代，一切未开发土地当然就属于皇帝了。这种山林之利，因此属于少府，即皇室的私产收入，而不属于大农，即政府的公收入[5]。第二类的公田是籍没的私产。武帝一朝，法网繁密，公卿功臣都动

---

[1] 王仲荦:《关于中国奴隶社会的瓦解及封建关系的形成问题》,《中国古代史分期问题讨论集》(北京, 1957年), 页450—452。
[2] 劳榦, 前引《两汉户籍》, 页192—193, 页208—214。
[3] Herold J. Wiens, *China Marches Toward the Tropics* (Hamden,1952); Hans Bielenstein, "The Census of China during the Period A.D. 2742," *Bulletin of the Museum of Far Eastern Antiquities*, XIX (1947), pp.125–163.
[4] 天野元之助:《漢代豪族の大土地経営試論》,《瀧川博士还历纪念論文集》(东京, 1957年), 页8。
[5] 增渊龙夫:《中国古代の社会と国家》(东京, 1960年), 页265以下。

辄得咎，财产入官。杨可告缗，中家以上破产不少。凡此构成汉室庞大公田的重要来源。第三类则是公廨职田，由该管单位放佃，收租作为公费[1]。

第二类及第三类的公田，事实上都是已经垦熟，而且有人耕种的田地。承种者往往不是佃户，即是官奴婢。这两类的公田，即使由贫户承领，也不过赶走一批旧的，换上一批新的。对整个国家的耕种人口与耕地比率，并无改变，而且也不会使农业生产的总额有何改变。在山林薮泽假民耕种时，农业人口的归返生产，自有裨益。但到王莽时只是由公卿大夫捐出土地，以给贫民，则其实际增产的意义，远逊于政治性的均产姿态。最后可以放领的空地，也不过是边地的一些新土地了。

假给未垦的公地，也只能有限度地解决人口增殖引起的粮食生产问题[2]；在人口密度特高的核心地区，人口增殖的压力当更为可怕。汉代人口分布本不均匀；这种特殊拥挤的地区包括三辅地区，黄河中下游，及四川盆地[3]。向南的移民使南方增加了不少人口，但整个汉代的人口重心仍在北方。中原始终是人口压力最大的地区[4]。

---

[1]《汉书》，卷二四下，页 12。《后汉书集解》（艺文影印），卷二九，页 12 上；卷一一，页 14 下；卷八〇，页 11 上。
[2] 若人口以每年 1% 的速度增殖，二十五年后，100 人可增殖为 128 人，而一百年后可增殖为 270 人。E. A. Wrigley, *Population and History*（New York，1971），p.206, form6—2.
[3] 劳榦前引《两汉郡国》，页 216 以下。在若干地点，人口密度可以局部性的异常高，参看同氏前引《两汉户籍》，页 197—201。
[4] 劳榦《两汉郡国》，页 216 以下。比较该文所列两汉资料，可发现两汉十二个人口最密郡国中的十个，仍列入东汉十七个最密郡国之中。

增加耕地面积是增产的一法，另一方法则是增加单位面积的生产量。汉武内外多事，封禅、塞河、开边，已将过去几代的储积用尽，粮食不足的现象比以往任何一代更为严重[1]。武帝末年，罢戍轮台，封车千秋为富民侯，象征武帝转而注意到农业的增产[2]。

　　根据正统的马尔萨斯《人口论》，在生产技术达到一个水平时，人口也有一段稳定的时期。等到另一技术进步使食粮供应更多时，人口才再度丧失稳定。依此理论，人口是跟着经济情况改变的应变变数。然而人口与经济改变之间的关系似比马氏理论所假定的情形更为复杂。新技术的传播甚至发明，往往可应人口增加而引起。人口学家 Wrigley 指出，人口与经济条件之间的互应关系，往往有助于解释何以在欧洲及其他地区工业化以前的社会，其经济基础的农业，仍可以缓慢，然而逐步地改进[3]。

　　Ester Boserup 讨论农业生产条件的名著，虽只是薄薄的一本小书，却是对马尔萨斯《人口论》的重要修正。近年来，经济史家对这本小书，已有了不少辩论。她认为人口增殖是农业技术进展的主要因素。历史上常见的情形，因人口密度高，农夫才以为集约式耕种可以在同一单位面积的农田获得更多的利润。换句话说，即使农夫已知道了精耕细作的技术，若人口密度不到一定的水平，农夫也犯不着在一块小面积土地上用尽气力。另一方面，人力供应充分，也由人口增殖而不成问题。人口密度高，土地供

---

[1]《汉书》，卷二四上，页 7。
[2] 同上书，卷二四上，页 12—13。
[3] E.A. Wrigley, *Population and History* (New York, 1971), pp.46–50. 参看 T.R. Malthus, *First Essay on Population* (London: Royal Economic Society, 1798, 1926 重印本)。

应少，农夫势必着眼于单位面积产量的提高，也就是整个生产量的增加[1]。

武帝时，中原郡国人口密度已超过每平方千米一百人，而新开放的公田也很快不够分配。人口压力已很明显，赵过的"代田"法在武帝末年得到推广，当与人口压力的情形，有其对应关系[2]。在此以前，汉室已长期实行劝农政策。而政府中人对于农业知识的推广，也未尝不时时留意，例如董仲舒就曾建议鼓励三辅关中农户种植宿麦，其奏疏说道："今关中俗不好种麦……，幸诏大司农使关中民益种宿麦。"[3]足见其目的为以增加一次冬季农作，庶几因收入增加，而改善农户收入，使农民不致脱离农业生产。

集约农耕的技术，在战国时已到达相当的水平。《吕氏春秋》的《上农》《任地》《辩士》及《审时》四篇[4]，为先秦农作技术的基本观念，作了理论性的综合：其中包括选种、精耕细作、合作轮种、防止虫害、适应土壤条件、使用肥料、注意水源供输、正条直行以使空气流通，但同时使作物疏密恰到好处[5]。

---

[1] Ester Boserup, *The Conditions of Agricultural Growth*（Chicago, 1965），p.41.
[2]《汉书补注》，卷二四上，页13。
[3] 同上书，卷二四上，页12。
[4]《吕氏春秋》有关农作的四篇，自然不是农夫所作。但即使文人学士是真正的著者，仍须当时有有关这一类问题的存在，这些知识分子方可下手讨论。何况先秦是有一批真正关心农业的农家学者，也亲自操作，具有第一手农作经验的，如《孟子》中的许行之徒。
[5] 许倬云：《两周农作技术》，《"中央研究院"历史语言研究所集刊》第四十二本，第四分（1971年），页803—818；夏纬瑛：《吕氏春秋上农等四篇校释》（上海，1956年）；万国鼎：《吕氏春秋的性质及其在农学上的价值》，《农史研究集刊》第二册（1960年），页182—185。

赵过的代田法，大约只是整合他所知的最佳耕作技术，编组成为完整的耕作程序。垅与圳的排列可以达到正行列的目的。作物根部因不断土附根，也可有助于植根深入。行列正直，使耘田除草都比较方便。圳与垅的"岁代处"，亦即轮流作为作物生长的行列，也可算是就地换圃。赵过也提倡新农具的使用，所谓"便巧"的耕具。其中包括牛耕的犁，除草用的农具；还有一种轻便的耦犁，大约是播种用的耧车。据说代田法使单位面积的产量大为提高。赵过受命以代田法训练三老及若干拣选受训的力田，还有若干大农的工巧奴奉命在官设的冶坊生产代田法使用的新农具[1]。这次代田法的实验与推广，堪说是中国历史上第一次系统的农技改革。

考古学的证据显示，代田法似乎确曾广泛地推行于全国各处。居延汉简中即出现"代田"与"代田仓"等词，其时间只在赵过在关中初试代田法之后二年，远至居延边地，代田法也已付之实行了[2]。代田法中用以播种的三足耧，在汉墓画像石上也清晰可见[3]。

由代田法更上一层楼的精技术为区种法。区种的创始人据说为氾胜之（约在公元前1世纪）。其法是在小面积作业区用上高度密集的劳力和肥料，以创造单位面积的高产量。植物种植于成

---

[1]《汉书》，卷二四下，页13—14。至于代田究竟宜于在大面积农田抑或小面积农田，仍是聚讼之点，参看伊藤道雄：《代田法の一考察》，《史学杂志》，六九卷，11期，页61—78；西嶋定生：《中国经济史研究》（东京，1966年），页166以下。其实代田法对于大小农田都可使用。

[2] Chang Chun-Shu, "The Colonists and Their Settlements on the Chu-Yen Frontier",《清华学报》，新二号，页161—215。

[3]《山西平陆枣园村壁画汉墓》，《考古》，1959年第9期，页463，图版104。

条排列或成方阵排列的小坎，谓之一区。区的面积、深度，及分布密度，视作物本身的需要而异。重要的是农夫必须持续不断地灌溉与施肥。区种法在于利用面积太小或不便耕种的边际田地，达成高产目的[1]。

诚如石声汉氏指出，氾胜之区种是一种用肥和保墒的耕作方法[2]。区种可以以劳力、肥料和适当水分造成小单位的高产。不过，此法最适用的地方，大约也限于特殊的条件，例如地形崎岖的山坡地，土壤易于流失，不能垦拓为大面积农田，即可用区种来补救弱点，但仍须具备大量的劳力，方可承担密集的劳力要求。而肥源稀少，不能普遍施肥，则选择重点集中用肥，也是不失为补救之法。否则，若在大面积农田上，以同样方法种植，劳累太过，肥料的需要量也太高，势必得不偿失。至于《氾胜之书》所说产量的数字，据说二人耕种一年之收，可食二十六年；这个数字自然也夸大得不近常情，而原书别处的数字也与此大有差别[3]。

即使区种的成绩不甚可信，代田与区种的基本原则却很合理，大致可以合并为六项原则：

（甲）整地

---

[1] 石声汉：《氾胜之书今释》（北京，1959年）；大岛利一：《氾胜之书について》，《东方学报》（京都），一五卷，3期，页86—116。

[2] 中国的厩肥，以猪肥为最常见，也远在汉代即可见之。汉代明器常见猪圈与厕所相连，汉代村落遗址，也见此种安排，《辽阳三道壕西汉村址落遗址》，《考古学报》，1957年第1期，页124。

[3] 石声汉：《氾胜之书今释》（北京，1959年），页64。清代颇有人想重新尝试区种法，参看王毓瑚：《区种十种》（上海，1955年）。1958年在河北河南两省也曾有实验，参看万国鼎：《中国农学史稿》（北京，1959年），页178。

　　　　　子，正条种植，而不是漫种。
　　　　　丑，相当程度的深耕。
　　　　　寅，考虑到农田所在的地形。
（乙）种子
　　　　　子，选种。
　　　　　丑，种子处理。
（丙）种植
　　　　　子，"趋时"——赶上最佳的天气。
　　　　　丑，勤除草、除虫。
　　　　　寅，灌溉保墒。
（丁）改良土壤条件
　　　　　子，施肥——包括动物肥和绿肥。
　　　　　丑，作物轮种，以缩短甚至避免田地休耕。
　　　　　寅，使用豆科作物以改良土壤肥力。
（戊）土地利用
　　　　　子，一年多作，甚至套作。
　　　　　丑，在边际土地上种植蔬菜。
（己）农具
　　　　　子，使用畜力，以代替人力。
　　　　　丑，使用特定的农具，做特定的工作。

　　汉代农夫显然已掌握集约耕作的技术和知识，可以合理有效地连续使用土地，而不需休耕。当然，这种高水平的农耕不是全国皆有之。在大汉天子治下的许多边地，耕种技术仍很落后。在高水平集约与落后耕作之间，当然也因地因时及因其他条件，会有不同水平的农耕技术存在。在公元前1世纪，中国的作物种类包括：黍、稷、粱、粟、穈、冬麦、春麦，大豆及其他豆类，麻枲、瓜、瓠、芋、稻、芝麻、苜蓿等类。肥料种类包括人肥，动物肥（羊、牛、豕、马、禽、蚕矢）及绿肥。水利的控制可以借助于沟渠井池陂塘，使农业由天水耕作转变为灌溉耕作。凡此条件，均可有助集约农业的继长增高，日趋更为复杂的境界[1]。

集约农作可利用妇女与儿童力从事相较轻松的工作，如除草、除虫、施肥之类。同时集约农作要求长期而继续的工作。是以集约农作既可减少季节性的劳力闲置，又可使次级劳动力也投入生产[2]。一年多作更缩短了土地休闲的时间。然而，中国的北方究竟有相当长的霜期。汉帝国的核心区域为关中与中原，冬季颇长，生长季节大受气候的影响而缩短。于是一岁之中，到底免不了有劳力需求分布季节性不均匀的现象。春耕秋获，最为忙碌，而冬季则不失为闲季[3]。

闲季中主要劳动力（男性）及全年中未完全使用的次要劳动力（女性及儿童），都可有相当的时间从事其他非农业性的工作。凡此多少吸收了一些季节性的劳力闲置。其成果不是农业活动的间接支援，即是生产可出售的货品。有一些经济学家称这种非农业性活动为"Z"类活动[4]。

---

[1] 石声汉：《氾胜之书今释》（北京，1959年），页48—49。
[2] 妇幼在田间的工作，东汉史料中颇常见，如丈夫耕田，妻子耘草，例见《后汉书集解》，卷八三，页15。
[3] Ester Boserup, *The Conditions of Agricultural Growth* (Chicago, 1965), pp51–53, 但本文作者只借此注说明劳力分布不匀的现象，并非意谓20世纪中国的情形可用来证明汉代的情形。
[4] Stephen Hymer and Stephen Resnik, "A Model of An Agrarian Economy with Non-agricultural Activities", *American Economic Review*, 59（1969）,p.492.

王褒的《僮约》是两汉时代的幽默作品。髯奴便了，原属于成都杨家，在王褒由原主买得时，便了要求将一应工作全部开单列出。《僮约》中列举了一个假想农庄的各项农业活动，也包括了修缮、渔猎、畜牧、负贩、制造，各项非农业性的工作。农业活动包括耕种、果蔬园艺各类，修缮工作包括修葺房屋、沟渠、农具，负贩包括菜、家禽、杂货等，制造则包括编席、结索及竹木器用。负贩范围可到主要道路及小路上的大小市聚[1]。而出售的货品都不外由上述非农业活动生产所得[2]。

　　上面讨论的农舍生产无疑会由近村贸易逐步发展为一个贸易市场网，其网络足以联系若干分散的聚落，使当地交易构成一种市场性质的农业经济[3]。宇都宫清吉研究《僮约》，指出《僮约》中的当地贸易可达两个范围：一个大圈子以二百千米为半径，一个小圈子以五十千米为半径[4]。《僮约》本身列举的贸易地点，也可分别为大都市、小城、市聚各级，符合网络分枝的情形[5]。

　　既有交易，一定程度的专业性也就势所必至了。东汉《四民月令》大约是缙绅之士的农庄生活，其中所说到的五谷交易，一年之中数度卖出买入，似乎不为消费性的购买，倒更像是为了营求利润。同时，《四民月令》的农庄也生产酒酤、浆醋、药

---

[1]《僮约》全文可在严可均辑《全汉文》中见之。日本学者宇都宫清吉对《僮约》内容有详细的分析。见其《漢代社會經濟史研究》（东京，1967年），页256—380。
[2] Stephen Hymer and Stephen Resnik, "A Model of An Agrarian Economy with Non-agricultural Activities", *American Economic Review*, 59 (1969), pp. 492-497.
[3] John C.H. Fei and Gustav Ranis, "Economic Development in Historical Pespectives", *American Economic Review*, 59 (1969), pp.386-395.
[4] 宇都宫清吉：《漢代豪族論》，《東方學》（1962年），页349—353。
[5] 同上书，页349—353。

物、腌渍食物；更不用说，还有丝帛织物。凡此各项，既可自家消费，也可供应市场[1]。中国的"月令"式时宪书，古已有之，但《四民月令》似是第一次把商业活动包括在内。由此可见，东汉时的市场经济已整合于农业经济活动之中，成为不可分的一部分了[2]。

《氾胜之书》也提到了经济作物的种植，例如种植瓠，不仅瓠白可作饲料，瓠瓢可作水勺，瓠脂也可作蜡烛。凡此都可在市易之后变换金钱[3]。地区性的商业化，逐级提升，最后可以形成全国性的经济网。倒过来，区间的专业化，也因区间贸易而更为发展[4]。《史记·货殖列传》已列了不少各地的土产，例如安邑的枣，燕秦栗，蜀汉江陵的橘，淮南常山以南、河济之间的萩，陈夏的漆，齐晋的桑麻，渭川的竹，凡此都是以运销别处为目的而种植了[5]。

东汉史料未见如此全国性的资料，但赵岐即曾见陈留以种蓝为业，弥望皆是，不植其他。杨震也曾以种蓝为业[6]。织物的地域性专业化，在居延及敦煌的汉简中也可看到。远在西陲边塞，戍军使用的纺织品则来自河内、广汉及任城。一帛之微，远输千

---

[1] 现存最佳本为石声汉：《四民月令校注》（北京，1965年）。又参看杨联陞：《从四民月令所见到的汉代家族的生产》，《食货》，第一卷第6期，页8以下。

[2] 守屋美都雄：《中国古歳時の研究》（东京，1963年）。

[3] 石声汉：《氾胜之书今释》（北京，1959年），四（10）—四（10）四。

[4] Fei and Ranis，前引文，页293。

[5] 《史记》，卷一二九，页11。

[6] 严可均辑：《全后汉文》（世界书局影印本），卷六二，页5；《后汉书集解》，卷五四，页1引《续汉志》。

里，而其品质也不过是寻常的货品，并非什么罕有的上品[1]。

近来发现的考古资料更说明此点。辽阳三道壕的西汉村落出土了至少七个烧制砖瓦的窑，窑的容量足可烧制一千八百块砖。据经手的考古学家报告：两窑成一组，轮流生火，可以连续生产，不致中断。在三道壕生产的砖瓦，不仅见于本村遗址，同样的砖也见于辽阳地区的其他同时代遗址。村外有一条道路遗迹，卵石累积三四层作为路基，高达 0.35 米；路面上有两条大车的辙痕，路宽 7 米，足够两车并驶[2]。辽阳在汉仍为边地，经济上绝非高度发展的地区。一个边地的村落，可在农业之余，有此专业化的烧窑生产，有此运输道路，则非农业性的经济活动，也就相当可观了。

市场交易网把农业社会中的个别成员结合于一个巨大的经济网之中，这种观点多少不同于一般习见的看法。后者总以为中国的农业社会由许多自给自足的村落合成，彼此之间各不相涉[3]。事实上，汉代已有二三十个具相当规模的城市，坐落于联络各地区的大小干道上[4]。汉代的生产力，足可产生繁荣的工商业。但是汉代的重农政策，尤其武帝时代杀鸡取卵的措施，使甫萌活泼生机的工商业，刚发芽即夭折于强大皇权的压力之下[5]。武宣以降，汉代的官僚机构渐渐形成气候，士大夫不容政治之外的工商

---

[1] 陈直：《两汉经济史料论丛》（西安，1958 年），页 68。
[2]《辽阳三道壕西汉村落遗址》，页 119，页 125—126。
[3] 例如 Etienne Balaz, *Chinese Civilization and Bureaucracy* (Translated by H.M. Wright, New Haven, 1964), pp.15–16。
[4] 宇都宫清吉：《漢代豪族論》，《东方学》（1962 年），页 109—119。
[5] 许倬云：《西汉政权与社会势力的交互作用》（《"中央研究院"历史语言研究所集刊》，第三十五本）。

力量构成对其政治独占挑战。中国将发财与升官联合为一个成语，即可见政治之外，甚至不再容许另一平行的致富途径[1]。商业活动，是以在武帝以后不可能有全面发展的机会。于是生产食物的责任固已由农民担任，连原可由工商专业担任的其他货品的生产工作，也不得不由农村担任，转而也吸引了农村中季节性的多余劳力。

　　商业活动的水平随着政治安定度而升降。国家统一，内部交通无阻隔，则货畅其流，不仅局部性的经济整合易于做到，甚至全国性的整合也并非不可能。反之，若国家分裂，伏莽遍野，举步荆棘，则商旅裹足。在这种情形下，农村经济的触须，逐步缩回。第一步当为区域性的经济自足，也就是区域性的经济割据。逐步缩小，到最后一步即可能构成关着寨门的坞堡自给自足。这种小地区的自给自足，不能与当地的自卫分开。地方领袖即由此脱颖而出，成为地方豪强。光武舅氏樊宏父子，即是此等人物[2]。大约全国即已分割为许多经济上独立的小单位，凡事不假外求[3]。西汉末如此，东汉末的坞堡，也正是这种关闭性的单位[4]。其中农民非农业性活动，遂不免由生产可赴市售卖的货品，转变为生产外来供应中断后的代用品。然而，这种由互相隔离自

---

[1] 许倬云：《西汉政权与社会势力的交互作用》，又 Balaz, *Chinese Civilization and Bureaucracy*（Translated by H.M. Wright, New Haven, 1964），pp.15-18, pp.41-42。
[2] 《后汉书集解》，卷三二，页1。
[3] 金发根：《永嘉乱后北方的豪族》（台北，1964年），页11—12，页28—31。
[4] William Skinner 在18世纪的中国社会，也发现这种现象。参看其 "Chinese Peasants and the Closed Community: An Open and Shut Case", *Comparative Studies in Society and History*, XIII (1971), pp.270ff。但须注意者，汉代与18世纪，政治制度各异，生产力也不能同日而语，率尔比较，仍须十分谨慎，并且不可忽视其中的差异。

给自足的独立状态，终究只是暂时的现象。到国家再度统一时，孤立的小单位会再度由交易而逐步整合，再度发展为一个全国性的经济网络。中国的集约农业，终究会使农民把非农业活动的资金与劳力，转化为专业货品的生产，让农民在农业收入之外，享有可观比例的农舍工业的收入。

原载《屈万里先生七十荣庆论文集》

三国吴地的地方势力

两汉金瓯无缺,自是中国史上第一个全盛时期。在这四百多年中,中国幅员不仅广大,而且日渐充实,由西京到东汉,长江流域逐渐成为国力所在,此点已成为一般常识,无可赘说。本文所拟讨论的,则是人口移动以及南方居民与政权间的关系。

两汉人口颇有详细记载,以现存资料看来,此处可列表以觇人口增减的情形与人口耕地的关系[1]:

公元(年)	人口(人)	耕地(亩)	比率(亩/人)
2	59594978	827053600	13.9
26	21007820		
75	34125021		
88	43356367		
105	53256229	732017080	13.7
125	48690789	694289213	14.2
144	49730550	689627156	13.9
145	49524183	695767620	14.0
146	47566772	693012338	14.5

---

[1]《汉书补注》(艺文印书馆影印长沙虚受堂本),卷二八下,页49。《后汉书集解》(艺文影印长沙乙卯王氏刊本)章怀太子注引伏无忌所记诸帝户口垦田大数,卷二三下,页31—32。

由这一个表看来，两汉人口的特点是：（1）人口越过越少；（2）每口分摊耕地，也就是上税的田地平均数则未减，反而有些增加的迹象；（3）最后三行数字，时间相去只有一年，实数则颇有出入。

人口减少若是实质上的，大率由于死亡率高或食粮供应不足，后者又可归结为三种可能：天灾、生产不进步、可耕土地不足。以两汉情形来说，天灾虽常有，究竟只是局部的短期的现象。汉代的农业技术颇有改进，赵过的代田和氾胜之的区种，都足以增加单位面积的产量[1]。而由上表，显然土地不仅够用，而且每人有分摊得比以前多些的现象。《后汉书》上也提到肥田未垦，例如《章帝纪》元和三年（公元86年）就有过诏书：

> 今肥田尚多未有垦辟，其悉以赋贫民，给与粮种，务尽地力，勿令游手。[2]

农业技术很好，土地又未见不敷，人口应该有自然的增加。然而东汉人口大致少于西汉，其中缘故当是人口与耕地的数字不代表真实数字，而仅代表纳税的人数和地亩。由此解释，方易于了解一年之间人口与垦地的巨额出入及人口耕田相当稳定的比率。

---

[1] 赵过代田，实是一种就地轮耕和宿根堆肥的混合方法，参看《汉书补注》，卷二四上，页17—19。氾胜之的区种，则是深耕密植法和灌溉系统的配合，参看《齐民要术》（四部备要本），卷一，页13—15。
[2]《后汉书集解》，卷三，页16。

三国人口，比之两汉，差额极巨，所谓不及汉一大郡[1]。三国末季，全中国登记的户口总和为户1463423、口7672891，只占了东汉末年1/6左右。三国龙争虎斗，杀人盈野，但也杀不了全国5/6的人口，这个减少的数字实在多半是由于逃隐的户口未计在内，是以"邑有万户者，著籍不盈数百"[2]。诸葛亮综核名实，可以使荆州游户自实，刘备以是强盛[3]。但诸葛亮死后，以蜀郡亡命即在万余口以上[4]。由此可见三国人口之数字，事实上并不代表真正的人口[5]。同样的，东汉人口数字，恐怕也不过是纳税数字而已。

　　如果这个猜测近于真相，则两汉人口的差额，可能不是人口的减少，而是藏匿的数字。如果东汉的人口有若干百分比的增殖率，隐匿未报的数字自然也就大了。可惜今天遗存的史料没有数字可据之估计这个总和。

　　汉代亡命之徒，有部分以山泽为逋逃薮，其中有人安分地过

---

[1]如《三国志补注》(艺文印书馆影印，长沙易氏本)《魏志·蒋济传》："今虽有十二州，至于民数，不过汉时一大郡。"卷一四，页31。参看陈啸江：《三国时代的经济》(《史学专刊》第一卷，第2期)，页223以下。
[2]《后汉书集解·志》卷二三下，页30上。《三国志补注·蜀志·后主传》注引王隐《蜀记》，卷三，页8。《三国志补注·吴志·孙皓传》注引《晋阳秋》，卷三，页26。
[3]《三国志补注·魏志·袁绍传》注引《九州春秋》，卷四，页22。同上，《蜀志》引《魏略》："亮曰：'今荆州非少人也，而著籍者寡，平居发调，则人心不悦，可语镇南，令国中凡有游户，皆使自实，因录以益众可也。'备从其计，故众遂强。"卷五，页3。
[4]《三国志补注·蜀志·吕乂传》："蜀郡一都之会，户口众多，又亮卒之后，士伍亡命，更相重冒，奸巧非一，乂到官为之防禁，开喻劝导，数年之中，漏脱自出者万余口。"卷九，页10。
[5]陈啸江：《三国时代的人口移动》(《食货》第一卷，第3期)，页15。

日子，如党锢人物中就有人以川泽为隐身，《后汉书·党锢传》：

> 晊与牧遁逃亡，匿齐鲁之间，会赦出，后州郡察举，三府交辟，并不就。及李杜之诛，因复逃窜，终于江夏山中云。（晊逃于江夏山中，徙居吴郡……）[1]

其恶劣的就免不了做些打家劫舍的事了，如《三国志·郑浑传》：

> （浑）迁左冯翊……时梁兴等略吏民五千余家为寇钞，诸县不能御，皆恐惧寄治郡下……浑率吏民前登斩兴及其支党，又贼靳富等胁将夏阳长邵陵令，并其吏民入硙山，浑复讨击破富等……前后归附四千余家，由是山贼皆平，民安产业。[2]

偶尔也有一些避入山地的人，在演变为山贼前被别人劝住，如《三国志·韩暨传》：

> 韩暨字公至，南阳堵阳人也（《楚国先贤传》曰：暨，韩王信之后，祖术河东太守，父纯南郡太守），同县豪右陈茂谮暨父兄，几至大辟，暨阳不以为言，庸赁积资，阴结死士，遂追呼寻禽茂，以首祭父墓，由是显名。举孝廉，司空辟，皆不就。乃变名姓隐居，避乱鲁阳山中。山民合

---

[1]《后汉书集解》，卷六七，页20下。
[2]《三国志补注·魏志》，卷一六，页22。

> 党欲行寇掠，暨散家财以供牛酒，请其渠帅，为陈安危，山民化之，终不为害。避袁术命召，徙居山都之山。[1]

又如《管宁传》：

> 建安十六年，百姓闻马超叛，避兵入山者千余家，饥乏，渐相劫略，昭常逊辞以解之。是以寇难消息，众咸宗焉。故其所居部落中，三百里无相侵暴者。[2]

无论如何，这些进了山的户口，显然不再是国家户籍所载；另一方面说，他们也就不在政府法令约束之下。韩暨一类人物，似乎就成为这些独立社群的领袖，管宁在辽东也正是同样的角色[3]。而这一类人物中最著名的是田畴，他在徐无建立的秩序未必是这一类中最典型的，但其过程接近最完美的自治社群。据《田畴传》：

> 畴得北归，率举宗族他附从数百人，扫地而盟曰："君仇不报，吾不可以立于世！"遂入徐无山中，营深险平敞地而居，躬耕以养父母。百姓归之，数年间至五千余家。畴谓其父老曰："诸君不以畴不肖，远来相就。众成都邑，而莫相统一，恐非久安之道，愿推择其贤长者以为之主。"皆曰：

---

[1]《三国志补注·魏志》注引，卷二四，页1。
[2] 同上书，注引，卷一一，页30。
[3] 同上书，卷一一，页22。

"善。"同佥推畴，畴曰："今来在此，非苟安而已……畴有愚计，愿与诸君共施之，可乎？"皆曰："可。"畴乃为约束相杀伤犯盗诤讼之法，法重者至死，其次抵罪，二十余条；又制为婚姻嫁娶之礼；兴举学校讲授之业，班行其众，众皆便之，至道不拾遗。北边翕然服其威信。[1]

也有一些人则以长江以南为逋逃之所。江南，远离中央政权的核心地区，再加上土地肥沃，气候温和，成为人口迁徙的目标，自然顺理成章。此处只须举一个例子，据《后汉书·逸民传》，梁鸿有志"隐居避患"，先隐居霸陵山中，又不巧在过京师的途中，对于宫室崔嵬的帝京作了一番感慨，感叹世人的不免一死，感叹帝王的享受只是建筑在百姓的劳苦上；这一番牢骚，惹起了皇帝的不满，梁鸿不得不逃到更远的地方，先到山东，终于逃到吴郡，也在此终老。在他南去时，口气中有一些希冀"异州"的人会崇尚贤德，对于中原，他称为旧邦[2]，这一个态度把江南与中原对立，简直就是孔子道不行则乘桴游于海的翻版。只有在中央对江南的控御力较薄弱时，这种态度才比较有意义。否则普天之下，莫非王土，梁鸿也不必多此一举，想在"异州"可以摆脱汉室的统治。我们更须注意梁鸿在吴郡得到了"大家"皋伯通的庇荫。皋伯通敢于收容庇荫这个皇帝不喜欢的人，也多少透露一些中央力量相对削弱的地区，地方

---

[1]《三国志补注·魏志》，卷一一，页9—10。关于大族率众避居山间之详细探讨，参看庞圣伟，《论三国时代之大族》(《新亚学报》第六卷，第1期)，页149—152。
[2]《后汉书集解》，卷八三，页8—9。

酋豪大姓的相对强大[1]。

长江以南，似乎有一些地区由这种逋逃人口发展为殷富的聚落，例如今天福建的昭武。在三国时有一个区域，据说"后汉时，此村民居殷富，土地广阔……邻郡逃亡，或为公私苟乱，悉投于此，因有长乐将检二村"[2]。

由这些情形猜测，东汉以来，长江以南当有人口的增加，下表[3]正显示两汉在江南诸郡人口的比较，在东汉人口一般都趋于减少时，江南的人口增长是一个异常的现象。若以前文假设的情况说，东汉农耕技术进步，垦田不虑匮乏，人口应该是有增无减。如此，江南诸郡即使有了这种巨量而普遍的增加，由增加比率的悬殊来看，这些人口数字仍有极大的隐匿；例如零陵与武陵、长沙地处相接，不该有长沙增四倍半——零陵增七倍，而介于两者之间的武陵只增一又三分之一倍。换句话说，整个江南应有大群未申报户籍的人口。

这些逃匿的人口，在中原只逃到山地，也许只称为山贼，在江南称为山民——也许为此之故，有人把山民与"山越"合称，近世学者就有把"山中名帅"认为就是江南少数民族的酋长，而

---

[1]《后汉书集解》，卷三三，页9—10。参看陈啸江，前引《三国时代的人口移动》；又庞圣伟：《论三国时代之大族》(《新亚学报》第六卷，第1期，1964年)，页177以下。
[2]《三国疆域志补志》(洪亮吉著，谢钟英补)引《建安记》，卷一一，页24下—25上。按建安郡昭武的邻县是将乐，县名与此处长乐将检二村是否有关，不易悬断，但其近似的程度，颇足玩味。
[3]据《汉书补注·地理志》及《后汉书集解·郡国志》。

宗部、寇民也混为一谈了[1]。

地区	前汉人口/人	后汉人口/人	人口比/%
会稽（吴）	1032604	1181978	114.5
丹 阳	405171	630545	155.6
江 夏	219218	265464	121.1
豫 章	351965	1608906	457.1
桂 阳	156488	501403	320.4
武 陵	185758	250913	135.1
零 陵	139378	1001578	718.6
长 沙	235825	1059372	449.2
南 海	94253	250282	286.7
苍 梧	146160	466975	319.0
合 浦	78980	86617	109.6
九 真	166013	209894	126.4
日 南	69485	100676	145.8

再换一个角度看，《三国志》的"山越"，几乎是一个前无来龙后无去脉的名词。自从汉武迁移越人以来，越人分散在关中淮上，故地已"虚"[2]。此后在汉代典籍中未出现过越族。东汉征伐五溪蛮是一件大事，蛮乱区域与所谓山越区域壤土相接，距离匪遥，也未见有挑动越人叛乱的事。默证虽不是史学上的好方法，但在如此情况下，如果越族果有《三国志·诸葛恪传》及其他各处所说的强悍山居部落，《汉书》《后汉书》都不该失记如此。更

---

[1] 陈寅恪：《魏书司马叡传江东民族条释证及推论》(《中央研究院历史语言研究所集刊》第十一本)，页15—16。周一良：《南朝境内之各种人及政府对待之政策》(《中央研究院历史语言研究所集刊》第七本，第四分)，页449—504。近顷推衍此说的著作是高亚伟：《孙吴开辟蛮越考》(《大陆杂志》第七卷，第7、8两期)，发轫此说的是何焯，见《何义门读书记》(石香斋刻本)，《后汉书》，卷三，页13。
[2]《史记会注考证》叙越人分种关中水田。又《汉书补注》："东越险阻反覆，为后世患，迁其民于江淮间，遂虚其地。"卷六，页24。参看同书卷九五，页16，页18。

妥当一点的说法，毋宁是承认越族已汉化，再加上有若干"宿恶""逋亡"的逃籍户口[1]。关于前者证据仍不算多，有人把《后汉书·刘宠传》的山民作为山越。

> 拜会稽太守，山民愿朴，乃有白首不入市井者，颇为官吏所扰。宠简除繁苛，禁察非法，郡中大化。征为将作大匠。山阴县有五六老叟，庞眉皓发，自若耶山谷间出，人赍百钱以送宠，宠劳之曰："父老何自苦？"对曰："山谷鄙生，未尝识郡朝。它守时，吏发求民间，至夜不绝，或狗吠竟夕，民不得安。自明府下车以来，狗不夜吠，民不见吏。年老遭值圣明，今闻当见弃去，故自扶奉送。"[2]

细按原文，颇不见有任何越人痕迹，倒是一些逋逃户口，却有明证，《三国志补注·吴志·诸葛恪传》：

> 众议咸以丹阳地势险阻，与吴郡会稽新都鄱阳四郡邻接，周旋数千里，山谷万重，其幽邃民人未尝入城邑，对长吏皆仗兵野逸，白首于林莽，逋亡宿恶，咸共逃窜。[3]

这些"逋亡宿恶"是匿迹于山林，而山林中未尝见郡朝的山民，除非有《刘宠传》中所说去民间发求的催租吏，他们也未必会缴

---

[1] 唐长孺：《孙吴建国及汉末江南的宗部与山越》，见《魏晋南北朝史论丛》（北京，1955年），页3—13。
[2]《后汉书集解》，卷七六，页13下—14上。
[3]《三国志补注·吴志》，卷一九，页20。

纳赋税。换句话说，这些都是政治权力不能触及的人民。

本文作者在《西汉政权与社会势力的交互作用》一文中，曾讨论到中央政权的下达地方，必须在地方大姓自觉参与政权——也就是说，必须由地方势力选拔人才参加政府[1]。这些大姓是地方的实际统治者，所以在中央政权力量削弱时，原来构成郡县统治机构的地方势力，就难免成为一些半独立的自治集团。著名的海昏上缭宗伍，可能即这种自治集团——他们对于强有力者的需索，作有限度的肆应，但是绝对不容许部伍被人打散，所谓"有五六千家相结聚作宗伍，惟输租布于郡耳，发召一人，遂不可得"。[2] 郡太守讨谷讨得太多时，宗帅们也只是打折扣应付。只有在领袖被杀后，宗伍才可能由地方政权掌握，变成割据首领的实力[3]。

由这一个角度看，东吴的民帅宗部、深险强宗，都是以宗族为核心的旧族名帅；号为旧族，号为名帅，顾名思义，即地方上

---

[1] 许倬云：《西汉政权与社会势力的交互作用》(《"中央研究院"历史语言研究所集刊》第三十五本)，页261以下。

[2]《三国志补注·吴志·太史慈传》注引《江表传》，卷四，页8。

[3]《三国志补注·吴志·孙策传》注引《江表传》："(刘)勋粮食少，无以相振，乃遣从弟偕告籴于豫章太守华歆，歆郡素少谷，遣吏将偕就海昏上缭，使诸宗帅共出三万斛米以与偕，偕往历月，才得数千斛。"卷一，页14。又如《魏志·刘表传》注引《战略》："表初到，单马入宜城，而延中庐人蒯良、蒯越、襄阳人蔡瑁与谋，表曰：'宗贼甚盛，而众不附，袁术因之，祸今至矣！吾欲征兵恐不集，其策安出？'……遂使越遣人诱宗贼，至者五十五人，皆斩之，袭取其众，或即授部曲。"卷六，页36。按：《后汉书·刘表传》有相似记载，只是被杀者只有十五人，见《后汉书集解》，卷七四下，页80。

的大姓与著名领袖，绝不是少数民族的酋长了[1]。

前面曾经显示东汉人口向江南的移动，若是迁移到江南的是一些单独的个人，自然很容易地被这些旧族名帅吸纳入势力圈内，正如梁鸿的逃避到吴郡后，必须托庇于大姓。天高皇帝远，江南的大姓，大概可以比輓毂下洛阳三河的大姓威风些。据一个例子，《三国志补注·吴志·步骘传》：

> 步骘字子山，临淮淮阴人也，世乱避难江东，单身穷困，与广陵卫旌同年相善，俱以种瓜自给，昼勤四体，夜诵经传。会稽焦征羌，郡之豪族，人客放纵，骘与旌求食其地，惧为所侵，乃共修刺奉瓜以献征羌。征羌方在内卧，驻之移时，旌欲委去，骘止之曰："本所以来，畏其强也，而今舍去，欲以为高，祇结怨耳。"良久，征羌开牖见之，身隐几坐帐中，设席致地，坐骘旌于牖外。旌愈耻之。骘辞色自若。征羌作食，身享大案，殽膳重沓，以小盘饭与骘旌，惟菜茹而已。旌不能食，骘极饭至饱，乃辞出。旌怒骘曰："何能忍此？"骘曰："吾等贫贱，是以主人以贫贱遇之，固其宜也，尚何所耻？"[2]

征羌的一副土豪面目，宛然若画，而这位焦征羌的履历，不过是

---

[1]《三国志补注·吴志·孙策传》注引《异同评》："深险强宗，未尽归复。"卷一，页16。又《吴志·太史慈传》注引《江表传》："鄱阳民帅别立宗部。"卷四，页8。又《吴志·周鲂传》："（鲂）被命密求山中旧族名帅为北敌所闻知者，令谲挑魏大司马扬州牧曹休。"卷一五，页11。
[2]《三国志补注·吴志》，卷七，页17—18。

做过征羌令而已[1]。因这个例子，可以推想中央政权控御力较薄弱的地方，地方上的实际势力，不属所谓大族如金张之类，而在这些地头蛇的小酋豪手里。整个东吴所谓民帅，所谓山贼，可能即不外乎这种人。其记录大致如下[2]：

地 区	叙 述	来 源
会稽郡	吴会、丹杨多有伏匿……会稽山贼大帅潘临	《陆逊传》
（1）剡	县吏斯从……族党遂相纠合，众千余人	《贺齐传》
（2）汉兴余汗	贼洪明、洪进、苑御、吴免、华当等五人率各万户	同上
丹杨郡	贼帅费栈……扇动山越…… 丹杨山险，民多果劲……莫能禽尽	《陆逊传》 《诸葛恪传》
（1）宣城	讨六县山贼……而山贼数千人卒至	《周泰传》
（2）陵阳始安	丹杨、宣城、泾、陵阳、始安、黝、歙诸险县大帅祖郎、焦已	《孙策传》引《江表传》
新都郡	歙贼帅金奇万户……毛甘万户……黝帅陈仆、祖山等二万户 贼帅黄乱、常俱等出其部伍	《贺齐传》 《钟离牧传》
建安郡	贼洪明、洪进、苑御、吴免、华当等五人率各万户	《贺齐传》
（1）东冶	会稽东冶五县贼吕合、秦狼 会稽东冶贼随春	《吕岱传》 同上

---

[1]《三国志补注·吴志》裴松之注引《吴录》，卷七，页17。
[2] 这种资料收集甚全者为高亚伟《孙吴开辟蛮越考》，但高氏以所有山贼民帅为山越，则颇有商之处，请参看唐长孺：《孙吴建国及汉末江南的宗郡与山越》，见《魏晋南北朝史论丛》（北京，1955年）。高氏以为这些民帅动辄数千户数万户，系"山越"氏族组织之证据（请参看高氏原文，在《大陆杂志》第七卷，第7期，页15）。按"氏族"二字为极模糊之中文名词，在文化人类学上颇不易找到其定义，此处所指亦甚不清楚。以本文作者愚见，合户服属原是三国部曲之普通形态，例如《三国志·陈武传》："初表所受赐复人，得二百家，在会稽新安县。"（《三国志补注·吴志》卷一〇，页8），关于部曲与领主的讨论，参看杨中一：《部曲沿革略考》（《食货》第一卷，第3期）。易言之，此处"户"之出现，正足说明下列诸"贼"帅之为地方豪强。

三国吴地的地方势力

续表

地 区	叙 述	来 源
（2）侯官南平	贼帅张雅、詹强	《贺齐传》
东阳郡	初表所受赐复人得二百家	《陈武传》
吴郡	钱唐大帅彭式	《周鲂传》
吴兴郡		
（1）乌程	强族严白虎	《吕范传》
（2）余杭	余杭民郎稚合宗起	《贺齐传》
（3）永安	山贼施但聚众数千人	《孙皓传》
豫章郡	海昏上缭使诸宗帅	《孙策传》引《江表传》
临川郡	贼帅董嗣负阻劫钞豫章、临川	《周鲂传》
庐陵郡	庐陵贼李桓、罗厉	《孙权传》
鄱阳郡	鄱阳贼彭绮 鄱阳大帅彭绮作乱 鄱阳民尤突……化民为贼 贼帅黄乱、常俱等出其部伍 山中旧族名帅……	《孙权传》 《周鲂传》 《贺齐传》 《钟离牧传》 《周鲂传》
武陵郡	大姓文布、邓凯等合夷兵数千人	《陆逊传》
高凉郡	贼帅钱博……以博为高凉西部都尉 揭阳县贼帅曾夏 交趾、九真夷贼？……高凉渠帅黄吴等支党，三千余家 贼帅百余人，民五万余家，深幽不羁	《吕岱传》 《钟离牧传》引《会稽典录》 《陆胤传》 同上

有地方大帅的区域，似乎集中在今天的浙、闽、皖、赣，夹在赣水和钱塘江之间的地区。只有武陵（在今天湘水与沅水）、高凉（在广东海滨）这两个地区，史书说到蛮夷或夷兵夷贼[1]；其他地

---

[1]《三国志补注·吴志·陆胤传》（卷一六，页12—13）、《陆逊传》（卷一三，页3）、《薛综传》（卷八，页8—10）、《潘濬传》（卷一六，页2）、《吕岱传》（卷一五，页8）。

区都未有风俗或种族异于汉人的"大族"。

再把另一群统计来比较,其地区的分布,与上述"大帅""山贼"的分布成一有趣的对比。东吴人物有世系三人以上可排列者,可有:

吴郡十二家:吴人　顾氏、陆氏、两张(张布、张允)氏、朱氏、吴氏

　　　　　　钱塘　全氏
　　　　　　阳羡　周氏
　　　　　　富春　孙氏、徐氏
　　　　　　余杭　凌氏
　　　　　　云阳　殷氏
会稽七家：　会稽　周氏
　　　　　　山阴　丁氏、钟离氏、谢氏、贺氏
　　　　　　长山　留氏
　　　　　　余姚　虞氏
丹阳四家：　丹阳　纪氏、芮氏
　　　　　　故鄣　朱氏
　　　　　　句容　何氏
庐江三家：　庐江　王氏
　　　　　　舒　　周氏
　　　　　　松滋　陈氏
苍梧一家：　广信　士氏
武陵一家：　汉寿　潘氏

此外则有九江寿春蒋氏、九江下蔡周氏、庆陵张氏华氏、彭城严氏张氏蒋氏、临淮鲁氏步氏、汝南昌氏屈氏、沛郡薛氏、北海滕

氏、琅邪诸葛氏，共14家，不是江南土著[1]。那些江南土著大族共28家，多数集中在吴郡、会稽、丹杨三郡。若把这三郡除去，则前面有地方大帅分布的地区将剩下新都、建安、东阳、吴兴、豫章、临川、庐陵、鄱阳、武陵、高凉诸郡。

若把三国时新立郡县作为人口集中已成聚落的指标，新设县邑的地区，也正表示设治以前某些地区已有了不小的聚落。设治是政治权力的正式建立，如此则新设的县治越多，似乎可以引申出两重意义：（1）这一地区有了相当数量的人口；（2）这些人口在此前并未置于政治势力的统治下。以（2）再加申论，这些不在政权掌握下的人口，势须另有一种地方势力维持秩序。下面是一个东吴新增县邑的统计，并且把新分置的县邑除以旧有汉县，各得一个百分比：

荆州	旧	新	合计	新/全
南郡	6	入武陵之作唐、屠陵	8	25%
宜都	2	改夷陵为西陵	3	
建平	2	分置兴山、信陵、沙渠	5	60%
江夏	3	分浦圻、阳新 入豫章之柴桑	6	33%
蕲春	2	入庐江之寻阳、安丰 （废西陵、西阳、轪）	4	
零陵	4	分祈阳、观阳、永昌	7	43%
营阳	3	复置舂陵	4	
昭阳	3	分高平、新域 入长沙之昭陵	6	33%

---

[1] 参照周明泰：《三国世系表》，王祖彝：《三国志人名录》合编（世界书局本）。

续表

荆州	旧	新	合计	新/全
始安	1	分尚安、永丰、始兴、平乐 入苍梧之荔浦	6	67%
桂阳	6		6	0
始兴	4	分始兴、阳山 入交州南海之中宿	7	29%
武陵	7	分龙阳、黚阳、后置舞阳 改汉寿曰吴寿	11	18%
天门	2	分溇中	3	33%
长沙	5	分吴昌、建宁、刘阳	8	37.5%
湘东	2	分梨阳、新平、新宁、阴山	6	67%
衡阳	3	分湘西、新阳、衡阳、临蒸 入零陵之重安、湘乡	9	44%
丹阳	9	复宣城 分永平、广德、怀安、宁国、安吴、临城、始安、泗阳	18	44%
新都	2	分始新、新定、梨阳、海阳	6	67%
庐江	3	入九江之历、全、阜三城	6	
会稽	8	改余暨为永兴 汉末分始宁	10	10%
临海	2	分临海、南始平、宁海、安阳、松阳、罗江	8	75%
建安	1	分建安、吴兴、将乐、昭武、建平、东安、南平	8	87.5%
东阳	2	分长山、永康、新安、吴宁、丰安、定阳、平昌、武义	10	80%
吴	5	改丹徒（武进）、曲阿（零阳）、由拳（嘉兴） 复钱塘 分建德、桐庐、新昌、盐官、新城	14	36%
吴兴	3	分永安、临水 入丹阳之故鄣、于潜 分安吉、原乡 省无锡 缺安乐	9	22%

续表

荆州	旧	新	合计	新/全
豫章	7	分上蔡、富城、永修、吴平、西安、阳乐、新吴、宜丰	15	53%
鄱阳	4	分广昌、葛阳、乐安、新都、上饶	9	56%
临川	2	分西平、新建、永城、东兴、宜黄、安浦、西城、南丰	10	80%
庐陵	1	改庐陵（高昌） 分西昌、东昌、吉阳、巴邱、兴平、阳城、新兴	9	78%
庐陵南部	3	分杨都、平阳、安南、陂阳	7	57%
安城	2	分新喻、永新、萍乡 入长沙之安城	6	50%
南海	6	分平夷	7	14%
苍梧	5	分丰城、建陵、元溪、武城 入合浦之临允	10	40%
临贺	5	分建兴、新宁	7	19%
郁林	3	改广郁（阴平）、领方（临浦） 分新邑、长平、建始、怀安	9	44%
桂林	3	分武安、武丰	5	40%
合浦	1	分珠官	2	50%
朱崖	2		2	0
高凉	1	分恩平、安宁、石门	4	75%
高兴		领广化、莫阳、海宁	3	
北部都尉		领平山、连道、昌平	3	
交趾	10	分吴兴、武安、武宁、军平	14	24%
新昌	1	分嘉鱼	2	50%
武平	1	分吴定、武平	3	67%
九真	3	复都庞 分建初、常乐	6	33%
九德	1	分九德、阳成、越常、西安	5	80%

496　水击三千：中国社会与文化的整合

把上表百分比中超过 67% 的挑出，计有始安、湘东、新都、临海、建安、东阳、临川、庐陵、高凉、武平、九德。其中与大帅出现地区相比，两相叠合的计有六郡，后者中的豫章、鄱阳也各有 58% 和 56% 的比率。这种重叠，不能说完全是巧合。

更有进者，吴郡、会稽、丹阳的各个东吴统治分子的大族，论其籍贯，竟都不在新分各郡的新分县邑内。这一现象更说明了建立新县邑的特殊性，若把东吴统治大族的分布、地方大帅分布地区和增设县邑的现象作一三分对比，以吴郡、会稽、丹阳作一区对立于其他各区，其情形如下面图解：

	吴会丹区	其他各郡
统治大族的出现	+	−
地方大帅的出现	−	+
新设县邑现象	−	+

如前所设新县邑象征统治权的建立的可能，则上面图解或可解释为东吴政权以吴、会、丹的已开发地区为基地，铲除了在东汉政权还未曾确实建立地区的各种地方势力。这些地方势力，原先可能如焦征羌一类人物，是新到者望门投帖的地头蛇；到了地方有事时，他们就可以纠集数千户乃至万户的部曲，盘踞屯聚于山谷之间。东吴与他们的冲突，是为了建立统治权，增加兵源与财源。因之，东吴才有以三郡大族为主要基干的领兵制度，也就是一种变相的分封制度[1]。

蜀汉的情形与东吴甚不相同，根据《华阳国志》，几乎汉中

---

[1] 唐长孺：《孙吴建国及汉末江南的宗部与山越》，见《魏晋南北朝史论丛》（北京，1955 年），页 19 以下。陶元珍：《三国吴兵考》（《燕京学报》，第 13 期），页 65—76。

巴蜀和南中的每一个县份都可以出现甲族大姓[1]。

以蜀汉的中央政府及益州地方政府两个系统言，中央政府的丞相尚书官属，固以荆州及其他郡人士随刘备入蜀者为多；地方掾属却仍由地方大姓充任。而且这些地方大姓显然在东汉已逐渐形成，经过蜀汉以至晋代，始终为地方势力的中心[2]。劝蜀汉政权少出兵作战的是这种大姓中的人物，如周群、张翼[3]；劝刘禅投降的也是同一类人物，如谯周。

蜀汉政权中的重要人物，虽是来自益州以外的比率数字，远大于孙吴的扬州以外人士；益州本处出身人物，则颇为平均地分配在各郡[4]。以蜀汉世系3人以上的家族计算，有23家：

襄阳五家：　　　罗氏、庞氏、习氏、马氏、向氏

右扶风三家：　　马氏、射氏、法氏

汝南两家：　　　陈氏、许氏

南郡两家：　　　霍氏、董氏

义阳两家：　　　邓氏、来氏

零陵一家：　　　蒋氏

江夏一家：　　　费氏

南阳一家：　　　吕氏

---

[1]《华阳国志》(四部备要本)《巴志》、《蜀志》、《南中志》。

[2] 狩野直祯：《蜀漢政權の構造》(《史林》四二卷，第2期)，页100。宫川尚志：《六朝史研究》，页221—222。

[3]《三国志补注·蜀志·周群传》：群论刘备伐关中，说是出军不利。卷一二，页2—3。按：周群是巴西阆中人。又如《三国志补注·蜀志·张翼传》：张翼累次廷争，以为姜维历年出兵，"国小民劳，不宜黩武。"卷一五，页5。按：张氏自东汉以来即为犍为武阳名族。

[4] 参照周明泰：《三国世系表》，王祖彝：《三国人名录》合编。

常山一家：	赵氏
偃师一家：	邵氏
陈留一家：	吴氏
河东一家：	关氏
东海一家：	糜氏
琅邪一家：	诸葛氏

另一方面，益州人氏有 11 家：

巴西南充国两家：	张氏、谯氏
巴西阆中两家：	马氏、周氏
犍为武阳两家：	李氏、张氏
蜀郡成都一家：	张氏
蜀郡郫县一家：	何氏
广汉郪县一家：	王氏
永昌不韦一家：	吕氏
建宁俞元一家：	李氏

前节曾计算过孙吴外来人士为 14 家，土著为 28 家，其一比二的比率与蜀汉二比一的比率恰巧互为倒数。而益州人士的平均分布，又异于东吴集中吴、会、丹三郡的情形。

以单一人物来说，杨戏《辅臣赞》所列人物有荆州 22 人、益州 19 人、司隶 5 人、徐幽豫三州各 2 人、凉冀青襄各 1 人；其中益州 19 人的分布为巴西 6 人、犍为 4 人、梓潼 3 人、广汉 2 人、蜀郡 2 人、建宁永昌各 1 人[1]。

---

[1]《三国志补注·蜀志》，卷一五，页 9—18。参看狩野直祯：《蜀漢政権の構造》（《史林》四二卷，第 2 期），页 101。

蜀汉地方大族的遭遇，可说由于刘备立国之初就有意拉拢蜀之才俊；立国之后，也并用诸葛亮李严以取悦蜀士；往前可以追溯刘焉初入益州时用地方势力自重，往后推论又可看出诸葛亮用张裔以冲淡楚、蜀界线的苦心[1]；同时，蜀汉地方政权的用地方大族，固为汉世州郡掾属由地方察举本地人担任的常规[2]，诸葛亮治益州，可能更要依赖大族维持政权，庶几可以把全部武力用于伐魏防吴——在没有大族的地区，他甚至还有意地扶植一些大族。南中平后，他把南中劲卒青羌万余家迁入蜀地，作为精锐的先锋，同时在南中"分其羸弱配大姓焦、雍、娄、爨、孟、量、毛、李为部曲，置五部都尉，号五子"，而且以"夷多刚很，不宾大姓富豪，乃劝令出金帛，聘策恶夷为家部曲，得多者奕世袭官"。[3]

本文作者曾经讨论两汉中央政权与地方势力间的关系，提出一个拟议，以为中央政府用察举征辟选拔地方人士，以建立桥梁，使地方势力成为两汉政权的基础[4]。本文提出的孙吴与蜀汉的地方大族遭遇，适足为两种不同情势的例子：东吴的民帅是中

---

[1]《三国志补注·蜀志·刘焉传》（卷一〇，页9）、同上书，《张裔传》（卷一一，页6）、同上书，《杨戏传》《季汉辅臣赞注》（卷一五，页12）。并参看何焯前引书中之《三国志》，卷二，页9下。狩野直祯：《後漢末の世相と巴蜀の動向》（《东洋史研究》一五卷，第3期）及同比蜀汉国前史（《东方学》一六）。

[2] 顾炎武：《日知录》（世界书局本）"掾属"条，页184。严耕望：《中国地方行政制度史》（《"中央研究院"历史语言研究所专刊》，第四十五本），第2册，页351—383。顾氏发其端，但严先生之文实为汉代官吏籍贯限制最彻底的研究。

[3]《华阳国志》，卷四，页4。

[4] 许倬云：《西汉政权与社会势力的交互作用》（《"中央研究院"历史语言研究所集刊》，第三十五本，1974年）。

央政权控制最弱地区的地方领袖，他们之中有些人可能根本没有纳入上述选拔的过程中，各个独立单位间的共同秩序，没有成例可以达成统一；孙氏本身是其中之一，因此只能联合一些三郡豪右，用武力使其他地区的民帅降服；其维持政权的方法，也只有利用近似分封的领兵制度。蜀汉的情形则是汉制的延续，刘备继承刘焉刘璋的益州，地方行政系统并未经过摧毁，因此汉代选拔参与统治权的运行系统依然生效，地方大族也就因此仍继续为蜀汉政权的主要基础。这两种形态恰好代表了两种权威的形成：孙吴代表了用暴力建立的秩序，蜀汉代表了靠传统权威建立的秩序。前者是草创的，后者是因袭的。

原载《"中央研究院"历史语言研究所集刊》第三十七本上册

附 录

关于《商王庙号新考》一文的几点意见

自从《民族学研究所集刊》15期刊出《商王庙号新考》后,时常听见有人谈论到该文;近顷更知《民族学研究所集刊》将同期刊出4篇评"新考"的论文。以一篇论文而引起偌多注意,这是中国学术界罕见的现象。我于欣喜之余,更盼望这种讨论的风气,能继长增高,不仅有更多的各科专家参加讨论商史,也有更多的其他论争,也许竟由各种相异学科间意见的交换,中国的学术界也可以发展出一些科际的新学科、新看法、新解释。问疑责难,原是中国学术界的好传统,清代及抗战以前的学者之间,常有移书问难、往复数度的事;到台以后,似乎此风渐息。一方面也许为了很多论文只是材料的整治,少有进一步的解释,其中异见自然也就少了;另一方面,也不无可能由于图书不易得,不免见闻日寡。后者现在已不应成为问题,前者则似仍存在。辞费至此,立此存记,免得将来的人仅把这一时期的缺少问难,尽归之于孔子所不取的"乡愿"作风。

读了"补充意见"本文以后,不无感想,兹杂志如下:

一、丁骕先生曾经一度据李学勤卜日说,以为新考中对于武乙为康丁择日之卜辞,有乙、辛二号;实则李氏所引库方二氏的两片卜辞,未必能缀合在一起。《库方》985,"乙巳卜,帝日叀丁"是一片,1106,"乙巳卜……叀乙丑……叀辛□……",据库方摹本,并无契合可能(见附图)。尤其,"乙"之下有"丑"字大半,"辛"下有另一字残画,当也是一个地支字;其与"帝日叀丁"之下面不带地支,判然有别。帝日之解,也未必适如李学勤所说,为帝祭先王的卜问,帝祭的对象是相当多的。《库方》985更有一个毛病:陈梦家在《述方法敛所摹甲骨卜辞补》(《图书季刊》新二卷三期)一文中,列此片为可疑者(页328)。这个意见,陈氏在《综述》中亦仍保持未改(页652)。丁先生仍据这两片提出新的黏合法,以鄙意似亦不必。丁先生勇于更正,

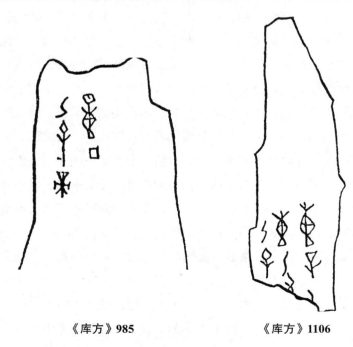

《库方》985　　　　　　　　《库方》1106

殊所佩服，特此附记，以示敬意。

二、许进雄先生以为舅甥而称父子，背乎常情。然而卜辞中亲属称谓除父子外，未见有伯叔舅姑诸词，生亦只作眘生、受生用，不作甥解。舅甥之关系，只需有夫妇，有子女，即可附带有之。卜辞不见，当系有其他名词代之。以父子表示尊卑二代，则舅甥自亦在其范畴内。以典籍所记说之，《国语·鲁语》上："有虞氏禘黄帝而祖颛顼，郊尧而宗舜；夏后氏禘黄帝而祖颛顼，郊鲧而宗禹。"鲧禹是父子，尧舜是舅甥。以鬼不歆非类之说，有虞氏之后无乃多事。舜之继尧，殆用后世礼家所谓"为人后者为之子"之义。鲁之闵公僖公，僖长闵幼；然以僖继闵位，故夏父弗忌主张跻僖公于庙时，君子以为失礼。《春秋》三传文公二年所记颇称一致。《穀梁传》："大事者何，大是事也；著祫尝。祫祭者，毁庙之主陈于大祖；未毁庙之主皆升，合祭于大祖；跻升也，先亲而后祖也，逆祀也。逆祀则是无昭穆也。无昭穆则是无祖也。无祖则无天也。故曰文无天。无天者，是无天而行也。君子不以亲亲害尊尊，此春秋之义也。"《公羊传》："……跻者何，升也。何言乎升僖公，讥。何讥尔，逆祀也。其逆祀奈何，先祢而后祖也。"《左传》："秋八月丁卯，大事于大庙，跻僖公，逆祀也。于是夏父弗忌为宗伯，尊僖公，且明见曰，吾见新鬼大，故鬼小；先大后小，顺也；跻圣贤，明也；明顺，礼也。君子以为失礼，礼无不顺。祀，国之大事也，而逆之，可谓礼乎。子虽齐圣，不先父食，久矣。故禹不先鲧，汤不先契，文武不先不窋；宋祖帝乙，郑祖厉王，犹上祖也。"闵僖明明是同辈，然《公羊》称之谓祖祢，左氏比之为父子，皆缘"为人后者为之子"之义；同理，《公羊》成公十五年，也说明了公孙婴齐改名仲婴齐，即把婴齐降级为其兄公孙归父的儿子辈。同辈可以成为法律上的父子，原有上下辈别的舅甥又岂独不可？

三、林衡立先生以为交表婚即自然有舅甥相继现象，谓"庙号新考"多所辞费。按，林先生所指殆为双系交表，即两群交换婚姻。"庙号新考"所指为父系交表，其多所说明，实甚必要。为补苴计，列三种交表之图解如下：

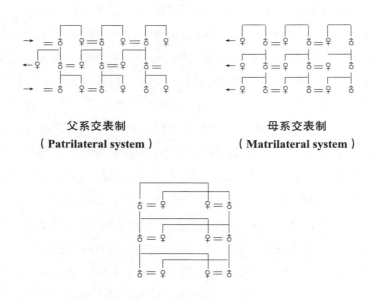

父系交表制　　　　　　　母系交表制
（Patrilateral system）　　　（Matrilateral system）

标准双系制
（Classical bilateral system）

交表制之施行，必须是"制定的"（prescriptive），而不仅是"优先的"（preferential）。以此为先决条件，若以母系制及双系制，同时的三个或两个群，将因平等交换妇女而地位上无分轩轻。在父系制下，以交换的方向每一代转变一次，而三群间至少两群轮流获得优势地位，也就是说，有可能在三个"一字平肩王"中产生一个领袖——王，却又顾及群间的团结。

四、也许有人以父系社会一分子的眼光，习以为常，觉得这种有母系纠缠在内的算法有的难解。其实姓与氏各按一系计算者，不仅在理论上可行，在实际上亦有其例证。举例言之，努巴（Nuba）族人的继承法，有一部分财产由父系传承，另一部分则由母系传承；外婚的禁婚集团，也扩大包括了双方的亲属。（S. F. Nadel, "Dual Descent in the Nuba Hills" in A. R. Radcliffe-Brown and Dayll Forde, ed., *African Systems of Kinship and Marriage*, Oxford University Press, 1960, pp.338 ff.）在中国古代，以春秋时父系社会之久经确定，郑公子兰被内于郑时，郑大夫石癸仍以子兰之母是姞姓"其后当有兴者"，作为迎子兰回国的理由（《左传》宣公三年）。殆以同样缘故，《礼记·曾子问》及《公羊传》僖公二十五年，均以婚姻可称为兄弟，则兄弟之名可施于外亲（俞正燮：《癸巳类稿》卷四，页 20 以下；卷五，页 8 以下；《皇清经解续编》本），情形颇与今日单纯父系者不同。

五、宋承商后，在春秋时，商即是宋。宋之情况颇有保留殷商遗风者。宋在列国中，最具两分法的迹象。宋有左师，仅卫国曾有左公子、右公子可以对比。卫居殷墟，有此亦不足怪。列国卿大夫争权，如鲁之三桓与东门氏，虽甚激烈，但只在新君旧君的兄弟之间（李宗侗先生：《中国古代社会史》，中华文化出版事业委员会，1954，页 232 以下）。连续数代，各分朋党者，以宋为烈。据《左传》鲁文公七年、宋成公十七年，"穆襄之族"攻昭公，襄夫人又以"戴氏之族"攻昭公之党，襄公之孙。鲁文公十七年、宋文公二年，戴、庄、桓之族攻武、穆之族而出之。在穆襄之族攻昭公时，被杀的公孙固与公孙郑都是庄公之族。把这些记载放在一起，可以看出，戴、庄、桓、文属于一边；武、穆、襄、昭，属于另一边。若以戴公为第一代，宋世系如下：

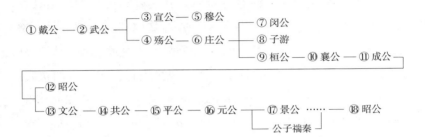

此中殇公被弑，庄公自居正统，殇公是否还被后世算作正统，颇是问题。子游未得庙号，似更不成君。此中又牵涉到兄弟相继之间，是否一概算同一辈，抑据"为人后者为之子"之义。以此之故，宋室昭穆之序已不易推定。可知者，武、穆与襄、昭之间，都隔了一个国君；而与他们相对敌的戴是武的上一君，庄是穆的下一君，桓是襄的上一君，文又是昭的下一君。此中消息，颇似有相邻者相仇，相间者相亲的原则。根据《礼记·祭统》，昭代与穆代，不仅是庙号，生人也按次序参加宗庙典礼，所谓群昭群穆，而受赐也是"一昭一穆"轮流的。也许宋国宗族即以此原则为群的结合，而产生敌忾之气。宋有两个昭公，其间并无杂出国君，其编号则是相应的。此点殆与楚怀王孙心号为怀王相同，唯宋此时并未有国人怀念故君的情形。庙号复出，或也与昭穆之序有关。戴族华、乐、皇始终担任右师；桓之向、鱼，庄之仲，轮流担任左师；其中似又有划然的界限在。

六、据《尚书·无逸篇》，高宗曾经"旧劳于外，爰及小人",祖甲也曾"不义惟王,旧为小人,作其即位,爰知小人之依"。如武丁得傅说于版筑之说属实,武丁似的确曾有与"小人"接触的机会。武丁与祖甲,按世系,都并无流亡之苦,庶孽之难,如晋文汉宣者。然而两人或曾在外。或曾为小人;以王子常情衡之,当均不合理。如以"新考"说释之,两人殆均新由在野的一群入主王统。祖甲颇多作为,如改祀典,用"新法"之类,因此种种,死后或称之为贤君(如"无逸"),或号之以淫乱(如《国语·周语》)。此条解释,半为臆测,然以"新考"说延伸,似亦颇成章理。

七、商之有无王族内婚,犹待更多证据,然而宋国之公室则似乎确有内婚例,故《公羊传》于僖公二十五年、文公七年及文公八年,凡三度说起,"宋三世无大夫,三世内娶也"。《礼记·大传》也说道,"系之以姓而弗别,缀之以食而弗殊,虽百世而昏姻不通者,周道然也"。此中是否隐含"殷道"不然?殆不易知;然而玩其语气,未尝无此可能,而郑注正作如是解。

原载《"中央研究院"民族学研究所集刊》19期

《殷历谱》气朔新证举例

甲骨学权威董彦堂先生曾穷十年之功,著成《殷历谱》一书,用散乱之残甲断骨,委曲推求,居然能使无征于孔子之殷礼重见于今日,如帝辛征人方事甚至可以按日排比,故厥功之艰伟素为学术界所称道。然历算之学,枯燥乏味,鲜有愿尝试者;重以殷代事隔三千年,益觉渺远难稽,故对该书作正面拥护或反面驳难者均极罕觏。然有鲁实先者,则与董氏立异垂十年,董氏每一文出,鲁氏必加辩难。去岁鲁氏复自资出版《殷历谱纠谬》一书,据其评论,《殷历谱》几乎无一是处。鲁氏素以历术自负,故此书主要论据为以历朝五十五种历推算祖甲六祀气朔,无一与董氏所推相合者,故谓董《谱》之不足信若揭。笔者卒然一读,几将以鲁氏之文为信矣。然仔细推考,始悟鲁氏虽于古术夙有研究,仍有一间未达,殆亦智者之偶失欤。今试说之。譬若一绳,以公尺度之得一尺,于是度者告人曰:"此绳长一公尺。"而旁观者别以他尺度之,告人曰:"我以英尺度之,得若干;以市尺度之,得若干;以台尺度之,得若干;而无一与彼度合。故彼之尺度完全错误。"然此人所未悟及者,各种度制长短各殊,庸能强求其同。苟以公尺与英尺、市尺、台尺之比率求得，将此人所得诸数悉换算为公尺，则将见皆为一公尺矣。鲁氏用各历所推攻董氏者，殆亦类此。笔者不学，愿以愚者一得，质于鲁氏，以为如何？

故以另一意义言之，鲁氏《纠谬》之作不啻为董《谱》之新证，因鲁氏所推诸历略加校正，即可作董《谱》正面之支持。此固非鲁氏之始愿，但虚心讨论，不持成见，不作意气之争，固学者之素养，鲁氏当亦首肯也。

下文试作换算工作，主要依据即为鲁氏所推诸数。但古术大抵不甚精确，故以今测精数与各历法数相较，盈者损之，亏者益之，求一正确数字，与董《谱》数字互比，以觇董《谱》得失。然鲁氏亦有误推者，如统天授时二术，则遵高平子先生方法用本术改正。至于推算对象，仅取祖甲六祀年前冬至及天正朔，其余气朔均可举一反三也。

此次承高先生拨冗推演，指点不惮其详；又蒙赐以审阅，斧削改正，重累神清，笔者感激之余，敬志以谢。

董氏《殷历谱》下编卷一第31页，祖甲六祀（公元前1268年），正月朔辛未，儒略周日1258278。又据同卷第8页谱例，冬至所在为儒历元旦后1日或2日，即正月十一或十二，辛巳或壬午，儒略周日1258288或1258289。殷代无节置闰，故正月从小寒，当建丑；但若依无中置闰法，则冬至所在当为建子之月[1]。

---

[1] 董彦堂《殷历谱》祖甲六祀冬至在正月十一或十二，故各历校正后若冬至在正月十一或十二，均认为符合。

以下即以鲁氏推算各历祖甲六祀正月朔及冬至，加以适当纠正后，与上述董氏所列对勘。

一、汉前古历 鲁氏所举有黄帝、殷历、周历及鲁历，其实尚有颛顼及夏历。六历本法不传，以散见于各史志及他处之数字觇之，其朔实同为29又499/940日，岁实同为365又1/4日，盖四分术也。据刘宋祖冲之说："古术之作，皆在汉初周末，理不得远。"其确切完成时代不可知，但据朱文鑫氏以殷历冬至在牵牛初度，颛顼立春在营室五度，推之，其测定时代当在周烈王时。今举殷历以概其余：鲁氏推算殷历，祖甲六祀正月朔在己巳，冬至在初五。按四分术岁余大于实测，故朔望将300余年差1日，节气将128年差1日。殷历上元后276万年，为初元二年前320年，即殷历第二次元始甲寅岁，当公元前367年，距祖甲六祀为902年，上溯900年中，朔当先天2或3日，则真朔当在辛未或壬申；气当先天10日，则真冬至当在十二（壬午）。固符合于董《谱》也。

二、三统历 汉太初改历，邓平作八十一分法，附会钟律，刘歆因之而作三统，高平子先生尝为文论其异同[1]。大体言之，二历之岁实朔策皆相同：据《汉书·律历志》，三统上元庚戌至太初元年丁丑积143128年，日法81，元法4617，统法1539，章岁19，章月235，月法2392，周天562120；据此，以章岁除周天，再除以日法，得岁实365.25016244日，以日法除月法，得朔策29.53086419日。二者均较古历四分尤为疏阔，故《续汉

---

[1] 高平子：《汉历因革异同及其完成时期的新研究》(《大陆杂志》七卷四、五期，1953年8、9月)。

书·律历志》：" 元和二年，太初失天益远，冬至后天四分日之三，晦朔弦望差天一日，宿差五度。" 据朱文鑫《历法通志·汉历志略》一："按各历近距之元，以殷历历元移前五十七岁即为太初历元，复以太初历元移前五十七岁，即为四分历元。" 自四分庚申上元下推 276 万年后得庚申为孔子获麟，公元前 481 年，是四分历元。据此，太初历元当在公元前 424 年，上距祖甲六祀为 845 年。以太初岁实朔策与今用者相比（今用岁实 365.2422 日，朔策 29.530588 日，后文不复举），上溯，气当失之先天 6.7 日，朔当失之先天 2.9 日。鲁氏推得正月朔戊辰，冬至初五。据此则真朔在庚午，冬至在十一。朔先董《谱》1 日，气同董《谱》。

三、元和四分历 元和复古四分，以庚申为元，其历元据前述在公元前 481 年。岁实朔策已见汉前古历一节。鲁氏推得祖甲六祀正月朔丁卯，冬至在初六。自公元前 481 年上溯，当得 788 年，朔当先天 2.5 日，气当先天 6.2 日；则朔在己巳，冬至在十二；朔先董《谱》2 日，气合董《谱》[1]。

四、乾象历 据《晋书》志，乾象创自会稽刘洪，改四分术斗分而作。其周天 215140，以纪法 589 除之，得岁实 365 又 145/588 日；以纪月 7285 除之，得朔策 29 又 773/1457 日。较之四分法，乾象密近今用岁实朔策，但岁实仍稍大，朔策则较小，上推千余年仍不免有失。今以吴大帝黄武元年，公元 222 年上溯，朔当后天 1 日，气当先天 5 日。鲁氏推得祖甲六祀正月壬申

---

[1] 汉历如以行用年为起算点，太初元年为公元前 204 年，以太初历上溯之，冬至应先天 8.5 日，朔应先天 3.6 日。元和二年为公元 85 年，以元和四分上溯，冬至应先天 10.5 日，朔应先天 3.8 日。

朔，冬至在初六。损益其差天之数，真朔当在辛未，冬至当在十一，恰符董《谱》。

五、景初历 魏景初元年杨伟造，自魏景初元年迄宋永初均用之。据晋宋二书志，纪法1843，纪日673150，纪月22795。以纪法除纪日，得岁实365又455/1843日；以纪月除纪日，得朔策29又2419/4559日。较今用之数，朔策更密近，而岁实犹大。以景初元年，公元237年，上溯祖甲六祀，气先天7日，朔先天0.2日。鲁氏推得正月辛未朔，冬至在初六。据此校正，则朔仍在辛未，冬至当在十三。朔与董《谱》符合，气后天一二日而已。

六、刘智历 据《晋书》志："刘智以斗历改宪，推四分法三百年而减一日"，以校四分历疏失，号曰正历。300年少1日，150年为54787日，故岁实得365日又37/150日。其纪日1040953除以纪月35250（据《开元占经》），则得朔策29.53058200日。由泰始十年，公元274年，上溯祖甲六祀，朔当后天0.1日，气当先天6.8日。鲁氏推得正月壬申朔，冬至在初五。据此则真朔仍在壬申，冬至当在十一。气同董《谱》，朔后1日。

七、姜岌三纪历 晋太元中，后秦姜岌所造。其法数则据《晋书》志及《开元占经》：纪法2451，纪日895220，斗分650，得岁实365又650/2451日；由日法6063，通数179044，得朔策29又3217/6063日。均较今用为巨。由后秦姚苌白雀元年，公元384年，上溯祖甲六祀，计1052年。差天之数，朔先天0.1日，气先天7.6日。鲁氏推得祖甲六祀正月辛未朔，冬至在初六。当改正为正月辛未朔，冬至在十三。朔同董《谱》，气后

2日。

八、元始历 北凉赵𢾺造。据《魏书》志及《开元占经》，蔀法7200，日法89052，以除周天2629759，则得岁实365又1759/7200日，朔策29又47251/89052日。均较今数为大。元始历始破章法，不用19年为章之率，此其足多者。由北凉沮渠蒙逊玄始元年，公元412年，上距祖甲六祀，计1085年，差天之数，气当先天3.6日，朔当先天0.2日。鲁氏推得正月辛未朔，冬至在初八。据此正月仍为辛未朔，冬至当改为十一。气朔均合于董《谱》。

九、元嘉历 宋何承天造，其特色为测中星以定岁差，因月食以检冬至，并由古历朔余强弱之比较而得调日法。其法数据《宋书》志，日法752，通数22207，周天111035，度法304。故得朔策29又399/752日，岁实365又75/304日，均略大于今数。鲁氏推得祖甲六祀正月辛未朔，冬至在初三。自宋文帝元嘉二十年，公元443年，上溯祖甲六祀，计1722年。朔当先天7.8日，气当先天0.2日。以此校正鲁氏所推，则正月仍为辛未朔，冬至改为初十。朔同董《谱》，气先一二日。

十、大明历 宋大明七年，祖冲之害元嘉之简略也，更造此历，师赵𢾺元始之法，破除章法，以二十章加十一年及四闰，故较赵法之三十一章加十一年及四闰尤密。冲之又悟岁周与天周不同，首创岁差。故冲之亦自信其法之精。然为戴法兴所阻，不克施行；至梁天监九年，始用此术，自此迄于陈亡不改。其法数据《宋书》志，纪法39451，周天14424664，日法3939，月法116321。用纪法除周天得岁实365.24281481日，日法除月法得朔策29.53059152日。较之今用之数，颇属接近。自大明七年，公

《殷历谱》气朔新证举例　517

元463年，上溯祖甲六祀，计1730年，气当失之先天1.1日，朔当先天0.1日。鲁氏据大明术推得是年正月辛未朔，冬至在初十。据此校之，则朔仍不变，冬至当在十一。董《谱》固亦相符。

十一、大同历 梁大同十年，虞𠠶造，用赵㵒以619为章岁，复用何承天法，月朔以迟速定其小余。然遭侯景之乱，未及施行。据《隋书》志及《开元占经》，日法为1536，纪法36616。又据《畴人传》："大同术数残阙，李尚之锐曰：以率推之，当以489984为纪月，14469521为岁分，45359为月法。"据此，以纪法除岁分，得岁实356.244371日，以日法除月法，得朔策29.530599日。自大同十年，公元544年，上溯祖甲六祀，计1811年，差天之数，朔先天0.1日，气先天3.2日。鲁氏据大同术推得正月辛未朔，冬至在初七。据此校之，正月朔仍在辛未，冬至改在初十。朔与董《谱》相同，冬至则先1日。

十二、正光历 北魏初用赵㵒元始历，然行之七十余年，以疏阔不合于用。于是崔光造神龟，正光元年后以张龙翔等九家合为一法，即正光历。改章闰之法，章岁550，章闰186，不重实测，全恃推演。据《魏书》志，其蔀法6060，日法74952，周天分2213377。以蔀法除周天分，得岁实365.24372937日，以日法除周天分，得朔策29.53059291日，均大于今测。自正光三年，公元522年，上溯祖甲六祀，计1789年；差天之数，朔先天仅0.1日，气先天2.7日。鲁比据正光术上推，得正月辛未朔，冬至在初八。据此校正，正月朔不变，冬至应在初十。朔符合董《谱》，气先1日。

十三、兴和历 兴和元年，正光渐差，李业兴遂造兴和历，其术与正光不甚异。据《魏书》志，蔀法16860，日法208530，章岁 562，章闰 207，周天 6158017。以蔀法除周天，得岁实 365.2418742 日，以日法除周天，得朔策 129.53060470 日，均大于今数。自兴和二年，公元 540 年，上推至祖甲六祀，共计 1807 年；差天之数，朔当仅先天 0.4 日，气当先天 3.6 日。鲁氏依兴和术推得正月朔亦为辛未，冬至在初七，校之则朔仍在辛未，冬至应为初十。朔符合董《谱》，气先 1 日。

十四、九宫行棋历 亦李业兴造，见《魏书》及《北史》本传，其章岁同于正光，蔀法 4040，斗分 987；又据汪曰桢古今推步诸术考，蔀法 4040，斗分 987；又据汪曰桢古今推步诸术考，蔀月当为 49968，蔀日当为 1475585，朔余 26513。故岁实得 365 又 987/4040 日，朔策当得 29 又 26513/49968 日，亦大于今数。九宫未行用，今据武定五年，公元 547 年，上推祖甲六祀，计 1813 年；差天之数，朔仅先天 0.2 日，气当先天 2 日。鲁氏据九宫术上推，正月辛未朔，冬至初八。据差校正，朔仍在辛未，气应改为初十。朔符合董《谱》，气先 1 日。

十五、天保历 北齐代魏，宋景业上天保历，以为齐受命之符。据《隋书》志及《开元占经》，章岁 676，章闰 249，蔀法 23660，日法 292635，周天 8641687，斗分 5787。以蔀法除周天，得岁实 365.244590 日；以日法除周天，得朔策 29.530599 日。始用于天保二年，今自天保元年，550 年，上距祖甲六祀共计 1817 年；差天之数，朔仅先天 0.2 日，气当先天 4.3 日。鲁氏据天保术推得正月辛未朔，冬至在初八。据差校正，朔日不变，冬至应在十二。气朔皆与董《谱》符合。

十六、孝孙历 天保疏阔，历家各造新历正元，刘孝孙亦其中之一。其章岁闰法全袭大同，据《隋书》志，纪法 8047，日法 1144，岁余 1966；又汪曰桢推月法当为 33783。据此则岁实为 365.24431415 日，朔策 29.5305940 日。自武平七年，公元 576 年，上溯祖甲六祀，共计 1843 年；差天之数，朔仅先天 0.1 日，气当先天 3.9。鲁氏以孝孙术上推，正月辛未朔，冬至在初八。据差校正，朔不变，冬至应在十一。气朔均合董《谱》。

十七、天和历　甄鸾于北周武帝时造，其章岁、章闰均与大明术同。据《隋书》志及《开元占经》，蔀法 23460，日法 290160，朔余 153991，斗分 5731。故岁实 365 又 5731/23460 日，朔策 29 又 153991/290160 日。自天和元年，公元 566 年，上溯祖甲六祀，共 1833 年；差天之数，朔当先天 3.4 日，气当先天 3.8 日。鲁氏以天和术推得正月己巳朔，初八冬至。据差校之，正月朔当为壬申，冬至当为十一。气同董《谱》，朔后 1 日。

十八、大象历　周大象元年，马显上丙寅元历，行用讫于周亡。据《隋书》志，日法 53563，章岁 448，斗分 3167，蔀法 12992；又李锐推其月法为 1581749。以蔀法与斗分推之，得岁实 365.24376539 日；以日法与月法推之，得朔策 29.53062748 日。自大象元年，公元 579 年，上距祖甲六祀，共 1846 年；差天之数，朔先天仅 0.8 日，气先天 2.9 日。鲁氏据大象术推得正月辛未朔，初八冬至。以差校之，朔仍在辛未，冬至在初十，甚至十一。朔同董《谱》，气先董《谱》不足 1 日。

十九、开皇历　隋统一南北，道士张宾以符命动高祖，遂造新历。其术大致不出何承天法，而精密犹逊之，故刘孝孙等大加驳议。据《隋书》志，其章岁 429，章月 5306，通月 5372209，日法 181920，蔀法 102960，斗分 25063。由蔀法除以斗分得岁实 365.24342463 日，由通月除以日法得朔策 29.53061235 日。按开皇四年，公元584年，上溯祖甲六祀，共1851年；差天之数，朔当先天半日，气当先天2.3日。鲁氏尝据开皇推得祖甲六祀正月辛未朔，冬至在初八。校正后，朔仍在辛未，冬至则应在初十。朔与董《谱》符合，气则不过先天1日而已。

二十、皇极历 隋刘焯等见大象之失而更造新历，虽为执政所泥，未被见用，而法数之精妙为当世历家所推重。其术详载于《隋书》志，岁率676，气日法46644，岁数17036466又半，朔日法1242，朔实36677。岁数除以气日法得岁实365.2445440日；朔实除以朔日法则得朔策29.53059600日。由仁寿四年，公元604年，上溯祖甲六祀，共1872年；差天之数，朔仅先天0.2日，气则先天4.4日。鲁氏据皇极术上推是年正月辛未朔，冬至在初七。当依此改为正月辛未朔，冬至在十一，气朔均合于董《谱》。

二十一、大业历 张胄元剽窃二刘之术，增损而作大业历。据《隋书》志，章岁410，章闰151，日法1144，月法33783，岁分15573963，度法42640。度法除岁分得岁实365.24203470日；日法除月法得朔策29.53059940日。由大业四年，公元608年，上溯祖甲六祀，共1875年；差天之数，朔仅先天0.2日，气当先天1.1日。鲁氏据大业历推得是年正月辛未朔，冬至在初十；校正后，正月仍为辛未朔，冬至应在十一。气朔均与董《谱》符合。

二十二、戊寅历 唐武德初，道士傅仁均造，始用定朔；但行之数年，渐已失数，于是又由崔善为、祖孝孙考校。其术，据新旧《唐书》志，章岁676，章闰249，岁分3456675，气法9464，月法384075，日法13006。以气法除岁分得岁实365.24461115日，以日法除月法得朔策29.53060126日，均大于今测。自武德九年，公元626年，上溯祖甲六祀，共1893年；朔仅先天0.3日，气当先天4.6日。鲁氏据戊寅术上推是年，正月辛未朔，冬至在初七、校正后，朔仍在辛未，冬至应在十一。朔气均与董《谱》符合。

二十三、麟德历 戊寅术虽经崔祖校订，但至高宗时仍渐差。李淳风遂作甲子元历，废自古章蔀纪元之法，用定朔，以总法合日法、纪法为一，期实、朔实均以总法为母，自是后世历家皆从其法。据新旧《唐书》及《开元占经》，总法1340，除期实489428，而得岁实365.24477611日；总法除常朔实39571，而得朔策29.53059701日。其法便捷，超越前代。但自麟德元年，公元664年，上溯祖甲六祀，共1932年，气仍先天5日，朔则仅先天0.2日。鲁氏据麟德术上推是年正月辛未朔，冬至在初六；校正后，朔仍在辛未，冬至应在十一。气朔均与董《谱》符合。

二十四、神龙乙巳历 麟德寖疏，故中宗复辟，南宫说奏改历。历甫成，睿宗即位，遂未施行。其法之特点为以百为差。据《旧唐书》志，母法为100，期周365日余24奇48，即岁实365.2448日；月法29日余513奇6，即朔策29.5306日。自神龙元年，公元705年，上溯祖甲六祀，共1974年；差天之数，朔仅先天0.3日，气当先天5.1日。鲁氏据之推得正月辛未朔，冬至在初六；故当校正为正月辛未朔，冬至在十一。气朔均符合董《谱》。

二十五、大衍历 释一行所作，虽假借易象大衍之数，然亦得之实测，故其数较密，冠于唐历。据新旧《唐书》志，通法3040，策实1110340，以通法除之，得岁实365.24440789日；揲法89773，以通法除之，得朔策29.53058210日。自开元十二年，公元724年，上溯祖甲六祀，共1993年；差天之数，朔仅先天

0.1 日，气则先天 4.4 日。鲁氏据大衍术上推得正月辛未朔，冬至在初七。朔之差数甚微，冬至则当为十一，皆符合董《谱》。

二十六、正元历 唐德宗时，徐承嗣等离合麟德、大衍而作正元。据《新唐书》志，通法 1095，策实 399943，除以通法，得岁实 365.24474885 日；揲法 33336，除以通法，得朔策 29.53058210 日。自兴元元年，公元 784 年，上溯祖甲六祀，共 2051 年；朔仅先天 0.1 日，气当先天 5.2 日。鲁氏据正元术上推，得正月辛未朔，冬至得初六。朔所差甚微，冬至当在十一，全与董《谱》符合。

二十七、宣明历 唐穆宗时造，《新唐书》志不载撰人名氏，宋元二史志并云徐昂造，昂亦尝造观象历，宪宗时上之，其法唐志云已无传者。宣明历自长庆始行用，达 71 年，为唐历之终。其制大率依大衍，据《新唐书》志，统法 8400，章岁 3068055，章月 248057；即岁实 365.24464285 日，朔策 29.53059525 日。自长庆二年，公元 822 年，上溯祖甲六祀，共 2089 年；差天之数，朔先天 0.2 日，气先天 5.1 日。鲁氏据宣明术上推是年正月朔辛未，冬至在初六；校正后，正月朔不变，冬至应在十一。气朔均符合董《谱》。

二十八、崇玄历 昭宗以宣明历行之已久，更命边冈等制新历。景福元年，历成，其法不出大衍规模。据《新唐书》志，通法 13500，岁实 4930801，以通法除之，得一岁日数 365.24451851；朔实 398661，以通法除之，得一月日数 29.53059259。自景福元年，公元 892 年，上溯祖甲六祀，共 2159 年；朔应先天 0.1 日，气应先天 5 日。鲁氏据崇玄术上推，得正月辛未朔，冬至在初六；校正后，朔仍未变，冬至应在十一。气朔均符合董《谱》。

二十九、钦天历 五代分崩，无复考历；及宋，诸历并亡，仅后周王朴钦天历为刘羲叟求得本经。然《新五代史·司天考》削其诸数，故法又不全。后人推者仅能求平朔，不能求定朔，据《司天考》，其统法7200，岁率2629760秒40，朔率212620秒28；故岁实365.2445日，朔实29.53059444日。自周显德三年，公元956年，上溯祖甲六祀，共2223年，朔应先天0.2日，气应先天5.1日。鲁氏据钦天术推得正月朔在辛未，冬至在初六；校正后，朔仍不变，冬至在十一。气朔均与董《谱》符合。

三十、应天历 宋王应讷造。据《宋史》志，元法10002，岁盈269365，月率59073；但据李锐云：岁盈当作岁总730635，以五因之，得3653175，如元法而一，得365，不尽2445，即一岁之日及斗分；月率以五因之，得295365，如元法而一，得29日不尽5307，即一月之日及余。故其岁实当得365.2445日，朔策当得29.5307日。自建隆三年，公元962年，上溯祖甲六祀，共2229年；差天之数，朔应先天0.2日，气应先天五日。鲁氏据应天术上推，得正月辛未朔，冬至在初七；当校正为正月辛未朔，冬至在十二。气朔均符合董《谱》。

三十一、乾元历 宋吴昭素造。据《宋史》志，元率2940，岁周214764，朔实17364；岁周朔实各以五乘之，元率除之，则得岁实365.24489776日，朔策29.53061237日。自太平兴国六年，公元981年，上溯祖甲六祀，共2248年；差天之数，朔应先天0.1日，气应先天5.9日。鲁氏据乾元术推得正月辛未朔，冬至在初六；校正后应为正月辛未朔，冬至在十一。气朔均与董《谱》符合。

三十二、仪天历 宋史序造，与乾元并依应天为本。据《宋史》志，宗法10100，岁周368897，岁周乘十，除以宗法，则得岁实365.24454455日；合率208259，除以宗法，则得朔策29.53059405日。自咸平四年，公元1001年，上溯祖甲六祀，共2268年；差天之数，朔应先天0.2日，气应先天5.3日。鲁氏据仪天术推得正月辛未朔，冬至在初六；校正后，正月朔不变，冬至当在十一。气朔均与董《谱》符合。

三十三、乾兴历 乾兴初改历，张奎造。据《宋史》志，以8000为日法，1958为斗分，4244为朔余。故岁实当得365.24475日，朔策29.5305日。朔余之弱为从所未有，苟非伪误，则其疏可知，故此历未行。以其岁余、朔余言之，自乾兴元年，公元1022年，上溯祖甲六祀，共2289年；差天之数，朔应后天2.5日，气应先天5.8日。鲁氏推算，得正月辛未朔，冬至在初七；据此改正，正月己巳朔，冬至在十二。朔先董《谱》1日，气合董《谱》。

三十四、崇天历 楚衍宋行古同造。据《宋史》志，枢法10590，岁周3867940，朔实312729。各除以枢法，即得岁实365.24457034日，朔策29.5305949日。自天圣二年，1024年，上溯祖甲六祀，共2291年；朔应先天0.2日，气应先天5.4日。鲁氏据之上推，正月辛未朔，冬至在初六；据此改正，正月朔不变，冬至应为十一，气朔均符合董《谱》。

三十五、明天历 宋治平初，周琮造，但议论虽详，而测算未精，故行之三年即罢。据《宋史》志，元法39000，岁周14244500岁，朔实1151693，岁余9500，朔余20693。以元法除之，当得岁实365.24358974日，朔策29.53058974日。自治平元年，公元1064年，上溯祖甲六祀，共2331年；差天之数，朔几乎不变，气则先天3.2日；鲁氏已推得正月辛未朔，冬至初八，故应改为十一。气朔均与董《谱》符合。

三十六、奉元历 熙宁七年，月食不合，故命卫朴更造，次年行之，即奉元历。南渡时失其法，故《宋史》志云奉元法不存。李锐据《元史》志所载积年、日法算补《气朔》《发敛》二篇，定岁实为8656273，朔实为699875，撰为《补修熙宁奉元术》一卷。据此则一岁日数365.243585，朔策29.53059071日。自熙宁八年，1075年，上溯祖甲六祀，共2392年；差天之数，朔应先天0.1日，气应先天3.2日。鲁氏据术推得正月辛未朔，冬至在初八；校正后，正月朔不变，冬至应为十一。气朔均符合董《谱》。

三十七、观天历 元祐中，皇居卿造。据《宋史》志，统法12030，岁周4393880，朔实355253。是以岁实365.24355777日，朔策29.53059019日。自元祐七年，公元1092年，上溯祖甲六祀，共2361年；差天之数，朔应先天0.1日，气应先天3.2日。鲁氏推得正月辛未朔，冬至在初八；校正后，朔不变，冬至应为十一。气朔均与董《谱》符合。

三十八、占天历 徽宗时，观天已疏，姚舜辅作占天历，崇宁二年行用，旋以成于私家，未经考验，罢，其法遂散失。据《元史》志及《玉海》，其日法28080；李锐补修崇宁占天术，推其岁实为10256040，朔实为829219，即一岁日数365.24359，朔策29.53059116日。自崇宁二年，公元1103年，上溯祖甲六祀，共2370年；差天之数，朔先天0.1日，气先天3.2日。鲁氏据术推得正月辛未朔，冬至在初八；校正后，朔仍不变，冬至应在十一。气朔均与董《谱》符合。

三十九、纪元历 占天历罢，更命姚舜辅作纪元历。据《宋史》志及《玉海》，日法7290，期实2662626，朔实215278；即岁实当为365.24362139日，朔策29.23058984日。自崇宁五年，公元1106年，上溯祖甲六祀，共2373年；差天之数，朔应先天0.1日，气应先天3.3日。鲁氏据纪元术推得正月辛未朔，冬至在初八；校正后，朔仍不变，冬至当为十一。朔气均与董《谱》符合。

四十、统元历 宋南渡，纪元散亡，高宗复购得之，施用至绍兴初，改行陈得一统元法。据《宋史》志，元法6930，岁周2531138，朔实204647。故岁实365.24357864日，朔策29.53059163日。自绍兴五年，公元1135年，上溯祖甲六祀，共2402年；差天之数，朔应先天0.1日，气先天3.3日。鲁氏据术推得正月辛未朔，冬至在初八；校正后，正月朔不变，冬至当在十一。气朔均符合董《谱》。

四十一、乾道历 宋室南迁，统元以后三次改历（乾道、淳熙、绍熙），皆出刘孝荣一人之手。然"未尝测景"，仅变换子母以增损之耳。据《宋史》志，乾道之术：元法30000，期实10957308，朔实885917秒76（秒法一百）。得岁实365.2436日，朔策29.530592日。自乾道三年，公元1167年，上溯祖甲六祀，共2434年；差天之数，朔应先天0.1日，气应先天3.4日。鲁氏据术上推，得正月辛未朔，冬至在初八；校正后，朔仍不变，冬至应在十一。气朔均符合董《谱》。

四十二、淳熙历 亦刘孝荣造。据《宋史》志，其元法5640，岁实2059974，朔实166052秒56（秒法一百）。即当得一岁之日数 365.24361701，朔策 29.53059547 日。自淳熙三年，公元 1176 年，上溯祖甲六祀，共 2443 年；差天之数，朔应先天 0.2 日，气应先天 3.2 日；鲁氏据术上推，得正月辛未朔，冬至在初八；校正后，朔仍不变，冬至当为十一。气朔均符董《谱》。

四十三、会元历 光宗绍熙二年，刘孝荣又作会元历。据宋元二史志，其统率 38700，气率 14134932，朔率 1142834。即得岁实 365.24372093 日，朔策 29.53059431 日。自绍熙二年，公元 1191 年，上溯祖甲六祀，共 2458 年；差天之数，朔先天 0.2 日，气先天 3.7 日，鲁氏据术推算，得正月辛未朔，冬至在初八；校正后，朔仍未变，冬至当为十一。气朔均符合董《谱》。

四十四、统天历 杨忠辅造统天历，实历法之一大改革。统天废积年而用截元，已破自来习俗，又悟岁实有消长，定躔差，百年加减一分之法。故统天实名历之一。而鲁氏推得祖甲六祀，正月己巳朔，冬至在初六，显有错误。兹遵高平子先生指导，循统天本术核算。按《宋史》志（卷八十四，《律历志》第三十七，《统天历》）；求天正冬至："置上元距所求年积算，以岁分乘之，减去气差，余为气泛积，以积算与距算相减，余为距差，以斗分差乘之，万约，为躔差（小分半已上从秒一）。复以距差乘之（秒半已上从分一，复皆准此）。以减气泛积，余为气定积（如其年无躔差，及以距差乘躔差，不满秒半以上者，以泛为定）。满纪实去之；不满，如策法而一，为大余；不尽，为小余。其大余命甲子算外，即得日辰。因求次气，以气策累加之。小余满策法从大余，大余满纪策去之，命日辰如前（如求已，径以躔差加减岁余，距差乘之，纪实去之，余以加减气积差 20007489，如策法而一，余同上法。其加减躔差乘积算如少如距算者，加之；多如距算者，减之。其加减气积差，即反用之）。"故可用算式表之如下：

$$\left[（积算 \times 岁分 - 气差）- \frac{（积算 - 距算）^2}{1000} \times 斗分\right] \div 纪实 = Q + 余数$$

按统天演纪上元甲子岁距绍熙五年甲寅岁，积3830（此为统天特有之"距算"），绍熙五年为公元1194年，故祖甲六祀积算为1370。又统天岁分为4382910，气差237811，斗分差127，纪实72万。故得大余16，日辰当在庚辰。故祖甲六祀天正冬至为庚辰。

又求天正经朔："置天正冬至气定积，以闰差减之，满朔实去之，不满为天正闰泛余。用减气定积，余为天正十一月朔泛积，以百五乘距差，退位减之，为朔定积……满纪实去之，不满如策法而一，为大余，不尽为小余。其大余命甲子算外，即得日辰。"亦可用算式表之：

$$（冬至气定积 - 闰差）\div 朔策 = 月数 + 天正闰泛余$$

$$\left(气定积 - 天正闰泛余 - \frac{距差 \times 105}{10}\right) \div 纪实 = Q + 余数$$

按闰差21704，朔实354368，距差则为积算减距算。故得大余7，日辰在辛未。易言之，依统天本术上推，祖甲六祀天正朔辛未，冬至庚辰为初十日。此处虽只算经朔，但定朔至多能移一位。

又统天朔实为354368，复以"百五乘距差，退位减之"之法，故每月须减0.87，朔实应为354367.23，以策法除之，应得朔策为29.53059416日。岁实则由岁分与策法求得365.2425，又有躔差为消长加减，据高先生推得约为2.12。由熙宁五年上算祖甲六祀，共2461年，仍不免有差，约为气先天0.8日，朔先天0.2日。校正后，正月朔仍在辛未，冬至可能移入辛巳即十一，亦与董《谱》符合。至于董《谱》无此月为丑，而统天所推为子，则系由于殷用无节置闰所致。

四十五、开禧历　宋开禧三年，以鲍澣之言改历，诏附统天术颁之。据《宋史》志，其日法16900，岁率6172608，朔率499067。即岁实当为365.24307692日，朔策29.53059490日。自开禧三年，1207年，上溯祖甲六祀，共2474年；差天之数，朔先天0.1日，气先天2.2日。鲁氏据术推得正月辛未朔，冬至在初九；校正后，朔仍在辛未，冬至应在十一。气朔均符合董《谱》。

四十六、淳祐历　开禧行用之后，至淳祐十年，李德卿又造淳祐历。据宋元二史志，日法3530。李锐以演纪之法推之，岁实当为1289307，朔实为104243。即一岁日数365.242776，朔策29.53059490日。自淳祐十年，公元1250年，上溯祖甲六祀，共2517年；差天之数，朔应先天0.2日，气先天1.4日。鲁氏据术上推，得正月辛未朔，冬至在初十；校正后，朔仍未变，冬至则应在十一。气朔均符合董《谱》。

四十七、会天历　淳祐颁行之初，立春食分均已差。于是谭玉又造会天历。据宋元二史志，日法9740。李锐以演撰之法推之，当以3557466为岁实，281628为朔实。即一岁之日数365.24291600，朔策29.53059548日。自淳祐十二年，公元1252年，上溯祖甲六祀，共2519年；差天之数，朔应先天0.2日，气应先天1.8日。鲁氏据术上推，得正月辛未朔，冬至在初十；校正后，朔仍不变，冬至应在十一或十二。气朔均符合董《谱》。

四十八、成天历　宋咸淳六年，陈鼎以会天历气闰不合，复造成天历。次年颁行，行用迄于德祐。据宋元二史志，其日法7420，岁率2710101，朔率219117。即得岁实365.24272237日，朔策29.53059299日。自咸淳七年，公元1271年，上溯祖甲六祀，共2538年；差天之数，朔应先天0.2日，气应先天1.3日。鲁氏据术上推，得正月辛未朔，冬至在初十；校正后，朔仍不变，冬至应为十一。气朔均符合董《谱》。

四十九、大明历 金取汴京，得宋测器，乃据以造新历。天会五年杨级乃造大明历，十五年颁行。然以积年过巨，故大定二十年赵知微重修改之，日法则同。据金元二史志，日法5230，而李锐以演纪法推其岁实朔策，亦与知微术同。据《金史》志，岁实1910224，朔实150445。即一岁之日数365.24359464，朔策29.53059273日。自天会五年，公元1127年，上溯祖甲六祀，共2394年；差天之数，朔应先天0.1日，气应先天3.3日。鲁氏据术上推，得正月辛未朔，冬至在初八；校正后，朔仍不变，冬至应在十一。气朔均符合董《谱》。

五十、乙未历 大明历行用后，日月食均不验，赵知微被诏修正，而耶律履亦于大定二十年上乙未历。然以不及知微历精密，故未施行。据《金史》本传及《元史》志，其日法20690。李锐以演撰之法推之，岁实7556880，朔实为767588。即一岁日数365.24311261，朔策29.53059449日。自大定二十年，公元1180年，上溯祖甲六祀，共2447年；差天之数，朔应先天0.3日，气应先天2.2日。鲁氏据术上推，得正月辛未朔，冬至在初八；校正后，朔仍不变，冬至应在初十。朔符董《谱》，气先天1日。

五十一、授时历 元郭守敬作。行用迄于元亡，明大统历亦袭其法，故三统以来，莫盛于此。且用实测，定百年消长之制，实历法之大进步。其百年消长实袭统天躔差。而鲁氏推算竟亦错误，以为正月辛未朔，冬至竟在初四。兹亦遵高平子先生指导，循本术算之。据《元史·历志》三，授时历经上，推天正冬至："置所求距算，以岁实（上推往古，每百年长一，下算将来，每百年消一）乘之，为中积。加气应为通积，满旬周去之；不尽，以日周约之为日，不满为分。其日命甲子算外，即所求天正冬至日辰及分（如上考者，以气应减中积，满旬周去之；不尽，以减旬周，余同上）。"以算式表之为：

距算 × （岁实 ×1000+1/100）= 中积（以分为单位）

上考者 （中积 − 气应）÷ 旬周 =Q_1+ 不尽

（旬周 − 不尽）÷ 日周 =Q_2+ 小余 Q_2= 冬至日

小余 = 冬至分

按授时以至元十八年辛巳为元，即公元1281年，故距算为2548年。岁周为3652425分，气应550600分，旬周60万，日周1万。由此得余数17，日辰得17。故祖甲六祀天正冬至当在辛巳。

又，推天正经朔："置中积，加闰应，为闰积，满朔实去之，不尽，为闰余。以减通积，为朔积，满旬周去之，不尽，以日周约之为日，不满为分，即所求天正经朔日及分秒（上考者，以闰应减中积，满朔实去之，不尽，以减朔实为闰余。以日周约之为日，不满为分，以减冬至日及分，不及减者，加纪法减之，命如上）。"亦以算式表之：

上考者 （中积 − 闰应）÷ 朔实 =Q+ 不尽

朔实 − 不尽 = 闰余   闰余 ÷ 日周 = 闰余日 + 闰余分

冬至日分 − 闰余日分 = 经朔日分

闰应为 201850，朔实为 295305 分 93 秒。由前，冬至日为十七，分为 1675，故天正经朔为七，日辰在辛未。故冬至为十一。授时精密，故上推至祖甲六祀，气朔均不差 1 日以上。董《谱》所列与此符合。此亦是经朔，定朔日辰至多移 1 位。

五十二、癸卯历 清初，西教士汤若望等服务钦天监，主撰历法，中国历制大变，号时宪历。康熙时有甲子元历，而雍正时则为癸卯元历，完全不用积年，即以雍正元年为历元。甲子元历用第谷元数，岁实为 365.24218750 日，而朔策为 29.53059300 日，与今数相去至迩，癸卯元历用牛顿之数，岁实稍大，365.24233442 日，朔策更近，29.53059035 日，故其推算亦极准确。自乾隆七年，1742 年，上溯祖甲六祀，共 3009 年，而气不过先天 0.4 日，朔先天 0.08 日。故鲁氏所推亦为正月辛未朔，冬至在十一，与董《谱》无异也。

由上述诸历所推校正后，可知大率与《殷历谱》相去不远。55 种历中，气与董《谱》差一日者六，差一二日之间者三，差二日者一；朔与董《谱》差一日者三，差二日者一。且仅凭鲁氏所推加以校正，除统天及授时二历外，未再加复核，所差诸历，难保不为鲁氏所推有误。即退一步言，55 种历中，完全与董《谱》符合占十分之九，亦可谓非巧合矣。

高平子先生又尝以现代之法数复核董《谱》，由祖甲六祀至公元 1900 年，距算 3167，距算乘今用岁实 365.2422，以减公元 1900 年年前冬至之儒略周日 2415010.995456，得祖甲六祀冬至儒略周日 1258288.948056，除以 60，得大余 28，故冬至在辛巳（因儒略日从甲寅起），又以公元 1900 年天正经朔之儒略周日 2414992.062345 减去祖甲六祀冬至得 1156703.114289，除以朔实

29.530588，其余数即最近朔在冬至后19日有半，此即丑月朔，故祖甲六祀天正朔之儒略周日为1258278.930385，除以60，得大余18，故朔在辛未，亦即冬至在十一。按，《殷历谱》无节置闰，故谓此月为丑月，实即无中置闰制之子月。是以用现代法术推之儒略周日与日辰皆符合董《谱》。

又按此处所用岁实朔实是合于现代之平均数。此数亦微有消长，上长下消，但其消长率每百年均不及所用末尾数之一单位，故三千年之积差对于至朔日辰仍无甚影响。

且即以鲁氏所推之本术言之，其时代越后，数越精密，则结果与《殷历谱》所列越接近，以气朔二者比较，中国自来各历之朔策均极密近，岁实则大致较疏，故鲁氏所推诸历月朔均极准确，自景初以后无不为辛未者。再以现代法数推之，又与董《谱》若合符节。由此三端，及55种历校正后之结果视之，殆不能谓《殷历谱》所列出于向壁虚构。

鲁氏原意为驳斥《殷历谱》，而不意第三者竟能以其所推作为凭借，反作《殷历谱》正面之证据。此固非鲁氏之始愿，然笔者借其推得结果，作进一层申论，得以免去自行运筹之精神脑力，惠我无疆，敬此志谢。

原载《大陆杂志》十卷三期

2006年简体中文版序

《求古编》是多年前收集专业研究论文的文集，其中讨论的问题大致都与社会及制度的转变有关。每一篇都遵守专业行规，只论列史料与史实，不作理论的阐述。为此，在集合成帙时，又加上一篇代序，陈述网络系统的结构，目的在于向读者陈述我处理历史问题的视角。这次《求古编》在大陆重印，以就教于中国本土的学术界。于原文并无增删改动，以保持当时作品的原貌，不愿文饰，以掩饰少作之浅陋。但是，仍想在原来的代序之处，再加一些于网络系统的申论，以阐明自己应用系统理念的若干观点。

人类群体组织，不论是在哪一层次，小而社团，大而文化系统，都有盛衰，未见稳定不变的群体，这一普遍存在的现象，涵盖了人类历史上大大小小、无数的离合悲欢。自古以来，中外历史学家其实都在致力于叙述千类万绪的变化。"变"是人类历史上最不变的"常态"！不少前辈曾提出不同的解释，以说明人类历史之多变。我们若从系统结构的内在性质观之，或也可以作为解释历史变化的一个角度。

人类群体，不论是简单，抑或是复杂，无不以许多"个人"为群体的基本单位。这些独立的单位，又都是有生命的个体，受制于自然生命的规则，无所逃于生老病死，必须经历幼年、青年、壮盛、衰老、死亡的过程。一个群体组织包含了许多个别的单元，而每一个单元又天天在生命的过程上，天天有变化。如果群体的全部单元，都步调一致，同时启动又同时经历生命的变化，则这一群体的存在，将不过是一个单元的生命，变化也就简单了！

可是，人类群体是由许多不同年龄、不同生理禀赋的个人合成，个别生命的繁殖滋生及他们的生老病死，步调参差，不能整齐。于是，单以年龄级别，即是有世代的层层落差，并由此形成世代之间，延续与创新之间，难以避免的紧张。举例言之，每一个个人，亦即群体的基本单位，在其生命变化的过程中，大致体能都由幼而壮，再由强而衰，同时其累积的经验及知识，则又不断继长增高，由此形成智能的成长曲线。体能与智能的增长与衰弱，两条曲线并不同步进行，有人体弱早于脑衰，有人反之，脑衰早于体弱。每一个人类群体无不掌握一些资源，而资源运用，大致都在群体体能智能最为壮盛的一代手中。单由上述体能智能趋壮与趋衰，因人而异，各人有各人的变化曲线，则掌握与运用资源的权力分配，即因此而时时刻刻有所变化。同一世代内，已有如此变化，两个相接的世代之间，更因能力的变化，而有年轻一代上升曲线与老年一代下降曲线之间出现的"剪刀差"，形成世代交替的紧张。

人类群体的个别单元，年寿有寿有夭，体能与智能也有强弱、智愚、贤不肖……种种差异，不能齐一。于是世代的转移，不可能阶级分明，而因此有新陈代谢的渐变过程。在这一过程中，"权力"的持有者，会习惯性地继续持有其权力，而且伴随权力而来的资源；更使掌握权力的个人，甚至其世代，尽力牢牢握权，非万不得已，不愿释手。于是权力欲望，又加强了权力转移的紧张。

凡此人类群体组织内在的紧张，都可借数学的函数关系帮助我们理解。任何组织中个别单元的变化，在体能、智能及权力欲（亦即支配资源的机会）三个向度，都有其时时发生的向量变化。这些向度变化，亦即许多单元所代表的变数。无数单元的变数，聚合为群体变化的函数。这许多内在的变数，已是错综复杂，不易计量，若再加群体外在环境（例如生活资源所寄的自然生态），及人类增殖而产生的人口压力……又都构成外在的变数项，形成更为复杂的条件，迫使人类大大小小的群体组织，一有功能性的调适，必然引发内在变数项之间的已存在的函数关系。

人类的变数项，在一个函数系列内，为了趋向稳定不断地调适，调适是为了趋于衡态（equilibrium），但在种种变数的互动中，衡态常是可望而不可即的。于是函数的趋衡，实际上是不能停息的调适，亦即不能停息的失衡。失衡遂是另一方式的衡态，趋衡遂是永远变动的衡态。

一个微型的群体组织，例如社团、公司，能够经得起动衡造成的紧张，大致不能超过两三个世代；一个国家，一个朝代或一种形态的社会，因其掌握的资源丰厚，可能持续数百年，还是会面对累积的紧张，而难免崩解。一个文明系统，则因其维系群体的能量来自文明系统发展的理念与价值观念，而这些人类的智能，是常有修改的可能，比物质性资源与制度性资源有较多的弹性,是以文明系统的延续可以千百年之久,还能有自我调适与更新的能力。

本书诸篇论文,有的是讨论国家制度,有的是叙述文化现象,不论是有关封建体系、文官制度、国家权力,或文化兴衰,大致都是该一层次的复杂系统,其呈现的结构,只是稳定状态当有的情形。揆之历史,这些系统都无不时时在变动之中,因此而各有其衰退、败坏,甚至崩解塌陷。单以周代封建为例,宗法与王权合而为一,维持了王室与诸侯的尊卑,诸侯国内周人、商人与本地土著间的紧张关系,又形成一定的趋衡性动态稳定。但是上述诸种函数中的变数,不断在变动,终于将周人封建网络冲垮,遂逐渐转变为列国体制。又以两汉政权的权力基础,先是皇室与功臣集团共天下,逐渐转变为以儒生-文官集团代替功臣集团,又以察举制建构中央与地方之间的人才与意见的流通周转机制。这一颇能随时间调节的机制,还是在内部变数的演变,遂逐渐变化,由两汉内外均衡转变为东汉的地方离心、中央失控。

凡此诸例,均反映趋衡性动态稳定状态,终于难免失衡。中国古代名家方生方死之论,《易经》革卦之革与不革、易与不易,或者都可为动态稳定终于难以永久稳定。儒家"和而不同"的原则越能贯彻,则越可躲过强求"清一色"的弊病,也越能避免最后的失衡,以致走向衰败崩坏。世事生生灭灭,都有潜伏的因缘。读史者,若能用历史经验,长存戒心,则趋避之际,自然会有智慧。

许倬云序于
2006年10月8日